U0125697

· 供应链管理与运营系列 ·

SCMP

供应链管理专家认证教材

采购管理

降低采购成本，提高采购效率

中国物流与采购联合会 ◎ 主编

人民邮电出版社

北　京

图书在版编目（CIP）数据

采购管理：降低采购成本，提高采购效率 / 中国物流与采购联合会主编. -- 北京：人民邮电出版社，2023.9（2024.7重印）
（供应链管理与运营系列）
ISBN 978-7-115-61993-8

Ⅰ. ①采… Ⅱ. ①中… Ⅲ. ①采购管理 Ⅳ. ①F253

中国国家版本馆CIP数据核字(2023)第121519号

内 容 提 要

由于市场的复杂性和不确定性的加剧，采购管理作为供应链管理的重要一环，不可避免地受到深远的影响。既有的供应链布局和供应商关系定位及管理必然要因时制宜地加以调整和优化。因此，提高采购管理的整体专业性水平，成为创作本书的核心使命。

《采购管理》首先以识别和厘清采购需求为起点，系统地阐述了品类管理的实践与方法论，进而介绍如何在品类管理战略和计划的指导下，有的放矢地展开寻源管理工作，以及如何合理推进全球采购实践；其次，考虑到多数企业对间接采购的重视程度较低的现状，本书还提供了与间接采购的管理体系和实践相关的内容，供致力于提高间接采购管理水平的企业和专业人士参考；再次，随着数字化在各个领域发挥日益重要的推进作用，本书针对数字化在采购系统和采购决策方面的赋能作用给出了概览性阐述；最后，本书对采购职能中不可或缺的谈判、合同管理和供应商绩效管理等方面与时俱进的系统性方法和技巧进行了详细介绍。

本书适合采购管理从业人员及与供应链管理关系密切的相关从业人员阅读。

◆ 主　　编　中国物流与采购联合会
　　责任编辑　马　霞
　　责任印制　周昇亮

◆ 人民邮电出版社出版发行　　北京市丰台区成寿寺路 11 号
　　邮编　100164　　电子邮件　315@ptpress.com.cn
　　网址　https://www.ptpress.com.cn
　　固安县铭成印刷有限公司印刷

◆ 开本：787×1092　1/16
　　印张：22.5　　　　　　　　　2023 年 9 月第 1 版
　　字数：449 千字　　　　　　　2024 年 7 月河北第 7 次印刷

定价：99.00 元

读者服务热线：(010)81055296　印装质量热线：(010)81055316
反盗版热线：(010)81055315
广告经营许可证：京东市监广登字 20170147 号

供应链管理专家（SCMP）认证丛书
编写委员会

本书编写组

组　长：

汪希斌　中物联采购与供应链专家委员会委员

撰稿人：

张志毅　中物联采购与供应链专家委员会委员，负责第 1、8、9 章

汪希斌　中物联采购与供应链专家委员会委员，负责第 2、3、4、7 章

赵林度　东南大学经济管理学院物流管理工程系教授、博导，负责第 5、6 章

特约审稿人：

王振强　天津大学管理与经济学部副教授

孙胜楠　东南大学经济管理学院副教授

（胡珉、马骥文对本书写作提供了宝贵意见）

总　序

　　自供应链概念在 20 世纪 80 年代提出后，随着全球经济一体化的发展和技术的进步，供应链已从企业的管理科学逐步转化为产业和经济的组织形态，并从产业供应链扩展到了跨产业的平台供应链，甚至发展到了跨产业、跨区域的供应链生态圈。《国务院办公厅关于积极推进供应链创新与应用的指导意见》（国办发〔2017〕84 号）指出："供应链是以客户需求为导向，以提高质量和效率为目标，以整合资源为手段，实现产品设计、采购、生产、销售、服务等全过程高效协同的组织形态。随着信息技术的发展，供应链已发展到与互联网、物联网深度融合的智慧供应链新阶段。"

　　在全球经济实践中，现代市场竞争已不再简单地体现为产品与产品、企业与企业之间的竞争，而是深刻地体现为供应链与供应链之间的竞争。供应链的整合能力和效率已成为企业、产业甚至国家的核心竞争力。中国供应链的创新发展经历了几个阶段：第一阶段是供应链产业链的初步形成，不同企业的供应链创新重点多样化；《国务院办公厅关于积极推进供应链创新与应用的指导意见》发布后，中国供应链创新进入第二阶段，即供应链产业链的优化协同阶段，通过供应链上下游全流程的优化协同，形成了更高效、稳定、安全的产业链；到现在，中国供应链创新发展已进入数字化供应链阶段，这是产业链供应链现代化发展的必然趋势。作为世界第二大经济体，中国不仅成为引领世界经济发展的重要力量，也在全球供应链中发挥着"稳定器"和"压舱石"作用，并继欧美国家之后逐渐成为供应链管理研究与实践的前沿阵地。

　　当前，世界面临百年未有之大变局并持续加速演变，各种不稳定性因素明显增加。面对复杂严峻的发展环境和风险挑战，如何确保我国供应链的整体安全稳定，不断提升我国在全球供应链中的竞争优势，成为展现我国实力和大国担当的重要任务。

　　习近平总书记在 2016 年 4 月 19 日网络安全和信息化工作座谈会上曾说："供应链的'命门'掌握在别人手里，那就好比在别人的墙基上砌房子，再大再漂亮也可能经不起风雨，甚至会不堪一击。"随着供应链战略逐渐成为我国国家层面的重要议题，紧密关注并促进各方面、各环节和全链条的有机融合，以推动供应链发展，是至关重要的。在这一过程中，供应链领域的专业人才培养则成为其中必不可少的关键一环。

近年来，美国供应管理协会（Institute for Supply Management，ISM）和英国皇家采购与供应学会（Chartered Institute of Purchasing and Supply，CIPS）等国际知名行业组织，已建立了相对成熟和完善的供应链知识体系和认证品牌。作为我国物流、采购与供应链领域的综合性社团组织，中国物流与采购联合会（以下简称"中物联"）牵头建立一套具有中国自主知识产权、符合中国供应链管理发展实际的本土供应链知识体系，是义不容辞的责任与使命。自 2013 年起，中物联组织了 20 多位业内知名专家，集聚了全行业的智慧与力量，耗时 5 年精心打磨，建立了一套涵盖供应链管理运作、规划、环境、战略等核心内容的"供应链管理专家（Supply Chain Management Professionals，SCMP）"知识体系。2018 年，中物联将该知识体系推向市场，并基于此进行了"供应链管理专家（SCMP）"考试与认证，广受社会各界的欢迎和好评，为我国培养了一大批优秀的供应链专业人才。

今天，呈现在读者面前的这套丛书，是中物联根据近年来供应链理论体系的完善与供应链管理实践的发展，组织近 40 人专家团队耗时两年多，对 2018 版"供应链管理专家（SCMP）"知识体系的修订与完善。该套丛书共有 7 册，包括关于供应链基础知识的《供应链运作》《供应链规划》《供应链领导力》和关于供应链专业知识的《物流管理》《计划管理》《采购管理》，以及 1 本工具书《供应链术语》。本套丛书基于中物联供应链管理 SCOP 模型和"3+X"认证思路，更聚焦物流管理、计划管理和采购管理这三个主要供应链管理专业。丛书的每册既可单独使用，又可组合成一套由浅入深、相互衔接、结构性强的系列教材。

人才是国家强盛之基，创新是民族进步之魂。相信这套新版"供应链管理专家（SCMP）"知识体系能对培育供应链专业高端人才，完善我国供应链管理学科体系，推动供应链"产、学、研、用"协调发展，打造供应链创新发展新高地，提升我国供应链的"硬核"竞争力，实现我国供应链自主可控、安全稳定和高质量发展贡献智慧与力量。

中国物流与采购联合会会长

何黎明

　　如今，供应链管理已成为一个日臻成熟的专业领域。供应链管理从几十年前的模糊概念，到逐渐成为组织制定战略、规划或开展交流时的高频词，其重要性已上升到国家战略层面。没有任何两条供应链是相同的，只有全面了解供应链管理的内涵、过程及架构等，组织才更有能力应对多变的内外部环境带来的挑战。

　　ISM 在《ISM 术语 2016》中提出，供应链是供应网络，即一个组织往下游延伸到顾客的顾客，往上游延伸到供应商的供应商的网络。《国务院办公厅关于积极推进供应链创新与应用的指导意见》（国办发〔2017〕84 号）对供应链的定义是以客户需求为导向，以提高质量和效率为目标，以整合资源为手段，实现产品设计、采购、生产、销售、服务等全过程高效协同的组织形态。中物联给出的供应链最新定义是生产及流通过程中，围绕核心企业的核心产品或服务，由所涉及的原材料供应商、制造商、分销商、零售商直到最终用户等形成的网链结构，该定义旨在统一国内供应链管理行业对供应链的认识。

　　在本套丛书中，中物联创造性地提出了"供应链运营与规划框架"，即 SCOP 模型（见图 0-1）。该框架由 3 个层面构成，即战略层、运作层和基础层。从战略层来看，供应链规划是企业战略规划的重要组成部分，它指导和制约所有与供应链管理相关的活动；从运作层来看，供应链管理侧重五大领域，包括计划、采购、生产、交付和物流；从基础层来看，供应链管理主要涉及每个企业在运营过程中不可回避的大环境和逐渐成熟的供应链治理理念和最佳实践，包括内外部利益相关者协同，以及环境、社会和公司治理。在 SCOP 模型中，供应链管理活动可分为 8 个主要管理领域，包括供应链规划、计划管理、采购管理、生产管理、交付管理、物流管理、内外部利益相关者协同、环境 / 社会 / 公司治理。

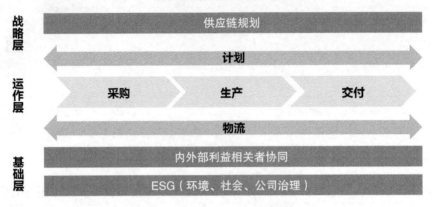

图 0-1 SCOP 模型

这套新版教材由原来 4 册扩展为 6 册，同时提供《供应链术语》作为工具书。认证模式由 3 门基础课加 1 门选修课组成，即"3+X"，其中包括 3 册基础教材，即必选教材《供应链运作》《供应链规划》《供应链领导力》；另外 3 册为选修教材，学员可根据职业方向或兴趣选择 1 门课程，参加对应专业方向的认证，包括《物流管理》《计划管理》《采购管理》，当然也可多选并参加多个专业方向的认证。

本书为"供应链管理专家（SCMP）"认证选修教材之一，专注于采购管理，涉及采购需求、品类管理、寻源管理、全球采购、间接采购、数字化赋能、采购谈判、合同管理、采购与供应商绩效管理 9 大领域并各自成章。其中第 1 章、第 8 章及第 9 章由张志毅老师主笔，第 5 章和第 6 章则邀请到东南大学赵林度教授执笔，剩余四章由参与了本系列教材第一模块和第二模块编写工作的汪希斌老师撰写。本书第 2 章、第 4 章和第 5 章这三章是首次系统论述，成为本次改版过程中的一个尝试和亮点。本书得到了王振强副教授、孙胜楠副教授、胡珉老师、马骥文老师等专家学者的指导，使本书内容更丰富、更系统、更专业。但本书也存在诸多可以商榷和改善之处，真诚地邀请读者们在学习过程中给予指正。

目 录

第1章　采购需求

第1节　采购需求的类型　　　　　　　　　　　　　　　003

　1. 有形需求与无形需求　　　　　　　　　　　　　　003

　2. 消耗类需求与资本类需求　　　　　　　　　　　004

　3. 生产性需求与非生产性需求　　　　　　　　　005

　4. 复合式需求　　　　　　　　　　　　　　　　　005

　5. 相关需求与独立需求　　　　　　　　　　　　　007

第2节　采购申请　　　　　　　　　　　　　　　　　007

　1. 采购申请的类型　　　　　　　　　　　　　　　008

　2. 采购申请的适用场景　　　　　　　　　　　　　010

　3. 采购申请单的构成　　　　　　　　　　　　　　011

　4. 采购申请的批准　　　　　　　　　　　　　　　012

第3节　采购需求识别　　　　　　　　　　　　　　　015

　1. 需求识别的方法　　　　　　　　　　　　　　　015

　2. 需求识别应把握的重点　　　　　　　　　　　016

　3. 收益与成本分析　　　　　　　　　　　　　　　018

第4节　采购规格书　　　　　　　　　　　　　　　　019

　1. 什么是规格　　　　　　　　　　　　　　　　　019

　2. 产品规格　　　　　　　　　　　　　　　　　　020

　3. 服务规格　　　　　　　　　　　　　　　　　　023

2 第 2 章 品类管理

第 1 节　品类管理的定义与意义　032

1. 采购品类的定义　032

2. 如何划分采购品类　033

3. 品类管理的定义与意义　036

第 2 节　品类管理战略的制定过程　037

1. 内部分析阶段　037

2. 外部分析阶段　042

3. 战略计划阶段　048

第 3 节　品类管理战略组合的构成　051

1. 供应来源策略　051

2. 供应商关系定位与管理策略　054

3. 采购策略　056

第 4 节　品类管理战略风险的识别与应对　059

1. 划分风险类别　059

2. 识别风险来源　060

3. 评估风险等级　061

4. 制定风险应对策略　062

3 第 3 章 寻源管理

第 1 节　寻源策略　067

1. 正确理解寻源的概念与意义　067

2. 寻源流程　068

3. 制订寻源策略计划　071

第 2 节　识别供应商　073

1. 线下渠道　074

2. 线上渠道　075

第3节　供应商评估 078

1. 供应商评估流程 078

2. 评估准备阶段 079

3. 评估执行阶段 087

第4节　供应商评选与定点 088

1. 供应商评选流程 088

2. 4种典型的采购征询文件 090

3. 采购价格 091

4. 价格信息的来源 094

5. 4种典型的供应商选定方法 095

6. 评标过程与方法 099

第5节　过程与产品批准 100

1. 过程与产品批准概述 101

2. 过程批准 102

3. 产品批准 106

4 第4章　全球采购

第1节　全球采购的理论基础 111

1. 全球采购的推动力与目的 111

2. 经典经济学理论 111

3. 有关国际分工合作的现代理论 113

4. 地缘政治经济和地区性法律法规符合性要求 114

第2节　全球采购中的典型问题与对策 116

1. CAGE差异分析框架 116

2. 全球采购中的典型问题 118

3. 全球采购中的典型问题的对策 120

4. 全球采购中的商业实务 121

第3节　全球寻源及供应商管理 124

1. 识别国际性供应来源的方法 124

2. 全球采购的管理问题 126

3. 全球采购中的贸易问题 127

第 4 节 国际贸易协定 130

1. 基于区域性贸易安排的自由贸易区 131

2. 世界贸易组织 132

3. 世界上主要的自由贸易区与国际贸易协定 132

5 第 5 章 间接采购

第 1 节 间接采购管理概述 139

1. 间接采购的定义和范围 139

2. 间接采购标的的划分 140

3. 间接采购标的的特征 142

4. 间接采购的特征 143

5. 间接采购的流程 145

第 2 节 间接采购管理优化 147

1. 间接采购需求管理优化 147

2. 间接采购组织内部优化 149

3. 间接采购跨部门协同优化 156

4. 间接采购管理系统 157

第 3 节 间接采购最佳管理实践 161

1. 间接采购需求管理实践 161

2. 间接物料集成采购管理实践 165

第 4 节 间接采购供应商全生命周期管理 168

1. 间接采购供应商全生命周期管理流程 168

2. 间接采购供应商全生命周期管理策略 171

3. 间接采购供应商管理 173

6 第6章 数字化赋能

第1节 **数字化采购概述** 180

1. 数字化采购的发展历史 180

2. 采购系统的功能 182

3. 采购系统的作用与价值 183

第2节 **数字化采购系统** 185

1. 数字化采购系统的功能与流程 185

2. 数字化采购系统集成 191

3. 数字化采购集成技术 195

第3节 **数字化采购决策** 198

1. 供应链控制塔 198

2. 商业智能 203

3. 数据驱动的智能化采购决策 204

第4节 **数字化采购系统开发** 210

1. 数字化采购系统投资分析 210

2. 数字化采购系统设计与实施 216

3. 数字化采购系统风险与防范 218

7 第7章 采购谈判

第1节 **采购谈判概述** 226

1. 谈判的适用场合 226

2. 谈判理念与谈判分类 226

3. 谈判流程 229

4. 谈判原则与应用 230

第2节 **谈判准备** 232

1. 信息收集与分析 232

2. 谈判战略 237

3. 谈判计划　　　　　　　　　　　　239

4. 最佳备选方案　　　　　　　　　　241

第 3 节　谈判实施　　　　　　　　　242

1. 分配型谈判的实施过程　　　　　　242

2. 整合型谈判的实施过程　　　　　　248

3. 谈判实施中的其他关键问题　　　　250

8　第 8 章　合同管理

第 1 节　合同管理概述　　　　　　　257

1. 合同的概念　　　　　　　　　　　257

2. 基于《民法典》的合同类别　　　　260

3. 基于价格的合同　　　　　　　　　261

4. 基于成本的合同　　　　　　　　　262

5. 其他类型的合同　　　　　　　　　263

6. 合同管理流程　　　　　　　　　　264

第 2 节　合同的订立　　　　　　　　266

1. 合同订立流程　　　　　　　　　　266

2. 合同签订前的准备　　　　　　　　268

3. 影响合同的法律法规　　　　　　　270

4. 合同成立与生效的条件　　　　　　270

5. 订立合同的代理权问题　　　　　　272

6. 履约担保　　　　　　　　　　　　274

第 3 节　合同履行与风险管理　　　　274

1. 合同履行的目标和关键要素　　　　275

2. 合同履行过程的管理　　　　　　　276

3. 合同履行过程中的风险管理　　　　280

4. 合同违约的原因及应对措施　　　　284

第 4 节　合同变更与处置　　　　　　285

1. 合同变更与转让　　　　　　　　　285

2. 采购组织对合同变更的管理   287

3. 补充协议   288

4. 合同终止   288

5. 合同纠纷   289

6. 合同收尾   292

7. 合同漏损与审计   292

9 第9章 采购与供应商绩效管理

第1节 采购绩效指标体系的构成   297

1. 采购绩效评估的意义   297

2. 采购绩效的因果关系   297

3. 采购绩效指标体系   298

4. 影响采购绩效的内外部因素   304

第2节 采购绩效评估与改善   306

1. 建立采购绩效指标体系的标准与流程   306

2. 制定绩效目标的方法   315

3. 实施绩效评估   316

4. 绩效评估结果的沟通与绩效改善   319

第3节 供应商绩效评估   321

1. 确定绩效领域与识别可用的绩效指标   321

2. 选择绩效指标的方法   325

3. 制定绩效目标   328

4. 实施供应商绩效评估   328

5. 绩效评估结果的反馈   330

6. 供应商分级   331

第4节 供应商绩效改善   332

1. 供应商绩效改善的目标   332

2. 选择改善对象的方法   332

3. 绩效改善流程   333

4. 跨部门联合提升供应商绩效　334

5. 供应商发展　335

6. 供应商激励　335

7. 供应商退出　337

供应链管理专家（SCMP）职业水平认证项目介绍　339

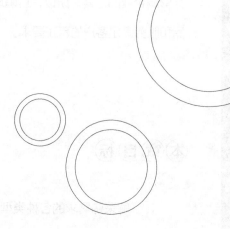

第 1 章

采购需求

采购是有需求的组织或个人为了实现特定的消费目的或商业目的而进行的一种商业行为，是价值交换的过程。企业采购部门的基本职责是增强企业竞争力，满足企业的现实需求或潜在需求，寻找、定位、购买、获取生产要素或相关的竞争性资源。采购管理人员通过对供应链的管理和控制来支持、确保企业实现整体目标。传统的采购流程包括确认采购需求、寻找并选择供应商资源、取得报价信息、进行谈判并确认价格及交易条件、签订合同、监督合同执行、收货及检验、支付货款、评价采购和供应商绩效等。确认采购需求是采购的第一步，清楚地了解采购需求的类型、规格要求和预算等，是制订采购计划的前提和基础。

在实际运营中，如果按照不清晰或有歧义的采购需求进行采购作业，会导致买卖双方对规格、数量和交付时间等内容的理解不同，从而产生分歧和误会。如果实际交付的产品或服务不符合要求，或者没有按时交付正确的数量，都可能会影响最终产品的质量、性能，以及客户端交付计划的按时执行，甚至会影响企业的信誉。所以，正确地理解、描述和管理需求，才能确保采购的产品和服务满足客户的真正要求。

本章目标

1. 了解采购需求的各种类型及典型特点。

2. 了解采购申请的类型及其适用场景。

3. 掌握采购需求识别的内容。

4. 理解产品规格、服务规格。

|第 1 节| 采购需求的类型

采购需求是指采购组织为实现其消费或经营目的，根据项目或生产计划，从外部组织采购的特定物品或服务、特定数量及其需要满足的技术要求、商务要求。技术要求通常涉及采购标的的规格、功能和质量要求，包括性能、材料、结构、外观、安全性、服务内容和标准等。商务要求是指取得采购标的的时间、地点、数量、财务和服务方面的要求，例如交付时间、交付地点、交付数量、包装要求、运输方式、售后服务、保险、付款条件等。服务采购则可能是实施期限、任务范围、进度和方式。

在实际商业活动中，采购需求可以分为多种类型。

1. 有形需求与无形需求

1）有形需求

有形需求主要是针对有形产品而言的。有形产品呈现出具体的形态或特定的形式，在市场上通常表现为一定的规格、质量水平、外观特色、式样、品牌名称和包装等，并通过这种具体的形态实现产品的基本效用。生产材料、设备等均为有形产品。有形需求可能伴随着无形需求，例如采购一套设备，除了对有形产品（设备）本身有需求之外，可能还对设备的安装、调试、维护等服务有需求。

2）无形需求

无形需求是相对于有形需求而言的，无形需求的要求或规格往往是通过具体的语言描述或可视化图纸、图形表达以及服务水平来定义的。无形需求往往是某种工作任务，需要需求提供者和需求方之间进行密切的互动。在传统意义上，通常把满足无形需求的过程，或提供劳动、智力等无形产品的过程称为服务。服务是以满足服务对象的需求为目的，采用必要的手段和方法，通过提供交付成果满足需求的过程。交付成果包括无形产品和有形产品。例如，产品设计项目的交付成果会包括原型产品，建筑施工项目的交付成果会包含实体建筑物。提供服务的过程可能伴随着有形产品的使用与消耗。例如，提供设备维修服务的过程会伴随着油品和备件的消耗。

在当今社会中，服务采购变得日益重要，几乎所有的组织都需要采购服务。各种服务如下。

- 产品设计、产品检测与验证、培训、咨询。
- 建造大楼、工程项目施工、设备保养与维修。
- 维护、维修和运营（Maintenance，Repair and Operations，MRO）服务。
- 物流运输与仓储服务、物业管理服务、后勤管理服务、医疗和保健服务。
- 广告服务、招聘服务、旅行服务、呼叫中心服务、金融服务、IT服务。

服务种类繁多、需求形式多变，有些规格难以清晰定义、所涉及金额可能跨度很大，因此管理难度较高，需要谨慎且专业的态度，才能让组织得到最优的服务并控制成本。在实际商业环境中，越来越多的组织选择外包服务的策略，以取得专业的服务。

2. 消耗类需求与资本类需求

1）消耗类需求

消耗类需求指采购标的物属于产品组成部分、因用于生产活动而消耗或使用期限在一年内的采购需求，是对用以保持组织日常运转所需要的物品或服务的需求。例如，生产材料、生产过程中使用的消耗性材料、维修性物品、办公用品、工程服务、技术服务等。直接材料与组成部件作为加工产品的组成部分被消耗，其他消耗类物品包括在使用中被改变了物理或化学特性的物品、使用后失去效用的物品、生产活动中重复使用的物品。生产性消耗类需求通常与生产活动及计划密切相关，可以依据客户订单、客户需求预测或生产计划进行预测。

2）资本类需求

资本类需求是指采购标的在组织日常运转中的使用期限超过一年的资本类科目的采购需求，典型的如对生产机器设备、运输车辆、办公设备、土地、厂房与设施等的需求。资本类需求的可能特点如下。

- 采购成本较高，审批手续较复杂。
- 产品使用周期较长，需求产生频率较低，不容易评估未来收益。
- 对生产或产品品质的影响大。
- 产品对技术支持与更新、维护、维修、保养有要求，需要考虑总拥有成本。
- 使用者需要拥有专业知识或经验。
- 不易更换供应商，需要有针对性的采购战略和管控作业流程。
- 持续消耗能源。
- 资本类需求的采购成本会使用折旧的会计处理，产生递延成本，折旧结束会产生残值或处置成本。
- 资本类需求对投资回报率有要求，还可能会涉及政府税收政策的应用。

服务需求可能是资本性的。例如建筑物的建造，需要采购工程设计方案、雇用建筑工人等服务，这类服务的费用构成了资本项目的成本，因此应当作为资本性项目对待。在实践中，有些企业会使用作业成本法，把与设备相关的服务需求归类为资本类需求，例如对设备的调试与维护服务的需求，这主要是为了便于进行成本核算。

3. 生产性需求与非生产性需求

1）生产性需求

生产性需求是指标的用于生产最终产品和组织所需生产活动的需求，包括对最终产品的直接组成成分，以及生产过程中使用但不构成最终产品的组成成分的产品或服务的采购需求。例如生产过程中使用的消耗材料、工装治具、机器设备等。生产性需求与企业的产品类别、生产规模及生产计划密切相关，具有明显的计划性和可预测性。最终产品的直接组成成分也称为直接物料，通常包含在产品物料清单（Bill of Material，BOM）中，包括原材料、零部件、半成品和产品包装等。相对地，非直接构成产品的物料被称为间接物料。在制造型企业中，直接物料的成本可能是企业成本最主要的部分，占企业总支出的比例通常最高，可能超过 50%，在有的企业甚至高达 80%。

BOM 通常会按产品组成的逻辑关系列出所有直接物料及其用量，但这种做法并非绝对不变的。例如，有些企业会把产品的外包装材料列在 BOM 中，而有些则不会。直接物料的采购需求常以相关需求的形式呈现。

2）非生产性需求

非生产性需求指对那些既不是最终产品的直接组成成分，也不是生产过程中所使用的产品或服务的需求，包括非生产性的机器设备、备件、工具、办公用品等。非生产性需求主要与预算或项目计划有关，往往与日常的生产计划无直接关联，但有些预算会结合生产规模进行制定。例如，厂房设施、办公设施、办公用品的预算会结合生产规模进行制定。

4. 复合式需求

消耗类需求与资本类需求、生产性需求与非生产性需求可结合成 4 种复合式需求，如图 1-1 所示。这些复合式需求对采购战略的选择与应用、采购组织的职能划分和岗位设计有着重要的指导作用。

1）生产性资本类需求

生产性资本类需求指用于生产线、车间的资本类设备、设施的需求，对生产及企业经营影响大，重要程度和复杂程度高。生产性资本类需求有资本类需求的特点，同时与生产规模密切相关，对技术的精度要求、技术服务和维修服务的及时性要求很高。此外，生产性资本类需求需要进行定期的保养和维修，会产生对计划性服务的需求。为了避免影响正常生产进度，该类需求对服务弹性和响应性有较高要求。

2）生产性消耗类需求

生产性消耗类需求指用于生产的消耗性需求，包括对用于生产的直接物料和间接物料、生产性服务的需求。该类需求对生产及企业经营影响大，重要程度高，具有持续性、计划性及较强的可预测性。间接物料的单位价值可能不高，但持续需求量可能会很大。适用于间接物料的常用采购策略包括设置最低安全库存进行库存填补、集中定价授权采购。

3）非生产性资本类需求

非生产性资本类需求指不用于生产的资本类需求，例如对办公大楼、办公设备与车辆等的需求。非生产性资本类需求具有资本类需求的特点，品类多、需求量小、单品价值差异很大、具有一定的复杂性、需要必要的技术支持。非生产性资本需求通常使用项目提报或预算制定的方式提出。

4）非生产性消耗类需求

非生产性消耗类需求指不用于生产的消耗类需求，典型的如对办公用品、出差费用、企业开展管理需要的各种材料和服务的需求，具有品类繁杂多样而需求量差异大、单品价值不高的特点。在管理上，部分品类可以采用设置最低安全库存进行库存填补和集中定价授权采购的策略。

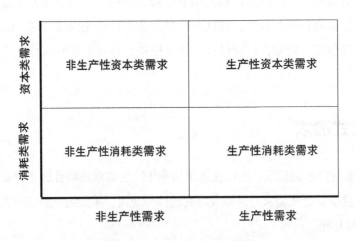

图1-1　4种需求的组合应用

5. 相关需求与独立需求

受外部市场环境的影响，企业的销售量和销售进度会时常波动，生产性需求也会相应地产生波动。因此，企业制订需求计划时要区分相关需求与独立需求。

1）相关需求

相关需求指与其他需求具有相关性的需求，如 BOM 中物料的需求是彼此相关的，物料需求与客户订单需求也密切相关。因此，相关需求可以通过某种公式计算得出。库存物料在任一给定时间可能同时具有独立需求与相关需求的特性。例如一种物料可用于产品装配，此时其需求具有相关性；它也可作为销售备品或产品研发样品，此时其需求是相对独立的。一个企业生产并销售计算机，计算机的中央处理器的需求与计算机的销售量相关。同理，计算机的 BOM 中所有零件的需求与计算机的销量相关。相关需求并非仅与其关联产品相关，还与其他因素相关，例如办公室个人计算机的需求与办公室人员的多少相关。一个典型的示例是，基于 BOM，运行物料需求计划（Material Requisition Planning，MRP）系统或其他企业资源计划（Enterprise Resources Planning，ERP）系统，产生相关物料需求清单，这里的主生产计划来源于销售端客户订单、销售预测或销售计划。

2）独立需求

独立需求是指与其他需求无关的需求。用于进行破坏性测试的零部件需求、用于维修的零部件需求、一台设备的采购需求、建造一栋建筑物的需求、研发部门采购材料样品的需求等都属于独立需求。独立需求和相关需求需要区别对待，二者的应用流程和管理政策可能会有所差异。

| 第 2 节 | 采购申请

采购申请涉及申请流程、采购申请单的使用、采购申请的审核与批准等内容。需求部门在申请阶段应该就需求内容征求所有利益相关者的意见，以防止在采购过程中出现问题。

1. 采购申请的类型

采购申请（Purchase Requisition，PR）是内部用户或内部需求方向采购部门提出的向外部供应商采购货物或服务的书面或电子化请求。提出采购申请的方法和采购申请的类型与组织的管理政策、流程信息化水平及互联网应用程度有关，有些组织使用纸质采购申请单，有些组织使用电子化采购申请单。随着IT技术的发展和互联网的应用推广，电子化采购申清单正逐步取代纸质采购申请单，以助推组织实现无纸化办公、流程自动化、数据准确高效传递及可追溯的目的。

1）纸质采购申请

纸质采购申请是一种传统的、常用的采购申请方式，采用纸质采购申请单。该申请单由内部需求方填写，经相关人员批准之后传递给采购部门，是用以传递采购需求信息的组织内部文件。该申请单的内容一般包含采购产品或服务（采购标的）的完整描述、所需数量、所需日期、特殊要求和付款账户等其他必要的信息，有时还可能包括供应商名称。采购部门将基于这些信息进行采购决策和作业，采购人员根据对组织过去和当前的采购情况以及对供应市场的认知，可能会建议对采购需求进行必要的更改，以利于采购作业的开展并提高采购作业的价值。例如，当内部客户要求采购特定品牌的产品时，采购人员可能根据专业认知和对市场的了解，建议采购价格更具优势或更容易获得的同等质量的其他品牌产品。采购人员也常常建议修改交货的数量，以在满足需求的前提下实现更优的采购成本。

2）电子采购申请

电子采购申请（Electronic Purchase Requisition，EPR）是指由信息系统生成并传送采购需求的采购申请方式。采购申请的提交、审核和批准等流程都可以通过信息系统完成，从而实现整个流程无纸化。这有助于提高整个流程的效率和实现采购记录的保存与追溯。

（1）系统驱动型申请

MRP系统或其他ERP系统可以根据销售端的需求计划（如客户订单、销售预测或出货计划）、BOM、库存量、产能等计算需要采购的物料，生成物料需求清单。根据采购流程的设计，有些ERP系统在计算净需求时会扣减在途库存。在实际生产活动中，系统驱动型申请多用于相关需求申请。采购部门收到电子化的需求信息后便开始进行采购作业。

如果采购组织和供应商之间已经实现了采购流程及信息系统的协同，则采购需求可以直接通过电子数据交换（Electronic Data Interchange，EDI）的形式传送给供应商。供应商对采购需求进行评估，回传回执单以确认能否满足采购需求或申报缺料情况，从而加快对采购需求的响应速度和提高流程效率，同时能提高数据的准确性和可追溯性。系统驱动型申请的典型应用场景是准时制（Just in Time，JIT）交付及供应商管理库存（Vender Managed Inventory，VMI），这样所有的需求计划、VMI 最低 - 最高设置线、库存填补与发货作业、库存数据等信息，都可实现在线实时查询、处理与监控。

基于 ERP 系统，采购订单作业流程可以进行相应的调整，即直接基于 EPR 系统生成电子采购订单（Electronic Purchasing Order，EPO），并采用电子签核流程对 EPO 进行审核与批准。经批准的 EPO 通过系统协同自动传送给供应商，也可以是供应商登录企业的供应商关系管理（Supplier Relationship Management，SRM）系统等进行订单查询与下载。但有些国家（地区）的法律法规或企业本身的政策可能会规定必须要签核纸质采购订单或合同，因此系统需要提供下载功能，由相关人员下载订单并经签字批准或盖章后，再上传系统进行传送与保存。

使用 ERP 系统和其他信息系统实现采购全流程的电子化，在拉动式制造模式中的应用成效尤为显著，也为实现绩效数据的可视化奠定了基础。

（2）BOM 型申请

BOM 除了在系统驱动型申请中有应用外，在其他一些场合也常被使用，即需求方根据 BOM 开具采购申请单。例如，项目中某组装件的 BOM 是既定的，项目需求方根据项目进度计划生成该组装件的采购申请单，但并不具体列明所需的各项材料。

3）网络采购系统

网络采购是指产品及服务的网络化购买过程，其中的查询与确定规格、比较与确定价格、支付货款等流程都在网络采购系统中进行。网络采购系统包括电子目录和电子商城，是企业与企业之间或企业与个人之间基于互联网采购和销售产品及服务的电子手段，是许多 B2B 网站的一个重要组成部分。

采购商电子目录属于采购方的内部信息系统，提供所需采购的产品目录，包括相关要求与条件。采购商电子目录由采购方的人员进行维护与管理，采用一对多的业务模式，通过互联网直接呈现与传递产品及服务的需求信息。供应商通过网站入口登录或授权登录查询采购需求。采购商电子目录的应用之一是企业招标平台。多数采购商电子目录支持进行采购作业，供应商可以直接在其中进行作业和完成交易。

供应商电子目录是由供应商管理的电子系统，提供产品目录和销售 / 采购流程，采用多对一的业务模式。客户登录后可以查询规格、比价，也可以直接在线购买与在线支付货款。供应商电子目录的典型应用是 App Store。

第三方电子目录已发展成为电子商城，属于多对多在线交易平台，有很多供应商和采购方入驻。企业客户和个人用户可直接登录商城网站进行规格查询、比价和采购作业。京东商城、Amazon 等都是典型的电子商城。

2. 采购申请的适用场景

不同类型的采购申请因其特点不同而适用于不同的场景，但采购申请适用的场景并不绝对，因为随着技术的进步，各概念本身及其应用都在发生着变化。采购申请适用的典型场景如表1-1所示。

表1-1　采购申请适用的典型场景

采购申请类型		适用的典型场景	适用的需求类型	可用交易类型
纸质采购申请		任何产品和服务	任何需求，特别是独立需求	采购订单、买卖合同、服务类合同
电子采购申请	系统驱动型申请	准时制交付和VMI	生产性需求	采购订单、电子订单、电子合同
	BOM型申请	项目活动、电子采购系统	相关需求	采购订单、电子订单、电子合同
网络采购系统	采购方电子目录	采购方发布采购需求、招标需求	独立需求，品牌类产品、标准件产品、办公类产品需求，招投标方案等	在线交易与支付、招标合同、采购合同
	供应商电子目录	供应商自制产品、供应商代销产品	独立需求，品牌类产品、标准件产品、办公类产品需求等	在线交易与支付
	电子商城	通过网络寻源与比价、取得最低采购价格、降低采购作业成本	非定制件，部分可在线商议的定制件	在线交易与支付、线下买卖合同

1）适用纸质采购申请的场景

纸质采购申请适用于任何需求，特别是独立需求，例如资本设备、工程项目和服务的需求。这些需求往往涉及规格定义问题，采购金额大、审批周期长、履约周期长、履约过程需监控，纸质采购申请可以根据需要补充需求说明。纸质采购申请也可以采用网上审批的程序，例如通过某些自动办公软件，提交人和审批人可以在不同的地方、不同的时间进行在线提交、审阅和批准。审批程序通常在企业内网进行，有些企业也允许通过外网审批，以支持移动办公。但通过外网审批对网络安全和保密性有一定要求。这种审批方式在本质上还是对相关文本的审批。

2）适用电子采购申请的场景

系统驱动型和BOM型申请常用于生产性需求的申请。通过流程和信息系统的协同，制造管理系统、计划系统、采购系统、仓库管理系统成为企业运营管理的主体系统，外加与供应商管理库存系统、供应商交付系统的对接，生产性需求可以实现系统化协同管理。系统驱动型申请的典型应用场景是准时制交付和 VMI，生产需求通过仓库管理系统或供应商管理库存系统直接生成可视化的物料需求计划，供应商根据库存水平的变动自行安排库存填补作业。

在项目的采购需求中，BOM 型申请有一定程度的应用，特别是组装件、结构件、机电模组件等结构化的模块产品的需求，这些产品的需求本质上属于相关需求。

3）使用网络采购系统的场景

使用网络采购系统来管理采购需求，可以大幅度地提高采购效率和降低采购成本，也能提高采购流程的透明度，减少采购人员专业性不足带来的负面影响。实践表明，电子目录提供的采购商需求产品清单或供应商销售产品清单，电子商城的海量货源以及可比价，可添加预设的交易条件（有时也可以谈判），给买卖双方的交易和其他商业活动带来了极大的便利和利益。标准产品和通用产品通过电子采购实现交易会更方便、更容易，越来越多的企业和个人也在通过互联网进行客制化需求和方案的寻源采购。

3. 采购申请单的构成

采购申请单的构成会因申请标的的复杂程度、重要性等实际情况而有差异，行业内没有一份通用的采购申请单，大多数企业都需要根据自身实际情况设计采购申请单的格式和内容并在内部实现标准化。采购申请单是采购需求信息的载体，通常需要包含便于采购的必要信息，包括申请人基本信息、采购申请的具体清单和批准栏等。

1）申请人基本信息

申请人基本信息包括申请人，申请部门，申请日期，成本中心 / 代码，项目名称或代号等。

2）采购申请的具体清单

● 所需产品或服务的品名 / 编号，规格描述。

● 数量、预估单价、预估总价。

● 期望到货日期、交付地点。

● 推荐或指定的供应商名单。

3）批准栏

批准人签字、批准日期等。

采购申请单的内容会因企业采购政策的不同而有所差异。比如，有些企业会将供应商、价格等信息列在申请单上，而有些企业会将这类敏感信息对非采购部门进行保密而不显示在申请单上。表1-2所示是一份采购申请单的示例。

表1-2　采购申请单的示例

申请人		采购申请单编号		
申请部门		申请日期		
是否有预算或者竞标通过的采购项目	预算□ 项目□ 否□	成本中心／代码	日常采购□	项目□
		币种		
若有推荐或指定的供应商，请列出		中标合同供应商		
编号	品名／编号	规格描述	数量	预估单价	预估金额	期望到货日期	交付地点
1							
2							
3							
4							
5							
6							
				预估总价			
申请人其他说明及申请人签字／日期：							
部门经理签字／日期：		预算经理签字／日期：					
批准人签字／日期：							

4. 采购申请的批准

1）采购申请的批准流程

　　采购申请的批准需要遵守组织的政策要求、流程定义或授权书的授权。通常，提出采购申请的部门获取相关的批准之后，将采购申请单交给采购部门执行。有些组织还会要求采购人员或采购部门主管作为审核方在采购申请单上签字确认，这使得采购部门能提早参与进来并起到交叉检查作用。一般来说，大多数组织会通过采购政策规定级别批准权限或金额批准权限，不同级别的批准人员权限不同，可批准的金额上限也不同。采购部门处理采购申请之前要确认采购申请单是否已经获得必要的批准。传统的批准形式是在纸质文档上签字或盖章，现在电子签名和电子签章的使用越来越普遍，可以满足无纸化作业、跨区域批准及移动办公的诉求。但无论采用何种形式，都应留存必要的记录，以便追溯和审计。

当组织正在开发新产品／服务或实施其他重大项目（如外包或流程升级）时，采购部门应该参与到需求的批准流程中并发挥采购职能的作用。采购部门应该与内部客户协作或作为跨职能团队的一部分来确定需求。在这些情况下，需求分析要识别满足组织业务需求的采购特征。在需求分析过程中，必须区分必需的"需求"和非必需的"想要"。高标准的但非必要的需求可能会减少可用的供应商数量、延长交货提前期（Lead-Time，LT），并增加成本。例如，当购买一台新机器时，工程部门可能想要10年的使用寿命。但是，如果产品及其生产技术的迭代周期为3~5年，则应降低对使用寿命的要求，换取降低机器的购买价格的机会。

2）不同需求的批准流程的特点

不同的需求具有不同的特性、成本、采购交付风险，需要不同的批准流程。虽然总体批准流程可以保持相对一致，但不同需求对应的管控重点和方法会有所不同。例如，对于系统驱动型采购申请，审批的焦点在需求计划，一般采用授权模式，一旦生产计划被批准，通过ERP系统产生的需求清单就直接交由采购部门执行，甚至直接转换成采购订单；对于生产性间接物料需求，可能会在触发预设的最低安全库存值时批准采购；资本类需求涉及的采购金额大、采购专业性强、采购周期长，相关产品在整个生命周期需要维护保养，此外资本类需求还涉及资产的财务运作，故需要采取特别的审核和批准流程，例如需要财务或预算部门介入；非生产性消耗类需求大多是对低值易耗品的需求，其采购申请往往只需要需求单位的主管批准。

3）采购申请的合规性

考虑到采购的专业性要求和采购可能对组织产生的影响，采购工作应该由受过专业培训的被授权人员负责。组织对采购申请与批准的流程、政策必须有明确、清晰的定义，确保合规。根据组织管理结构与采购政策，一部分采购工作会由非采购部门执行。例如差旅、办公用品的采购由行政部门负责，市场促销和广告支出由市场销售部门承担，等等。组织需要在流程执行和职责履行方面加以监管，避免出现未经授权的行为或违规作业的情况。未经授权的行为可能引发的风险有：出现违反组织的流程与政策的事情；需求没有经过正常审批，支出不合理；如果使用不合格的供应商，不能保障产品和服务的质量；在谈判中可能会缺乏采购优势，不能取得更优惠的价格；内部腐败，影响组织的利益和声誉。

4）批准流程的简化

为了简化采购申请批准流程，有一些特殊的做法，如使用小额现金支付、网络支付和采购卡支付。采用这些做法能提高流程效率、降低采购成本，但同样需要有相应的规定，以避免违规采购和以化整为零的方式规避采购控制与监管。例如，采购部门使用专业方法开发合格供应商，与之确定交易条件，使用部门或使用者直接采购时据此执行。

（1）小额现金采购与网络便捷采购

对于一些小额或零星物品的采购，为了提升效率并降低管理成本，需要简化采购申请批准流程。例如，使用部门不经过正常的较为复杂的批准流程，使用现金直接购买所需的物料或服务，然后拿发票到财务部门报销。在项目采购中，利用小额现金进行少量采购或者紧急采购是一种常用的采购方法，其目的是不影响项目进展。但组织一般会对此做出金额方面的限制，例如每次采购不能超过 2,000 元。

随着互联网技术与网络安全技术的日益成熟，网络支付已经成为一种潮流和便捷的支付手段，具有代表性的有微信支付、支付宝支付、Apple Pay 等。在我国，人们已经习惯使用网络支付，网络支付逐步取代了现金支付。

（2）采购卡采购

采购卡（Procurement card，P-card），是一种申购人被授权使用，由银行发行的信用卡，用于直接为低金额、高频率的采购付款，例如小额紧急采购、低值易耗品的采购、办公用品的零星采购等。企业内部被授权的员工可以直接使用采购卡采购和交费，然后逐月与银行清算。采购卡的使用减少了文书工作，使采购和财务人员能够专注于更多的高价值活动。使用采购卡支付带来的好处有缩短采购周期，提高内部客户满意度，采购人员能根据需要随时进行采购，简化内外部流程，降低处理费用，减少中小额采购订单的数量，采购人员可以关注更重要的或战略性工作。

使用采购卡支付时，企业需要适当地限定单次支付金额、指定供应商、限定支出类别等，缺少限制可能会导致支出增多，采购卡流向太多的供应商从而失去了集中采购的优势。采购卡支付作为一种支付方式有其优势，但在我国的应用范围不如网络支付广。

随着信息系统的广泛应用和互联网的普及，采购申请的批准流程在电子化（无纸化）方面有了较快的发展。在这种大背景下，出现了很多取代传统审批手续的方法，比如预算授权、网上电子签章或采购 - 供应商流程协同。表 1-3 所示为采购申请批准流程的电子化策略。

表 1-3　采购申请批准流程的电子化策略

采购申请类型	批准流程的电子化策略
纸质采购申请	采用办公自动化系统
系统驱动型申请及 BOM 型申请	实现与供应商的系统和流程协同，采用数据看板 电子签核或电子签章
采购方电子目录	预算授权、网络支付

续表

采购申请类型	批准流程的电子化策略
供应商电子目录	预算授权或供应商审批结算 采购卡支付、网络支付
电子商城	预算授权或供应商审批结算 采购卡支付、网络支付

| 第 3 节 | 采购需求识别

采购人员负责以最合适的质量和成本采购组织所需的产品或服务，在制订寻源采购计划时需要了解清楚内部利益相关方的需求与期望、外部合作者的能力和局限，以及组织目标和需求目标。识别需求作为开展寻源采购的第一步，采购人员可以利用对供应市场和供应商能力的了解，充分发挥自身作为协调者和整合者的作用，与内部利益相关方和外部合作者方一起进行需求识别。

需求通常涉及产品或服务的规格、功能、质量、数量、交付时间、包装、预算等要素，采购人员在采购前需要识别所有需求，识别需求的重点是把握需求的明确性、必要性、可替代性。

1. 需求识别的方法

（1）了解组织战略与目标

采购人员了解组织战略和目标，有助于预判和识别需求的合适程度和可能的弹性，提升和内部客户沟通的效率与效果，扩大外部供应商参与的空间。

（2）了解组织业务和营运计划

采购人员早期参与订单评审会议、参加日常的生产计划调度会议、了解组织业务和营运计划，有助于识别需求的轻重缓急，从而对需求进行权衡。

（3）倾听客户的声音

了解客户对产品或服务的要求、期望是识别需求的前提，采购人员对于其没有明确表达出来的期望，要通过适当的沟通加以明确。倾听客户的声音对把握需求的弹性有非常大的帮助。

（4）需求调查

采购人员可以在确定采购需求前，通过咨询、查询、问卷调查等方式开展需求调查，了解相关产业发展信息、市场供给信息、同类采购项目历史成交信息，以及可能涉及的运行维护、升级更新、备品备件、耗材等的相关情况。

2. 需求识别应把握的重点

1）需求的明确性

采购需求由不同的要素构成，识别采购需求需要明确其构成要素。

（1）明确需要的产品或服务

这包括明确需要的产品或服务的名称和代码、基本功能描述、质量等级、规格要求、品牌要求，供应商的设计和生产能力、供应可靠性，设备的生产制造过程、使用方法、便利性、耐久性和安装要求等。有时还需要明确设备的适用性、环保性要求以及报废处置方式等。规格是对产品或服务的技术要求的描述，可用于在合同签订后评判供应商的履约情况，必须清晰地表达。

在产品或服务开发初期，产品规格定义、服务水平要求等可能会不太详尽、清晰，或存在"渐进渐明"的过程，或客户给出的期望本身较模糊，这一阶段被称为"模糊前端"。采购人员需要与前端需求方（有必要时参与到客户会谈中）一起讨论规格的定义、拟定需求，必要时可以寻求供应商的专业意见和支持。产品或服务开发初期的采购需求多为独立需求，例如样品或小批量实验的需求。

（2）明确需求的数量和交付要求

明确需要供应商何时何地交付多少数量的产品或服务，这里的需求可能是一次性的需求，也可能是按照计划多次交付的需求，还可能是一定时期内的连续需求。此外，必须明确数量和交付方面变动的可接受范围，即数量和交付弹性。交付地点可能会影响供应商的交货提前期，采购人员需要明确所使用的运输方式，以使供应商的交货提前期最短。

（3）明确供应商的服务和响应水平

供应商的服务和响应水平（涉及供应商对需求量和交付计划满足性的回应），采购方对于技术支持与样品验证等方面的各种特别要求，都将直接影响采购的效率。例如，采购复杂设备时，在机器试运行期间或运行初期的技术指导、协助天数、技术培训、提供技术资料等方面的要求；供应商维修人员需要在报修通知发出后多长时间内赶到现场进行维修；供应商必须保证在多长时间内提供有效服务和进行备品备件供应等。

采购项目涉及售后采购需求的，如大型装备，采购人员可以要求供应商报出后续备品备件供应计划与供应价格，以及该备品备件的可替代性、替代产品及其估价，以此作为识别需求与采购评审时考虑的重要因素。

（4）明确提供给供应商的其他必要信息

例如国际采购涉及的运输、保险、关税、法律法规、社会环境责任等方面的信息。

（5）明确需求的合规性

采购需求应当符合法律法规，符合国家强制性标准，符合组织内部相关管理制度的规定，符合采购项目特点和实际需要。当需求部门不清楚合规性要求时，采购人员要能够清楚地告知对方。

（6）明确需求的预算要求

采购需求应当依据部门预算或工程项目预算确定，必要时采购人员可以进行相关的成本和收益分析。

（7）明确需求的影响因素

采购需求应当明确实现项目目标涉及的所有技术、商务要求，对功能和质量指标的设置要充分考虑可能影响供应商报价、市场价格和项目实施的因素。包装方式（包装不同，对物流的要求也不同）、采购批量（大批量采购更容易获得具有竞争力价格）、市场可得性等都是采购需求的重要影响因素，采购人员需要和内部客户进行沟通，以清楚识别。

2）需求的必要性与可变通性

（1）"需要的"和"想要的"

当与内部客户（需求方）一起确定采购需求时，采购人员需要辨识和区分其"需要的"和"想要的"。"需要的"是必需的属性和性能，需求规格应反映"需要的"；"想要的"是可以带来额外价值，或需求方在"需要的"之外希望更多、更好地获得的，但不是必需的属性和性能。有时需求方可能会分不清某些属性和性能是"需要的"还是"想要的"，采购人员应该帮助其进行识别。采购人员在考察供应商是否合格时，供应商首要应该满足需求方所"需要的"，当在合格供应商中进行选择时，可以考虑"想要的"。

（2）规格的适当性

规格应适当地宽泛，同时确保产品或服务满足采购组织的要求。如果规格过于狭窄或要求过于严苛，则满足需求的供应商数量可能会减少，采购成本就会增加。技术要求和商务要求应当客观，量化指标应当明确相应等级，有连续区间的按照区间划分等级。客制化规格替代标准规格时，采购成本可能会更高，供应商对生产计划的控制将会面临更大的挑战。

（3）需求的弹性

根据实际销售计划、产能规划和供应情况，采购人员可以为需求的满足预留出一定的弹性空间。采购人员需要和需求方确认实际情况和需求的弹性空间。冗余会带来库存的增加和存储物料价值的贬值风险，交付时间的提前或交货提前期的缩短会导致不得不使用速度更快、成本更高的运输方式。

3）需求的可替代性

替代方案在大多数情况下都是必要的，替代包括技术替代、产品替代和供应商替代。采购人员的早期参与和选型介入非常重要，采购人员可以通过参加选型会议和日常专案小组研讨会议、了解项目章程和产品规格替代清单等，掌握市场行情和替代情报等信息。

（1）技术替代

产品所选用的技术方案应尽可能地具有兼容性，但这在很多情况下是不容易做到的，例如电子与通信类产品的芯片往往都不具备兼容性。采购人员在识别这类需求时要侧重分析市场中供应商的产能状况、市场供求关系、采购组织在供应端的影响力和影响供应商供应的重要市场因素。除技术方案的排他性、技术专利垄断外，在其他情况下，技术方案在原则上都应该有替代方案，以提高产品可得性和实现采购成本优势。

（2）产品替代

产品替代涉及功能的取代、规格的替代等。采购人员在识别产品的替代性时，要关注替代品的质量和性能、单机装配测试结果、小批量试产验证结果、必要的可靠性测试结果，否则替代可能无法实现。例如，两款规格和性能描述完全一样但生产厂家不同的电阻，其单品检验和测试结果没有问题，然而当因缺货而进行替代时，却发现量产后的替代品的性能根本不能满足要求。

（3）供应商替代

选择替代供应商时，要验证产品规格、进行整机装配性能测试与小批量试产验证。替代供应商预备的产能要能达到组织对最小供应量的要求。替代供应商的报价和交易条件要在可接受范围内。

3. 收益与成本分析

在变更需求，如变更需求的弹性或替代方案时，采购人员需要进行必要的收益与成本分析。一方面，变更可能带来正面的效果，另一方面，变更可能带来效率的降低或成本的增加等负面的结果。进行材料变更或设计变更时，需要分析和评估由此带来的材料采购成本、制造工艺成本、质量成本、失效风险成本，因此可能需要重新选择供应商和制定采购策略。具有一定弹性的需求，通常可以提高采购流程的效率，优化物流运输的时间与成本以及库存与仓储的成本。此外，变更可能导致项目的完成时间延长和不确定性增加，因此采购人员需要分析时间成本与风险的变化。

| 第 4 节 | 采购规格书

规格是对产品或服务的技术要求的描述，是传达给供应商的采购要求的重要组成部分之一，并在签订合同后可用于评判供应商的遵守、执行情况以及作为验收依据。规格内容应尽可能准确和清晰，以避免产生任何需求方面的误解或歧义。

1. 什么是规格

规格对采购业务的影响至关重要，如果规格制定得不明确或不全面，会使得采购合同难以精确地定义产品需求及向供应商准确传达信息。供应商不能有效履行合同的时候，对于采购方来说，就会增加采购风险，降低采购质量，导致采购成本不可控，双方对于产品的验收标准也会存在分歧。在招投标采购中，规格制定得不合理会增加评标难度，甚至导致废标。

1）规格是交付和验收的基础

规格是供应商交付和采购方验收的依据和基础，验收标准定义了产品或服务在交付时必须满足的、采购方可以接受并依此支付货款的规范和要求，而验收标准来源于产品或服务的规格书。产品的验收标准的内容包括检验方法和允收结果，服务的验收标准的内容包括对交付成果的定义，可能是结果、外观、报告、产品或设备性能等。图 1-2 显示了规格与验收标准的关系模型。

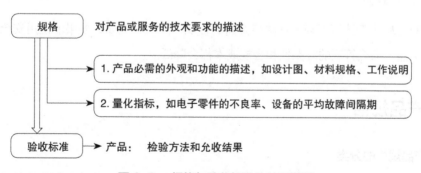

图 1-2 规格与验收标准的关系模型

2）制定规格需要考虑的因素

（1）客户真实需求

识别客户的真实需求，区分"需要的"和"想要的"，在各种要求之间进行权衡，避免过度拔高规格；选择标准规格或客制化规格，进行行业对标研究，将符合组织产品战略定位的规格要求（满足基本要求的）与行业最佳标杆产品的规格要求（期望最好的）进行对比与权衡。

（2）技术因素

确保产品的性能满足要求，以及尽可能地灵活；选择使用的材料或零件要考虑供应市场条件，例如可得性和价格等；设计、加工规格要有利于与供应商谈判及成本控制，并能充分利用供应商资源，例如设计公差过于严苛可能导致制造困难，进而使成本增加、可选供应商减少。

选择现有的设计而非使用新的设计，在增强可得性和供应商质量稳定性、增加成本优势以及降低失效风险方面的效果会比较显著；选择标准化或通用化零件而非客制化零件，可以降低复杂性、增强可得性、降低库存成本，并在采购中使用以量制价的策略取得价格优势。

（3）物流

物流主要指产品的运输和存储。物流方面要考虑的因素有包装方式、运输条件与限制、存储条件与限制，特别是是否涉及特殊包装、特殊处理等，采购组织要尽量降低物流成本，但不要影响对产品性能的选择。

（4）组织能力

在某些情况下，采购可能会对组织的能力提出要求。例如，要获得更低的价格，可能需要购买更多数量的通用标准品，此时组织的库存能力是关键。设计规格的确定需要组织的制造能力和工艺水平的支撑。

（5）法规要求

选择的材料或工艺可能会涉及法律方面的合规性问题。例如，如果能使用安全而不是危险的化学品，那么管理的复杂性和合规成本都会降低。

2. 产品规格

1）产品规格的分类

规格是对产品的技术要求，包含两个部分。第一部分是产品的外观和功能的描述，如设计图、材料规格、性能规格和工作说明等。第二部分是特定指标的定量描述，例如质量指标的描述：设备的平均故障间隔期、材料的不良率、生产过程能力指数、服务提供过程中的违约次数等。

（1）性能规格

性能规格定义了产品的功能，经常被用来定义资产设备的可接受性，例如对某种设备的物理或化学特性的描述：伸缩性好，油墨吸收均匀，抗水性能强，甘油含量高于 90% 等。性能规格比较简短，规定了所需要的功能及参数，通常包括以下内容。

● 要实现的内容（功能），界面细节。

● 过程投入成本，工作环境／操作环境，可用的公用设施的详细资料。

● 质量水平，安全水平。

● 衡量绩效的准则。

性能规格可以用于工程物品，例如锅炉或者水泵系统。采购方非常依赖供应商交付合适产品的能力，需要了解并告知供应商关于产品的预期功能及衡量标准。使用性能规格作为产品规格时，采购方有较大的选择余地，但是要注意最终是否能够并容易地评判功能的实现效果。通常性能规格对实现这些性能的细节并没有详细说明，而更多依靠供应商的自主实现。供应商有较大限度的自主权来决定如何满足性能规格的要求，同时也要承担满足不了要求达标的风险。

指定品牌是确定采购规格最简单的方法之一，可以节约时间和检验费用。然而，这也可能导致产品或服务的报价偏高，或所选品牌的产品或服务不能完全满足需要。指定品牌可能会限制选择范围，进而丧失更多采购机会，享受不到竞争带来的价格降低或者质量改进的好处。避免这种情况的方法是在规格中列出更多的品牌或表明会考虑能满足需求的同类品牌。

（2）设计规格

设计规格提供了关于产品的特点的详细描述，经常用来定义产品的制造过程及所使用的材料。采用设计规格通常给采购方赋予了较大的控制权，采购方由此承担产品性能无法实现的风险。例如，采用工程图纸或尺寸表作为规格描述，再配以详细的文字描述。典型的设计规格包括以下内容。

● 产品必需具备的功能、物理特性（尺寸、强度等）。

● 制造产品或提供服务的程序／方法，产品的操作要求、维修要求。

● 产品制造所使用的原材料。

工程图纸一般是指工程图样或工程设计图，规定了尺寸、原材料、容许公差、生产工艺等事项，常常用于描述机械电子产品的设计制作规范，如铸锻件、冲压件及建筑物等。其优点是可以避免使用过多的描述性文本，而缺点是需要专家来绘制。工程图纸的应用非常广泛，能够清晰列出具体要求、减少采购方与供应商之间的争议。

（3）技术规格

技术规格规定所采购产品的性能和标准，是采购需求、招标文件和合同文件的重要组成部分，通常作为产品收货检验标准或招标时评标的关键依据。技术规格的优点是能正确地描述所需的产品，采购方可以据此检验供应商所供产品是否满足所有条件。技术规格的缺点是可能需要的时间、人力、物力较多；在标准产品不能完全满足详细、周全的技术规格时，可能需要定制产品，从而增加成本；满足技术规格的供应商数量可能较少；因为供应商只是简单地按技术规格生产，采购方要承担产品性能不能达到要求的风险。采用技术规格时，采购方需要具备足够的设计能力和技术实力，否则会增大采购失败的风险；在制定技术规格时，需要进行多方考察和反复论证。所以，是否采用技术规格，采购方需要考虑自身的技术实力、所购产品是否一定需要进行详细的技术界定等因素。使用外包或聘请专家的方式来制定技术规格，也是一个采购行为，同样存在需求明确和需求转移的过程。

2）产品规格的来源

产品规格可以是组织的内部规格，也可以是行业或政府制定的外部规格。内部规格在企业内部使用，如果与外部规格不同，通常会带来更高的成本。使用内部规格进行采购时，采购方需要和供应商进行充分的书面沟通，以避免造成误会或歧义。

供应商的样品也可以作为产品规格来源，采购方确认样品并批准后，供应商就能依照样品进行制造。通常的做法是，供应商依据采购方的要求推荐样品，采购方选择样品或对其进行一定程度的修改，反馈样品给供应商并留存一部分作为验收时的对照标准。

3）供应商早期参与

供应商早期参与（Eary Supplier Involvement，ESI）可以对产品规格的制定带来重要贡献。供应商是其所在领域的专家，能充分考虑供应市场状态、原材料的性能参数、产品规格对成本的影响等因素。供应商的早期参与可以缩短采购周期、改善采购结果、提高采购质量、降低采购成本和确保采购产品的可用性。采购方采用 ESI 策略也是对供应商的一种激励，对提高其积极性有很大的帮助。通过整合供应商的想法和技术，采购人员就产品规格与供应商进行沟通，可以避免常见问题的出现，并提出合适的建议，从而让产品更快地推向市场。

在实践中，供应商专家、采购人员通常与客户同地甚至同区域工作，协同进行产品研发，互相提供技术和想法支持，问题一出现就一起解决，集中才智拟定更好的方案。Apple、HP 等公司的总部和区域研发中心周围都聚齐着大量的相关产品和技术领域的供应商专家，他们就地办公，把新的技术和工艺、市场信息等带给客户，及时提供样品进行测试，协同推进产品规格开发。

供应商参与产品设计时，会存在知识产权的归属问题。通常的做法是客户会独占有关的技术，以形成独有的竞争力。作为回报，供应商会得到客户既定的产品采购配额和供应优先权。另一种做法是客户支付一定的开发费用。如果供应商的开发属于代开发，则客户可以一定的采购量作为承诺，独占开发成果。如供应商被允许将开发的产品同时销售给其他客户，则销售价格要高一些，以确保本客户的价格优势。例如，供应商按照客户的要求进行计算机机箱模具开发，客户可支付开发费用以独占成果；或者客户不承担任何开发成本，但承诺半年内 300 万台的订单量，半年之后允许供应商以高出原价 15% 的价格将该模具销售给其他客户。

3. 服务规格

1）服务采购与有形产品采购的区别

服务采购和有形产品采购有很大的区别，最主要的区别是规格组成与描述的不同，合同履行方式、交付成果与交付验收方法也有不同。清楚地界定服务规格非常重要。例如在项目施工、专业服务外包中，服务规格界定不当可能会导致需求得不到满足或者产生额外的成本。服务的某些特点如下。

●服务是无形的（但交付成果可能包括有形产品），服务不能被存储，服务不能像有形产品那样可以被拥有。

●服务包括活动或任务的绩效。

●在购买服务之前可能看不到服务的样品，但有些服务可以有模拟演示。

●有些服务无法远程提供。

●服务是一个过程。

服务具有无形的特征，难以清晰地界定，这也造成了评价服务是否能被正确执行上的困难。例如，清洁到什么程度才算干净？修理设备应该花多长时间？餐厅饭菜怎样才称得上好吃？服务是由人提供的，不同人之间的差异更增加了界定服务效果的困难。采购方在界定服务时会使用含义较模糊的术语，如服务质量好、服务态度好等，应试图将模糊术语转化为可以量化的指标，而且量化的可行性需要衡量。

由于服务不能被存储，例如餐厅只有在顾客用餐时候才提供服务，因此餐厅就要清楚地规定允许顾客用餐的时间，并提前做好计划，以便有效地组织服务的供应。对于季节性服务需求，事先计划显得更加重要，例如，快递服务在"双十一"的需求会显著增加。如果事先计划不周，可能会缺少快递人员，快递就不能被按时送达。如果服务必须在购买者所在地，如维修、保安、园艺等，那么在服务规格中需要加入许多与产品规格中不同的要素，如所在地、设备的供应、监督、机密性等。

2）服务的类型

根据《民法典》，服务的类型主要有建筑施工类、维修工程类、物流仓储类、物业服务类、技术与知识产权类、租赁类、专业服务类等。

建筑施工类：是典型的工程类服务，例如房屋建造，桥梁施工等，施工方根据需求方或委托方的要求等进行施工。建筑施工通常涉及巨额的财务成本，施工进度、质量和成本控制是主要的监控与项目管理事项，确定施工方案和标准、进行施工监理非常重要。该类服务的交付成果包括服务内容和有形的建筑物。

维修工程类：涉及对现有设备、设施或其他主体物的维修，例如房屋维修、生产机器维修等。维修工程类服务可能包含对故障现象及原因的分析、维修方案的讨论与论证、执行维修和维修后的质保等内容，交付成果是维修的结果，通常是交付可正常运行的被维修产品。

物流仓储类：涉及物资的运输、通关、存储与仓库保管等业务，是供应链管理的主要内容之一。交付成果通常表现为供应商按照合同要求，按时、按量、保质、安全地将标的物运送至目的地或存储，可能包括海关通关作业、任何可能的风险管理与处置。供应商需要提供物流信息和其他针对客户的贴心服务，以满足并超出客户预期。

物业服务类：通常表现为物业管理公司按照委托合同对房屋及其配套的设施设备和相关场地进行维修、养护、管理，维护相关区域内的环境卫生和秩序等活动。

技术与知识产权类：涉及与技术专利、产品或企业商标、著作权、软件、集成电路设计图等知识产权有关的服务，包括注册与登记代理，知识产权转让、鉴定或评估、认证与咨询、检索等活动。技术与知识产权类服务具有很强的专业性和法律合规性要求，服务内容包括帮助企业进行知识产权的商业交易与处理侵权诉讼事件等。

租赁类：租赁是一种以一定费用借贷实物的经济行为。在合同约定的期间内，出租人将资产使用权让与承租人以获取租金，但租赁物的所有权仍保留在出租人手中。在实际经营活动中，越来越多的企业租赁设备或设施，而不是直接采购，以获得财务资金和成本等方面的利益。

专业服务类：各行各业都存在各自的专业服务，它们具有自身的特点和生态，例如中介服务、装修服务、法律服务、会计服务等。

3）工作说明书

工作说明书规定或说明了供应商应提供的特定服务和应开展的工作，通常包括服务的类型、性质、范围、预期或约定的服务质量、任务进度表、预期交付成果以及执行工作的条件等，常常在采购中使用，包括项目采购。工作说明书的部分基本内容如下。

● 项目目的、项目位置、项目周期、工作任务与要求。

● 正在执行的工作范围。

● 预计截止日期和交付成果。

● 验收标准、验收方式。

● 所需的硬件和软件。

● 要达到的基于绩效的标准、项目成功的定义。

工作说明书的应用范围很广泛，例如需求建议（Request For Proposal，RFP）被需求方用来向服务商提供建议。编写工作说明书的复杂程度取决于项目工作任务的复杂程度、项目规模的大小、项目应用供应商资源的策略以及拟采用的工作说明书类型。

4）工作说明书的类型

（1）性能指标工作说明书

对于性能指标工作说明书，由采购方描述所需要的性能指标，而设计工作由供应商负责，例如"有效服务响应"的性能指标包括：7×24 小时提供服务；一级故障解决时间 ＜ 4 小时，二级故障解决时间 ＜ 12 小时，三级故障解决时间 ＜ 48 小时；系统正常工作时间比例大于 99.99%；等等 。至于如何达到这些性能指标，则需要供应商提供解决方案。

（2）功能性要求工作说明书

这是一种基于绩效的工作说明书，采购方只描述需要达到的总体目的，以及所需的资源和预期交付成果的质量，具体采取何种方法以及如何设计则由供应商负责。最终任务是否完成的衡量标准是看目的是否达到。这是多数企业喜欢的工作说明书类型。

（3）努力程度工作说明书

努力程度工作说明书详细说明了工作时间以及在给定时间内提供服务所需的所有材料。这类说明书定义的是工作量以及提供每单位服务所需的材料和成本。这是比较通用的一种类型，适用于大多数项目。

（4）设计工作说明书

设计工作说明书对所需要的服务给出了完整描述，定义了完成项目所需的确切要求、应遵循的流程以及必须遵守的相关法规，可能还涉及关于提供服务的具体步骤的指导。设计工作说明书可以使采购方最大限度地控制最终结果，采购方也因此承担项目的大部分风险。如果供应商完全依照设计工作说明书设计，则采购方要承担最终产品或服务不能完全实现预期性能的风险。

5）制定工作说明书的注意事项

（1）列出主要要求

工作说明书是一份概括性的文档，应列出组织对于工作任务的主要要求和关键控制点，在原则上确认合同各方的权利、义务和责任，确定任务的工作范围，在此基础上定义如何最终实现组织需要的服务。

（2）预留充足的检验审核时间

制定工作说明书时需要给相关部门和管理层预留充足的时间来检查审核，必要时候邀请各相关利益方参与制定，听取其建议和意见，保证大方向一致。

（3）文档管理

工作说明书获得批准以后，需要对其进行管理，随着项目的推进，工作说明书要及时更新。

工作说明书模板如表1-4所示。

表1-4　工作说明书模板

前言
对服务的项目背景等信息做简单描述
服务范围
详细描述服务范围，包括业务领域、流程覆盖、系统范围等
工作方法
开展工作拟使用的主要方法
假定
开展工作的假定条件，具体内容需双方协商确定
工作期限和工作量估计
确定工作的时间跨度和服务期限，对于按人数、天数计算费用的项目，需评估所需人数、天数，即进行工作量估计
双方角色和责任
包括供应商的责任和采购方的责任，对关键角色的责任要进行描述
交付件
列出交付件，并对交付件的内容与质量要求进行描述
完成以及验收标准
列出工作的阶段完成标准和最终完成标准，并以最终完成标准作为验收标准
服务人员
列出供应商的人员名单及顾问资格信息，描述在什么情况下可进行供应商人员的变更
聘用条款
对聘用供应商人员的级别要求、经验要求及其他相关条款

付款条款
项目的付款方式、费用范围、涉税条款等
变更管理
工作范围变更的流程与约束条件等
承诺
双方承诺均已阅读工作说明书，理解并同意接受工作说明书的约束
保密
遵守保密协议（保密条款另行签署）
签署接受

6）服务水平协议

服务水平协议通常用来以正式协议的方式确定工作说明书中涵盖的所有方面，如定义工作范围、说明期望、界定采购方与供应商之间的关系。通常，服务水平协议涵盖供应商的承诺、履约方法、衡量标准和手段、未能履行协议的后果，以及协议期限方面的问题。服务水平协议通常根据服务领域的不同而变化，例如，法律专业服务将使用专业服务协议，设备维护将使用维护协议。主服务协议（Master Service Agreement，MSA）是为指导未来工作而使用的协议，这些协议通常是框架性的，具有长期特性，因此不需要在每次与供应商达成新服务协议时重新拟定。

（1）客户需求

在讨论和确定服务规格时，与客户互动、明确客户需求非常重要，这涉及服务设计、从客户处收集数据，以及和战略竞争对手进行对标等。明确客户需求的方法包括开展客户访谈、客户调查等，例如企业通过开展客户调查来确定自身质量体系的优势和需要改进的地方。

（2）服务水平协议内容

服务水平协议需要具体说明采购方希望达到的服务水平、可提供的支持和激励措施，目的是明确采购方的期望，提供争端发生时的解决机制，以及设定协议双方关系的界限。不同服务水平协议的组成部分可能有所不同，但最常见的要素包括项目介绍、工作范围、绩效管理措施、衡量和反馈标准、冲突管理措施、报酬管理措施、客户角色和责任、质量保证和补救措施、知识产权的归属问题、保密和安全性管理措施、发生争议时的法律责任、终止条款、签名等。典型的服务水平协议的基本信息包括以下内容。

●指定的供应商及其详细资料，所需的文件。

●服务的时间和地点。

●经认可的服务人员名单，有时服务人员对最终结果的质量有显著影响。

●正常情况及紧急情况下所要求的响应时间。

●支持和后备安排。如电话支持、紧急时间安排等。

服务水平协议的主要条款可能包括以下各项。

●提供服务的范围，如车辆维护。

●客户的责任，如控制合同的执行，提供场地、设备和设施，提供所需能源，批准服务变更，支付报酬，等等。

●供应商责任，如配备人员、执行必要的健康与安全程序、提供原材料、负责运输、达到约定的质量和时间要求、记录劳动力与原料成本、发现异常情况及时处理、开具发票等。

●服务要求，如服务结果、服务频率和服务质量等。

●服务场所概况。

●限制条件，如进入时间、季节性工作和安全要求等。

●管理问题，如文件工作、记录、程序等。

●数量界定，如活动日程、付款安排等。

（3）评估标准

没有评估标准，采购方就难以对供应商所提供的服务进行客观判断。评估标准与所交付的服务成果相关联。采购方要确保有合适的工具来跟踪服务过程，建立客观的评估标准，以消除双方的争议。例如，对于故障，供应商应该在15分钟之内做出响应，在30分钟内解决，超过了限定时间要进行赔偿。

第 2 章

品类管理

品类管理的概念与实践首先出现在零售业的销售管理活动中，品类管理是在零售业中品牌竞争日趋激烈，导致厂家与商家的利润均受到不利影响的背景下，产生的一种管理实践，即将管理重心从过度关注品牌营销，转到关注产品本身对消费者群体真实需求的满足水平上。该管理实践为宝洁这类消费品厂家及沃尔玛之类的商家都带来了正面的收益与效果。今天，当我们在网上搜索与品类管理有关的书籍或案例时，可以看到绝大多数内容都与消费品生产或销售有关。

销售与采购是商业世界中相伴而生的两项活动，两者之间既充满了博弈，也常常互相学习与借鉴。事实上，在销售端出现品类管理后不久，采购端的品类管理也应运而生了。

最近几年，随着中国政府及企业对供应链管理重视程度的急速提升，采购端的品类管理迅速在众多企业中涌现和实施。因此，我们在本书中安排了"品类管理"一章，希望能为正在或准备实施采购端的品类管理的企业提供一些帮助和指导。

本章目标

1. 理解采购品类的定义及品类管理的定义与意义。

2. 了解品类划分的方法。

3. 掌握品类管理战略的内部分析阶段、外部分析阶段和战略计划阶段的内容。

4. 掌握供应商 SWOT 分析、供应市场波特五力分析、外部环境 PESTLE 分析的方法。

5. 掌握品类管理战略风险的识别与应对策略制定的内容。

6. 了解典型的风险类别及风险来源。

7. 掌握风险评估的方法和典型的风险应对策略。

| 第 1 节 | 品类管理的定义与意义

1. 采购品类的定义

从字面上理解，采购品类（Category）就是"采购品种的类别"。然而，这种理解很容易让人产生误解，因为划分类别的依据有很多。那么采购管理实践中的品类究竟是以什么为依据来划分的呢？了解这个问题是正确认识品类管理的一个必要前提。

首先，我们来了解一下国外供应链与采购管理专业同行对品类的定义。

ISM 给出的定义是："在属性上具有典型相似性的一组大宗商品或服务。"ISM 对此给出了进一步的说明："直接支出品类可能包括化学品、塑料件、机加工产品或电子组装件。间接支出品类可能包括办公用品、法律服务或软件。划分品类时非常重要的一点是，确定构成一个品类的采购标的之间具有协同作用，品类覆盖的范围既不能太宽也不能过窄。"

CIPS 并没有对品类本身给出术语解释，但是其官方网站上给出的品类管理（Category Management）的定义是："品类管理是一种采购战略管理手段，组织将其支出划分为包含了相似或相关产品的组合，从而能够关注整合管理及效率提升的机会。"（英文原文：Category Management is a strategic approach to procurement where organisations segment their spend into areas which contain similar or related products enabling focus opportunities for consolidation and efficiency。）从这个定义中我们可以看出，在 CIPS 眼中，品类就是一组"相似或相关产品的组合"，品类管理是为了获得"整合管理及提高效率的机会"。

中国唯一经国务院批准设立的物流与采购行业综合性社团组织——中物联在其主导制订的团体标准《供应链术语》（以下简称"中物联《供应链术语》"）中对"品类 / 支出品类"给出的定义是："具有相似特征或属性的商品或服务，出于规划和管理目的而组合在一起，能够在任何交易场合进行买卖。"

从以上在国际上影响力较大的 3 个国内外采购管理专业机构对品类的定义可以看出，业内专业人士对采购品类的认知是基本一致的：一组产品或服务要成为采购品类，必须存在某种特征或属性上的相似性或相关性。

那么，怎样理解"某种特征或属性上的相似性或相关性"呢？我们以 CIPS 的解释为例来解读。CIPS 在其 2012 年出版的英文版教材《采购与供应中的品类管理》(*Category Management in Procurement & Supply*)中给出了品类划分的 6 个参考标准，如下所示。

- 供应来源相似。
- 生产过程相似。
- 用途相似。
- 材料相似。
- 规格相似。
- 技术相似。

我们将这 6 个标准总结一下，可以分为两个维度，即需求维度和供应维度。当采购标的在这两个维度下都具有比较强的相似性或相关性时，就适宜划分为一个采购品类。当然，大的品类还可以细分出子品类。

虽然采购端的品类管理发轫于零售业销售端的品类管理，但采购品类所涉及的范围、包含的内容显然比零售业的销售品类要宽泛、复杂得多，零售业的销售品类对于大部分企业而言，都被包含于采购品类之中，主要隶属于间接采购范畴，但也可能归属于直接采购范畴。以桌面显示器为例，很多企业的间接采购范畴中都会包含桌面显示器这种产品；而对于提供信息技术系统成套产品的企业而言，桌面显示器就会成为该企业向客户提供的最终交付物中的一部分，因而属于直接采购范畴。

虽然实践中几乎所有具有一定规模的企业都会对采购标的进行分类处理。但更加需要关注的是，实施品类管理时理应具有的协同效应。比如，很多企业会将采购品类划分为原辅材料、设备、服务等类别，这样划分可能方便企业内部的管理，但未必能从采购管理的角度获得协同效应。这时将原辅材料、设备和服务等视为"采购大类或门类"，作为部门或职责划分的依据，或者作为采购、运营、财务管理中进行成本预算与绩效考核的对象，就更加恰当。从采购管理的整合与效率提升的角度来考察，有必要仔细斟酌如何将这些采购大类合理划分出真正意义上的品类。

2. 如何划分采购品类

那么，如何合理划分采购品类呢？我们以 CIPS 给出的品类划分的 6 个参考标准，以及需求和供应两大维度为基本判断原则，以划分结果是否能够发挥出品类管理的协同效应为验证准绳。

采购标的的范围和种类在不同行业、不同企业中不尽相同。我们在此给出品类划分的一些基本思路和示例，供读者在为自己所在企业进行品类划分时借鉴参考。同行业中标杆企业的品类划分方法同样具有借鉴意义。此外，《联合国标准产品与服务分类代码》（The United Nations Standard Products and Services Code®，UNSPSC®）或中国的《国民经济行业》（GB/T4754-2017）等国际国内商品及行业分类文件，也可以参考。

下面结合 CIPS 所给出的品类划分参考标准，针对不同的采购大类或门类，给出品类划分的一些思路和示例。

首先，如果企业使用可以在现货或期货市场上进行交易的大宗商品原料类物资，且具有一定采购规模时，则可以参考国际或国内商品分类标准，结合企业自身所使用的材料之间的相似性，先确定一阶品类，比如矿石、金属、塑料、橡胶、化学品、纸浆、原纸等，再继续细分出二阶、三阶子品类，比如塑料可细分为通用塑料、工程塑料、特殊塑料（通常包括改性塑料、再生塑料、生物可降解塑料、免电镀塑料等）等二阶子品类，工程塑料可细分为聚碳酸酯（PC）、聚酰胺（PA，俗称"尼龙"）、聚酯（PET/PBT）、聚甲醛（POM）、聚四氟乙烯（PTFE）、亚克力（PMMA，俗称"有机玻璃"）等三阶子品类。有些企业可能会继续细分出四阶或五阶子品类，这通常取决于企业采购规模的大小，如果继续细分出来的子品类的采购规模过小，就不一定有细分的意义，除非这一子品类对企业打造产品差异化优势意义重大，或者企业从宏观角度判断，该子品类在日后会有采购规模上的快速增长。另外，鉴于医疗等行业采购要求的特殊性，以及材料供应商的细分属性，金属在一阶或二阶上就可以被分成通用金属和医用金属。

其次，很多企业会使用定制加工机械零部件。对于这一类采购标的，通常可以根据材料类别将其划分成金属件、塑料件、橡胶件、陶瓷件等一阶品类，再依据生产设施设备、加工过程或工艺技术的相似性与相关性划分出冲压件、压铸件、锻造件、注塑件、吹塑件、吸塑件、橡胶模压件、橡胶吹制件等二阶子品类，再根据使用的材料品种细分出三阶子品类，比如将压铸件细分为镁压铸件、铝压铸件、锌压铸件等，将橡胶管件细分为天然橡胶管件、硅橡胶管件、合成橡胶管件等。

如果企业同时采购某一类原材料以及由该类原材料定制加工而成的零部件，在划分品类时，可以将两者合并归类，划分出如"橡胶原料及制品"这样的一阶品类，再按照上面两个思路细分出合适的低阶子品类。

再次，企业还会用到很多标准件，这时就可以按照用途来对标准件进行品类划分，比如设立紧固件、暖通管道配件、传动件等一阶品类，再根据具体的功能细分出低阶子品类，如将紧固件细分为螺丝、螺栓、螺母、卡箍等二阶品类，将传动件细分为轴承、齿轮和齿条、皮带、链条等二阶品类。标准类产品或服务在很多企业里既属于直接采购范畴，也属于间接采购范畴。企业在实施品类管理时，需要辨明组织架构建设与品类体系构建上的区别与关系。品类管理团队通常是跨部门、跨职能的虚拟团队，团队成员集中制定某个品类的管理策略，与负责直接下单、日常运营管理的采购人员很可能不是同一组人员。这在实施品类管理的欧美企业中很普遍。即使是我国本土企业，往往也会存在"统谈分采""统采分购"的管理实践，其本质是将策略管理团队与运营管理团队区分开来。

此外，企业常常会用到包括芯片在内的各种各样的电子、机电、光学、声学零部件以及机光声电组件，企业通常会根据技术特点和结构特征划分出一阶品类，如主动元器件、被动元器件、半导体集成电路、半导体分立器件、机电零部件等，再根据零部件或组件的结构和用途进行细分，如将被动元器件细分为电容、电感、电阻等二阶子品类，将半导体集成电路细分为存储芯片、微处理器（MPU）、微控制器（MCU，俗称"单片机"）、专用集成电路（ASIC）等，将半导体分立器件则细分为晶体三极管（BJT）、场效应晶体管（FET）、晶闸管（Thyristor，俗称"可控硅"）等。对于覆盖面广泛的光电元器件，可能需要根据其他属性来进一步细分出三阶或更低阶的子品类。比如根据材料和工艺将电容细分为电解电容、陶瓷电容、钽电容等三阶子品类，根据功能特点（断电后是否丢失数据）、电路结构或读取技术将存储芯片划分成 ROM、DRAM、NAND 和 NOR 等三阶子品类（注意：这与购买存储器时将之细分为内存、机械硬盘、固态硬盘的分类方法不完全相同）。

除了上面提及的大宗原料和各种零部件外，企业还会有各类设备设施、专业服务等采购标的，此处就不一一加以细述了。从上面关于品类划分的示例，加上采购标的的复杂性与现代材料、制造技术高速发展的特点可以看出，品类划分的难度之大，即使在一家企业内部，不同职能部门对同一采购标的的划分方法往往也会存在很大的分歧。然而，品类划分是品类管理中最基础的一环，因此，企业需要"万丈高楼平地起"，借力内外部利益相关方，综合权衡后达成共识，构建出自己的品类划分体系——"品类树"。

图 2-1 给出了缩减后的某电子企业内部机械结构件门类下的"品类树"示例，供读者参考。

实际工作中，如何划分和管理品类可以说是仁者见仁、智者见智。但需要切记的是，不管如何分类或聚类，品类划分和管理的核心要义是充分发挥协同效应，使采购组织实现价值创造的最大化。

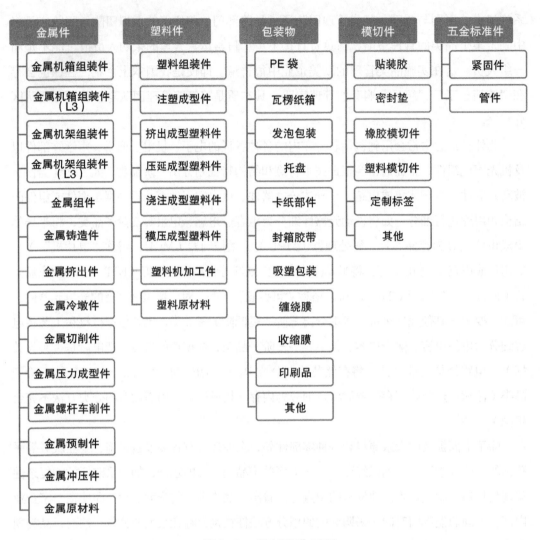

图 2-1　"品类树"示例

3. 品类管理的定义与意义

　　ISM 对品类管理的定义是："对一组具有相关性的大宗商品或服务进行监管，实现财务及运营价值最大化的过程。具体做法是：对一组相关的大宗商品或服务的使用量及总支出进行识别与监控，时刻把握与之相关的市场动态、新替代品或新发明，并对市场供应与需求进行预测；持续考核供应商绩效以推动成本削减和绩效提升，积极响应不断变化着的业务要求以提高利益相关方的满意度。"该定义也被中物联《供应链术语》接纳和沿用。

　　CIPS 认为："品类管理被应用在采购与供应管理领域时，要求组织在进行采购团队和资源的组织时将关注点聚焦在供应市场上，而不仅仅聚焦内部客户或部门职能上，从而充分发挥采购决策的杠杆作用。"

《采购品类管理》一书的作者——乔纳森·奥布莱恩（Jonathan O'Brien，英国）则是这样描述的："品类管理是一个基于战略计划过程的管理方法，它将采购关注的重点聚焦在组织为了获得所需产品或服务而花在第三方供应商身上的、支出金额巨大的重要品类上。"

从以上与品类管理有关的定义和阐述中可以看出，品类管理作为一种基于战略计划过程的管理方法，对企业具有十分重要的意义与价值，主要归纳为以下 4 点。

- 有助于企业实现财务及运营价值的最大化。
- 有助于充分发挥采购杠杆作用。
- 有助于推动削减采购成本。
- 有助于推动提升供应商绩效。

| 第 2 节 | 品类管理战略的制定过程

总体上看，品类管理战略的制定过程包括 3 个阶段，即内部分析阶段、外部分析阶段和战略计划阶段。

下面我们就这 3 个阶段中的主要任务和所用到的工具方法进行详细阐述。

1. 内部分析阶段

这一阶段中，企业首先要对采购标的的品类划分进行回顾，必要时进行重新梳理和调整。接下来，企业就要针对某个或某几个具体的采购品类或子品类进行细致的分析，旨在解读某具体品类 / 子品类的采购现状（金额、数量、使用单位、使用地、供应来源等多个维度），展望未来一段期间内（通常为 1~3 年，也可能长达 5~10 年）该品类的采购规模和趋势，了解和确定来自不同利益相关方对某品类的普适性的技术及商务要求。需要注意的是，无论从某个具体子品类层面还是从高阶品类层面着手分析时，企业都需要兼顾与之存在关联的其他子品类或品类的相关数据与信息，因为品类管理过程中始终存在着聚类和分类的可能性和动态性。

1）确定分析范围

我们在第 1 节里比较详细地介绍了品类的划分方法，也给出了"品类树"示例。那么品类管理战略计划制订的第一步，就是要确定企业将针对哪一个品类或该品类的第几阶子品类进行战略分析和策略制定。

这并不是一个非常容易回答的问题，我们尝试给出以下 3 个原则。

（1）原则一：基于品类的市场标准化程度

市场标准化程度越高，企业越可能在较高阶的品类或子品类层面上制定品类管理策略；反之，缺少市场标准或者定制化设计的程度较高，企业就更倾向于在更低阶的子品类上进行战略分析和策略制定。

（2）原则二：基于品类及子品类的采购支出分布和集中度

某一阶子品类的采购支出分布呈长尾状，集中度低，就建议在上一阶品类层面进行整合管理；某一阶子品类的采购支出分布明显集中时，就建议在该子品类层面对支出占比大的几个子品类进行单独分析，然后对剩余部分进行集中分析和策略制定。

（3）原则三：弄清楚品类管理团队目前能够把控的程度

这条原则主要包括以下 4 个方面的考虑。

● 负责管理的区域有哪些？能管理的区域越大，越建议将分析范围限定在更低阶的子品类上，因为不同区域的采购要求可能存在显著差异，制定对应的策略时可能会有分区域的必要性，基于较高层面制定的品类管理策略很可能难以落地。

● 使用该品类的用户部门有多少？使用该品类的用户部门越多，企业越需要仔细斟酌不同用户部门对同一品类可能存在的不同诉求。品类的标准化和商品化程度越高，企业越适合在较高层面统一制定品类管理战略。当然，在这种情况下，更需要强有力的高层支持与推动。

● 不能自主选择供应来源的产品有哪些？有些企业，尤其是外协加工企业，往往由于客户指定或内部供应而无法自己决定某个品类或子品类的供应来源，如果此时存在相同品类或子品类的自主采购需求，那么要不要对所有同品类或子品类的需求进行合并分析和制定策略，是一个需要提前考虑并做好铺垫的工作，因为我们不能排除企业可以改变客户指定或内部供应的现状。

● 是否有足够的技术资源支持品类管理团队分析确定跨子品类（甚至跨品类）整合或替代的可行性？技术资源支持越丰富，企业就越有必要从更高的层面进行综合分析，也许可以通过整合或替代手段，在品类分析和策略制定中找到更多有利于采购作业的地方。

2）采购支出分析

接下来，我们就可以针对选定的品类或子品类进行采购支出分析了。

中物联《供应链术语》对支出分析的定义是："通常按商品或类别对组织中历史支出形态的分析。该分析提供有关采购项目类型及其累计金额价值的信息，这些信息将成为未来战略和业务采购计划的实质内容。"

在进行采购支出分析时，我们需要从使用者、使用地、供应商等维度来考察，通常要思考和回答的问题包括在过去某一既定历史时期内（如一年），在一个既定的范围内（如全公司或某个事业部），该品类中包含的所有单品（Stock Keeping Unit，SKU）的采购支出是多少？该品类的支出金额在所有同级品类支出金额中的占比是多少？该品类的支出金额在所有同级品类支出金额中排在什么位置？构成该品类的子品类或单品的采购支出金额在该品类采购支出总金额中的占比是多少？哪些子品类或单品的采购支出重要程度更高？该品类或子品类的现有供应商有哪些？在每家供应商处采购的数量或支出金额分别是多少？在每家供应商处的采购数量和支出金额在该品类或子品类的总采购数量或总支出金额中的占比是多少？该品类或子品类在每家供应商处的采购数量或支出金额占到在各家供应商处的总采购数量或支出金额的百分比是多少？哪些采购数量或支出金额占比落在"长尾"范围内的子品类或单品对公司的产成品或所提供的服务具有显著的竞争重要性？哪些采购数量或支出金额占比落在"长尾"范围内的子品类或单品是公司自身无法掌控的？哪些供应商是出于监管合规要求而无法替代的？

采购支出分析可以帮助采购组织识别寻源采购决策所针对的品类，进而判断这些品类对公司运营所需资金的影响程度及重要性。一般来说，虽然支出少的品类并不一定是不重要的品类，但是支出大的品类通常是重要的品类。任何组织都会把有限的资源和精力放在对组织具有重要影响的活动上，因此，采购支出分析无疑是产品／服务寻源采购流程中一个重要的环节。

ABC 分类法是一种基于帕累托法则的分类方法，并被广泛运用于采购支出分析。应用 ABC 分类方法进行采购支出分析，既可以针对单品，也可以针对某一阶品类，即可根据需要，将单品的支出汇总到既定的品类层级上进行分析。

由于寻源采购战略通常针对的是某一阶产品或服务品类，因此，ABC 分类法在实际应用中，需要进一步在品类层面上展开，即将预定的、某一阶的所有品类罗列在一个电子数据表格里，并逐一计算每个品类在某设定期间的历史消耗量与标准成本的乘积（也可以是未来一定期间的预测消耗量与预估成本的乘积），从而得到所有单品在设定期间的支出金额（或未来一定期间内的预测支出金额），接着按照 ABC 分类法对单品进行采购支出分析和分类。

虽然应用 ABC 分类法可能不是很严谨，并且所采购的产品会随着内外部条件的变化而发生改变，但这么做的重要意义在于，帮助采购组织识别出需要在供应链管理中重点关注的单品或品类，以及根据不同单品或品类对采购组织的重要性和影响大小的差异，有针对性地做出不同的、恰当的寻源采购决策。

3）采购趋势分析

采购支出分析是基于历史数据的分析，而品类管理是具有前瞻性的采购战略管理方法，因此，品类管理者还需要收集或预估某品类在未来一段时间里的需求变化趋势，从而制定相应的应对策略。

展望品类未来采购趋势时需要回答的一些典型问题包括：这些采购支出金额占比高的单品在未来几年中的支出金额有什么样的变化趋势？采购组织对成本削减有什么样的要求和目标？哪些品类或单品存在着较大的成本削减的机会？与现有供应商合作能够达成成本削减目标吗？哪些单品未来的需求有显著增加？现有供应商有足够的产能满足增加的需求吗？该品类的现有供应商有哪些？在每家供应商处的支出金额及其占比是多少？该品类的支出金额占所有同级品类的支出总金额的比例是多少？该品类的支出金额在所有同级品类支出金额中排在什么位置？该品类未来的支出金额有什么变化趋势？该品类的支出金额在所有同级品类支出金额中的排名会有什么样的变化？

4）品类要求分析

单品采购前需要厘清技术要求和商务要求，品类管理也有同样的需要。因此，我们在这里所要分析的既包括采购品类本身的技术要求，也包括针对该品类的外部供应来源应具备的技术和服务能力而提出的要求。我们在完成了包括供应商分析和供应市场分析在内的外部分析后，发现无法找到能够满足这些要求的供应来源时，就有可能据此做出内部的战略性决策。

作为众多单品的集合，品类或子品类的采购要求是对整个品类或子品类层面上具有共性和关键性的技术要求及商务要求进行识别。同时，品类管理者制订具有前瞻性的品类管理战略计划时，不仅要考虑当前或短期内的要求，还需要在内外部利益相关方的协助下，了解该品类在未来较长一段时间内（通常为3~5年）的要求。

那么，在制订品类管理战略计划时，通常需要了解和分析哪些方面的要求呢？下面我们就抛开种类庞杂的产品或服务品类在具体要求上的千差万别，将各种技术与商务要求归纳为以下几个方面。

（1）技术要求与能力要求

采购方首先需要考虑的就是某个品类的技术要求，以及保证该品类满足这些技术要求时供应商可能需要具备哪些能力。例如，该品类主要的技术要求有哪些？比如精度要求、寿命要求、环保材料要求等。是否需要供应商具备某些特定的研发和设计能力？比如，整机或系统开发能力、结构设计能力等。是否需要供应商具备某些特定的制程装备、软件系统及生产能力？比如，模具制造、表面处理或半导体先进制程及产能等。是否需要供应商具备某些特定的检验装置和检测能力？比如，无损探伤或全自动光学检测等。

（2）质量水平与资质要求

针对某个具体的品类或子品类，采购方还可能提出质量水平及相关资质方面的要求。比如，用可接受的质量水平（Acceptable Quality Level，AQL）和百万分之不合格率（Defective Parts Per Million，DPPM）来表述的产品或服务的质量水平。

（3）交付能力要求

在供应交付方面，采购方可能提出运输半径、交货提前期（Lead-Time，LT）、准时交付率（On-Time Delivery，OTD）等方面的要求。

（4）价格与成本要求

在价格和成本方面，则存在价格最优、总拥有成本（Total Cost of Ownership，TCO）最优或性价比最优等不同层级的衡量指标。

（5）配合与服务要求

在配合与服务方面，采购方可能会有服务响应时间、7×24 小时实时响应、新项目开发早期供应商参与、与采购方同地运营等方面的要求。

（6）创新能力要求

在科技发展日新月异的今天，采购方往往还会期待材料、工艺、交易模式、交付方式等方面的不断创新，从而使采购可以更好地满足本企业的生产运营需要，提升本企业对客户的响应水平及相较于竞争对手的差异化服务水平。

（7）管理水平要求

对于某些关键或复杂的品类，例如半导体集成电路或研发生产外包服务等，采购方通常会对供应商内部及供应链管理水平提出各种要求。比如，对供应商管理库存能力、协同计划能力、预测与补货（Collaborative Planning Forecasting and Replenishment，CPFR）能力等提出要求。

（8）可持续性能力要求

供应持续性的保障水平，是品类管理战略制定成功与否的一项重要指标，而供应持续的前提是供应商的可持续性。因此，品类管理中，采购方越来越多地关注品类及供应商的可持续性，包括环境、社会和公司治理（Environment Social and Governance，ESG）方面的各种责任、道德操守及合规要求。

上面提到的 8 个品类要求，并不是品类管理者一个人"闭门造车"出来的，而是由企业内外部各利益相关方共同提出的。因此，在品类管理战略制定的内部分析阶段，品类管理者不仅要收集汇总各项品类要求，还要与各利益相关方进行沟通，探讨每一项要求的必要性和变通性。要求过高，势必会减少可选供应商的数量，进而可能影响到供应的保障性；要求过低，可能无法保证品类的供应质量，进而影响到企业对客户的交付水平或企业的竞争力。故而，编制出一套合理的品类采购与管理要求，是制订出一组切实可行、行之有效的品类管理战略计划的重要基石。

2. 外部分析阶段

对采购支出、采购趋势及品类要求等企业内部状况进行分析前、分析时和分析后，品类管理者都需要对企业外部的供应市场及宏观环境有所了解。内部分析与外部分析本身没有先后顺序之分，二者是相辅相成的。这一点希望读者能够有所了解，而不至于陷入"先做什么后做什么"的无谓纠结之中。

外部分析主要包括3个方面，即供应商分析、供应市场分析和外部环境分析。

1）供应商分析

进行供应商分析时，通常先对现有供应商进行分析，再对企业了解到的潜在供应商进行分析。

（1）在用供应商分析

对于在用供应商，我们首先需要回顾一下某一品类的在用供应商当前的基本概况，包括这些供应商的企业性质、营收规模、行业经验、行业地位、业务模式等方面的现状与变化；重点聚焦这些供应商的主营业务的现状与变化、重点客户以及营收分布状况，从而结合本企业采购额在这些供应商销售额中的占比情况，了解本企业对于这些供应商的重要程度；同时，也需要复盘这些供应商的产品及产地分布现状与动态，从而结合本企业的采购需求变化趋势，评估双方合作的匹配程度；另外，也有必要了解一下在用供应商在各种资质认证方面是否有变化，比如新近获得或失去了哪些相关资质。这样有助于采购方开拓新的业务合作机会，或者预见有可能出现的供应风险。

采购方对本企业与在用供应商之间最近一段时间的合作成果或问题的回顾，是在用供应商分析的另一个重点，具体涉及供应商履约绩效、尚在有效期内的合同与协议、潜在问题与改善机会以及可以开发利用的供应商潜在资源与能力等方面。

获得上述信息后，采购方可以对在用供应商的优势、劣势、机会与威胁（SWOT）进行汇总分析，如表2-1所示。

表 2-1　在用供应商 SWOT 分析示例

优势	劣势
1.产品线宽，提供的品种全； 2.规模经济和范围经济效应带来成本优势； 3.产品创新能力强； 4.产品质量控制过程严格，产品质量优； 5.财务实力强，账期灵活性高	1.订单确认时间和交付提前期长； 2.生产基地集中在华南地区，服务所覆盖的区域不平衡； 3.距我司运输距离长，物流成本偏高； 4.客户定制化服务响应性低
机会	威胁
1.技术替代项目增多； 2.国家政策的鼓励与支持； 3.国外对其下游客户的供应依赖性强； 4.下游企业竞争加剧，对成本的关注度更高	1.经济发展的不确定性日益增加； 2.下游需求增加导致本行业的新进入者增加； 3.劳动力短缺； 4.东南亚新兴地区具有更大的成本优势； 5.主要客户越来越看重响应性和敏捷性

（2）潜在供应商分析

与在用供应商分析一样，采购方首先也需要对潜在供应商当前的基本概况进行收集、整理、汇总和分析。

与在用供应商分析不一样的是，由于没有与潜在供应商合作的经历，采购方也就无法就供应商履约绩效进行一手数据的分析。因此，对于潜在供应商，采购方更多从履约能力、潜在风险及第三方评价等方面入手，包括核心产品或服务能力分析；关键设备与制程能力分析；供应持续性、交付及时性、价格成本水平、供应质量、财务健康状况、社会责任与合规方面的管理水平及潜在风险分析；借助竞争对手以及 IHS Marit 或华夏邓白氏这样的商情分析机构获得与潜在供应商有关的能力及风险评价信息，努力对潜在供应商进行全面充分的了解与分析。

与在用供应商分析一样，对潜在供应商进行分析时也可以将其所有的信息提炼萃取后，进行如表 2-1 所示的 SWOT 分析。

（3）供应商偏好分析

为了给品类管理中的供应商关系管理策略的制定打好基础，采购方还需要对在用供应商及潜在供应商进行供应商偏好分析，洞悉在供应商"眼中"采购方处于什么样的位置。

供应商偏好模型（见图 2-2）建立在两个维度上：①客户的相对价值，一般用采购方的采购支出占供应商销售额的比重来表示采购方对供应商的价值；②客户的吸引力，即采购方的业务对供应商的吸引力，这通常与供应商的业务战略有关。将两个维度进行结合，可以得到供应商偏好模型的 4 个象限，分别是核心、开发、盘剥、回避。

●核心：当采购方对供应商的价值及吸引力都处于高位时，供应商通常把采购方当作核心客户，并致力于与采购方建立长期的合作关系。

●开发：当采购方的业务对供应商具有高吸引力，但是采购方尚未在供应商这里进行大规模采购时，供应商通常把采购方当作需要重点开发的客户。

●盘剥：当采购方在供应商那里产生占比较高的采购支出但对供应商缺乏长期的吸引力时，供应商往往不看重与采购方长期合作关系的维系，而更加看重眼前利益的获取。

●回避：当采购方的采购支出占供应商的销售额比重很小，且采购方的业务对供应商的吸引力很小或没有吸引力时，供应商对采购方表现出厌烦的态度，供应商与采购方的合作关系一般是一次性或短期导向的。

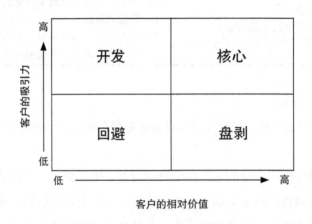

图2-2　供应商偏好模型

2）供应市场分析

供应商分析属于微观分析，对于作为战略规划性质的品类管理战略的制定，品类管理者无疑需要从更加宏观的层面上，对整个供应市场有所了解和把握。下面就供应市场分析的主要内容和方法进行介绍。

首先，需要了解某品类或子品类供给侧的行业现状。第一个需要弄清楚的问题就是，该行业是否存在因最终客户群体的差异化而形成若干面向不同客户群体的细分市场？如果答案为"是"，那么供应市场分析则应该以本企业采购标的所属的细分行业为重点，同时兼顾行业整体状况以及细分市场的现状与动态。分析的内容主要包括：用理论或实际供应总产能（同时尽可能地使用金额来表述）代表的该行业及各细分领域的整体规模有多大？主要供应商有哪些？供应商的地理分布存在哪些特征？有没有地域集中性或限制性？有没有政策或物流上的限制性？行业竞争激烈程度是高还是低？主要竞争手段是价格、服务、质量、技术能力方面的还是其他方面的？主要的成本要素有哪些？典型的定价模式是什么？是否存在上游资源约束瓶颈？如果有，主要是哪些？整个产业链中的价值高地在哪里？约束瓶颈和价值高地是否存在明显的变化趋势？材料、设备装置、工艺制程等的技术发展趋势是什么？

同时，也需要对该行业所面向的客户群体，即需求侧进行分析。需求侧分析与供给侧分析一样，重点关注的是本企业采购标的所属的细分市场，同时兼顾其他与本企业竞争可用供应资源的其他细分市场的动态。分析的主要内容包括：整体市场与细分市场的需求规模及变化趋势如何？细分市场上的主要买家有哪些？本企业在细分市场上对于供应商的重要性如何？其他细分市场对本细分市场供应资源的兼容性与竞争性如何？

波特的五力模型作为一种供应市场分析工具在实践中被广泛应用。该模型是由迈克尔·波特（Michael Porter）在 20 世纪 80 年代初提出的。波特认为市场中存在着决定竞争程度的 5 种力量，分别是供应市场竞争状况、上游市场卖方力量、需求市场买方力量、新进入者的威胁、替代品的威胁（见图 2-3）。

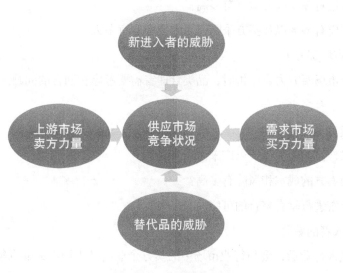

图 2-3　波特五力模型

（1）供应市场竞争状况

品类的供应市场竞争状况也称为供应市场结构。供应市场结构在很大程度上决定了供应来源的博弈力量。根据市场竞争程度的不同，供应市场竞争结构可分为完全垄断、寡头垄断、垄断竞争、完全竞争几种形式。其中，完全垄断市场、寡头垄断市场和垄断竞争市场通常被认为是卖方占主导地位的卖方市场，而完全竞争市场通常被看成买方市场。在进行供应市场竞争状况分析时，品类管理者一般需要考虑和回答下面几个问题。

●竞争对手的市场规模与份额为多少？

●这是一个增长的市场吗？

●这个市场是全球化的吗？

●固定成本投入很高吗？

●整个市场的总产能在大量增加吗？

●各种产品的差异化很明显吗？

●这个市场有很高的退出壁垒吗？

（2）上游市场卖方力量

在进行上游市场卖方力量分析时，品类管理者需要考虑和回答的问题主要如下。

●上游市场的集中度有多高？

●买方更换供应商的成本有多高？

●品牌力量有多大？

●卖方向下游进行垂直整合的可能性如何？

●买方的数量有多少或分散度有多高？

●买方的规模有多大以及买方采购行为的集中度有多大？

（3）需求市场买方力量

在进行需求市场买方力量分析时，品类管理者需要考虑和回答的问题主要如下。

●需求市场上有多少买方？

●买方规模有多大？

●买方需求产品的替代品或供应来源很多吗？

●买方更换卖方的成本和风险有多高？

●买方向上游进行垂直整合的可能性有多大？

（4）新进入者的威胁

新进入者进入行业后，会与行业市场中的卖方企业展开市场份额的竞争，并可能导致行业市场中现有企业盈利水平降低。新进入者对现有企业的威胁程度取决于3个方面的因素，具体如下。

●新进入者的战略与现有供应市场的匹配度和潜在收益大小。

●进入现有供应市场的壁垒高低，包括技术、资本、政策等方面的约束与限制，这反映了新进入者进入新的行业市场的难易程度和所需投入的代价。

●现有供应企业对新进入者可能的反应，如降价竞争，造成新进入者难以在预期的投入回报期内收回投入，或与现有客户进行各种形式的排他性买卖等。这反映了新进入者进入新的行业市场所要面对和承担的风险。

在对新进入者的威胁进行分析时，品类管理者通常要考虑和回答的问题包括：新进入者要进入的新的行业市场与其企业战略具有一致性吗？在新的行业市场参与竞争时规模很重要吗？进入新的行业市场对资本和技术的要求高吗？进入新的行业市场的潜在收益高吗？进入新的行业市场后，新进入者能够利用现有行业市场的销售网络和分销渠道吗？现有企业会有强劲的反击措施吗？进入新的行业市场是否有严格的政策限制？

（5）替代品的威胁

两个处于同行业或不同行业中的卖方，可能会由于他们所提供的产品互为替代品，从而使得买方可以在两个卖方之间进行选择和替换，导致卖方之间产生相互竞争的行为。这种源自替代品的竞争会以各种形式影响行业中现有企业的竞争战略。

除了来自产品的直接替代威胁，现有行业市场中的企业还可能面对技术替代或需求取消的威胁。如 3D 打印技术对现有原型制作技术的替代威胁，碳素纤维材料的广泛应用可能导致汽车车身对钢铁需求的降低或取消。

总之，市场细分、市场规模、技术趋势、行业营利性与监管变化等都会影响供应市场的现状与发展动态。品类管理者需要从上述各个纬度对供应市场进行分析和把握，从而为制定出恰当有效的品类管理战略提供充足的依据。

3）外部环境分析

对供应商及供应市场进行分析后，我们还需要考虑外部环境对供需两端的影响，比较常见的分析方法是 PESTLE 分析法，即从政治（Politics）、经济（Economics）、社会（Social）、技术（Technology）、法律（Legal）和自然环境（Environment）等 6 个方面入手，把握外部宏观环境对品类供需的影响。还有一种被称为"STEEPLE"的分析方法，即在上述 6 个方面的基础上增加了道德（Ethics）这个视角。在本书中，我们依然采用 PESTLE 分析法进行分析，而道德方面的影响则会在分析政治、社会等方面时一并考虑。

（1）政治方面

近年来，供应链从业人员都能够切实地感受到政治对供应链的巨大影响，因此，品类管理者制定品类管理战略时必须要考察国家（地区）的政局是否稳定、国家（地区）的政策是否会改变，从而确保供应的可得性与持续性；政府所持的市场道德标准是否会影响某个地区供应来源的可用性；政府的经济政策有什么变化，是否会鼓励或限制某些行业的发展，从而影响到供给与需求的规模；政府是否关注文化与宗教，政府是否与其他组织签订过贸易协定，如欧盟（EU）、东盟（ASEAN）等，这也会对供应链的可靠性与获得成本产生影响。

（2）经济方面

经济景气形势与汇率、利率、通货膨胀率、就业率、人均 GDP 的增长预期等经济指标，也会对某些品类的需求和供应产生影响。比如，某个地区的通货膨胀率大幅上升时，人工成本会随之增长，来自该地区的产品或服务的成本也会随之上升；某个地区的人均GDP 高速增长时，该地区的需求会日渐旺盛，供应的流向可能会因此发生转移，而经济发展缓慢的地区的供应就可能受到负面影响。如此总总，都需要品类管理者仔细斟酌，提前布局。

（3）社会方面

某个地区的商业惯例、文化特征、宗教风俗、语言和道德约束等，也会对某些产品或服务的消费偏好或采购习惯产生影响。这种企业往往无法自行控制的外部影响，使得采购方重则不能通过某些原本可用的供应来源获取所需的产品或服务，轻则可能花更多的成本去获得那些由本地区社会文化造成的有倾向性的产品或服务。

（4）技术方面

科技进步在更多时候起着一种赋能作用，常常使得产品或服务的成本降低，而质量更优，还可能简化交易流程、降低交易成本、增加可用供应来源。此外，科技发展往往会缩短产品或服务的市场生命周期，这就需要品类管理者在品类管理战略制定过程中，特别关注采购标的的技术升级节拍，尽量避免在确定了供应来源不久之后就不得不重新寻找和更换供应来源，或造成供应中断。

（5）法律方面

我国的《民法典》《招标投标法》《劳动法》《反垄断法》等法律，以及世界各地的相应法律法规，都会对采购与供应的合规性产生巨大影响。制定品类管理战略时，品类管理者需要确认某个品类的采购必须要采用什么形式来选择供应来源，如某些区域的供应来源是否隐藏着违反劳动用工法律法规的重大风险，某些品类的价格是否受到法律法规的管制和规范等，这些问题都可能会对品类管理战略的制定产生影响。

（6）自然环境方面

全球气候变暖使得世界各地的自然灾害发生频率大大提高，因此品类管理者要了解何地多发何种自然灾害，从而可能造成供应中断等风险；当然，也需要了解哪些品类存在与自然环境有关的区域性禀赋优势或季节性产出特征，从而提前做好相应的货源"冬储"与保障工作。

3.战略计划阶段

在充分进行了品类管理内外部基础数据及事实的分析整理后，我们就可以着手进行品类管理战略计划的分析与制订工作。首先需要确定品类管理的战略方向，以及品类管理战略组合的构成，包括供应来源策略、供应商关系定位与管理策略、采购策略。接下来，还需要就品类管理中潜在的风险进行分析，并制定出相应的风险管理策略，最后则需要制定出品类管理战略实施计划。

1）确定品类管理的战略方向

彼得·克拉利奇（Peter Kraljic）在 1983 年提出了以两个维度为品类管理决策基准的价值／风险分析（2×2）矩阵，该矩阵也被称为供应定位模型（见图 2-4），被用作给品类进行战略定位、确定品类管理战略方向的经典工具。价值和风险这两个维度的具体含义阐述如下。

（1）价值

价值维度反映的是采购品类的重要性，即该采购品类对采购组织财务或竞争力的影响程度，一般用该采购品类的年度支出占比来表示。

（2）风险

风险维度反映的是供应市场的复杂度，也就是供应风险的大小，主要从短期、长期供应保障能力，供应商的数量，供应竞争激烈程度，自制可能性等几个方面来考察。

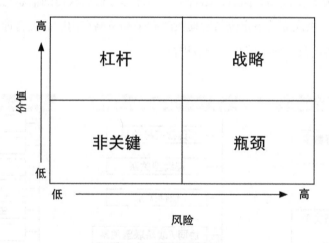

图 2-4　供应定位模型

根据上面两个维度，每个采购组织所需供应的、不同品类的产品或服务，一般会被划分到下述 4 个象限之一，即战略象限、瓶颈象限、杠杆象限或非关键象限，这个过程被称为供应定位。对于位于不同象限内的采购品类，其管理方向各有特征，具体如下。

（1）战略象限

对于战略象限内的采购品类，采购组织需要积极发展与供应来源之间的战略合作关系，更加关注采购总拥有成本，而非单纯的采购价格。

（2）瓶颈象限

对于瓶颈象限内的采购品类，涉及短期和长期两个管理方向：在短期关注供应保障和总拥有成本；在长期则致力于消除给本企业造成"卡脖子"问题的采购品类，具体方法是通过规格标准化、内部自制、主动扶持二供（后备供应来源）的开发等手段来改变这些品类的定位象限。

（3）杠杆象限

对于杠杆象限内的采购品类，采购组织则要考虑如何通过加大供应来源之间的竞争（如采用竞争性招标）来充分发挥这些品类的采购规模所应有的杠杆效应，同时进行深入细致的成本分析，努力让包括制造成本在内的各项成本变得更加透明和合理。

（4）非关键象限

对于非关键象限内的采购品类，采购组织应该更加关注交易流程的优化，从而减少除采购价格以外的成本要素对采购成本产生的不利影响。对于采购价格，通常采用历史价格比较、公开目录价格比较、市场价格比较等方法来保证其合理性。

确定了品类管理的战略方向后，结合上述内外部分析后获得的信息与启发，制定出包括供应来源策略、供应商关系定位与管理策略和采购策略在内的品类管理战略组合（见图2-5），图中内容的具体介绍将在下一节进行。

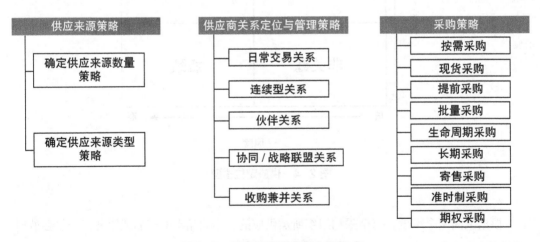

图2-5 品类管理战略组合的构成

2）制订品类管理战略实施计划

任何战略的落地，都需要有相应的实施计划。品类管理战略的实施计划同其他商业项目计划一样，有一个自上而下、由粗到细的递进和分解过程。在品类管理战略中，常常会给出短期、中期和长期的分阶段目标计划。在这些目标计划的指引下，品类管理者可以分解出更加详细的具体实施计划。图 2-6 所示的甘特图，就是用来呈现具有项目管理性质的分阶段品类管理战略实施计划。

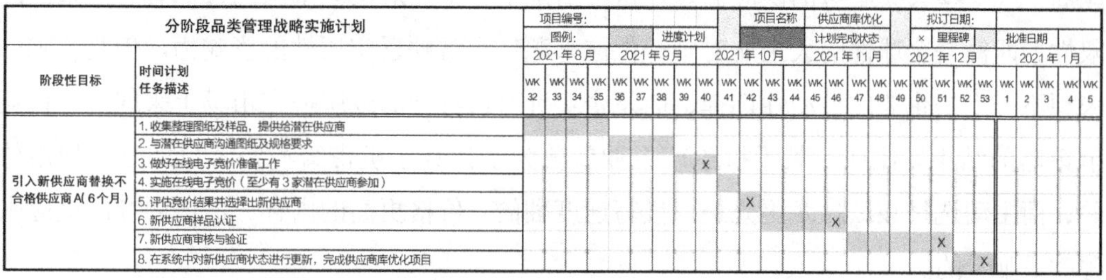
分阶段品类管理战略实施计划
项目编号：
图例：
进度计划
项目名称
供应商库优化
计划完成状态
拟订日期：
× 里程碑
批准日期
阶段性目标
时间计划
任务描述
2021 年 8 月
2021 年 9 月
2021 年 10 月
2021 年 11 月
2021 年 12 月
2021 年 1 月
WK 32
WK 33
WK 34
WK 35
WK 36
WK 37
WK 38
WK 39
WK 40
WK 41
WK 42
WK 43
WK 44
WK 45
WK 46
WK 47
WK 48
WK 49
WK 50
WK 51
WK 52
WK 53
WK 1
WK 2
WK 3
WK 4
WK 5
引入新供应商替换不合格供应商 A（6 个月）
1. 收集整理图纸及样品，提供给潜在供应商
2. 与潜在供应商沟通图纸及规格要求
3. 做好在线电子竞价准备工作
4. 实施在线电子竞价（至少有 3 家潜在供应商参加）
5. 评估竞价结果并选择出新供应商
6. 新供应商样品认证
7. 新供应商审核与验证
8. 在系统中对新供应商状态进行更新，完成供应商库优化项目
X
X
X
X
X

图 2-6　分阶段品类管理战略实施计划甘特图

从图中可以看出，预定 6 个月内达成的“引入新供应商替换不合格供应商 A”的阶段性目标的实施计划，是以时间间隔较小的周或月为单位来描述的。如果是中长期目标的实施计划，则可以使用时间间隔较长的季度或半年为单位来呈现。在推进实施品类管理战略和实施计划时，品类管理者还需要做出更详细的执行计划，以便更细致地做好目标达成情况的实时监控工作，尽早发现和纠正可能存在的导致延期实现目标或偏离目标的各种问题。

第 3 节　品类管理战略组合的构成

这一节将详细介绍品类管理战略组合的三大构成部分，即供应来源策略、供应商关系定位与管理策略、采购策略。

1. 供应来源策略

供应来源策略包括确定供应来源数量策略和确定供应来源类型策略。供应来源数量可以是多个，也可以只有一个；而供应来源类型则种类众多，如自身合资参股企业或本地的、本国的、全球性的供应商。

1）确定供应来源数量策略

采购组织可以根据支出规模、采购要求、外部供应市场等要素特征，设定恰当的供应来源数量。下面就几种确定供应来源数量策略进行介绍。

（1）唯一来源策略

唯一来源指能够为企业提供某项产品或服务的供应来源是唯一的，如专利产品的供应商，或一些公共服务的供应商。在这种情况下，企业对供应来源的选择具有严重的局限性，即使是全球性的大企业对唯一供应来源也常常缺乏实质性的影响力。但是，唯一来源不一定是企业的被动性选择，而是企业针对自身产品或服务在市场上采取差异化竞争策略的结果。比如，某手机生产企业就曾为了让其手机带给消费者更加好的使用体验，而主动选择某款技术更先进、读写速度翻倍、价格更高的内存，而该内存的供应来源就是唯一的。

（2）单一来源策略

单一来源策略是指竞争市场上存在多家供应商，但是采购组织决定只从中选择一家供应商集中采购特定产品或服务的策略。传统上采购组织选择与多家供应商合作并通过多家供应商之间的竞争来降低供应成本和断货风险。单一来源策略最初在日本企业中应用比较多，目的在于通过与单一供应商的紧密合作，获得供应商的资源投入承诺，使供应商早期参与到采购组织的产品或服务开发中来，为采购组织提供产品或服务开发、生产制程、价值分析等各方面的输入与增值服务。今天，这种策略被越来越多的采购组织认可与采用。

使用单一来源策略的优点如下。

● 促进信息分享和透明化，因为供应商不用担心与其他供应商竞争，从而更愿意为采购组织提供相关的信息。

● 降低成本：包括采购和收货的成本、新供应商的开发成本、对多家供应商进行质量体系认证和产品认证的成本、定期审核成本和过程控制成本等。

● 确保质量：和管理多家供应商相比，对单一供应商的管控更为容易，优秀的供应商能更好地理解采购组织的需求，保证产品质量。

● 降低投入：对于需要投资开发模具和工装等配套设施的产品采购来说，单一供应商可以有效降低相关投入。

● 获得更大的话语权：对单一供应商的业务量更大，采购组织可以有更大的话语权，便于和供应商谈判，取得更好的支持和更高的优先级。

使用单一来源策略的风险如下。

● 受自然灾害、品质不过关、产能约束和罢工等的影响更大，可能会产生供应中断风险。

● 供应商可能利用自己的独特地位提高价格。

● 如果采购组织的采购支出在单一供应商的销售额中所占比例过大，供应商可能依赖采购组织，一旦采购组织因为某种原因取消与供应商的合作，会直接影响供应商的稳定和财务健康，并可能导致采购组织遭受经济困境。

（3）双来源策略

总体来看，选择双来源策略最主要的目的是降低供应风险。这与有些企业（尤其是流程制造型企业）对关键生产设备采取"一开一备"的策略有异曲同工之处。其有效性与概率论有关，简单通俗地讲就是，对于两个相对独立的个体而言，假设每个个体的实效风险概率是 0.1，那么两个个体同时发生实效风险的概率就是 $0.1 \times 0.1 = 0.01$，也就是说，通过增加一个备份（也叫"冗余"），发生实效风险的概率会指数级地降低。

从上面的阐述来看，使用双来源策略最可能降低供应风险的前提是，两个供应来源可能面对的风险是相互独立的。如果供应风险主要是由供应商内部造成的，采用这种策略的效果通常较好。供应风险假如是外部原因造成的，采购组织就需要进行更加具体的分析。比如，自然灾害导致的供应风险，对于同属于一个较小的地理区域内的供应商的威胁可能都很大。如果选择相距较远的两家供应商，那么自然灾害的影响在两家供应商之间就可能有天壤之别，采取双来源策略的效果也会更好一些。但如果供应风险是来自这两家供应商共同的上游供应商，那么这家上游供应商出现交付问题对两家供应商的影响的差异就不大，采用双来源策略的效果也就不显著。

如果采购组织的采购规模很小，采购组织把业务分给两家供应商后，可能没有任何一家供应商会将满足该采购组织的需求放在更高优先级的位置上，这时采取双来源策略有可能适得其反。采购组织可以考虑的解决方法是采取跨品类或跨区域的双来源策略。所谓跨品类双来源策略，就是先找两个存在较高关联性的品类，如冲压件和注塑件；再找两家同时供应这两个品类的供应商，但平时每家供应商只供应其中一个品类。采购组织通过协议让两家供应商都做好准备，成为另一品类的备用供应商。这样采购组织可以通过正常稳定地开展业务来与供应商形成并保持良好的合作关系，从而形成两家供应商互为备份的风险防范机制。跨区域双来源策略，也常常被称为平行采购策略，需要以同一企业在不同区域存在同质性较高的需求为前提，即在正常情况下，不同区域的采购需求就近满足，某个区域出现供应风险时，其他区域的供应商可以临时救急。

（4）多来源策略

从供应风险防范的角度来看，采用多来源策略的效果比采用双来源策略更好。但多来源策略主要应用于采购规模较大、标准化或商品化程度较高、供应来源较多、供应质量一致性有保障的品类。因此，采用这一策略的目的不单单是防范供应风险，更主要的是利用采购组织所具有的规模杠杆效应，让多家供应商之间维持充分的竞争，从而在保证供应的同时使采购成本更加合理。

归纳起来，适用多来源策略的情况如下。

● 市场上有很多家供应商，其产品区别不大，这样采购组织可以维持多家供应商之间的竞争，确保它们为了获取更大的市场份额在价格、服务、账期等方面表现更好。

● 需求规模大，一家供应商满足全部需求比较困难，采购组织维持与几家供应商合作对保证供应而言是必须的。

● 采购组织出于风险控制的目的，要求关键部件必须由多家供应商提供。

使用多来源策略的主要不利之处在于，由于采购组织试图使多家供应商形成竞争，且这种竞争在多数情况下属于"红海"竞争，导致供应商缺乏意愿与采购组织维系战略合作关系，也缺乏意愿为采购组织的新品开发或长期发展献计献策。而当前的竞争主要体现为供应链与供应链之间的竞争，缺乏供应商的精诚合作，采购组织所处的供应链的竞争力将会被削弱，从而在竞争中处于不利地位。

2）确定供应来源类型策略

除了确定供应来源数量，采购组织还会确定供应来源的类型。由于为企业提供产品或服务的供应来源数量众多，并各具优势和劣势，因此，采购组织需要依据品类性质、采购要求、风险考量及组织政策要求，审慎确定供应来源的类型。

"寻源管理"一章中还会对上述供应来源的性质进行更加详细的介绍。另外，确定供应来源策略时还可以考虑后期采购中选定供应来源的方法，也就是企业在就一项具体的产品或服务进行供应来源选择和决定时所倾向采用的方法。比如，根据品类的价值／风险定位及相应的品类管理战略方向、供应来源策略以及供应商关系定位及管理策略，有些品类更加适用竞争性招标的价格导向供应商选定方法，有些品类则更加适用议标或谈判的供应商综合评估选定方法；有些品类更适用多家比价的询比价方法，有些品类则更适合采用以"应该价格"为讨价还价基础的独家谈判（非竞争性谈判）方法，有些品类更适用唯一来源或客户指定来源的供应商选定方法。这部分内容也会在"寻源管理"一章中加以详细介绍。

2. 供应商关系定位与管理策略

《供应链领导力》一书的第5章"伙伴关系管理"详细介绍了如何分析和定位采购组织与供应商之间的关系，并将供应商关系细分成表2-2所示的5种类型，并给出了每一种细分关系的典型特征。

表 2-2 供应商关系细分及特征

特征	供应商关系细分				
	日常交易关系	连续型关系	伙伴关系	协同／战略联盟关系	收购兼并关系
关系程度	短暂交易关系	松散及部分战术合作关系	战术紧密及部分战略合作关系	战略紧密关系	参股供应商
可见性	分享一般的技术及采购要求	分享一些目标和战术信息	充分分享目标、战略、战术信息	充分分享目标、战略、战术信息，并试图理解和响应联盟成员的计划	信息在企业内部流动，充分分享作为内部的目标、战略、战术信息
供应商数量	很多	一些	有限或唯一	有限或唯一	唯一
沟通	利用信息系统沟通	有计划地在几个点对点间沟通	双方不同部门之间存在沟通点，彼此有一定程度的信任	双方不同部门之间存在多点、广泛的沟通，彼此高度信任，通过合同和许可形成约束	多点、广泛沟通
文化交流	没有考虑	有所意识	有意识地适应彼此的文化	文化相互融合	拥有相同的文化

1）日常交易关系

日常交易关系通常针对低价值的非核心产品或服务，或者一次性产品。采购组织从满足需求的各家供应商中进行选择，与供应商只沟通技术、规格等方面的内容，而不沟通战略或计划方面的内容。因此，日常交易关系是非持续的短期关系，采购组织与供应商保持一定的社交距离；同时，采购组织还可以选择更有竞争力的供应商，进行单次或多次采购；双方的合作程度较低。对于订单更改、账单核对等事务，双方可以通过信息系统进行沟通，彼此之间是一种比较"疏远"的交易关系。

2）连续型关系

连续型关系针对的是一些重复性的、低风险和低价值的采购，可以通过中期合同进行监管。由于采购频率的提高和数量的增加，采购组织可以定期采用竞争性招标或谈判的方式采购，以确保价格更优。

由于多次向采购组织供货，供应商可能对采购组织有足够的了解，从而有可能提出一些建议。供应商通常安排一名客户经理与采购组织进行沟通，客户经理会有意识地调整自我，以适应采购组织的业务方式和组织文化；但采购组织仍要与供应商保持一定的社交距离。针对连续型关系，采购组织可以制定一套标准来认证供应商。

3）伙伴关系

伙伴关系可以解释为"与供应商建立的工作关系，让两个组织像一个组织一样开展工作"[APICS 字典（第 15 版）]。因此，伙伴关系是一种长期合作关系，伙伴关系中的双方通常要签订长期合同。长期合作给双方创造了很多共同发展的机会，增进了双方对彼此的了解，良好而持续的工作沟通、多项增值服务的开展则使得双方的工作效率得以提高。

4）协同 / 战略联盟关系

协同 / 战略联盟关系可以解释为"由两个或两个以上的组织形成的一种关系，它们共享专属的信息，参与联合投资，并开发关联的共用流程，以提高两个组织的业绩。"[APICS 词典（第 15 版）]有许多组织建立了战略联盟关系，目标是提高共同供应链的绩效。

协同 / 战略联盟关系是一种长期而密切的合作关系，通常这种关系中的双方会签订一系列采购订单，也称作总括采购订单，作为采购组织对供应商短期材料的长期承诺，订单通常只包含一个品类并明确了预计的交付日期。这种方式既能为采购组织提供价格折扣，又具备按需分批交货的灵活性，取代了竞争型招标采购方式。协同 / 战略联盟关系中的供应商非常了解采购组织的目标和战略，并与采购组织一起制定和实施各项互补策略。沟通点遍布双方的各个部门和岗位，他们之间高度信任、信息透明、沟通高效，并具有一致的价值观，双方的合作程度较高。合作期间，供应商通常会不断调整自我来适应采购组织的文化，以加强合作和促进共同发展。

5）收购兼并关系

采购组织收购兼并供应商后，双方的商业利益是一致的，不存在竞争性采购的情况。供应商将直接参与制定采购组织有关能力、流程和信息集成的策略和计划；在业务领域，双方共同进行战略制定，共享管理产能计划、流程进度等信息。然而在这种关系中，并购后的一体化运行效果不一，导致双方对彼此的的信任度和价值观的相互认可程度有所不同，如果一些部门保留了独立的流程和文化，这会降低双方之间的充分沟通和信任程度。

3. 采购策略

常用的采购策略包括按需采购、现货采购、提前采购、批量采购、生命周期采购、长期采购、寄售采购、准时制采购和期权采购等几种。

1）按需采购

按需采购是采购组织在避免库存过剩带来的库存持有成本、财务机会成本和库存积压风险增加的前提下，所采取的、按照未来一段期间内的预测需求来确定采购数量的采购策略。其目标是实现包括采购总额、订货成本和库存持有成本在内的总拥有成本最优。供应管理人员需要根据未来一段时间内的预测需求，在保证满足一定比例的未来需求的前提下，保持供应灵活性和降低库存冗余风险。如对于未来第 5~8 周，供应管理人员要确保满足 90% 的预测需求，而对于未来第 9~12 周，则确保满足 75% 的预测需求。

2）现货采购

现货采购是在买方市场条件下，当采购组织不把采购的规模经济性作为主要考虑因素，通常只在真实需求出现时才在现货市场进行购买的一种采购策略。这种策略可以帮助采购组织规避库存持有成本增加和库存过期报废的风险。通常，这是一种在价格下跌市场中运用的短期策略，采取这种策略也可能是其他一些原因所决定的，如采购组织的现金流有限，采购品类是有存储时间限制或技术更新换代快速的品类等。另外，在采购组织的实际需求超过预测需求，而现有供应商又没有额外产能来满足这些需求时，采购组织也只能在现货市场进行采购。

3）提前采购

提前采购是当采购组织对未来一段期间内的需求较为确定，并预见未来可能会出现供应紧张或采购价格有较大程度的上升时，出于资金使用效益和财务收益的考虑，采取的将未来一段期间内的需求都提前满足的采购策略。在采用这种采购策略时，供应管理人员需要对提前购买造成的库存持有成本增加情况有清晰的了解，并找到采购成本与库存持有成本之间的关系，以便做出恰当的选择。

4）批量采购

当采购组织既想获得提前采购可能带来的采购成本节约或批量采购带来的规模效益，又想避免增加库存持有成本时，可以通过与某家供应商签订批量采购协议的方式，承诺在未来的一段期间内分批从该供应商那里采购所需产品或服务。

5）生命周期采购

当采购组织对某种产品或服务的需求较小时，通常会向某家供应商承诺，在整个需求生命周期中，都只从该供应商那里采购该种产品或服务，以期从该供应商那里获得有吸引力的价格和持续稳定的供应。许多汽车公司，如福特、本田以及通用汽车通常都会和供应商签订某个特定型号产品的生命周期合同，这些供应商就可以在工艺和开发上投入很多资源。产品的生命周期通常分为开发期、导入期、成长期、成熟期、衰退期等阶段。在不同的阶段，采购组织可采取的对策不尽相同，如在开发期参与、在导入期外包以降低风险、在成长期确保供应商的供应、在成熟期考虑自制、在衰退期降低成本等，关注点与诉求也各有特点。

6）长期采购

在卖方市场条件下，采购组织为了获得未来长期的供应保证，通常会采用与供应商签订长期供应合同的采购策略。采购组织采用这种策略时，在供应得到保证的前提下，也会通过与供应商建立长期合作关系，乃至战略合作关系，获得供应管理成本、交易成本及采购价格上的削减。今天，大部分企业都倾向与供应商签订长期合同，而长期合同有多种类型，包括数年期的合同、产品生命周期合同、远期交货合同、供应商产能比例或产品选择的合同。需要注意的是，签订长期合同后，供需双方都会面对成本变化带来的风险。因此，通常的做法是，供需双方在长期合同中制定所谓的价格调整条款。

7）寄售采购

在买方市场条件下，采购组织可以考虑采用寄售采购的策略，即要求供应商在采购组织所在地保持一定的产品库存，但这些库存产品的所有权仍归供应商所有，直到采购组织使用库存中的部分或全部产品时，所有权才转给采购组织，后者再根据双方约定的账期进行结算。

8）准时制采购

在买方市场条件下，采购组织可以通过准时制采购策略达到减少库存投入、降低仓库需求、提高库存周转率、减少采购交易成本等目的。所谓准时制，即通过与供应商共享采购组织的生产排产和需求计划，将保证及时供应的责任转移给供应商。这种策略也称为零库存采购策略。

9）期权采购

采购期权是指在未来的某个时点前，采购组织可以按照商定的供应条款从供应商那里采购某种产品或服务的权利。这种权利的获得，可能需要采购组织向供应商支付采购标的总额一定比例的保证金。如果采购组织选择行使采购期权，那么预先支付的保证金可以转变为采购款项的一部分；如果采购组织未行使采购期权，预先支付的保证金将被视为对供应商的一种补偿。美国惠普公司就运用了采购期权来制定电力和存储器的最优采购策略，即35%左右的电力与存储器的采购需求是通过行使采购期权的方式，在保证供应和防止需求不确定性带来的过度采购之间保持灵活性；而需求确定性高的那部分采购需求（占预测需求的50%左右），则是通过与供应商签订长期合同来获得供应保证。

除了上面提及的9种主要采购策略，制定品类管理战略组合时，品类管理还需要为后期采购中必须要签订或者建议签订的各种合同或协议给出指南，这些协议包括主租赁协议、主服务水平协议、质量水平协议、廉洁协议、采购规模激励协议、售后回购协议等等。供应商选定方法以及各种合同或协议的具体概念与应用，将在"寻源管理""合同管理"等章中给出详细阐述。

| 第 4 节 | 品类管理战略风险的识别与应对

任何决策都是平衡与取舍的结果，很难有一个决策是完美无缺、毫无风险的，品类管理战略也不例外。因此，在制定品类管理战略时，品类管理者必须审视其中可能存在的风险点，并提前制定应对策略。风险管理的一般流程如图 2-7 所示。

图 2-7　风险管理的一般流程

1. 划分风险类别

风险管理的第一步就是划分风险类别。在品类管理中，常见的风险类别有以下几种。

1）供应连续性风险

顾名思义，供应连续性风险就是指供应商在较长一段时间内无法交付而形成的断供风险，甚至是从某一个时刻开始再也不能供应而形成的停供风险。

2）质量风险

质量风险是指供应商在质量方面无法满足采购组织的要求而形成的风险。质量风险可以细分成可接受的质量不良风险、不可接受的质量不良风险、个别不良质量风险和全体不良质量风险。

3）财务风险

财务风险是指由于供应商或外部原因造成的采购总成本超出预算的风险，包括因长期采购协议或其他采购组织负有义务的，以及采购组织因各种原因而提前采购所形成的库存积压或呆滞导致的成本风险。

4）运营风险

运营风险是指由于采购组织自身的计划原因、供应商或其他外部原因，使得采购组织在一段时间内出现运营中断或陷入无序，甚至濒临破产等的风险。

5）技术风险

供应端的技术风险有两种情况：一种是供应商提供的产品或服务在采购组织后期使用

的过程中发生技术失效或因技术陈旧而失去使用价值的风险，另一种则是采购组织的技术在供应端发生泄露的风险。

6）声誉风险

声誉风险是指由于供应中断造成无法向客户交付，或是供应品的技术失效造成采购组织的产品在客户端出现可靠性故障或各类合规问题，使采购组织声誉受损的风险。

7）法律与合规风险

法律与合规风险是指采购组织自身或供应商侵权导致包括客户在内的外部第三方动用法律武器，或者采购组织与供应商发生纠纷而产生仲裁、诉讼等行为，对采购组织造成的风险。法律与合规风险既可能是供应商的不合规行为给采购组织带来合规方面的风险，也可能是各种原因造成采购组织自身在供应商选择、合同授予、合同履行等环节面临的合规性风险。

2. 识别风险来源

风险管理的第二步就是确定并详细列出各类风险的来源。风险来源有很多，需要品类管理者针对某具体品类，审慎地列出所有可能的潜在风险。下面将典型的风险来源归纳成5个方面，逐一介绍。

1）地缘政治与战争

地缘政治的不稳定性和复杂性，对供应链造成的风险在最近几年时有发生。国内外企业因为这种风险引发的断供、停供或成本上升等问题，供应链从业人员应该历历在目。俄罗斯与乌克兰之间的地缘政治冲突，给欧洲乃至全球企业造成了极大的能源供应危机，而半导体生产过程中使用到的氖气，有7成左右来自乌克兰。可想而知，如果冲突不能尽快结束，持续了两年的半导体供应紧缺问题势必在较长的时期内继续恶化。

2）政策与行业规定

政策与行业规定的变动也会对供应可得性和成本等方面造成影响。众所周知的环保政策就给如纸、钢铁等产品的供应造成冲击，使其价格持续飙升。另外，人类社会可持续发展的要求使得企业在开展商业活动时越来越关注社会责任与合规性方面的要求。对于采购方而言，其必须持续关注供应来源是否能够满足经营所在地针对可持续性发展所提出的合规性要求，这不仅仅是指当前可见的要求，还包括未来一段时期内的要求。

3）自然灾害与灾难性事件

诸多大宗商品难免"靠天吃饭"。各种自然灾害的发生对矿产、油气能源、农产品等相关品类的供应影响极大。就算是制造业，也会因为生产地所发生的自然灾害或灾难性事件而面临停产断供的重大风险。

4）企业内部治理问题

供应来源因内部治理不善或疏忽而造成的设备损坏、人身事件、资财失窃、过期变质、工艺参数设定出错、发货失误等各种问题，都会给采购组织造成供应持续性、质量、技术、成本等方面的风险。而采购组织也会由于内部治理问题产生需求填报、订单内容、收货作业等方面的差错，从而面临断供、质量、成本和库存等方面的风险。

5）市场供需与客户需求变化

关于供应市场供需现状与变化的考察，前文已有介绍。由于市场的动态属性，品类管理者必须对市场供需可能发生的剧烈变化进行分析，并制定相应的应对措施，从而尽量规避由此造成的断供、成本和库存等方面的风险。另外，采购组织所处的销售市场上的供需变化，也会造成客户在需求上产生变化，因此，品类管理者需要与市场销售、需求计划等部门保持协同，针对由于采购组织面临需求剧烈变化时可能带来的采购端的可得性及库存风险进行推演，并制定相应的应对措施。

3. 评估风险等级

风险评估的两个主要维度是发生风险的概率和风险发生后所造成后果的严重性。从这两个维度出发，我们可以通过以下3个步骤完成风险等级的评估工作。

1）评估发生风险的概率

通常使用风险发生概率来评估风险发生的可能性。概率是介于0（不可能事件）和1（必然事件）之间的一个值，风险发生概率由品类管理团队集体完成评估，通常可以分成3~5个级别。

2）评估风险发生后所造成后果的严重性

这一步是量化每一种风险发生后所造成后果的严重程度。通常可以将严重程度从低到高给予1~3分或1~5分的分值。

3）制作概率后果矩阵

图2-8所示为5×5概率后果矩阵。这种矩阵也被称为风险剖析图。其中一个维度代表发生风险的概率，另一个维度代表后果严重程度。识别到的风险被放在对应的格子中，根据企业对风险的承受度，不同颜色代表不同的风险等级。这样，每一种风险的等级就一目了然了。比如，图2-8中，地缘政治造成的财务风险和供应中断风险被评价为高风险（深灰色格子），而供应商生产过程不环保造成的合规风险被判断为中风险（浅灰色格子），供应商的技术失效风险则被判定为低风险（淡灰色格子）。

概率	后果				
	非常轻微 1	轻微 2	中等 3	较高 4	非常高 5
非常高（>0.9）				地缘政治造成的财务风险	
较高（0.6~0.9）			供应商生产过程不环保造成的合规风险	地缘政治造成的供应中断风险	
中（>0.4，>0.6）					
较低（0.1~0.4）					
很低（<0.1）			供应商的技术失效风险		

图2-8　5×5概率后果矩阵（风险剖析图）

当完成了风险等级评估的全部工作后，即可根据风险等级做出是否需要采取措施来避免、降低或转移该类风险，或者无须采取特别措施，而是有意识地接受这类风险的决策。

4.制定风险应对策略

常见的风险应对策略有4种，分别是接受策略、降低策略、转移策略和规避策略。

1）接受策略

通常，当一家企业在风险等级评估中识别出某些风险的等级非常低（这类风险所在的格子通常会用绿色或图2-8所示的淡灰色来显示），代表这类风险是企业有意愿或有能力承受的，在这种情况下，企业一般不会采取特殊措施来管理这种风险。此时，风险应对策略就是接受风险。

2）降低策略

当某些风险的优先级比较高（这类风险所在的格子通常会用橙色或黄色或图2-8所示的浅灰色来显示），那么企业就需要采取一些措施来降低或转移这些风险。此时，风险应对策略就是降低或转移风险。下面介绍一些降低风险的例子。

●采购组织可以采用持有安全库存或缓冲库存、提前做好备用供应来源的开发与认证、提前做好替代产品或服务的选择与认证等措施，来降低断供风险以及由此带来的各种可能损失。

●采购组织可以采用驻场督导或检验、要求或帮助供应商采用统计过程控制（Statistic

Process Control，SPC）、第三方质量认证、标准化作业和检验流程等方式，来降低供应来源出现质量问题的概率及其后果的严重程度。

●采购组织可以采用价格分解与成本建模分析、签订锁量锁价协议、提前采购、招标竞价等方法，来降低成本风险。

3）转移策略

风险有 3 种转移方向，即向供应商转移、向客户转移、向第三方转移。

（1）向供应商转移

通过制定各种协议和条款，如冗余物料回购协议、供应商或第三方管理库存协议或寄售协议，以及常见的免责、救济等条款，将可能发生的各类风险部分或全部转移给供应商，是常见的风险转移做法。这些协议和条款的含义与应用在本书第 8 章 "合同管理" 中会有更详细的介绍。

（2）向客户转移

供应商，尤其是供应链中处于关键性价值高地的供应商，也有可能采用各种协议和条款，将上游成本上涨的风险转移给客户。当然，其他各类风险也存在向客户转移的可能性，比如供应商将缺料造成的风险通过向客户加价或延期交付的方式向下游客户转移。

（3）向第三方转移

采购组织通过套期保值、第三方担保、联合采购、共建库存等方式将可能遇到的交付风险、成本风险等转移到公开市场或其他同行身上的做法常被称为风险共担（Risk Pooling，RP）。

4）规避策略

当某种风险的后果严重性和发生概率都很高时，采购组织可能认为该风险是必须采用某种措施加以规避的，这种情况下，放弃某个业务机会或项目、退出某个市场等规避策略就有了用武之地。

参考文献

[1] 利恩德斯，约翰逊，弗林，等 . 采购与供应管理［M］. 张杰，等译 . 13 版 . 北京：机械工业出版社，2009.

[2] 哈特利 . 供应管理基础［M］. 汪希斌，译 . 北京：中国物流与采购联合会采购与供应链管理专业委员会，2014.

[3] 英国皇家采购与供应学会 . 采购与供应中的谈判与合同［M］. 北京中交协物流人力资源培

训中心，译．北京：机械工业出版社，2014.

[4] 中国连锁经营协会校企合作小组．连锁企业品类管理［M］．北京：高等教育出版社，2012.

[5] Carbone J. HP Buyers Get Hands on Design [EB/OL]. 2001.7.19.

[6] Peter Kraljic, "Purchasing Must Become Supply Management" [J].Harvard Business Review, 1983.9.

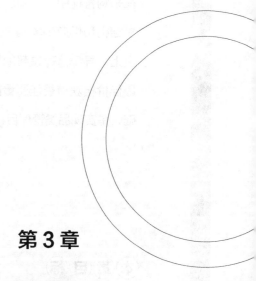

第 3 章

寻源管理

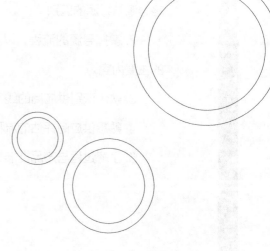

　　一般来讲，所谓寻源就是寻找供应来源，或是寻找供应商。但是在采购管理中，寻源应当理解为采购组织依照其发展战略和需求在需求结构和供应市场两个层面对供应商的定位、获取和管理。在这个意义上，寻源管理是帮助采购组织获得最佳供应来源的有效方法，即以最佳价格获得最佳质量的供应来源。寻源管理以品类管理的成果为基础，是实现品类管理目标的重要手段。

本章目标

　　1.掌握寻源的概念和意义，理解寻源与采购的区别与联系以及战略寻源与寻源的区别。

　　2.掌握寻源的流程，以及科尔尼战略寻源七步法，了解寻源策略的主要内容。

　　3.熟悉识别供应商的线下与线上渠道。

　　4.熟悉供应商评估的流程、方法和工具。

　　5.了解过程与产品批准的过程、标准与意义。

| 第 1 节 | 寻源策略

1. 正确理解寻源的概念与意义

从字面上理解，寻源就是"寻找货源"或"寻找供应来源"，这与很多采购同行常说的"开发供应商"的含义很接近。但是，这样的理解从采购的角度来看，并不全面。下面给予解释。

1）全面解读寻源的概念与意义

首先，我们来看一下 ISM 为寻源（Sourcing）给出的定义，这个定义涉及两个层面。

从基本层面上来看，寻源是一个以最佳价格获得最佳质量的供应来源的过程，包括规格制定、价值分析、供应市场研究、谈判和采购等活动，旨在达到通过品类管理确定的目标。

从更高的层面来看，寻源是用于反映整个采购过程或周期的术语。

从上述定义中可以看出，寻源是一个过程，两个层面上的区别是：第一个层面强调获得的过程，第二个层面侧重采购的全过程。

既然是过程，其中就会有步骤和活动。第一个层面的寻源包括规格制定、价值分析、供应市场研究、谈判和采购等主要活动；对于第二个层面的寻源，ISM 虽然在定义中没有详细列出具体步骤和活动，但在另外一个术语"寻源周期"（Sourcing Cycle）的定义中，ISM 明确了寻源周期的 8 个阶段：①需求识别，②明确质量、数量和时间要求，③寻找潜在供应商，④对供应商和方案进行分析，⑤谈判并选择供应商，⑥合同管理，⑦供应商绩效评估与反馈，⑧余料、废料和剩料的处理。

CIPS 则认为"寻源是指对组织运作所需的所有重要投入进行定位、获取和管理"，并指出"寻源是采购周期的关键部分。寻源包括许多方面，如供应商分析、进行自制或外购决策和评估相关的风险"。

从上面的定义可以看到，寻源除了包括寻找货源，即识别供应商，还包括许多后续工作，如评估和确定供应商及管理供应商，并涉及自制或外购决策等具有战略性质的货源决策的做出。

根据上面 ISM 及 CIPS 对寻源的定义，我们可以用以下两点清楚地解释寻源的概念与意义。

● 寻源是帮助采购组织获得最佳供应来源的有效方法，即以最佳价格获得最佳质量的供应来源。

● 寻源是实现品类管理目标的重要手段。

2）寻源与采购的区别与联系

厘清寻源的概念和意义，了解寻源是与获得供应来源的过程或与采购的全过程有关的一个术语后，我们就可以进一步梳理寻源与采购的区别与联系。

按照 ISM 的定义对于组织而言，采购的主要职能是负责获得所需材料、服务和设备。可以看出，寻源与采购都有"获得"的含义，但两者的区别如下。

● 寻源获得的对象是供应来源，即供应商或货源，这与多数人从字面上理解的寻源基本相同。

● 采购获得的对象是材料、服务和设备，是供应来源向采购组织交付的标的物。

两者的联系是，寻源发生在采购之前，通过寻源确定了供应来源后，采购人员就可以向确定的供应来源下订单，获得企业所需的材料、服务和设备。

此外，ISM 对"广义采购"（Procurement）的定义是："一种组织职能，包括规格开发、价值分析、供应市场研究、谈判、采购行为、合同管理、库存控制、运输、收货和存储。"因此，广义采购可以视为寻源和采购这两大职能的集合。

3）战略寻源与寻源的区别

一般意义上，寻源是一项具有战略性质的工作。在实际工作中，依然存在即时需求或紧急需求出现后，需要实时搜寻供应来源，通过询比价、招投标等方式选定能够满足这些需求的供应来源的情况。这种情况可能是由一个新产品开发或老产品升级过程中出现了一种企业未曾出现过的采购需求触发的，也可能是由企业曾经出现过但出现频率很低的偶发性需求触发的，还可能是由于突发性断供风险发生而产生短期内快速找到替代货源的需求触发的。因此，寻源工作可以分为战略寻源和战术寻源两个部分。

根据上文 ISM 对寻源给出的两个层面的定义，我们可以得到这样的结论：第一个层面所涉及的规格制定、价值分析、供应市场分析等工作，都是品类管理中的相关活动，具有战略性质；而第二个层面涉及的采购流程或周期 8 个步骤中的第三步"寻找潜在供应源"则包含了战术寻源所面对的几种情况，如满足临时需求或紧急需求的战术寻源活动。

2.寻源流程

了解寻源流程有助于加深对寻源概念和意义的理解。本节将介绍由 ISM 定义的寻源周期的步骤，以及科尔尼战略寻源七步法。

1）ISM 定义的寻源周期

图 3-1 所示为 ISM 定义的寻源周期。

图 3-1　ISM 定义的寻源周期

从图 3-1 中可知，ISM 定义的寻源周期分为 8 个阶段，分别如下。

●需求识别。即识别寻源需求，需求可能来自新产品或服务开发过程、现有供应商出现断供或停供问题、规格要求发生了变化、技术创新带来的新需求、日常运营中由物料需求计划产生的需求，以及使用部门临时产生的采购需求。

●明确质量、数量和时间要求。这一阶段的主要任务是对数量、质量、时间、技术等具体要求进行明确。

●寻找潜在供应商。这一阶段会将上一阶段中的各项要求转化成对供应商的要求，如对地理位置、产能、技术能力、信息技术系统等方面的要求，再据此发掘满足这些要求的潜在供应商。

●对供应商和方案进行分析。对供应商的分析可以参考品类管理中的潜在供应商分析方法，主要分析供应商的资质、行业经验、财务健康状况等；对方案的分析则涉及技术方案和报价方案两个方面。

●谈判并选择供应商。这是指依据寻源策略使用某种供应商选定方法为某项具体采购需求选定恰当数量和性质的供应商。

●合同管理。这一阶段涉及供应商选定之后签署合同、下单跟单、确保合同中规定的双方的权利和义务得到履行的过程与活动。一般来讲，完成合同签署后的各项工作属于采购执行工作，按照前面的解释，这些工作通常不属于寻源的工作范畴。

●供应商绩效评估与反馈。对供应商在履约过程中的表现进行记录与评价，并定期及时地将结果反馈给供应商，也是采购中的重要工作之一。但如果供应商出现了较为严重的绩效问题，负责寻源的团队或职能人员一般会担起敦促供应商进行绩效改善的责任。

●边角料、残次品和冗余材料的处置。按照"谁产生谁负责"的原则，这部分工作多由负责寻源的团队或职能人员负责。这样做的另外一个原因是，负责寻源的团队或职能人员相比采购人员，更加了解和熟悉材料、设备、设施等采购品类的供应与需求情况。

结合 ISM 定义的寻源周期，加上前文对寻源与采购的区分，我们可以明确寻源所涉及的主要流程、步骤和工作内容。只是，这个流程中的寻源可能是战略性的寻源，也可能是非战略性的寻源。下面介绍的科尔尼战略寻源七步法，是更具有战略属性的寻源管理方法。

2）科尔尼战略寻源七步法

表 3-1 给出了科尔尼战略寻源七步法包含的内容。表中最左边一列列出了实施科尔尼战略寻源七步法的具体步骤，中间一列描述了每一个步骤对应的主要活动，最右边一列给出了每个完成步骤所需的时间。当然，这里给出的只是一般性的预估时间，具体耗时与采购标的——品类或细分品类的复杂程度有关。

表 3-1　科尔尼战略寻源七步法

具体步骤	主要活动	所需时间
1. 细分采购品类	●物料分类 ●确定所采购物料的标准 ●了解物料供应市场	1~1.5 个月
2. 建立供应商资料库	●广泛收集可能的供应商的资料 ●了解可能的供应商的能力 ●建立供应商档案	
3. 制定采购策略	●评估自身购买、谈判的实力 ●权衡不同的策略 ●选择可行的策略	0.5 个月
4. 实施采购战略	●制定策略执行方案 ●论证并调整采购策略 ●制定与供应商交流的方案	0.5 个月
5. 选定供应商	●制定谈判策略 ●进行多轮谈判 ●最终选定供应商	1.5 ~ 2 个月
6. 执行采购交易	●计划并开始实施供应商的引进 ●开始实施新的价格和服务条款 ●与供应商共同探讨流程的改进	1 个月

具体步骤	主要活动	所需时间
7.持续跟踪	●不断跟踪物料供应市场的动向 ●评估新技术和新方法 ●确定重新采购的时机	持续进行

科尔尼战略寻源七步法中前四步的有关内容，与第2章"品类管理"中品类管理战略制定的内容基本相同。只是，科尔尼也与ISM相似，将采购执行工作作为战略寻源工作的一部分。为了让读者不至于感到迷茫，下面对执行采购交易一步中的3项主要活动进行进一步解释。从这3项主要活动来看，科尔尼并未强调下单、跟单、收货、对账、申请付款等事务性采购执行工作。从长远来看，这些工作终将被自动化流程（Robotic Process Automation，RPA）全面接管。将来的采购执行工作可能主要被划分为寻源和日常供应商管理两大部分。

由于采购这一术语在国内已经根深蒂固，因此有很多国内学者直接将科尔尼战略寻源七步法说成科尔尼战略采购七步法。

3.制订寻源策略计划

在实施了品类管理战略的企业中，寻源策略计划通常是品类管理战略组合中的一个重要组成部分。制订寻源策略计划时一般需要确定供应来源数量、确定供应来源类型、确定供应来源的选定方法。

1）确定供应来源数量

依据某品类的采购支出规模与趋势以及供应商的产能水平，品类管理者可能会决定使用单一来源、双来源或多来源策略。采购支出规模相对于可用供应商的产能来说较小时，企业通常会选择单一来源策略。仅采用单一来源策略存在较大的供应保障风险时，企业通常会考虑双来源策略，形成一主一次、一用一备或平均分配采购量的采购策略组合。如果采购规模相对于可用供应商的产能来说比较高，采用双来源或多来源策略则顺理成章。但是，如果供应质量的一致性要求很高，且采购支出规模在供应商的产能或销售总规模中的占比并不太大（多数企业会以30%或50%为参考基准），则不宜采用过多的供应商，选择2~3家供应商比较合理。

当企业期望通过关键品类的差异化来为自身的产品或服务提升市场竞争力时，其对该关键品类往往具有独特的需求，并且只有一家供应商能够满足该需求。此时，采用唯一来源策略则势在必行。

2）确定供应来源类型

另外，为企业提供产品或服务的供应来源有多种类型，并有各自的优势和劣势。品类管理者需要依据品类分析的结果审慎选择。常见的供应来源类型如下。

● 专有知识产权供应商，指拥有某项合法专利、未经授权第三方不得生产或销售采用该专利技术生产的产品或提供的服务的供应商，或者虽没有申请合法专利，但是采用了某种严格保密的技术、配方或经验生产产品或提供服务的供应商，即具有"只此一家，别无分店"的商业属性的供应商。

● 指定供应商，可以是客户指定的供应商，也可以是根据企业政策而指定的内部或外部供应商。对于这两种情况，品类管理者都要考虑合规风险问题。

● 制造商和中间商。制造商就是指生产某种产品或提供某种服务的原始厂商；中间商通常有被授予代理权的代理商，以及不一定有代理权的经销商／分销商。在选择分销商时，需要十分关注产品或服务来源渠道的正规性，规避采购假冒伪劣的产品或服务可能给企业带来的损失。

● 大供应商和小供应商，分别指规模大的供应商和规模小的供应商。通常认为，大供应商拥有更多的资源，抗风险能力较强；小供应商更加灵活，服务水平和响应度更高。

● 本地供应商、区域性供应商、全国性供应商和全球性供应商。按主要业务的地理分布区域来看，供应商可分为本地供应商、区域性供应商、全国性供应商和全球性供应商。本地采购一般是在其他各项条件相近的情况下的首选策略，选择非本地供应商往往会拉长供应链，而形成较大的供应风险。但是，有些品类可能由于存在自然禀赋优势或技术、服务和质量等方面的优势，使得选择非本地供应商成为必然。

● 特殊供应商，通常指少数民族开办的企业、残疾人福利工厂、部分农产品供应商等，政府对这些供应商往往会有一些特殊的扶持政策。今天，使用这类供应商通常是采购组织满足合规性要求和承担社会责任的体现。

● 合资企业。当供应来源稀少时，或者供应持续性要求非常高时，品类管理者可能考虑建议企业与某家供应商进行合资或对其投资，借以达成供应保障目标。

3）确定供应来源的选定方法

品类管理战略中还指明了在采购中如何选定供应来源。供应来源的选定方法，是指企业在就一个具体的产品或服务进行供应来源选择时所采用的方法。

具体来说，有些采购组织由于资金来源具有政府拨款或公共投资的性质，在制度和政策层面就明确规定对于采购标的在一定金额之上的，必须采用公开招标或邀请招标作为供应商的选定方法。

在法律没有特别禁止的情况下，自主筹集资金从事经营的企业可以根据品类的内外部属性，选择合适的供应来源选定方法，下面给出了一些典型场景下的供应来源选定方法。

● 对于采购支出规模大、存在质量等级差异、质量一致性不高、供应商数量受限的大宗商品原材料，企业通常通过与预先审核并被批准进入"短名单"的供应商通过竞争性谈判的方式来选定原厂供应商或代理商。

● 对于采购支出规模大、定制化程度高、质量一致性需要严格管控、供应商数量充分的零部件，企业一般通过向预先审核并被批准进入"短名单"的供应商发出含报价在内的方案请求书，获得多家的报价，再通过内部方案与报价评估（也可以请第三方评估）及外部竞争性谈判来选定原厂供应商。

● 对于采购支出规模大、专业化程度高、需要相关资质、供应商数量充分的工程建设项目，企业一般会采用公开招标或邀请招标的方式来选定总承包商。

● 对于采购支出规模较大、定制化程度高、后期运维服务专业化程度高、相关资历和经验很重要、供应商数量受限的专用设备，企业一般采用非竞争性独家谈判的方式来选定设备制造商。

● 对于标准化、商品化程度较高，采购支出有一定规模，技术规格差异小，质量一致性要求高；供应市场竞争充分的品类，如标准紧固件、标准刀具、容感阻等被动元件，企业一般采用竞争性招标或竞争性谈判的方式来选定原厂供应商。

● 对于标准化、商品化程度较高，采购支出规模不大，供应商多是来自电商平台的批发商、经销商、零售商，企业一般通过先进行打包招标或谈判，再选定一个平台，以电子目录或电子商城的形式来选定货源。

由于不同行业、不同品类的内外部属性千差万别，此处仅仅举几个例子来说明供应来源的选定方法需要基于品类的内外部属性来确定。实际工作中，企业所面临的环境、合规性要求及治理政策等都会对供应来源的选定方法产生影响。

| 第 2 节 | 识别供应商

寻源管理中的一项重要工作是搜寻和识别采购组织所需的供应商，这体现在 ISM 定义的寻源周期的第三个阶段和科尔尼战略寻源七步法的第二步中。因此，识别可用的供应商是采购组织必须具备的一种能力。识别供应商有两个渠道，分别为线下渠道和线上渠道。

1. 线下渠道

线下渠道是传统的供应商识别渠道，在没有互联网的时代，也是唯一可行的渠道。今天，尽管互联网覆盖广泛、效率优势明显，线下渠道在各行各业依然发挥着作用。从供应商识别效果来看，今天依然被频繁使用的线下渠道主要有以下几种。

1）会展

会展是商业性或非商业性的会议、展览和活动的统称。从广义上说，会展包括各种类型的博览会、展销会、交易会、展览会、展示会、行业或主题会议、节庆活动、促销活动和文化活动。对于许多企业而言，会展也是一个采购品类。

在国内，中物联及其下属各专业委员会每年都会举办各类会展，如供应链管理高峰论坛、物流合作发展论坛、供应链管理年会等。同时，其他行业协会或民间机构每年也会举办大量的与供应链管理有关的论坛和大会。

在国际会展方面，广为人知的有中国进出口商品交易会（广交会）、中国国际进口博览会（进博会）、中国国际工业博览会（工博会）、中国国际信息通信展览会等。

供应管理人员通过参加各种会展来发现和识别潜在的供应商，是现在最常用的做法之一。在会展上，供应管理人员通常可以与供应商的销售、技术人员进行面对面的接触，还可以亲眼看到本企业所需产品或服务的样品，亲身感受到供应商的品牌形象和实力。同时，由于很多会展现场会提供各种专题讲座、视频和现场实操演示，因此供应管理人员可以通过参加会展，学习和了解产品或服务的专业知识，以及行业的发展趋势。

2）商会/行业协会

商会一般是指一个行业内的企业依法组建的以维护会员合法权益、促进工商业繁荣为宗旨的社会团体法人，具有互益性、民间性、自律性、法人性等特征。行业协会是一种典型的商会，通常介于政府、企业之间，商品生产者与经营者之间，并为其提供咨询、沟通、监督、协调等服务的社会中介组织。行业协会是依据法律规定确立的社团法人，是中国民间组织、社会团体的一种，即国际上统称的非政府组织（Non-Governmental Organization，NGO），属非营利性组织，如中物联。供应管理人员可以通过商会/行业协会获取高可信度的供应商信息。

3）黄页

黄页是国际上通用的、按企业性质和产品类别编排的工商企业电话号码簿，主要包括企业名称、地址、电话号码等相关信息，相当于一个城市或地区的工商企业的户口本。由于其一般采用黄色纸张印制，所以被称为"黄页"。世界上第一本黄页于1880年在美国问世。

4）同行推荐

每个人的生活中都存在各色各样的人际关系网络，如同学、同事、同好、同行等。今天，随着微信、QQ、人人网、LinkedIn 等即时通信工具与社交平台被人们广泛使用，同行之间的联系、交流也变得更加便捷和频繁。现在越来越多的供应管理人员通过这些工具和平台向同行征询供应商方面的资讯。出于对友情、诚信、被尊重和专业性体现的需要，同行在推荐供应商的时候，往往会更加审慎。因此，同行推荐逐渐变成一个发现和识别可信度较高的供应商的有效途径。

5）专业期刊

很多行业都有定期出版的专业期刊。如中物联主管的《全球采购》（于 2015 年更名为《新财经》），中国通信学会主办的《中国通信》等。这些期刊主要介绍行业发展动态、专业学术与实践研究成果、行业内领先厂商专访及新厂商推广信息等，可以作为供应管理人员发现和识别有价值的供应商的有效途径。

6）第三方调查报告

对于一些比较专业的产品或服务供应商，经常会有第三方咨询公司发布有关市场的分析调查报告，其内容包括行业的市场现状、发展前景、业内主要企业及其优劣势分析和市场地位等。这些第三方调查报告可以帮助供应管理人员迅速、全面地了解主要潜在供应商的情况。例如，根据科尔尼公司发布的汽车市场调研报告，石油、天然气、化工等行业并购报告，新华信公司发布的与汽车、工业品、零售、IT 与互联网、房地产、政府及公共服务、通信等行业相关的市场、品牌、营销推广、渠道组织方面的报告，供应管理人员都可以发现潜在的供应商信息。

7）采购组织内部

在采购组织内部，供应管理人员也可以从营销、研发等部门那里获取有用的潜在供应商信息。

现有供应商往往会通过横向对比，向供应管理人员介绍他们的优势与特点。因此，供应管理人员可以从这样的介绍中获得潜在供应商信息，毕竟每个采购组织需要的是最适合自己的供应商。

2. 线上渠道

随着互联网和移动通信技术的发展，上述各种线下渠道几乎都可以在线上进行复制，并且线上渠道具参与更便利、信息传播更实时、受众范围更广、信息获取方式更自由多样等特点。

根据线上渠道的性质，我们可以将其分为搜索引擎、综合性门户网站、垂直门户网站（含在线黄页和电子商务平台）、企业官网、政府官网、社交平台、线上会展等。

1）搜索引擎

搜索引擎是通过一定的算法，将使用者所需的信息以一定的排序方式呈现出来的信息检索系统。常见的搜索引擎有百度、搜狐、雅虎、谷歌、必应等。搜索引擎中一个非常重要的模块，就是用来从原始网页抓取数据并存储到文档服务器上的"爬虫"。今天，利用Python等计算机编程语言，供应管理人员可以自编"爬虫"从各类相关网站上获取所需信息。

一些搜索引擎对使用者并不是非常友好，因为搜索页面上显示的信息很繁杂，想找到自己所需的信息并非易事。但是，假如已经明确知道供应商的名称，想通过搜索引擎找到该供应商的官网或与该供应商相关的信息，使用大部分搜索引擎都可以做到。

2）综合性门户网站

综合性门户网站是一种能将各种数据资源集成起来，通过某种用户界面的形式呈现给使用者，并向使用者提供包括新闻、搜索引擎、聊天室、电子商务、网络游戏等内容服务在内的网站。搜索引擎与门户网站结合在一起时，就构成了搜索引擎式门户网站，比如雅虎、搜狐等。此外，更多的门户网站并非搜索引擎式门户网站，而是用一个网址同时把各种新闻资讯分门别类地呈现给用户的综合性门户网站，如新浪网、网易新闻、腾讯网；或者是下文涉及的、内容聚焦于某个专业领域的垂直门户网站。

在综合性门户网站上，用户可以通过分类导航目录与关键词搜索找到与某一个主题相关的新闻，比如在新浪网上输入"数控加工"，会弹出与该关键词有关的新闻，这些新闻里很可能有一些精密加工厂家的相关信息。

然而，综合性门户网站以发布各类新闻为主要服务内容，对于供应商识别来说，不是非常有效的渠道。

3）垂直门户网站

与提供方方面面、各行各业的庞杂资讯的综合性门户网站不一样，垂直门户网站专注于提供某一领域的资讯，如专注于IT领域的中关村在线，专注于汽车领域的汽车之家，专注于化工原料领域的摩贝网，专注于石化行业物资装备领域的蓝蜜蜂、专注于财经领域的东方财富网，专注于教育资源领域的中国教育出版网，专注于工程机械领域的中国工程机械商贸网等。综合性门户网站通常以提供综合资讯为主要功能，而垂直门户网站则越来越多地发挥着企业对企业（Business to Business，B2B）电子商务平台的功能。

随着互联网的普及，前文提到的用纸张印刷而成的传统型黄页在我们的生活中越来越不常见，取而代之的是在线黄页，如中国黄页网、中国114黄页等。这些网站兼具综合性门户网站和垂直门户网站的特点：既像综合性门户网站那样涉及很多行业和领域，又像垂直门户网站那样专注于提供黄页这一品类的相关信息。

电子商务平台则更为旗帜鲜明地作为一种在线交易平台而出现。如面向企业的我的钢铁网、欧冶、科通芯城等；还有以个人消费者为主要服务对象的京东、淘宝等，当然，这些平台也在衍生面向企业的服务，如京东工业品。

相对于前两种线上渠道，在垂直门户网站上识别供应商的针对性、有效性、便捷性、可信度都会更高一些。只是，要获得相对全面的信息和服务，多数情况下需要注册会员并支付年费。实际上网站的建设与运维一定是有成本的，网站的使用者如果想要持续获得有效的资讯和优质的服务，就应该理解网站所有者通过某种方式收回成本并有所赢利。当然，网站在攒起人气和流量后，也可能以提供广告服务作为收益来源，使用者便可以免费使用。对于垂直门户网站，由于其受众相对明确，愿意投放广告的企业也相对明确，因此垂直门户网站提供的专业资讯是否客观，就要供应管理人员仔细甄别。

4）企业官网

企业官网又称企业门户网站，为企业的各类合作伙伴或潜在合作伙伴以及企业员工提供了一个访问和获取各种企业资讯的统一入口，常常也是外部用户与企业进行互动的平台。外部用户从中可以了解企业的历史、主营业务、主要产品或服务、最新动态与公告等，在注册后可以进行业务类或非业务类的互动与协同作业，这样企业官网便能起到企业自有电子商务平台的作用。

5）政府官网

各个国家（地区）的政府现在都开发了面向社会公众的门户网站，为社会公众提供政策动态、经济发展、统计数据等资讯和便民服务。政府官网成为社会公众与政府互动的渠道。有心者可以从各地政府官网上发现当地政策导向、扶持的行业及企业资讯。

6）社交平台

越来越多的职场人士及专业人士通过社交平台与同人和陌生人建立联系，互通信息。社交平台上会有与供应商有关的公开信息，合法地利用这些公开信息，无疑是一种非常有效的供应商识别方式。当然，使用者需要借助前面各类线上渠道辨别所获得信息的真实性与准确性。

7）线上会展

通信技术的进步对线上会议和展览活动起到了推进的作用，在线会议工具如雨后春笋般出现，包括第三方及企业自建的会议平台。在 5G 和虚拟现实技术的助推下，线上会展也越来越多、越来越逼真、越来越为大家所接受。通过线上会展获得行业动态与企业资讯，对寻源管理者来说，无疑可以极大程度地提高效率、减少日常管理成本。

通过上面各种渠道，采购组织可以得到一份潜在供应商长名单，以便后续对供应商进行更加细致的分析和评估。

|第3节| 供应商评估

采购组织根据寻源策略，以及对供应商在业务范围、规模、模式、经营地点和风险管控等方面的基本要求，在识别出基本符合这些要求的供应商后，就需要决定哪些供应商可以最终成为采购组织的合格供应商库中的一员。在这个阶段，采购组织需要开展更加全面细致的供应商评估工作。

1. 供应商评估流程

每一个企业都会建立自己的供应商评选流程，并且这个流程的建立、发布和修订也会通过一定的受控程序来完成。图 3-2 所示为典型的供应商评估流程。

一、评估准备阶段	1. 评估工作分析 2. 成立评估团队 3. 确定评估内容、评估指标、评估标准 4. 确定评估方法
二、评估执行阶段	1. 收集数据并实施评估 2. 得出评估结果并获得批准 3. 更新供应商主数据记录

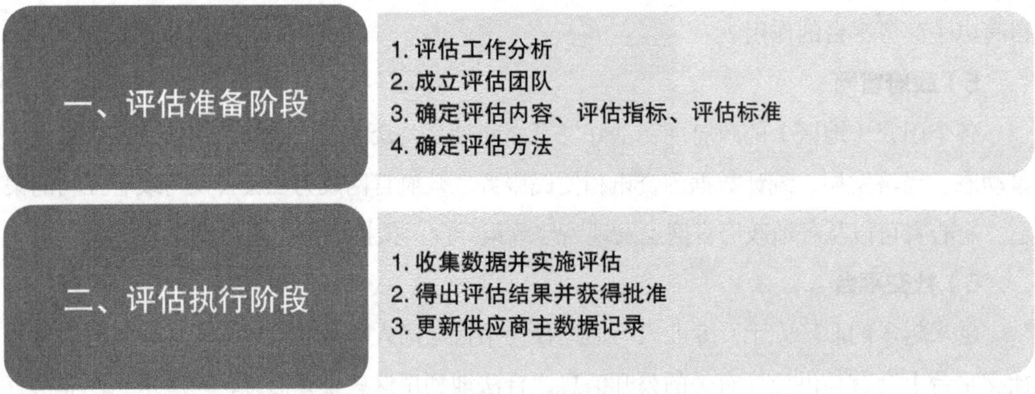

图 3-2　典型的供应商评估流程

从图中可以看出，典型的供应商评估流程可以分为两个阶段，共 7 个步骤。第一个阶段为评估准备阶段，包括评估工作分析，成立评估团队，确定评估内容、评估指标、评估标准，确定评估方法等步骤。第二个阶段为评估执行阶段，包括收集数据并实施评估、得出评估结果并获得批准、更新供应商主数据记录等步骤。

需要说明的是，供应商经过该流程成为采购组织的合格供应商后，并不意味着需要无条件地为采购组织提供某类产品或服务。很多时候，采购组织在有了具体的采购需求后，会经过询价、招标或谈判流程，从合格供应商库中选定某家或某几家供应商为一个具体的采购需求提供产品或服务。这也是战略寻源流程中的一个重要环节。同时，由于存在因紧急需求的出现而进行非战略性寻源的情况，不排除有的企业会在识别出供应商的同时，完成准入评估与选定工作。企业可以根据需求的紧迫性和前瞻性选择不同的做法。

2. 评估准备阶段

供应商评估是为采购组织建立或更新合格供应商库（供应商资源池）的重要一环，采购组织要充分做好供应商评估准备工作。

1）评估工作分析

评估工作分析是指对评估工作的具体目的、对象、工作量、成本与收益等方面进行分析，作为判断开展评估工作的必要性和确定其他准备工作内容的基础。在进行评估工作分析时，供应商评估团队主要需要回答以下问题。

●评估的目的是什么？虽然通过评估的供应商都是用来构建或优化采购组织的供应商资源池的，但是依然会存在将供应商作为战略性储备资源还是用于满足当前某个采购需求的差异。针对前者，评估的颗粒度相对较粗；针对后者，各种要求更加明确，评估的颗粒度相对较细。

●需要评估的供应商有几家？他们供应的品类有哪些？供应商数量越多、涉及的品类越多时，评估的复杂性越高，花费的时间和成本就越多，涉及的专业职能部门就越多。

●这些供应商可供货的地理范围有多广？范围越广，需要协调的部门和人员就越多，花费的时间、成本和精力就越多。

●被评估供应商的规模有多大？规模将会影响所花费的时间和成本。

●待评估的供应商中是否有在用供应商？如果有，这些供应商的绩效表现怎样？供应商与采购组织之间的关系和信任程度如何？准确获取这些信息将使得评估过程更容易完成、可靠性更高。

●以前是否有过评估类似供应商的经验？经验越少，开展准备工作的难度会越大，花费的时间会越长。

●可以运用的支持性资源（包括公司管理层的支持）有哪些？是否缺乏某些关键性支持资源，如供应商质量管理或零件工程师资源？如果缺乏，是否有替代方案？

●是否拥有足够的人员和时间来有效地完成供应商评估工作？如果没有，是否需要调整本次评估的供应商数量？或者如何有效地分批评估？

●供应商的地理位置在何处？供应商是否拒绝接受现场评估？这会影响到评估方法的选择。

●评估所要耗费的成本与获得新供应商后带来的收益（包括风险降低带来的潜在收益）相比，是否值得？如果不值得，这个评估项目就有必要终止或暂停。

2）成立评估团队

为了成功实施供应商评估，采购组织通常会成立一个供应商评估团队。团队成员主要来自质量、生产、工程、采购等与供应链管理关系密切的职能部门。专业技能和合作精神是团队成员必须具备的。另外，这个评估团队要争取得到采购组织及各利益相关方的支持。有些企业会设有专门的供应商管理团队负责供应商的评估工作，这样做有助于提升供应商评估的专业化水平。

3）确定评估内容、评估指标、评估标准

（1）评估内容

供应商提供的产品或服务的品类不同，供应商评估的内容、指标和标准也需要进行相应的调整。从具有普遍适用性的角度来看，供应商评估的内容可以参考雷蒙德·卡特尔（Ray Carter）的 10C 模型。之所以称为"10C"，是因为这个模型中的十大评估内容所对应的英文单词都是以字母"C"开头的。理解了这十大评估内容，就可以制定出供应商评估的关键指标。表 3-2 所示为"10C"的具体内容。

表 3-2　"10C"的具体内容

评估方面	评估内容说明
能力（Competency）	一般指供应商研发、加工或服务能力达到何种水平，能够满足哪些应用领域的需要。同时，供应商的信息技术与数字化系统应用能力也可以作为能力评估的内容
产能（Capacity）	供应商能做什么是一个方面，在一定期间内能提供多少产品或服务，则是另外一个需要考察的方面
承诺（Commitment）	这是指评估供应商的合作意愿以及可靠性水平
控制（Control）	这是指考察供应商的政策、制度、流程等内部控制的完善性与有效性
现金（Cash）	这反映了供应商的财务健康状况和流动性水平，以及承受财务风险的能力
一致性（Consistency）	这是指考察供应商在服务、质量、交付等方面的表现，不仅要看其是否有能力满足采购组织的要求，还要看是否具有持续性和一致性
成本（Cost）	成本对于许多采购活动而言，都是最重要的考虑要素之一。采购组织需要评估供应商的成本水平处在何种位置，以及供应商对各项成本要素的管理与控制能力
兼容性（Compatibility）	这反映了供应商与采购组织之间能否长久合作

评估方面	评估内容说明
合规性（Compliance）	无论是全球化运作，还是区域化运作，企业都会受到各种法律规定的约束。采购组织可通过考察供应商在环境、社会、公司治理方面的情况来评估其合规性水平
沟通（Communication）	供应商与客户之间的沟通层级、沟通渠道、沟通方式、沟通频率、沟通有效性等都是重要的评估内容

表 3-2 中的评估内容不一定是供应商评估的全部内容，采购组织可能会增加一些其他方面的内容，比如第 11C——Customer（客户），即从供应商的关键客户或客户的多样性等方面来评估供应商的服务能力及抗风险能力。

（2）评估指标

在明确了评估内容之后，就可以延伸出评估指标。下面介绍的是关于供应商评估指标的种类、分解和权重分配的内容。

供应商评估指标可以分成硬性指标和程度指标两大类（见图 3-3）。硬性指标是必须满足的要求，如经营执照的要求、资质认证的要求、业务体系和程序的要求等。程度指标又分为定性指标（如管理水平、未来发展机会和潜力、在行业中的地位等）和定量指标（如产能、成本、交付周期、质量等级等）。定性指标通常可以进行量化处理，例如，根据成熟度自低到高为管理水平赋予 1~5 分的分值。各个定量指标也有不同的衡量标准，例如，质量等级可以 DPPM 来衡量，交货周期可以用周、天或小时等时间单位来衡量。在进行打分时，一般建议对定量指标进行"无量纲化"处理，如都采用 1~5 分的赋分形式，但这就会涉及后面要介绍的评分标准的确定。

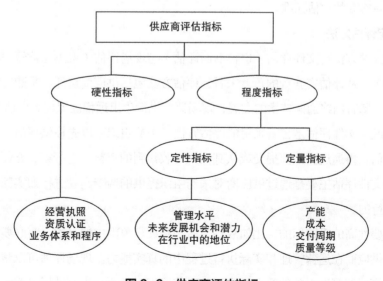

图 3-3　供应商评估指标

在颗粒度较细的深入评估中，可以为各项主要指标分解出子指标。如质量指标可以分解出进货检验、过程检验、成品检验、出货检验等子指标，还可能要评估人员的资质和多少人有经验，以及设备可用性和状况等。描述评估指标的语言最好是每一个供应商评估团队成员和供应商团队的人员都明白的。越是具体的描述，越有可操作性。例如，在评估供应商的设备情况时，可简单表述为"设备能力和水平"，但若具体到"拥有激光切割设备及制造经验"，则可评估性更高。

此外，供应商评估团队还需要对不同类型的评估指标赋予不同的权重。不同评估指标因为重要性不同，被赋予的权重就会有所不同。比如，一个设备的核心零件可能获得较高的权重。其次要确认每一个评估指标的子指标及其权重，例如评估供应商质量体系时，需要从多个维度来评估，每一个维度的权重不尽相同。需要注意的是，权重的分配不仅基于采购组织需求的重要性程度，还要兼顾品类的市场结构特征。以成本指标的权重分配为例，相对于货源充足、供应商竞争激烈的品类来说，货源紧张、供应商垄断的品类在这项指标上的权重相对就会低一些。

（3）评估标准

确定了评估指标与子指标后，就需要确定每一项评估标准。设定评估标准的复杂程度与难度往往超过评估内容的确定以及评估指标的选择。有相关实践经验的读者一定能感受到这一点，尤其是在定性指标的评估过程中，常常使用"优""良""中""差"这种主观性很强的评估标准，从而出现不同的评估人员给出的评估结果相去甚远的现象。

建议尽量使用为了进行评估而收集到的事实性陈述或客观数据作为评估标准，比如"有制度但缺少流程或作业指导书支撑"，或者"制度、流程和作业指导书完善，但没有记录"等相对客观的评估标准。

4）确定评估方法

典型的评估方法有文件评估（也称书面评估）与现场评估（聚焦运营管理与执行能力方面的评估）。从评估实施者的角度来看，评估方法包括供应商自评、采购方评估和第三方评估3种。随着网络通信技术的发展，现场评估也衍生出远程虚拟现场评估等方法。

一般来说，文件评估是普遍采用的评估方法。采购组织可以先提供评估问卷让供应商进行自我评估，再通过供应商提交或从其他渠道收集到的资料，进行第二方评估，即采购组织评估。文件评估主要是通过供应商对采购组织提供的调查问卷进行如实回答并提供相应证据来进行的。

对于重要性高的采购标的，比如战略、瓶颈和杠杆象限中的品类，有必要实施现场评估，以验证供应商在运营管理和实际执行过程中的真实能力。现场评估可以帮助采购组织获得与供应商运营管理相关的第一手资料，可信度相对较高；也有助于采购组织发现那些对于供应商来说"司空见惯"、不认为是问题的问题，比如不必要的在制品库存、不符合 5S 现场管理法的现场管理问题等。对于某些战略和瓶颈象限中的品类，供应商占据优势地位，未必会同意采购组织开展实施现场评估。在这种情况下，采购组织可以考虑以参观学习的名义了解供应商现场运营状况。如果确实不被供应商接受，采购组织就不得不放弃采用这种评估方法。另外，由于路途遥远或疫情等特殊原因不能亲临现场，开展远程虚拟现场评估是一种替代方案。采购组织如果没有充足的资源或时间，也可以请求咨询机构或行业协会组织专家代为进行第三方评估。

（1）文件评估

文件评估中通常会使用到供应商调查问卷和供应商评估表两种文件。供应商调查问卷中所提出的问题多与供应商的基本信息有关，包括供应商的名称、地址、主要股东或隶属和关联关系、主要联系人及联系方式、主营业务、主要产品和服务、各类业务的营收规模和占比、主打品牌、主要客户及主要供应商、主要运营基地及销售覆盖区域、关键人力资源、拥有的各种认证资质、财务状况摘要等信息。在面向未来的前瞻性寻源中，这部分信息常常是在供应商识别阶段就需要获得的。

供应商评估表中的内容主要包括两部分。

第一部分是针对具有共性的采购要求设定的评估内容、评估指标和评估标准，可以由供应商进行自评，也可以由采购组织评估。这部分内容可能如下。

- 采购组织的现有业务及潜在业务在供应商销售规模中的占比处在何种水平？
- 供应商的业务可持续水平（可以用财务指标来表示）如何？
- 供应商的合作性与沟通性如何？
- 供应商报价的完整性和透明性如何？
- 供应商的研发实力与技术储备情况如何？
- 供应商的项目管理能力如何？
- 供应商的物流管理能力如何？
- 供应商质量管理体系的完善程度如何？
- 供应商的生产管控流程水平如何？
- 供应商处理投诉的时效性与有效性如何？
- 供应商是否拥有完善、可证实的持续改善流程？
- 供应商在环境、社会、公司治理方面做得怎么样？

包括以上各项在内的评估指标的评分结果，都需要供应商以文件、记录等加以佐证。这样也方便采购组织根据这些文件、记录等来进行第三方评估。

第二部分内容主要与采购品类相关，即主要评估内容是供应商在某个具体品类方面所拥有的能力，当然，也会包括交付、服务和质量等方面的能力。以金属冲压模具为例，这部分内容可能如下。

●供应商是否拥有模具的设计开发与生产能力？

●供应商是否同时拥有软模和硬模的制作能力？模具的尺寸、精度和寿命能达到什么水平？

●模具设计会使用哪些软件？有多少用户授权？

●供应商是否有专供打样试模的区域和设备？

●模具生产中会使用哪些生产与检验设备和手段？

●模具材料主要来自哪些厂家？常用的品牌有哪些？

●供应商是否具有无模打样的能力？使用哪些技术和设备来完成无模打样？

●供应商对客户提供的产品设计是否拥有制造可行性判断和反馈的能力？

●冲压生产过程中使用的主要设备有哪些？设备的供应商与型号有哪些？

●供应商是否有上游原材料供应商管理能力？原材料的供应保障水平有多高？

●供应商是否同时具有小批量生产和大规模量产冲压零件的能力？

●零件的加工精度和一致性处于什么水平？是否采用了统计过程控制技术？制程和交付时的DPPM分别能达到什么水平？

●供应商是否拥有二次加工和表面处理的能力？具体包括哪些二次加工和表面处理工艺？

●供应商是否拥有零件包装、运输包装的设计与验证能力？使用可回收包装的比例有多大？

●供应商是否拥有准时制交付、供应商管理库存、寄售、协同计划预测与补货等协同管理能力？

针对包括上面所列举问题在内的各种类似问题的提出与回复，就构成了采购组织对供应商能力评估的主要内容。这部分工作完成后一般会形成初评报告。对于存在现场评估必要性和可行性的供应商，采购组织在后续的现场评估中将会重复验证这些问题，同时亲自得出更多问题的答案，使得评估工作做得更加充分。

需要注意的是，即使是文件评估，在实践中也常常可能由于各种原因而无法实施，此时可以参考第三方资料，如其他客户的评价、行业口碑、市场反响、第三方咨询机构的行业分析报告等。

（2）现场评估

现场评估的主要目的如下。

●对文件评估中的内容进行核实，即对初评报告进行验证。

●对供应商各项具体能力进行直观评估，包括人、机、料、法、环、测等方面。

●识别供应商发展和改进的机会。

●识别双方在方法和过程上存在的问题。

●完成供应商评估报告。

●对被评估供应商进行比较，得出供应商评估结果并呈报审批。

由于现场评估会耗费采购组织及供应商的更多资源，供应商评估团队需要事先做好现场评估计划，并应该与供应商的主要联系人进行充分的沟通，包括采用电话、视频会议等方式，把评估计划、决定和要求及时通知供应商的联系人，安排合适的时间访问现场，在供应商指定人员的陪同下，完成整个评估过程。

现场评估的主要内容还是来自上文介绍的供应商调查问卷和评估表，是对供应商调查问卷和评估表中内容的核实及进一步延伸，并针对质量控制执行情况、设备保养状态、员工士气、现场管理情况、场内物流流畅性等方面形成现场评估的检查表。两个阶段的评估相辅相成，而非割裂对立。

现场评估的检查表及现场评估的行程表是这一步的主要输出结果，行程表需要得到供应商的确认。许多采购组织制作的行程表非常具体，包括每一段行程的区域、生产过程和设备，主要评估人员、陪同人员、评估对象、评估所需设备、评估时间、保密要求等。

相较于供应商调查问卷和评估表中的内容，检查表中可能会增加一些更为细致的内容，如表 3-3 所示。

表 3-3　检查表示例

检查点	检查问题	检查记录
个人态度 （员工的工作态度是反映供应商的产品质量和服务水平的重要依据）	1.各级员工，特别是一线员工之间的关系是和谐融洽还是紧张对立？ 2.主管人员对顾客服务的关注程度如何？ 3.员工的精神状态以及对完成工作的热情如何？ 4.人员的安排使用——是否有序、经济、合理？是否各司其职？是否有效合作？	
设备 （检查生产设备的使用、保养和更新状态）	1.是否满足现有生产需求？不足还是超出？ 2.设备是先进的还是已经过时的？ 3.设备保养的程度和磨损的程度如何？ 4.操作人员是否对设备专心养护？ 5.设备的性能能否满足采购组织所需要的产品的生产要求？ 6.设备的生产能力是否足以满足所需产品数量的要求？ 7.是否使用了自行研制的专用精密机械设备？（这反映出供应商在工程技术和制造方面的专业水平）	

检查点	检查问题	检查记录
质量控制 （考察供应商是否具有确保产品符合质量规范的有效措施）	1.来料及成品的检验方式有哪些？ 2.生产现场过程检验的频率如何？ 3.是否运用控制图等统计过程控制工具？ 4.质量控制的有效程度如何？ 5.不合格品的处理方式是什么？ 6.改善、纠正和预防措施的效果如何？	

表3-4所示为供应商评估报告示例。

表3-4　供应商评估报告示例

供应商名称：				评估日期：	
供应商主要产品：				评估类型：　新供应商□　复审□	
项目	水平	项目	水平	项目	水平
1.质量		3.交付		6.持续改进	
质量水平		交货能力		对达成改进目标的承诺	
产品质量先期策划		交期频度		顾客满意度和顾客支持服务	
过程质量控制		交期效率		员工参与和授权	
统计过程控制		库存		过程改进方法	
检验		4.研发		7.次级供应商关系和控制	
校准		产品知识熟悉度		寻源策略	
预防/问题解决		设备和测试能力		供应商选择	
绩效数据		供应商早期参与		相互关系	
内审		集成设计工具		产品质量先期策划和产品认证	
记录保留/追踪		标准化		整体质量改进	
2.成本		原型原件、制程开发期间的制造能力支持		8.社会责任	
财务管理		原型样件成本		环保	
成本管理		5.管理		健康	
财务计划		沟通		安全	
材料来源计划		组织		节能和绿色生产	
存货计划和控制		业务计划		加班和童工	
不良品成本管理		管理能力审核		遵守法规	
义务保证		培训		公平	
		预防保养			

续表

项目	水平	项目	水平	项目	水平
		5S			
		工厂布局			
		保密能力			
				综合得分	

3. 评估执行阶段

评估执行工作是否能够顺利完成，有赖于供应商评估团队的经验、观察力、分析能力和沟通能力。充分的评估准备工作对评估执行工作的顺利进行起到了决定性的作用。评估执行阶段主要包含 3 个步骤，具体如下。

1）收集数据并实施评估

无论开展文件评估还是现场评估，供应商评估团队都需要选择恰当的时机，尽量避免在供应商业务旺季进行。

文件评估中的各种表格，需要简明，易于理解、回答和勾选。制作的 Excel 表格要有层次、有条理。比如，第一页给出表格使用指南介绍；第二页给出各个评分大类的分值汇总，并附上一张雷达图；后面每一张表格里对应放入某一个方面的全部问题，并做好页面的打印设置，方便将 Excel 表格完整打印在一张或几张 A4 纸上。

现场评估通常会包括开展首次会议、评估阶段会议及沟通、末次会议等环节。首次会议的开展标志着现场评估的正式开始，供应商评估团队应该邀请供应商的管理层出席，就对方满足采购组织的要求所做的工作和积极配合表示感谢，介绍双方主要人员，评估的目的、内容、流程和步骤等，重申保密原则与责任，承诺对供应商的管理信息、技术信息、商业信息乃至本次评估的信息等保密。

评估中，为了便于最终报告的得出，供应商评估团队应对所观察到的情况做好书面记录，包括人物、时间、地点、事实，所记录的内容应当和当事人或者陪同人员进行确认。

在访问结束的末次会议上，供应商评估团队应再次邀请供应商的管理层出席，并再次对对方在评估过程中的支持与配合表达感谢，可与对方讨论评估中发现的问题，给出概括性总结和重点摘要，并说明在完成所有的评估后可提供最终报告给供应商。

2）得出评估结果并获得批准

评估完成后，要进行总结，最后得出的评估结果通常需要呈报给采购组织中较高层级的领导或委员会进行复核与批准。

3）更新供应商主数据记录

对于经批准接纳为采购组织合格供应商的供应商，供应商评估团队会在采购组织的信息系统中进行与供应商主数据有关的更新维护，新供应商通常会被赋予一个独特的供应商编码（Vendor Code），同时，采购组织的合格供应商库也会相应地得到更新。

| 第 4 节 | 供应商评选与定点

采购组织建立合格供应商库，可以更快更好地响应新出现的采购需求。对于每一个新采购需求，采购组织会根据供应商选定方法，对合格供应商库中的可用供应商做出选择性评估，并最终依据寻源策略中的确定供应来源策略选定数量合适、类型恰当的供应商，与其进行合作。

1. 供应商评选流程

每一个企业都会建立自己的供应商评选流程，这个流程的建立、发布和修订会通过一定的受控程序来完成。这里给出一个具有共性的供应商评选流程以供读者参考（见图 3-4）。

图 3-4 中给出的典型的供应商评选流程分为 4 个阶段：询价准备阶段、报价阶段、接受报价与确认阶段、评选与定点阶段。

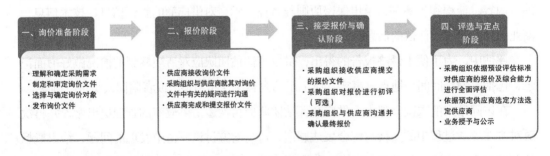

图 3-4　供应商评选流程

1）询价准备阶段

为某一个具体采购需求选定适当的供应商，第一步就是要理解该需求的各项技术和商务要求。有关这方面的内容，本书前三章中均有比较详细的介绍，这里不再赘述。

采购组织就采购需求与内部用户部门加以确认后，需要将需求进行汇总，编制成询价文件，并再次与内部用户部门及研发部门、质量部门、财务部门等利益相关方进行沟通审定。询价文件中通常包括针对有形产品的规格要求和针对无形服务方面的工作说明书两部分内容。

接下来，采购组织会依据品类管理战略和寻源策略、企业的政策、寻源决策委员会及法律法规等方面的要求和指南，从合格供应商库（可能有其他来源）中遴选出询价或招标对象，再通过电子邮件、供应商关系管理系统、招标平台等各种恰当渠道，向询价或招标对象发送询价文件。发送询价文件也称采购征询，一般有 4 种类型的文件，即信息请求书、报价请求书、方案请求书、招标邀请书。

2）报价阶段

报价阶段始于供应商接收到各种询价文件。完成询价文件的接收过程因采购征询方式的不同会存在些许差异。如公开招标和邀请招标，往往需要供应商通过线下或线上渠道购买标书，才算正式收到询价文件。采购组织常常会要求供应商收到询价文件后，在一定期限内告知"询价文件已收悉"，以及是否给予报价，能否在报价截止日期前提交报价文件。

供应商获取完整的询价文件后，首先会仔细阅读和理解询价文件中的需求。这时，供应商由于对这些需求存在不同程度的疑问，需要与采购组织进行沟通和确认。对于比较复杂的采购需求，采购组织还可能会采用报价前会议（或招标前会议）、现场踏勘等形式，解答供应商对询价文件（含招标文件）的各种疑问。

当各方对询价文件达成一致理解后，供应商即可正式开始进行成本核算与报价工作。

3）接受报价与确认阶段

供应商完成并提交报价给采购组织，首先应确保采购组织接收到报价文件。采购组织接收到报价文件并不等于接受了报价。通常，采用正式招投标方式的采购组织都可能会由于报价格式、所需资质、提交时间等方面的问题而合理拒绝接受供应商的报价。在非正式的招投标场合，包括采用电子竞价采购方式时，采购组织还可能对供应商的报价进行预审，并可能给予供应商"报价过高"等反馈信息。需要注意的是，采购组织提醒供应商"报价过高，需要重新报价"的做法在很多私营性质的组织里并不属于"违规"，但如果向某家供应商提供其他供应商的报价相关信息，则会存在道德操守和合规性方面的问题。另外，采购组织与供应商之间就最终报价进行再确认也是一种常见的做法。

4）评选与定点阶段

供应商的报价得到最终确认后，采购组织会依据预先设置好的供应商选定方法和评选标准（包括评标方法和评标规则）就供应商的技术和商务要求满足程度，以及产能、经验、财务、风险等多项评估指标，对供应商进行评分，最终选出合适的供应商。

在正式招投标采购中，采购组织通常需要向选中的供应商发送中标通知，并将最终的中标结果进行公示。公示期满没有异议后，采购组织才会与选中的供应商正式签订合同。在非正式招投标采购中，即使对采购组织没有将供应商选定结果向社会公示的硬性要求，也建议采购组织将供应商选定结果在内部进行通报。

2.4 种典型的采购征询文件

通常来说，有 4 种典型的采购征询文件。

1）信息征询书

信息征询书（Requests For Information，RFI）通常用来获取某种产品或服务的一般市场价格信息，如供应商的产品或服务的建议方案和成本／价格信息，以作为采购组织做采购预算或进行成本／价格对标时的输入信息。

2）报价征询书

报价征询书（Requests For Quotation，RFQ）俗称询价单，其中通常会描述所需产品或服务的品名、规格、所需数量、交付时间、交付条款、包装方式、报价截止时间等内容，还会附上图纸、样品等，以便供应商进行较为准确的报价。

3）方案征询书

当采购组织对招投标缺乏足够的经验或技术信息、没有清晰充分的规格书时，可以制作方案征询书（Requests For Proposal，RFP），告知供应商自己所需要的产品或服务的性能等要求，以便供应商提供完整的技术解决方案、工程设计方案等方案。

4）招标征询书

相对于询比价采购方式而言，招投标采购方式通常更加正式，政府采购或企业采购政策中规定，当采购标的总价值高于某个预定金额时，必须采用招投标采购方式，此时就会用到招标征询书（Invitation For Bid，IFB）。

表 3-5 中总结了 4 种采购征询文件的应用目的、应用时机、示例和特点。

表 3-5　4 种常用的采购征询文件

采购征询文件	应用目的	应用时机	示例	特点
信息征询书	获取供应商及其产品或服务的相关信息	在做出供应商选择决定之前，甚至在确定具体采购标的之前	供应商调查表、产品目录、产品价目表等	简单快捷、对采购组织不产生法律约束力

采购征询文件	应用目的	应用时机	示例	特点
报价征询书	获取供应商对某特定产品或服务的价格等主要合同条款的信息	在确定了具体采购标的之后	报价单、销售合同等	一种正式的采购价格信息获取方式，供应商回复报价叫作发盘，该文件具有法律约束力；采购组织可以选择接受报价或还盘
方案征询书	需要专业性强的供应商提出完整的技术解决方案、工程设计方案等	采购组织缺乏与所需产品或服务相关的经验、专业性时，希望专业性强的供应商提出替代性方案与建议时	方案请求书、方案建议书、企划书等	通常对双方没有法律约束力，允许双方通过谈判或两步招标的方式达成最终协议、做出采购决策
招标征询书	尽可能地给更多的供应商公平竞争的机会，并通过供应商之间的竞争，获得最佳成交条件	采购支出规模庞大，需要通过供应商之间的竞争，实现总成本最低，获得竞争优势时；需要展示采购活动的公开性、公平性、公正性时；有法律要求时	招标公告、招标邀请书、投标书等	一种正式的采购价格信息获取方式，通常文件的发出与收到的回复分别对双方具有法律约束力

3. 采购价格

采购价格的高低影响采购组织产品的利润率，有竞争力的采购价格能帮助提高产品的竞争力，因此，无论采取何种采购方式，以合理的价格获取产品或服务，都是一个十分重要的问题。采购人员有必要了解典型的定价方法，并能够对价格的合理性做出基本判断。

1）影响价格的因素

产品或服务的价格主要受到下面几种因素的影响。

（1）市场结构

一个明确影响价格的因素是市场结构。根据竞争种类和程度的不同，市场结构有 6 种表现方式：卖方完全垄断、寡头垄断、卖方垄断竞争、完全竞争、买方垄断竞争、买方完全垄断。

市场结构反映了市场上的供求关系：当市场上的供应量大于需求量时，产品或服务的价格比较低；反之，产品或服务的价格会比较高。市场结构对价格的影响之大，使得"价格由市场决定"成为一种典型的定价方式。

（2）经济状况

当经济下滑时，通常需求和订单会随之减少，从而导致供应商下调其产品或服务的价格，以刺激需求、维持销售与生产；当经济向好时，需求与订单增加，供应商通常会上调产品或服务的价格。

（3）需求弹性

需求弹性可以衡量需求对价格变化的反应能力，指价格变化导致需求量变化的情况。有些产品或服务具有高需求弹性，即价格下降一定百分比，如5%，会使得销售量增加的百分比大于5%。针对具有高需求弹性的产品或服务，供应商可能通过降低价格来实现销售量的更快增加，从而带来企业效益的增加。

（4）生产能力

生产能力通常以工厂产能的利用率来衡量。产能是在特定时间内，工厂现有资源在正常状况下能达到的最大产出数量。产能利用率就是实际的工厂产能与理论上的工厂产能的比率。根据一般性经验法则，当工厂的产能利用率达到80%~90%时，就认为其达到了最大的生产能力。产能利用率高时，工厂不急于接新的订单，产品价格可能上升；产能利用率偏低时，工厂可能会降低价格来争取更多的订单，但要注意低价格的可持续性，过低的产能利用率可能会导致工厂成本过高而难以为继。

（5）供应商的市场份额

较大的市场份额会使供应商获得规模优势，以较低的价格买到原材料，从而具备提供更低报价的能力；另外，供应商为了扩大市场份额获得规模优势，可能倾向于向客户提供更有竞争力的价格。

（6）劳动力状况

劳动力紧缺时候，供应商可能付出更多的工资和福利以招聘外部员工和留住内部员工，相应地，企业成本的增加也会反映到产品价格上。

（7）汇率

汇率是指一个国家（地区）货币相对于他国（地区）货币的比率。它受各个国家（地区）的政治、经济和国际环境等因素影响，会经常发生变动。如人民币对美元汇率的变动就极大地影响两国间的进出口采购成本。采购组织可以通过套期保值等方法减少汇率变动带来的风险。

2）基于成本的定价方法

（1）单位成本加成法

这种定价方法就是在单位成本的基础上加上一定比例的利润，形成销售价格。

假设某公司A产品的单位成本为40元，该公司期望销售每件产品可获得20%的利润，销售价格 =40 元 ×（1+20%）= 48 元。

当供应商采用这种定价方式时，采购人员需要关注单位成本是由哪些成本要素构成的、管理费用是怎样分摊进单位成本的、利润加成比例是否合理等问题。

（2）投资收益回报定价法

当供应商必须投入某些专用设备和模具才能向采购方交付其所需的产品或服务时，供应商常常会基于预期的总生产量和投资收益回报率（Return On Investment，ROI）来制定销售价格，即：

$$销售价格 = 单位制造成本 +（1+ROI）× 投资 / 总生产量$$

其中，单位制造成本通常包括直接材料成本、直接人工成本和可变制造成本［注：制造成本包括固定制造成本和可变制造成本。实际应用时，请参考财政部印发的《企业产品成本核算制度（试行）》，并咨询财务专业人员］。

假设某公司为特定客户的产品新增固定资产投资 500,000 元，预计产品需求量为 50,000 件，包括直接材料成本、直接人工成本和可变制造成本在内的单位制造成本为 50 元，该公司期望获得的 ROI 为 20%，则会采用投资收益回报定价法，针对所有的投资进行加成定价，计算公式如下：

$$销售价格 =50 元 / 件 +（1+20%）×（500,000 元 / 50,000 元）= 62 元$$

供应商采用这种定价方法时，实际上是应用了以相关成本为基础的 ABC 成本定价法，该定价方法常常应用于定制化程度高的小批量采购中。采用这种定价方法的好处在于，成本构成与分摊情况一目了然，便于采购方进行价格确认。但采购方需要较准确地预估需求量，并密切关注实际采购累计量的变化，及其可能带来的成本分摊基数的变化，还要关注供应商提供的投资总额中是否已经包含了利润，以及供应商提出的 ROI 是否合理。

（3）可变成本定价法

供应商采用可变成本定价法时，报价中只包含了提供产品或服务的可变成本，而不包括固定成本的分摊。这通常只是一种短期行为，因为这会影响供应商的赢利水平和将来的研发投资支出。这样做通常是为了进入一个新市场或获得新客户、促销其他产品、应对经济不景气的情况。供应商有可能在业务稳定后提高销售价格。

3）基于价值的定价方法

价值定价是根据客户对产品的认可价值来定价。影响采购方对价值认知的因素如下。

●替代品感受。替代产品或服务的可得性越大，相应的认可价值就越低。供应商将自身产品或服务与价格较高的替代品联系在一起时，可以制定较高的价格。

●独特性价值。如果采购方很看重产品或服务的独特性，或是有与竞争者不同的属性，则可能对价格不敏感。很多针对小众市场的供应商就利用了这一特点，例如黑莓手机就专注于企业电子邮件市场，从而在竞争激烈的手机行业占有一席之地。

●转换成本。转换供应商的成本越高，采购方对于价格的敏感度就越低。在有些行业，如国防军工，对于供应商和产品的认证非常关键，认证周期长、成本高，而且需要大量模具或特殊工具等方面的投入，甚至需要最终客户的批准，这种情况下的供应商转换成本就很高。

●最终收益。当供应市场具有高度竞争性的时候，采购方对价格的敏感度高；而对于工业电子市场等，采购方更关注供应商的可靠性和服务能力等方面，对价格的敏感度相对较低。

●地点和时间。供应商离采购方需求地点越近，供货速度越快，采购方就越愿意接受相对较高的价格。有时候，采购方愿意从本地分销商处以较高价格采购。

●供应商的信誉、服务和双方关系。供应商被感受到的信誉、以前的服务表现和双方当前的关系都会影响采购方对价格的敏感度。

4. 价格信息的来源

通常，不同的供应商对于同一产品或服务的报价不尽相同，采购方如何确认价格的合理性？这需要采购方进行价格调查和比较分析，从而对价格的合理性做出基本判断。获得价格信息的来源如下。

1）价格指数

为了对价格的合理性做出更加充分的判断，采购方可以通过多种渠道来了解产品或服务的市场价格信息或标杆价格信息。这类价格信息的一个重要来源，就是价格指数。

价格指数是表示某一特定时间点的产品价格与某一特定基期的产品价格的比率。价格指数可以反映价格的变化情况。消费者价格指数（Consumer Price Index，CPI）和生产者价格指数（Producer Price Index，PPI）是最常见的两种价格指数，通常由一个国家（地区）的政府统计机构发布，如中国的国家统计局、美国的劳动统计局、英国的国家统计办公室等。

在国家统计局的官网上，用户可以查找到各种价格指数，主要有居民消费价格指数、商品零售价格指数、工业生产者出厂价格指数、工业生产者购进价格指数和固定资产投资价格指数等。

2）其他价格信息来源

除了国家统计局提供的各种价格指数外，采购方还可以通过很多途径获得有价值的价格信息，主要的几种途径如下所述。

- ●供应商产品价格目录表。
- ●行业网站，如我的钢铁网。
- ●商品交易所，如上海期货交易所、伦敦金属交易所等。
- ●行业组织，如中国物流与采购联合会。
- ●社交媒介，如"钢铁王国"微信公众号就会定期发布中国各个地区的钢材价格涨跌信息。

5.4 种典型的供应商选定方法

供应商选定方法也可以称为采购方式，归纳起来一般有 4 种，即询比价、招投标、谈判、电子招标和反向拍卖。

这 4 种方法并非泾渭分明，无论是询比价还是招投标，在采购过程中都会或多或少地涉及与供应商谈判的环节；而询比价与招投标相比，主要表现为文件和表单的复杂程度上的差异，以及实施过程和供应商选定过程的规范性、公开性和正式性程度上的差异。具体选择哪种方法，与采购需求的复杂性、采购组织的采购政策，以及法律法规的要求相关。

1）询比价

询比价是实际工作中应用最广泛、最频繁的采购方式之一，主要适用于规格要求清晰、货源充足的产品或服务，这些采购项目一般具有采购数量不多、金额不大、时间要求较紧等特点。与招投标相比，询比价的实施过程和文档要求都相对简单，实施费用也相对较少。在做出最终的供应商选择决定前，采购组织一般还会运用谈判这种方式。询比价流程一般包括 5 个步骤，如图 3-5 所示。

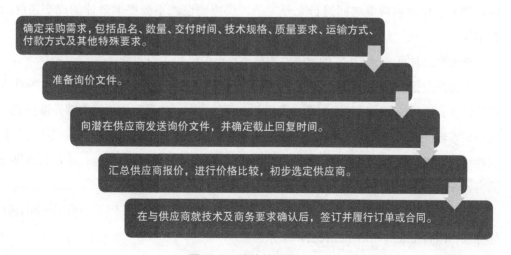

确定采购需求，包括品名、数量、交付时间、技术规格、质量要求、运输方式、付款方式及其他特殊要求。

准备询价文件。

向潜在供应商发送询价文件，并确定截止回复时间。

汇总供应商报价，进行价格比较，初步选定供应商。

在与供应商就技术及商务要求确认后，签订并履行订单或合同。

图 3-5　询比价流程

2）招标

招标是指采购组织作为招标方，事先拟定所需产品或服务的采购条件和要求，通过招标公告或投标邀请书向潜在供应商发出邀约，潜在供应商响应并提交要约，采购组织通过法定程序进行评比、定标等工作后，向供应商发出中标通知书作为承诺，并签订合同。

2017年12月27日，第十二届全国人民代表大会第三十一次会议通过了《中华人民共和国招标投标法》的修正，其中《招标投标法》第二条规定："在中华人民共和国境内进行招标投标活动，适用本法。"

招标按标的来分，可以分为货物招标、工程招标和服务招标。招标按组织实施形式及竞争程度来分，主要有公开招标和邀请招标两种方式。

●公开招标，是以公共的方式邀请不特定的法人或者其他组织来参与投标，也叫竞争性招标。

●邀请招标，是以招标邀请的方式邀请特定方来参与投标，也称有限竞争性招标。

招标的适用条件一般包括以下内容。

●采购金额大。多少金额为大，与企业及社会经济发展水平有关。

●清晰的技术规范。

●足够数量的供应商。在政府采购和公共采购中，要求不少于3家供应商参与投标。

●有资质的供应商。所谓有资质，既包括参与投标的供应商的身份是符合法律规定和招标文件规定的法人或自然人，也包括这些供应商满足招标文件中对专业经验、生产技术、财力物力、规模条件、质量／环境管理体系认证、履约能力、绩效等方面的要求。

●招标标的业务对潜在供应商的吸引力。供应商对获得采购组织的业务缺乏兴趣时，就不能保证供应商之间进行充分竞争，供应商也就不会提供最佳的成交条件给采购组织。

●足够的时间。一个正式的竞争性招标流程至少要3~4周才能完成。

●额外准备成本相对较低。供应商为了获得采购组织的业务，可能需要投入特殊或专用的设备、模具、产线以及组织架构变更等方面的成本。如果不需要这些额外准备成本或这些成本较低，则各家供应商获得业务的机会将更加平等一些；反之，那些已经拥有合适的特殊或专用的设备、模具或产线的供应商则会在竞标中获得相对优势，这对其他供应商而言，有不公平之嫌。

依据2019年中物联发布的《国有企业采购操作规范》（T/CFLP 0016—2019）团体标准，国有企业自愿招标应符合以下条件。

（1）采购需求明确

所谓招标首先应当有"标"，即应有明确的需求。所谓需求明确，包括采购目标的需求、标的功能的需求、实现功能需求的技术条件等不同层次的需求明确。针对上述不同层次的需求，采购组织应会同技术专家准确把目标需求、功能需求落实为技术要求，这个过程一般包括定位、定序、定距、定量 4 个步骤，如表 3-6 所示。

表 3-6　确定采购需求步骤

目标需求	→	功能需求	→	技术要求
定位	定序	定距	定量
满足　　　5 分 不满足　　0 分	第一名　　5 分 第二名　　3 分	保温 8 小时　　5 分 保温 4 小时　　3 分	效率达 80%　　5 分 效率达 75%　　3 分

采购文件列示的技术要求一般应采用定量描述，个别难以定量的可以采用定位、定序、定距表述。只有需求明确，供应商才有可能精准发出要约，否则采购组织的业务就不适合使用招标方式采购。例如，某采购文件采用招标方式采购养老院，标准是让老年人满意，这种情况下供应商就无法投标。

（2）具有竞争条件

竞争是招标的基本属性，因此只有在买方市场条件下才有可能采用招标方式。所谓竞争条件指有众多供应商愿意在公平条件下竞争。供应商之间竞争归根结底是标的在满足采购组织在质量、工期方面的要求的基础上的价格的竞争。

（3）时间允许

为保证公平竞争、科学择优，招标活动包括制定招标方案、编制招标文件、执行招标程序、签订中标合同 4 项内容。做好招标工作需要进行一定时间的准备，在执行招标程序环节，对于依法必须采用招标方式的项目，从发布招标公告开始到签订书面合同，假设无投诉，所需的最短时间是 25 天（等标 20 天 + 投标、开标、评标 1 天 + 公示 3 天 + 定标并签订合同 1 天 =25 天）。因此，紧急采购不适用招标方式。

（4）交易成本合理

开展采购活动会产生采购成本，采购成本 = 交易成本 + 合同成本。鉴于招标活动的程序规定和复杂性，如果招标标的金额不高，经过招标后节约的资金少于交易成本则不适用招标方式，如标的金额为 10 万元，预算准确的情况下一般可以节约 5%~10%，招标活动费用为 1.5 万元，则不适用招标方式。

3）谈判

谈判是内部和外部的探索和沟通过程，目的是达成双方满意的协议。在供应链管理中，谈判通常涉及买方和卖方，对于采购交易的所有阶段，双方都有自己的观点、利益和目标，涉及价格、服务、规格、技术和质量要求以及付款条件等方面。谈判双方或多方就各项交易条件和条款达成一致后签订采购合同，是最常见的采购方法之一。

在下列情境下，可以采用谈判方式采购。

- 采购金额大，供应商之间缺乏竞争而无法采用招标方式时。
- 供应商的报价极为相近或没有满意的投标时。
- 需求紧急，没有足够的时间进行正式招标采购时。
- 非标准合同，存在特殊价格、质量和服务需求时。
- 采购标的是产能或其他特定的产品或服务时。
- 为包含复杂技术的产品制定的合同需要经常改变合同条款或产品设计时。
- 具有极高不确定性因素时，如在一个陌生的行业或国度中。
- 自制可作为一种选择时。
- 采购组织对采购标的拥有独特的经验或者几乎没有什么经验时。
- 采购标的为高新技术，需要供应商对专利进行妥善保密时。

谈判分为竞争性谈判与非竞争性谈判两种形式。

竞争性谈判是指在供应商报价极为相近或没有满意的投标时，或在需求紧急而没有足够的时间组织正式招标等情况下，采购组织与有资质和能力满足其采购需求的多家供应商（通常是3家以上）同时进行谈判，以期获得对己方最有利的合作条款与条件，包括最低的采购总成本、最佳的交付承诺、最充分的质量担保、最合适的付款账期等。

非竞争性谈判是指在产品或服务的规格要求不明确或不完整时，或在使用性能指标、功能规格书、工作说明书时，或在有限的供应商有能力或技术来满足采购组织的采购需求时，或在需要对专利进行妥善保密等情况下，采购组织与有限的供应商（通常是与一家供应商）进行谈判，以期获得及时可靠的供应保证。非竞争性谈判尤其适用于采用唯一／单一来源策略的情况。

4）电子招标与反向拍卖

电子招标就是招标活动的电子化过程，即通过网络和电子数据交换方式来完成招标活动。现在越来越多的采购组织采用电子方式来发布招标公告，上传招标文件供投标人下载。采用电子招标方式可以利用信息技术来缩短周期，减少无附加值动作，提高生产力和效率，降低制定、分发招标文件和编辑回复的成本。

反向拍卖是采购组织在自建或第三方电子平台上（如 Ariba）发布详细的采购信息，包括产品图纸、技术和质量要求、订货量、交货方式等信息，由供应商在规定时间内登录平台进行竞价。在竞价过程中，所有的供应商都能实时看到自己所报的最新价格及名次。拍卖结束后，采购组织根据事前制定的竞价规则和名次，选择出优胜的供应商，分配订单。

反向拍卖通常并不适合需要协作谈判的复杂产品和项目，在其给予更多的供应商参与竞争并因此给采购组织带来成本节约、交货期缩短等益处时，也给长期合作伙伴关系带来了负面的影响。

反向拍卖包括英式反向拍卖和日式反向拍卖两种。

● 英式反向拍卖，就是采购组织设定一个最高起购价，供应商通过网络主动开出更低的价格，以期赢得采购组织的业务。

● 日式反向拍卖，就是由采购组织不断开出越来越低的采购价格，期待愿意合作的供应商进行响应，直到再也没有供应商愿意接受更低的价格为止。

在电子采购实践中，采购组织还可以通过电子招标或线下招标方式，形成电子采购目录或在线商城，形式有"卖方目录/商城""买方目录/商城"和"第三方目录/商城"。

6. 评标过程与方法

1）评标过程

评标专家组根据预定流程和标准，进行评标。评标专家组就投标文件中含义不明确的内容，要求投标人提交必要的补充说明，即为询标。一般而言，补充说明不得超出投标文件的范围或者改变投标文件的实质性内容。评标过程一般包括符合性评审、技术性评审和商务性评审3个阶段。

● 符合性评审，主要是评审投标文件是否按照招标文件的要求进行填写，章节、条款等是否符合既定要求。

● 技术性评审，主要是评审技术规格、质量水平等内容。

● 商务性评审，主要是评审价格、保证金、付款方式、交付时间、售后服务、担保方式等条款。

一般来说，上述3个评审阶段必须依次进行，任一阶段中有关键指标未能通过评审的投标，则被视为废标，不再进入下一阶段的评审。对于通过上述3个评审阶段的投标，评标专家再进行综合评标并编制评标报告。

2）评标方法

常用的评标方法有3种：综合评估法、最低评标价法、经评审的最低投标价法，如表3-7所示。

表 3-7　3 种常用的评标方法

评标关键点	综合评估法	最低评标价法	经评审的最低投标价法
适用范围	适用于产品技术含量高、工艺复杂和招标人对技术方案、技术服务和支持能力有特殊要求的项目	适用于技术指标和商务条款可以进行量化的项目	适用于具有通用技术、性能指标或者招标人对技术、性能没有特殊要求的项目
特点	对技术和商务部分评分，总得分高的投标人成为中标候选人	将偏离招标文件中规定的各项技术和商务评价标准进行评分，并折算为评标价，评标价最低者成为中标候选人	看重报价
关键指标	进行符合度、技术和商务方面的实质性或关键条款的审核，不满足的将做废标处理。具体审核内容包括：招标文件要求的格式性条款或形式要件（投标保证金、资信证明），投标人的商务资格条件（招标文件要求的或其他法律法规要求的），投标人的主要技术指标		
一般指标	评审因素主要有价格、技术、财务状况、信誉、业绩、服务、对招标文件的响应程度等，招标文件规定每项评审因素的权重，评标专家按相应权重独立评价打分，招标人计算每个投标人每项评审因素的得分以及评标专家评分的平均值	围绕对商务条款和一般技术指标的偏离，对负向偏离的因素进行加价，每个一般参数的累计偏离加价一般不超过该设备投标价格的 1%	不对技术方面打分，仅对直接反映价格的因素进行量化折算，如将供货范围差异、遗漏的费用直接加入评标价
招标文件评标标准的规定	—	偏重商务条款，技术指标对最终的评估结果影响有限	在技术指标满足招标文件规定的最低水平的情况下，只看重商务条款，一般投标价格最低者中标

第 5 节　过程与产品批准

采购组织针对一个具体采购需求选定了供应商后，新供应商就需要按照采购组织的要求，自行策划开发和设计所要提供的产品或服务，或根据采购组织提供的产品或服务设计规范，来完成生产过程的开发与设计工作，并最终经采购组织确认与验证，实现过程与产品批准。

1. 过程与产品批准概述

我们先简单介绍体系、过程及产品审核的关注要点、对象与目的、相应的参考依据。

1）三大审核的区别

在采购寻源全过程中，会涉及体系审核、过程审核和产品审核这 3 种典型审核方式。那么在介绍过程与产品批准过程之前，先介绍一下这三大审核的区别（见表 3-8）。

表 3-8　三大审核的区别

审核类型	体系审核	过程审核	产品审核
关注焦点	质量管理体系的有效性	产品质量和相关过程的质量	产品质量和相关过程的质量
对象与目的	1. 确定质量管理体系的质量保证能力； 2. 根据具体的质量管理体系标准（ISO 9001、ISO/IATF 16949、VDA6.1……）以及顾客的特殊要求，检查质量管理体系基本程序的充分性、适宜性和有效性	1. 针对选择的质量合格的产品 / 产品组，检查策划开发以及生产过程的适用性、合理性； 2. 针对产品不能满足要求和产品在进一步加工使用过程中可能出现的问题，对其潜在风险开展评价	1. 评价成品或半成品的质量特性； 2. 根据确定的质量特性评估产品或服务的符合性，确认现有质量保证措施的有效性； 3. 一旦出现不符合项，则说明生产过程中存在薄弱环节

从表中可以看出，过程审核与产品审核的关注焦点是一致的。换言之，过程确认、验证和批准与产品确认、验证和批准的过程是相辅相成、密不可分的。一方面，过程得到确认和批准，那么通过过程产出的产品就有了质量保证；另一方面，对产出的产品进行确认、验证和批准后，才可以反过来证实过程的可接受性。但从审核对象和目的上来看，两者依然存在差异。后面会将过程批准与产品批准分开介绍，但我们依然可以在过程批准中看到产品批准的影子，反之亦然。

2）过程与产品审核和批准的依据

在体系审核中，给出了 ISO 9001、ISO/IATF 16949 和 VDA 6.1 等审核依据，那么过程与产品审核和批准的依据是什么呢？

首先，国际汽车工作组（International Automotive Task Force，IATF）发布的汽车行业质量管理体系（IATF16949:2016）包括产品质量先期策划（Advanced Product Quality Planning，APQP）和控制计划、生产件批准程序（Production Part Approval Process，PPAP）、统计过程控制（Statistical Process Control，SPC）、失效模式和后果分析（Failure Mode and Effect Analysis，FMEA）、测量系统分析（Measurement

System Analysis，MSA）在内的五大手册，是包括汽车行业在内的多数离散型制造行业接受和采用的进行过程与产品审核和批准的指南性文件。

其中 PPAP 包含了对过程与产品的审核和批准内容。广义上的 PPAP 指在新产品开发中进行的重要 APQP 要素的审核并运行，一般称为 PPAP 运行审核；狭义上的 PPAP 就是 PPAP 资料包的提交，其中一份重要文件是零部件提交保证书（Part Submission Warrant，PSW）。按照一般惯例，PSW 被完全批准代表采购组织认可零部件，供应商就可以批量供货了。

此外，德国汽车工业联合会（Verband Der Automobilindustrie，VDA）制定的德国汽车工业质量标准的第三部分，即过程审核（VDA 6.3），以及传统知名整车大厂的企业标准，也可以作为过程与产品批准审核和流程的参考标准。

2. 过程批准

本部分内容基于 APQP（第二版）中的产品设计和开发、过程设计与开发和产品和过程确认 3 个阶段，首先介绍在过程设计与开发阶段进行的第一阶段 PPAP 提交与 PSW 批准中的主要内容，然后介绍在产品和过程确认阶段启动的第二阶段 PPAP 提交与 PSW 批准中的主要内容，以及根据 VDA 6.3 开展的过程批准活动的内容。

1）以 PPAP 为依据实施过程批准

（1）第一阶段 PPAP 提交的批准内容

在这一阶段涉及的过程批准内容主要针对过程设计和开发阶段输出的各种流程图、指导书、计划和报告等，具体内容如下。

● 针对产品开发的全过程流程图。

● 产品生产过程中的 FMEA 报告，这是对新过程或改进后的过程进行的一种规范化的评审与分析，旨在对潜在过程问题给出预防、解决或监控指南。FMEA 报告是一种动态文件，需要在发现新的失效模式时进行评审和更新。

● 产品试生产阶段的控制计划，这是对研制后的样件进行量产前所要进行的尺寸测量和材料／功能试验的描述。

● 过程指导书和检验指导书，用来确保操作人员和检验人员充分理解每一步的操作或检验方法和要求。

● MSA 计划，包括如何保证测量系统的线性、准确度、重复性、再现性以及对备用系统的有关要求和职责归属。

● 初始过程能力（Preliminary Process Capability，Ppk）研究计划。Ppk 是短期性

指数，适用于试生产过程，如进入批量生产前，对小批试生产能力进行评价。汽车行业一般要求 Ppk ≥ 1.67。

●包装运输设计评审，以客户包装/运输标准规范或一般包装/运输要求对包装运输设计进行评审。

●第一版 PSW。

（2）第二阶段 PPAP 提交的批准内容

APQP 第四阶段主要是对之前阶段的各项设计进行验证，旨在发现并解决试生产过程中的各种问题，最终完成以量产工艺为对象的过程批准工作，并对 MSA 结果和过程能力验证结果进行审核，还涉及试生产过程问题整改、产能节拍验证、标准样品封样等重要工作。在这个阶段应该完成 PPAP 的全部资料审核和归档，所对应的是 PPAP 提交第二阶段。下面列出的是过程批准中具体涉及的表单、报告与计划。

●试生产检查结果表。

●零部件审查检验单。

●整改措施计划。

●测量系统评价报告。

●初始过程能力研究结果报告。

●质量问题跟踪表。

●质量整改计划调整申请表。

● PPAP 提交资料包，包括第二版 PSW、尺寸报告、材料/性能检测计划及报告、外观批准报告（如适用）、生产件样品、标准样品、产能分析报告、初始过程能力研究结果报告，以及对客户可能提出的特殊要求的符合性记录等。表 3-9 所示为某公司 PPAP 提交资料包示例，其中注明了几项"本公司不适用"的情形。

表 3-9 某公司 PPAP 提交资料包示例

序号	资料要求内容	对应表单	等级1	等级2	等级3	等级4	等级5
1	产品设计详细资料 所有零组件/详细 所有其他物料/详细	产品目录、产品图纸、产品标准	R R R	S R S	S S S	* * *	R R R
2	工程变更文件（如发生）	设计/过程变更申请单	R	S	S	*	R
3	客户工程批准文件（如要求）	客户批准报告及访谈记录	R	R	S	*	R

序号	资料要求内容	对应表单	等级1	等级2	等级3	等级4	等级5
4	设计的 FMEA	设计的 FMEA 报告	R	R	S	*	R
5	过程流程	过程流程图	R	R	S	*	R
6	产品的 FMEA	产品的 FMEA 报告	R	S	S	*	R
7	尺寸检验结果	初样尺寸检验报告	R	S	S	*	R
8	材料／性能检验结果	材料／性能测试报告	R	S	S	*	R
9	初始过程能力研究	初始过程能力研究报告	R	R	S	*	R
10	MSA	量具双性分析记录	R	R	S	*	R
11	知名实验室文件（客户要求时）	相关证明文件的报告	R	S	S	*	R
12	质量控制计划	产品控制计划	R	R	S	*	R
13	PSW	PSW	S	S	S	S	R
14	外观批准报告书	本公司不适用	S	S	S	*	R
15	散装材料要求查核表（适用散装材料）	本公司不适用	R	R	R	*	R
16	产品样品	相关记录	R	S	S	*	R
17	标准样品	相关记录	R	R	R	*	R
18	检验辅助设备	相关记录	R	R	R	*	R
19	符合客户特定要求的记录	本公司不适用	R	R	S	*	R

代码说明如下。
　　S：须提交客户核准，自己保留复印本或文件放置于适当的场所及制造现场。
　　R：自己保存在适当的场所及制造现场，客户提出时能迅速提供。
　　*：自己保存在适当的场所，客户有要求时能向客户提供

　　一般来说，第二版的 PPAP 得到完全批准后，就意味着供应商可以进入量产阶段，而此时常常存在产能不断优化的"爬坡"（Ramp-up）阶段（也有经过"爬坡"阶段再进入正式量产阶段的做法）。这个阶段一般会持续几个月，这段时间里依然存在过程批准的要求。

　　（3）"爬坡"阶段的批准内容

　　在"爬坡"阶段完成前后，采购组织主要是对供应商的长期过程能力（Process Capability Index，Cpk）进行分析研究。与前文提到的 Ppk 不同，Cpk 衡量的是稳定生产能力，是进入大批量生产后，为保证批量生产时产品质量不下降，且为保证与小批量生产具有相同的控制能力，所进行的对于生产能力的评价，一般要求 Cpk ≥ 1.33。

2）以 VDA 6.3 为依据实施过程审批

VDA 6.3 第一版出版于 2008 年，2016 版中给出了应用于过程审批的七大要素，如表 3-10 所示。

表 3-10　VDA 6.3 定义的过程审批的七大要素

过程要素名称	要素解释
P1 潜力分析	用于评估新的供应商。对于现有供应商，可以在其建设新基地、引进新技术或新产品时使用。对于批量生产的零件（完成产品开发阶段），过程要素 P2 到 P4 中与过程开发相关的问题可用于潜力评估
P2 项目管理	用于考察和审核供应商的项目管理能力
P3 产品和过程开发策划	从产品要求、可制造性、开发详细计划、客户关怀计划、开发所需资源计划等方面考察供应商的开发策划能力
P4 产品和过程开发的实现	考察供应商在与量产有关的人、机、料、法、环、测等各方面准备工作的执行情况
P5 供应商管理	考察供应商管理其上游供应商的过程和能力
P6 过程分析 / 生产	从过程输入、过程控制、过程支持、硬件资源、过程输出和过程结果等方面入手，进行产品生产过程的审核
P7 客户关怀	从供应商对客户要求的满足程度、供货保障水平、投诉处理效果等方面考察供应商对于客户的关怀程度与友好性

以 VDA 6.3 中与过程分析 / 生产要素有关的具体审核要求为依据，过程批准中的关键问题可以分解为 6 个子要素，表 3-11 所示为过程分析 / 生产要素审批问题表。

表 3-11　VDA6.3 过程分析 / 生产要素审批问题表

6.1	过程输入是什么？（过程输入）
6.1.1	是否从开发向批量生产进行了项目移交，并确保了可靠的初始产量？
6.1.2	来料是否在约定的时间按所需数量 / 生产批次被送至正确的地点 / 工位？
6.1.3	是否对来料进行适当的仓储，所使用的运输工具 / 包装设备是否适合来料的特性？
6.1.4	必要的标识 / 记录 / 生产文件是否具备，并且适当地体现在来料上？
6.1.5*	在量产过程中，是否对产品或过程的变更开展跟踪和记录？
6.2	**所有的生产过程都受控制吗？（过程控制）**
6.2.1	生产控制计划是否完整并且得到有效实施？
6.2.2*	对生产操作是否重新进行批准 / 重启放行审核？
6.2.3*	在生产中是否对来料的特性进行管控？

6.2.4*	对未批准放行件 / 缺陷件是否进行管控？
6.2.5	是否确保材料 / 零部件在流转的过程中不会混合 / 弄错？
6.3	**人力资源（过程支持）**
6.3.1*	员工是否能胜任工作？
6.3.2	员工是否清楚进行产品和过程质量监控的职责和权限？
6.3.3	是否具备必要的人力资源？
6.4	**用什么方法来实现生产过程？（硬件资源）**
6.4.1*	使用的生产设备是否可以满足顾客对产品的特定要求？
6.4.2	生产设备 / 工具的维护保养是否受控？
6.4.3*	测量和检验装置是否能够有效地监控质量？
6.4.4	加工工位以及检验工位是否满足具体的要求？
6.4.5	是否根据要求正确存放检验和测量装置？
6.5	**过程输出效果如何？（过程输出）**
6.5.1	是否为制造过程设定目标？
6.5.2	对收集的质量数据和过程数据是否可以开展评价？
6.5.3	一旦产品和过程的实际情况不符，是否对原因进行分析，并且检验整改措施的有效性？
6.5.4	对过程和产品是否定期开展审核？
6.6	**过程应取得怎样的成果？（过程结果）**
6.6.1	产量 / 生产批量是否是根据需要确定的，并且半成品是否有目的地运往下道工序？
6.6.2	是否根据要求对产品 / 零部件进行适当仓储，所使用的运输设备 / 包装方式是否与产品 / 零部件的特性相适应？
6.6.3	是否对必要的记录和放行进行文件记录？
6.6.4*	成品在交付方面是否满足顾客要求？

注：带"*"号的问题必须通过问卷调查进行确认。

3. 产品批准

过程的批准终究要以过程的输出即产品的批准为基础。一个无法产出合格产品的过程，无论看起来多么完善，都不能给企业带来实际的经济价值。本部分将就标准产品与定制产品这两种不同的产品，来介绍与产品批准有关的内容。

1）标准产品的批准

标准产品的批准流程相对简明，采购部门通常根据研发设计部门圈选或供应商及其他相关方推荐的品牌、规格、型号，以免费或付费的方式从合格供应商那里获得样品。一般来说，对于不需要做破坏性验证试验并可以"完璧归赵"的产品，可以使用免费获取方式，否则建议采购部门尽可能采用付费获取方式。

获得样品后进行验证批准时，需要进行三方验证，即既需要进行规格型号验证，也需要基于研发的设计要求进行验证，还需要就设计要求与规格型号进行一致性确认。

2）定制产品的批准

定制产品的批准流程相对复杂，并且具有显著的阶段性特点。

首先，定制产品存在产品原型验证阶段。通常，产品原型是利用快速模、简易模、软模或 3D 打印等手段，并依靠很多手工辅助加工内容而制造出来的非工装样件（俗称"手板"），主要用来进行功能性验证，也称设计验证。

通过上一步的验证后，供应商会制作正式模具和工装，而使用这些将来会被用于正式量产阶段的模具、工装做出来的样品，一般称为工装样件。这个阶段的样品既会用于进行设计验证，也会用于进行模具、工装的验收。

接下来，则供应商会使用正式模具、工装和过程来进行中小批量试生产，整个试生产过程可在不连续的条件下进行，从而对各工序的加工能力、生产设备、试生产控制计划是否适当以及生产线的制造可行性、装配可行性、通过性、批量生产的适宜性等进行实际验证，而生产出来的产品则可在经过随机抽样后用来进行型式检验，即对产品的所有质量属性是否全面符合设计要求和标准做出判定。

最后，就进入在正常工艺条件下按生产节拍进行一段时间连续生产的中大批量试生产阶段。从过程角度来看，这是一种对供应商质量保障能力的审核，也是对其生产能力的一种验收和认可行动。这一阶段的各项输出包括从产出的产品中抽取出来的生产件样品和标准样品，以及使用生产件样品完成的 Ppk 报告，这些都会用于 PPAP 提交和 PSW 批准。如前文所述，当供应商完成了 PPAP 提交并被采购组织批准后，主要的过程与产品批准也基本完成，接下来就会进入量产阶段。

参考文献

[1] 利恩德斯，约翰逊，弗林，等 . 采购与供应管理［M］. 张杰，等译 . 13 版 . 北京：机械工业出版社，2009.

[2] 哈特利 . 供应管理基础［M］. 汪希斌，译 . 北京：中国物流与采购联合会采购与供应链管理专业委员会，2014.

[3] 莱桑斯，吉林厄姆 . 采购与供应链管理［M］6 版 . 莫佳忆，等译 . 北京：电子工业出版社，2004.

第 4 章

全球采购

供应来源类型中，有一种是全球性供应商，它是全球采购的产物。关于全球采购的原因，前两章中已经提及资源禀赋可能存在区域性分布优势的因素，本章将对此展开说明。

本章首先从全球采购的理论基础开始介绍，接着讨论全球采购中的典型问题与对策，以及全球寻源及全球性供应商管理的方法，最后介绍国际贸易协定，旨在帮助读者对全球采购的理论基础及实践中的注意事项形成比较全面的认识。

本章目标

1. 了解推动全球采购的推动力，以及各种经典经济学理论。

2. 理解全球采购中地缘政治经济和符合地区性法律法规符合性要求的重要性，以及全球分工和布局概况。

3. 理解全球采购中的典型问题与对策。

4. 掌握全球寻源的主要方法和全球性供应商管理特点。

5. 了解主要的全球性及区域性国际贸易协定及其意义。

|第 1 节| 全球采购的理论基础

1. 全球采购的推动力与目的

企业实施全球采购的原因有很多，有可能是国内没有合适的供应商，也可能是由于供应中断而必须搜寻新的供应商。宏观经济的变化也会使企业产生全球采购的需要。例如，国内供应市场发生通货膨胀，或发生行业衰退，或新技术的出现改变了市场格局与竞争属性等，都会导致一定程度的全球采购。归纳起来，商业环境的变化是全球采购的主要推动力，主要表现在以下方面。

- 资源要素区域性分布不均衡。
- 越来越大的商业竞争压力。
- 降低和控制运营成本的压力。
- 对运营灵活性的需要。
- 为不同的顾客提供不同服务的需要。
- 越来越短的产品或服务开发周期。
- 日益严格的质量标准。
- 对应用新技术的要求与偏好。
- 为国外市场提供产品或服务时，经营所在地对当地采购或生产比例的要求等。

企业为了应对上述挑战，纷纷将全球采购作为企业经营战略的一个关键组成部分，旨在降低成本、提高产品或服务的质量、增强制造的灵活性和改善设计。归根结底，全球采购的目的在于通过改善自己的战略地位来获得竞争力和增加市场份额。

2. 经典经济学理论

商业环境的变化决定了采购组织进行全球采购的必要性，而全球采购的可行性则可以从近几个世纪以来的经典经济学理论中找到依据。这些理论包括亚当·斯密的绝对优势理论、大卫·李嘉图的比较优势理论、赫克舍和奥林的资源禀赋理论等。

1）亚当·斯密的绝对优势理论

1776 年，亚当·斯密在《国富论》（全称为《国民财富的性质和原因的研究》）中首次提出了绝对优势理论。亚当·斯密指出，国家间的生产成本存在绝对差异，这推动了国际贸易的诞生。而绝对成本的差异既可能来自气候和土壤条件等先天性的自然禀赋优势，也可能来自资本积累或技术发展之类的后天优势。国际间自由贸易的存在有助于促进专业性的提升和国际间分工合作。正如亚当·斯密指出的："究竟一国对另一国享有的绝对优势是天然的还是后来取得的，这无关紧要。只要这一国享有这种优势，而另一国不享有这种优势，后者向前者购买而不自己制造，总是更为有利。"

绝对优势理论开创了近现代国际贸易理论的先河，因此，我们可以将绝对优势理论视为全球采购的发轫理论。

然而，绝对优势理论并不能解释当时的英国为什么会从很多并不存在绝对优势的国家或地区进口本国能够生产的商品的现象。而能够对这一现象给出合理解释的，则是后来出现的比较优势理论。

2）大卫·李嘉图的比较优势理论

1817 年，大卫·李嘉图在《政治经济学及赋税原理》中，从相对生产效率的角度出发提出了比较优势理论。所谓比较优势，是指即使一个国家在两种产品的生产效率或成本上相对于另一个国家都处于劣势地位，但由于程度上的不同，该国在这两种产品之间进行比较时，通常会存在一个具有相对优势的产品，也就是具有比较优势的产品。该国可以专门生产和出口具有比较优势的产品，进口具有比较劣势的产品，使得国际贸易继续得以存在并产生积极的作用。用中国的一句老话来说就是"两利相权取其重，两害相权取其轻"。

当然，比较优势理论也存在不足，首先，根据该理论，国际贸易成立的前提是两个国家的两种不同产品在劳动生产率或成本上的差异存在程度上的不同，现实中这个前提条件可能不成立；其次，该理论并没有解释劳动生产率或成本产生差异的成因；再次，该理论假定每个国家都会基于比较优势原则选择生产和出口某种产品，也与实际现象不相吻合；最后，可能也是最重要的一点是，该理论假定两个发生贸易的国家中的产品与要素市场都是完全竞争的，没有政策干预，这显然也是与现实不相符合的。

3）赫克舍和奥林的资源禀赋理论

20 世纪初，瑞典经济学家埃里·赫克舍（Eli.Heckscher）和贝蒂尔·奥林（Bertil Ohlin）共同提出了资源禀赋理论，也称 H-O 模型。该理论认为，产生国际贸易的决定性因素包括资本和劳动力这两种生产要素，每个国家会根据自己拥有某一生产要素的充足程度来决定生产和出口什么产品，进而推动国际贸易发展。

资源禀赋理论继承并发展了比较优势理论，比如，用生产要素充足程度的差异来解释存在成本差异的成因，以及在比较两个国家两种产品单位成本的差异程度之外，还充分考虑两个国家在资本、土地和劳动力等要素总量上的差异。

同样，资源禀赋理论也存在缺陷，里昂惕夫悖论就充分将其缺陷暴露出来。20 世纪四五十年代，美国是一个资本充足而劳动力相对稀缺的国家。按照资源禀赋理论，美国理应出口资本和技术密集型产品，进口劳动密集型产品。但经济学家里昂惕夫在分析了 1947 年美国 200 个行业进出口统计数据后，得到的是截然相反的结论。虽然，里昂惕夫没能形成自己的理论体系，里昂惕夫悖论却推动了新国际贸易理论的诞生。

3.有关国际分工合作的现代理论

从亚当·斯密的绝对优势理论开始，分工合作的思想就被很多人认可和接受。分工合作思想主要包括以下内容。

●分工源于劳动生产率和成本上的优势。

●分工可以提高劳动生产率，增加国民财富。

●国际分工是分工合作的高级阶段，在国际分工的基础上开展国际贸易，对贸易各方都有利。

●国际分工的基础是有利的自然禀赋或后天的有力条件等。

前文中各种经典经济学理论都存在缺陷，不能完全解释或促进国际分工合作的发展。对现代国际分工及贸易更具现实意义的是各种现代贸易理论，如以保罗·克鲁格曼（Paul Krugman）为代表的一批经济学家，自 20 世纪 80 年代起提出的一系列新国际贸易理论。最初，这些理论采用实证方法来解释国际贸易格局，弥补经典经济学理论的不足。后来逐步发展出以规模经济和非完全竞争市场为两大支柱的完整的经济理论体系。

1）产业内贸易理论

产业内贸易，是指一个国家在某个时期内既出口又进口同一种产品的贸易模式，这里的同一种产品包括该种产品的中间产品（如零部件和元件）。早在 1975 年，H.G. 格鲁贝尔和 P.J. 劳埃德就在《产业内贸易差别产品的国际贸易理论和度量》一书中，对资源禀赋理论中的一些前提条件进行了修正，并给出了产业内贸易理论的假设条件，主要包括以下内容。

●市场并非是完全竞争或充分竞争的。

●经济活动中具有规模效应和收益。

●需要考虑需求相同与不相同的情况。

显然，上述假设条件与现实更贴近。

另外，产业内贸易理论中的"产业"还需要具备两个特征：生产投入要素相近、在用途上可以相互替代。

符合这两个特征的产品包括可以完全相互替代的同质产品。由于目标市场覆盖范围和交易时间轴的差异，各种形式的产业内国际贸易都有可能形成，如边境地区的大宗商品贸易、季节性贸易、转口贸易、相互倾销形成的同质产品贸易、政府的外贸及关税政策推动的同质产品贸易，以及跨国公司的内部贸易。

符合上述两个特征的产品也包括在产品属性、技术和品质等方面存在差异的异质产品，如具有地区或民族差异性的服装、化妆品等同类异质产品间存在的水平差异型产业内国际贸易，技术先进程度上存在差异的高科技同类异质产品间存在的技术差异型产业内国际贸易，以及品质和档次上存在差异的产品间的垂直差异型产业内国际贸易。

2）规模经济理论

20世纪70年代，格雷和戴维斯等人对发达国家之间的产业内贸易进行了实证研究，发现产品差异性和规模经济效应的双重作用是要素禀赋相似的国家之间发生产业内贸易的主要原因。因为，产品差异性满足了人们的差异性消费需求，可以推动产业内国际贸易的发展，而扩大规模通常会带来单位成本的降低，开展国际贸易有助于形成更大的市场和生产规模，进而放大规模经济效应以及提升降本增利的效果。

3）战略贸易理论

1984年，保罗·克鲁格曼在《美国经济学评论》上发表了论文《工业国家间贸易新理论》。该理论指出，传统的国际贸易理论都具有一个假设性前提：市场是完全或充分竞争的。现实情况并非如此，因而传统的国际贸易理论并不能解释全部的国际贸易现象。1985年，《市场结构与对外贸易》一书出版，书中克鲁格曼与E.赫尔普曼用垄断竞争理论系统性地分析了产业内贸易问题，并与格雷和戴维斯等人一样，从规模经济和产品差异性这两个角度出发，形成了不完全竞争市场结构下的国际贸易理论模型，即战略贸易理论。

该理论在现实中的重大意义在于其主张并推动各国政府通过制定各项产业和财政政策，确立并扶持本国战略性产业的发展和全球性扩张，从而获得和扩大规模经济效应。

4.地缘政治经济和地区性法律法规符合性要求

1）地缘政治学与地缘经济学的影响性

最早提出地缘政治学这个概念的，当属瑞典政治地理学家契伦。契伦在其所著的《论国家》（1917）一书中将地缘政治学定义为"把国家作为地理的有机体或一个空间现象来认识的科学"，聚焦于国家形成、发展和衰亡的规律方面的研究。另外，美国著名学者斯皮克曼对地缘政治学给出了一个更加易于理解的定义，即"一个国家依据地理因素对于安全政策的统筹规划"。

按照斯皮克曼给出的定义，国际分工与贸易可以被理解为影响到一国安全的、需要进行统筹规划的对象。事实上，冷战结束后的美国就有专家主张放弃以军事实力作为全球称霸的主要手段，而以国际投资及自由贸易等经济手段取而代之。这种以经济利益和经济关系取代军事对抗和政治关系的学说即被称为"地缘经济学"。

在追求自身经济利益和经济安全的同时，各国也需要就共同利益进行协调与合作。在地缘政治学与地缘经济学的影响下，会有两种不太相同的情况发生。一种情况是，地区间经济合作的加强，世界各地涌现出规模不等、成员数量不等的区域性经济合作组织，进而促进经济全球化的形成与发展，带动世界经济的整体发展；另一种情况是，某些经济体固守区域性合作，并出现以自身安全为理由而阻碍全球化进程，或将某个国家（地区）排除在自由国际贸易圈外的现象。

当出现前一种情况时，会产生如下现象。

● 世界贸易规模快速增长。

● 国际资金流动异常活跃。

● 生产与经营全球化不断增强。

● 科技信息传播全球化。

● 经济困境的全球化不断加强。

● 全球采购成为必然且盛行。

然而，当后一种情况发生时，全球采购与供应链风险骤增，区域性供应链和本地采购成为主流，但由于前面提及的各种理由，全球各经济体都会受到程度不同的负面影响，全球贸易和经济发展速度放缓，能够享受到别国技术发展或成本福利的机会减少，即"一荣俱荣，一损俱损"。

因此，消除地缘政治的负面影响，发挥地缘经济的积极作用，坚持推动全球化的进程，充分发挥国际分工合作带来的国际贸易利得，对全球各经济体而言都利大于弊。

2）地区性法律法规符合性要求

在享受全球化带来的福利，积极推进全球采购的时候，对于采购组织来说至关重要、须臾不可忽视的一个关键就是，了解并遵守货源及经营所在地的各种法律法规，如代理法、合同法、商法、反垄断法，以及与国际贸易有关的国际法律法规和贸易协定。

（1）代理法

采购组织在与国际供应商打交道时，首先需要了解清楚对方的代理权限，这就会涉及某个具体国家的与代理有关的法律规定。比如在美国，普通销售人员拥有的是特殊代理权限，没有获得特定书面授权时，没有签订合同的权力；而美国的普通采购人员则拥有级别更高的一般代理权限。

（2）合同法

合同法对于采购组织和销售组织而言，是必须了解的重要法律，包括要约的效力与撤销、承诺的效力、书面合同与口头合同的执行力、协议与合同的异同及效力、是否涉及所有权的转移、主要的合同条款的含义、法律与经济责任是否可以转嫁、合同赋予的权利与义务是否可以转让以及转让的法律条件、救济的方式与顺序、适用的法律、管辖地归属问题等，都需要了然于胸。比如《法国民法典》就对所有权的转移做出了规定，而在德国，所有权的转移须按《物权法》执行。

（3）商法

商法一般是指适用于参与商业、贸易和其他相关事务的当事各方的权利和义务关系的各种法律。这些法律可能包括管理担保利益（赊购时适用）、信用证、票据（支票、银行汇票等）、银行存款、仓单、提单的规则和原则。比如，多数西方国家对仓单的格式要求比对发票的格式要求更加严格。

（4）反垄断法

世界各主要经济体都有各自完善的反垄断法或反不公平竞争法，以及相应的执法机构。比如日本有《独占禁止法》，韩国有《限制垄断和公正交易法》，对应的执法机构都叫公正交易委员会；美国有《谢尔曼反托拉斯法》《克莱顿法》《罗宾逊－帕特曼法》《联邦贸易委员会法》等相关法律，联邦贸易委员会是主要监管机构；法国有《价格与竞争自由法》，主管机构是竞争管理局；德国有《反限制竞争法》，联邦卡特尔局和垄断委员会为主要执法机构；等等。

除了上述四大类法律外，与物流运输、知识产权保护、环境保护、数据隐私保护、工作场所安全卫生防护、出口管制、原产地认证等相关的法律法规，对采购而言也非常重要。限于篇幅，这里就不一一详述了。

| 第 2 节 | 全球采购中的典型问题与对策

1. CAGE 差异分析框架

CAGE 差异分析框架（CAGE Distance Framework）是用来对一个新市场的基本信息进行采集和分析的框架，可帮助分析者清楚地了解新市场与现有市场之间的主要差异有哪些。这个框架既可以用于分析一个新进入的地区性市场，也可以用于分析一个新进入的行业。该框架基于 4 个维度构建，即文化差异（Cultural Difference）、管理差异（Administrative Difference）、地理差异（Geographic Difference）、经济差异（Economic Difference）。CAGE 就是这 4 个维度的英文首字母的组合。

1）文化差异

进行文化差异分析时主要思考的问题如下。

● 语言的差异。

● 伦理道德与人际关系网络的差异。

● 信仰的差异。

● 上网行为的差异，如使用不同的社交网络或搜索引擎。

● 价值观与社会规范的差异。

● 对待问题的态度的差异。

2）管理差异

管理差异分析主要涉及以下内容。

● 贸易协定与政策。

● 货币差异。

● 政治环境。

3）地理差异

地理差异体现在以下几个方面。

● 物理距离导致的效率差异。

● 边境线的位置（边境线在陆地上还是海洋上）。

● 时区差异。

● 气候差异。

● 常见疾病差异。

● 国土面积的差异以及主要城市的位置差异。

● 运输与通信的便利性的差异。

4）经济差异

经济差异分析关注以下方面。

● 各自的资源禀赋优势。

● 贫富差距程度。

● 基础设施建设水平。

● 平均收入水平及国民富裕程度。

从以上内容可以看出，CAGE 差异分析框架通俗易懂、简明扼要，具有很强的实操指导意义。采购组织在进行采购战略分析和决策时，都或多或少地包含上述内容。

2. 全球采购中的典型问题

在推进全球采购的过程中，通常会存在人生地不熟所带来的各种问题，典型的问题有文化冲突、商业习俗、交易风险等。

1）文化冲突

文化是一个国家、地区、民族、组织或一群人所共同拥有和认同的风俗习惯、生活方式、行为规范、思维方式、价值观念和宗教信仰等方方面面的集合。具有不同文化特征的人，在语言表达、行为方式、认知模式、时间观念、爱憎好恶等方面往往会表现出较大的差异。

大多数企业和人员或多或少地存在安于现状和畏惧变化的心理，从而使得供应管理人员不是非常愿意放弃现有的、熟悉的本地供应商，而去与陌生的国际供应商进行合作。因此，采购组织必须自上而下地树立变革与创新意识，主动向学习型组织转变，在共同愿景的驱动下，主动学习，勇于面对陌生的国际供应商。

对文化特征进行分析和把握的工具中影响力较大的主要有吉尔特·霍夫斯泰德（Geert Hofstede）的文化维度框架和爱德华·霍尔（Edward Hall）的高低语境文化二分法。

霍夫斯泰德的文化维度框架主要包括6个维度，即权力距离、个人主义、竞争主义、不确定规避度、长期导向性和放纵性。这6个维度都可能造成不同文化间的冲突。

●权力距离。有的文化表现出对权力的尊重和恭顺，有的文化则可能相对漠视权力，从而造成拥有权力且看重权力一方的不满，给贸易合作带来障碍。

●个人主义。有的文化更关注个人的诉求和利益，有的文化则更看重集体的目标和愿景。这就可能使得双方对对方的要求产生误解，从而难以达成合作。

●竞争主义。有的文化崇尚以控制和对抗为特征的竞争主义，有的文化则欣赏以合作、谦逊和关心他人为特征的合作主义，从而可能导致双方互相不适应，难以沟通。

●不确定规避度。有的文化崇尚冒险精神有余，有的文化崇尚小心驶得万年船，而所有的商业活动都会存在不同程度的风险，这就会造成双方在决策上的不同。

●长期导向性。有的文化看重长远收益，而忽略短期得失，有的文化则刚好相反。这就可能使得双方在合作条件上存在分歧。

●放纵性。有的文化强调克己复礼，反对任意妄为；有的文化则追求自由开放，及时行乐。这两种不同的生活态度也可能会成为双方沟通合作的障碍。

霍尔的高低语境文化二分法也可以解释文化冲突的产生原因。低语境文化中，人们喜欢有话直说，不绕弯子；而高语境文化中，人们觉得说话太直可能是粗鲁的表现，说话要留有余地，期待对方听懂话外之音。这显然增加了交易双方的沟通难度。

以上各种文化冲突问题，会给双方在合作过程中的各种沟通谈判造成严重阻碍。关于沟通谈判的内容在第 7 章"采购谈判"中会详细介绍。

2）商业习俗问题

商业习俗，即商业习惯，也是广义上文化的一个构成部分，只是与商业活动的联系更加密切。如果在全球采购工作中，一方不遵守对方的一些历史悠久的商业习俗，会存在破坏合作关系，甚至无法继续合作的可能性。比如，对于德国、北欧国家的人而言，迟到是不能容忍的；而对于英美等国的一些人来说，超过一定时长的迟到才被视为无礼；南欧地区对迟到的容忍度相对更高一些。

其他商业习俗问题，如见面问候和称谓方式、交换名片的礼仪、交谈中的眼神与姿态、进出场所的先后次序、落座的次序与座位安排、对口头承诺的依赖与取信度、引荐人和关系的重要性等，都是采购组织需要了解的。

3）交易风险

交易风险通常来自交易主体、交易标的、交付过程。

（1）来自交易主体的风险

全球采购的供应商往往与采购组织相距较远，采购组织对其的了解程度可能相对较低，在供应商的信用、履约能力和财务实力等方面都可能产生风险。

供应商的信用风险是一种基础性风险。当供应商缺乏信用时，往往表现出不履约的根本违约情况，导致采购组织财物两空；履约能力风险更加多样化，可能是轻微的交期延误，也可能是严重的根本违约；而财务实力风险则更具隐蔽性，往往是在之前一直正常合作的情况下，供应商突然无法履约。

（2）来自交易标的的风险

交易标的就是采购组织需要供应商提供的产品或服务，交易标的的风险主要关注的是交易标的不符合合约要求给采购组织带来的风险。这个风险可能与履约前询价及沟通中的误解有关，也可能是供应商日常生产运营中的失误所致。

（3）来自交付过程的风险

全球采购的中间环节显然要比国内采购的中间环节更多，供应链更长，复杂度更高。物流环节通常是交付过程中的风险重灾区。比如，2022 年 2 月，装载了 4,000 辆大众集团汽车的"Felicity Ace"号货轮在海上行驶过程中发生火灾并沉没，还有 2021 年 3 月发生的长荣集团旗下"长赐号"在苏伊士运河搁浅的事件，这几乎造成了全球的交付延期。

交付过程中的进出口清关环节也是常出现风险的一个环节。比如，商品归类不准确、单据不完整等问题，都会带来交付延期、禁止入关或罚款处理等各种风险。

而交易双方所在国的政策变更、地缘政治关系的变化、不可抗力事件的发生等带来的交付风险，都会比国内采购更加变幻莫测和频发。

3.全球采购中的典型问题的对策

对于上述 3 类典型问题，采购组织可以采取的对策主要分为两大类：知识管理与风险管理。

1）知识管理

所谓知识管理，就是主动了解和学习不同的文化和商业习俗。作为中国人，越来越被世界接受和学习的中文是我们的母语，这对我们来说是非常值得骄傲也是很幸运的事情。但由于世界文化多元化的特点，掌握英语、西班牙语、法语等外语，尤其是全球商业活动中通用性较高的英语，是全球采购管理者需要具备的技能。

2）风险管理

全球采购的目的是从全球范围内发现并使用合适的供应商，为企业获得不可或缺的供应保障，建立和维持企业的竞争力。因此，做好风险管理，是全球采购工作中的重中之重。

全球采购中的风险管理的内容、方法与过程和第 2 章"品类管理"中介绍的，原则上是相通的。下面简单介绍全球采购中风险管理的几个重要方面。

（1）基础设施风险管理

基础设施风险管理主要关注供应商所在地的网络通信基础设施、交通运输基础设施及水电气公用事业基础设施的完备性与潜在风险，尤其是信息系统和网络安全风险。

（2）合规性风险管理

合规性风险管理尤其关注供应商在合同效力、用工管理、环境保护、工作现场防护、数据隐私安全这几个方面的合规性风险。

（3）供应持续性风险

持续供应性风险管理持续关注上游瓶颈材料的供需关系、国际供应商的内部产能约束、国际供应商对客户的定位、双方所在地的频发自然灾害类型、中间商的渠道库存、供应运输线路安排、双方所在地的进出口政策等方面的现状与变化。采购组织应适当采用自备库存、寄售库存、采购地第三方管理库存等方式，降低供应风险发生时的不利影响。

（4）质量风险管理

在质量风险管理中，采购组织应提前把握供应商在进料、制造和出货这 3 个环节的质量控制节点设置的完备性，尽量选用长期拥有良好口碑和采用科学统计过程管控的供应商，以降低质量风险发生的概率。

4.全球采购中的商业实务

在与国际供应商进行交易的过程中，会有几个国内采购中不常出现的商业实务问题，包括汇率问题、国际支付与结算问题、进出口关税问题、进出口配额问题、国际运输问题。

1）汇率问题

全球采购中采购组织需要考虑汇率变动对成本的影响。国际供应商提供的产品或服务的成本是按照其本国货币来计算的，而国际采购中可能采用人民币，也可能采用美元、欧元或采购组织所在国家或地区的货币来进行结算，这时就要考虑到汇率变动带来的影响。中国采购管理者可以使用以下几种货币选择策略来应对和管理汇率变动带来的风险。

●在人民币汇率走势不明的情况下，采用远期锁汇的方式规避汇率变动带来的风险。

●在人民币汇率波动幅度较小时，使用国际供应商想使用的货币，并与国际供应商签订风险分担合约协议（Risk-Sharing Contract）来分担汇率变动带来的风险。

●采用有贬值趋势的弱势货币进行结算。

●如果中国开放货币期货（Currency Futures）市场（目前未开放），可以在汇率变动趋势不明朗的情况下，采用套期保值的方式来降低汇率变动带来的风险。

2）国际支付与结算问题

（1）国际支付与结算方式

与国际供应商进行支付与结算时，通常有以下几种主要方式。

●信用证（L/C）。信用证是一种向卖方保证在履行销售协议条款时由开证行支付货款的单据，即根据买方的要求和指示，由作为开证行的银行向作为受益人的卖方（通常指出口商）开具和发出的承兑和付款的保证文件。信用证种类繁多，在国际贸易中被广泛使用的主要是跟单信用证。信用证是一种银行背书的信用，可以有效保证支付的安全性，但也存在不足之处，如操作过程复杂，银行收取的费用较高等。

●汇付（Remittance），又称汇款。是付款人使用各种结算工具通过银行向收款人进行支付的一种结算方式。汇付的优点在于手续简便、费用低廉。汇付通常有信汇、票汇和电汇3种方式，其中电汇（T/T）是最常用的汇付方式。电汇的优点是操作过程简单，支付完成的速度快；不足是在赊销时是否付款取决于买方的商业信用，卖方收汇有比较大的风险。

●跟单托收（Documentary Collection），是指卖方（通常指出口商）委托银行凭票据向买方（通常指进口商）收取货款的一种支付方式。一般由卖方根据发票金额，开立以买方为付款人的汇票向银行提出申请，委托银行代为向买方收取货款。

●保理（Factoring），全称为保付代理，是供应链融资的一种典型手段。根据2021年1月1日正式生效的《民法典》第七百六十一条的规定："保理合同是应收账款债权人将现有的或者将有的应收账款转让给保理人，保理人提供资金融通、应收账款管理或者催收、应收账款债务人付款担保等服务的合同。"国际保理商联合会（Factoring Chain International，FCI）在《国际保理通则》（*General Rules for International Factoring，GRIF*）中也说明，保理合同是一家供应商可能或将要向一家保理商转让应收账款权利的契约。不论保理是否以获得融资为目的，通常会具有管理销售账户、催收账款或进行坏账担保这3种功能中至少一种功能。

●公司内部结算。跨国公司随着自身全球采购业务的发展，会更多地利用其在全球的不同分公司或国际采购中心，例如某美国工厂的采购需求可以交给其在中国的采购中心来处理，该采购中心下单给中国的供应商，再和美国工厂进行内部结算，这既简化了全球采购的过程，又能更好地控制风险。

（2）国际支付与结算系统

国际资金清算系统（Society for Worldwide Interbank Financial Telecommunication，SWIFT）是全球应用最为广泛的国际支付与结算系统之一。而随着中国自主创建的人民币跨境支付系统（Cross-border Interbank Payment System，CIPS）的不断演进与完善，越来越多的金融机构开始使用这种系统。此外，德国、法国和英国则在2019年共同创立了支持贸易往来工具（Instrument for Supporting Trade Exchanges，INSTEX），该工具目前还处于起步阶段。

● SWIFT建立于1973年5月，并于1977年夏季完成环球同业金融电信网络（SWIFT网络）系统的开发建设工作，正式投入运营，由环球同业银行金融电讯协会管理。目前，SWIFT网络遍布全球200多个国家（地区），接入了8,000多家金融机构，能满足80多个国家（地区）的实时支付与结算要求。SWIFT代码是用于区分各家银行的代码，用户依靠这个代码就能够将款项准确地汇入指定银行。目前每天通过SWIFT系统结算划拨的资金高达万亿美元。另外，SWIFT信用证是正式合法、国际通用的信用证之一，开具时必须符合国际商会于2007年修订的《跟单信用证统一惯例》中各项条款的规定。SWIFT信用证的优点是快速、准确和可靠。

● CIPS是专司人民币跨境支付与结算业务的批发类支付系统，于2012年4月12日开始建设，2015年10月8日正式启用。2018年3月26日，CIPS二期试运行成功。CIPS一期的主要功能是处理与跨境货物与服务贸易、投资融资以及个人汇款等有关的人民币跨境支付与结算业务。CIPS二期在实时全额结算模式的基础上引入定时净额结算机制，为跨境电子商务赋能。目前 CIPS 中存在清算行和代理行两种人民币跨境结算模式。

● 2019 年 1 月 31 日，欧盟开始启用 INSTEX 结算机制，该机制主要负责与伊朗完成贸易和结算。该机制采用的是"易货贸易"原理，即欧盟与伊朗的进出口商分别向对方交付货物，欧盟进出口商将交易数据提供给 INSTEX，INSTEX 则根据这些交易数据指示欧盟进口商向欧盟出口商支付货款，而不用向伊朗出口商支付货款。伊朗也会采用类似的操作方式，协调伊朗的进口商向伊朗的出口商支付货款，最终完成整个支付与结算过程。这个机制有效运行有一个前提，即欧盟与伊朗之间的贸易处于平衡状态。

3）进出口关税问题

关税是由国家（地区）授权海关对出入关境的货物与服务征收的税种。按照征税的方式，关税可以分为进口关税、出口关税、过境税等。大部分国家（地区）对进口产品都会征收相应关税，对于出口资源产品和需要特殊保护的产品会征收出口关税，基于特殊目的进行调控的时候会征收特别关税。关税的计算有 3 种不同的方式。

●从价税：按照进出口货物的价格为标准来征税。从价税一般以货物价格的百分比表示。

●从量税：按照进出口货物的计量单位征收定量关税，例如，每桶原油多少元。

●混合税：按照需要对进出口货物实行从价和从量的混合征税。例如征收完税价格的 10% 外加每吨 100 元的进口关税。

4）进出口配额问题

进出口配额是一国（地区）政府规定该国（地区）某种产品在一定时期内的进出口数量或金额的最高额度。采购组织必须注意这些配额的影响，例如中国的很多服装类供应商为了利用其他国家的配额而把生产工厂搬到东南亚地区。

另外，也存在企业自主设定出口配额的情况。比如德国某家医用膜产品的供应商就针对不同地区的采购组织设定了年度销售配额。这主要与供应商既受到产能约束，又对新增产能投资持谨慎观望的态度有关。

5）国际运输问题

《国际贸易术语解释通则》（*Incoterms*）最早是在 1936 年由国际商会制定的，主要用以规范供需双方在国际交付运输过程中 3 个方面的责任。

●谁支付运费。

●谁支付关税。

●谁承担货损的风险。

几经修改，*Incoterms* 的最新版本是自 2020 年 1 月 1 日起生效的《2020 年国际贸易术语解释通则》。关于该部分的详细内容，请参见本系列书《物流管理》的相关章节。

|第3节| 全球寻源及供应商管理

全球寻源是企业全球经营战略的一个重要组成部分，因此必须要与企业的全球经营战略保持一致。一家企业的全球经营战略的制定需要考虑市场、成本、环境和竞争性等因素，全球寻源需要以这些战略考量因素作为开发全球供应来源的基础，识别并引入能够帮助企业开拓市场、优化成本、适应环境要求并提高竞争力的供应来源。

1. 识别国际性供应来源的方法

总体来说，全球寻源与国内寻源的过程及识别供应来源的原则与方法是相通的。只是，在全球寻源中，识别供应来源的困难程度、所花费的时间、精力和成本都会更高一些。但随着中国与世界各国交流与合作的深入，以及全球互联网与通信技术的飞速发展，全球寻源与采购越来越便利。

需要进行全球寻源的企业，一般会有两种途径来识别与之合作的全球供应来源：自主寻源、第三方代理寻源。

1）自主寻源

计划进行自主寻源的企业可以通过第3章中介绍的各种方法来识别潜在供应来源。只是其中的一些参数可能需要稍加修正。如在使用线下渠道进行自主寻源时，除了国内主办的各种国际性会展，在条件允许的情况下，采购组织也可以去国外参加与自身所处行业以及与采购标的密切相关的国际商贸会展，如美国芝加哥国际制造技术展览会（International Manufacturing Technology Show，IMTS）、美国世界移动通信展览会（Mobile World Congress Americas，MWCA）等。通常来说，参加国际商贸会展被认为是识别潜在全球供应来源的最好方法之一，因为能亲眼看到供应商的产品，并可以和供应商的代表进行面对面的会晤。国内许多与会展有关的互联网站都会提供各种国际商贸会展的信息，如去展网。

通过商会/行业协会搜寻全球供应来源也是可行的。如江苏省工商业联合会在美国、加拿大、日本、德国、澳大利亚、西班牙、柬埔寨、安哥拉、肯尼亚、菲律宾、马来西亚、墨西哥、秘鲁等13个国家成立了境外江苏商会，通过他们识别企业所需要的全球供应来源是一种值得信赖的途径。

黄页在国外依然是比较可靠的、了解当地企业基础信息的工具，在不少酒店的房间里可以找到。

40 多年的改革开放，让大量外资企业来到中国，为很多国内供应管理人员提供了结识来自不同国家、不同地区的同事与同行的契机。因此国内供应管理人员可以通过与这些国外同事与同行交流，获取全球供应来源的信息。

今天依然有大量的中文版、英文版或其他语言版本的专业期刊在发行，尽管这些期刊越来越不为人所关注，但还是可以对获取全球供应来源的信息起到帮助作用。相对而言，第三方市场调查报告会受到更多的关注，企业从中可以找到不少有益的供应来源，尤其是对全球供应来源几乎一无所知的企业。

其他获取全球供应来源信息的线下渠道包括领事馆的商务参赞处、大型银行、政府文件、全球贸易组织和国家政府部门。许多国家都设有商务代表机构，可以为供应管理人员提供帮助，仅仅象征性地收取一些工本费。

线上渠道越来越成为线下渠道的网络映射或翻版，今天几乎所有的线下渠道都有对应的线上实现方式。需要注意的是，线下内容被搬到线上时，会存在程度不同的美化或夸大，供应管理人员在全球寻源过程中需要提高分辨能力，同时可能要寻求 IT 专业人士的帮助，以甄别出后期合成的内容。

2）第三方代理寻源

除了自主搜寻全球供应来源外，第三方代理寻源也是全球寻源中比较常见的做法。通常，具有多种形式的、归属于中间商范畴的中介寻源机构，如代理商、经纪人和贸易商等，都可以为进行全球寻源的采购组织提供服务。

如果采购组织对某一个特定的目标寻源国家不熟悉，就可以雇佣代理商帮助寻源，而代理商会与采购组织签订寻源服务合同，获得采购组织的正式授权，在特定的目标寻源国家扮演采购组织的采购代表的角色，收取相应的佣金。在这种合作关系中，代理商负责识别和评估供应商，并进行必要的文件管理。需要注意的是，从销售组织的角度来看，还有销售代理商这么一种形式，用于帮助销售组织寻找和开发客户。在严格意义上，销售代理商并不拥有销售组织所提供的商品的所有权。

参照《民法典》第三编"合同"中的相关规定，采购组织在雇佣代理商时，可以与之签订中介合同或行纪合同。签订中介合同的代理商采用经纪人中介形式，是买卖双方订立合同的桥梁，而不参与买卖过程；签订行纪合同的代理商采用行纪人形式，行纪人接受委托人的授权，可以以自己的名义与销售组织订立合同，作为买受人买入商品，再转卖给采购组织。从这一点来看，行纪人同时具有代理商和贸易商的特征。

贸易商是中间商的一种典型类型。进口贸易商通常从某一个国家购买商品，然后在另一个国家将商品销售出去。因此，进口贸易商也是采购组织可以用来获取全球供应来源的一个途径，并可以规避直接进行全球寻源的复杂性。贸易商通常拥有由数量众多的贸易伙伴构成的商业网络，能够提供与全球寻源及物流相关的、范围甚广的各种服务。因而，采购组织合理应用贸易商的能力与资源，在全球采购中意义重大。

2. 全球采购的管理问题

1）全球采购的组织问题

全球寻源的目标是识别并引入能够帮助企业开拓市场、优化成本、适应环境要求并提高竞争力的供应来源。为了实现这个目标，企业必须制定一个对全球寻源战略具有保障和支持性的全球采购组织架构，以确保全球寻源活动与组织的整体活动有机地整合在一起。一般而言，多数企业会建立一个全球集团采购总部，并与区域性运营团队形成矩阵式组织架构，以支持企业的全球采购和国际经营战略。

图 4-1 所示为某跨国公司的全球采购组织架构示意图。上半部分的虚线框里显示的是总部职能架构，包括集团采购最高管理者，以及各采购大类的采购管理者。下半部分的虚线框里显示的是支持区域运营的矩阵式采购组织架构，负责某个或几个品类的区域品类经理会同时向集团采购总部及区域性运营管理层汇报工作，至于是实线还是虚线汇报关系，则取决于公司对矩阵架构的强弱或平衡性的管理决策。

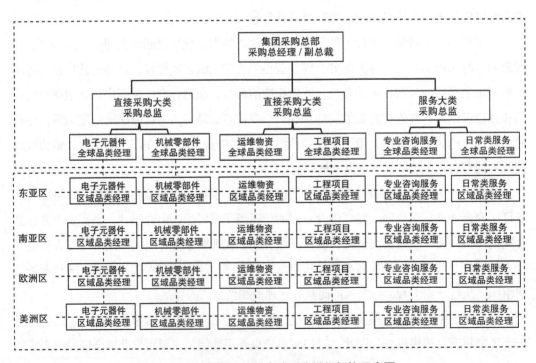

图 4-1 某跨国公司的全球采购组织架构示意图

对于尚未进行全球布局的企业，如果采用自主寻源策略，可以通过在国际货源所在地设立国际采购办公室（International Procurement Office，IPO）的方式来开展全球寻源活动；如果采用第三方代理寻源策略，可以在国内总部成立全球寻源协调组，负责与各类中间商进行对接和管理工作。

2）全球采购的供应商管理问题

从管理原则和流程上来看，全球采购的供应商管理与国内采购的供应商管理是相通的，但由于全球采购使得供应链变长，供应商履约与规避合规性风险的能力就显得尤为重要。在全球采购的供应商管理中，以下建议需要特别关注。

● 需要建立一个协调或领导全球采购决策及供应商管理的专职团队。

● 要与供应商明确双方合约中具有正式法律地位的语言，能选择中文最好。

● 要与供应商建立起明确的沟通窗口，最好进行统一归口管理。

● 要充分发挥数字化信息系统的作用，随时掌握供应商生产与交付的进度动态。

● 在可能的情况下，需要给予合理的预算，与供应商进行面对面的沟通，增强合作的意愿。

● 需要有通晓供应商所在地及国家的贸易法律法规的专家顾问，无论是来自企业内部还是第三方。

● 在合同中必须明确服务水平指标，以及违约责任。如有可能，需要获得实质性的履约担保。

● 尊重供应商所在地的商业习俗，尤其是在支付结算、绿色环保、社会责任等方面，避免发生在这些方面的失误成为供应商违约的理由，同时无法获得损失补偿的情况。

● 有条件的，尽量在供应商所在地成立国际采购办公室，"零距离"地进行日常供应商沟通和管理事务。

3.全球采购中的贸易问题

1）反向贸易

在某些情况下，从某个国家（地区）尤其是经济发展滞后的国家（地区）寻源时，采购组织可能需要向当地的供应商投入一些资源，帮助供应商建立和发展供应能力。而这种资源投入的一部分，供应商可以用采购组织投入资源实现的产出进行偿付，这时候就会使用到某种形式的反向贸易，也称对等贸易。按照ISM的定义，对等贸易就是"一种交易方式，作为最初达成销售协议的条件，通过购买产品作为贸易平衡机制，或者作为支付全部或部分货款项的方式"。在国家商业交易中常常会用到某种形式的对等贸易。在古代，以货易货的贸易形式十分普遍，前文提到的 INSTEX 结算机制的内核中，也隐含着欧盟与伊朗之间"以货易货"的贸易方式。现在，反向贸易已经演变为一个对全球市场产生重要经济性影响的、成熟的国际贸易活动。简单的以货易货、用一种服务交换另一种服务的贸易方式，演变成现代的、形式多样化的对等贸易概念，衍生出以下 5 种不同的贸易形式：易货贸易、互购贸易、抵消贸易、补偿贸易或回购贸易、转手贸易。

（1）易货贸易

易货贸易就是将一种产品或服务换成另一种产品或服务的交易行为，不同于用货币交易的贸易。易货贸易也是有时用于国际贸易中的、对等贸易的一种形式（《ISM 术语 2016》）。易货贸易，尽管看上去是一种简单的贸易形式，但其实已经不常用。若交易双方的货物不是同时交换，一方就是在替另一方融资。易货贸易的一种风险就是，一方给了另一方其不想要或无法使用的产品或服务。出于这样或那样的原因，跨国公司都将易货贸易看成是最受限制的对等贸易形式，主要用于和缺乏信誉或不值得信任的贸易伙伴进行的一次性交易。

（2）互购贸易

互购贸易是对等贸易的一种形式，为了能将产品销售到某个国家，跨国公司同意从该国采购一定数量的材料（《ISM 术语 2016》）。例如，位于中国的 X 公司将其产品销售到位于英国的 Y 公司。作为销售的交换条件，X 公司同意用一定比例的销售所得来进口 Y 公司生产的产品。两家公司都同意采购金额的大部分使用现金支付，并在一定期间内履行他们向对方进行采购的义务，这个期间一般不超过 5 年。

（3）抵消贸易

抵消贸易是对等贸易的另一种形式，与互购贸易相似，跨国公司将产品销售给外国，同意从该国采购一定数量的材料。抵消贸易与互购贸易的主要区别在于，抵消贸易下，供应商可以从买方国家中的任何一家公司那里采购产品，以履行其义务。

（4）补偿贸易或回购贸易

补偿贸易或回购贸易指，一家公司在别国建立工厂或向该国提供技术、设备、培训或其他服务，并同意接受工厂的一定比例的产出作为投资的收益（《ISM 术语 2016》）。比如，某电子消费品巨头同意向日本的一家液晶显示屏厂商的生产设施进行部分投资，而投资收益将会以这些生产设施产出的液晶显示屏进行偿付。

（5）转手贸易

在对等贸易协议中，转手贸易要用到专业的第三方贸易商，转手贸易方通常将对等贸易信用转给第三方贸易商而获得现金，第三方贸易商再将这些信用卖给需要该产品的国家（《ISM 术语 2016》）。例如，X 公司与一些国家达成抵消贸易协议，因此要采购一定量的产品，而 X 公司无法使用或不想要这些产品。因此，X 公司将这些产品的合同以一定的折扣出售给了第三方贸易商，第三方贸易商转而找到另一家需要这种产品的公司，再次将产品合同出售并从中盈利。这些贸易方式都以贸易信用来代替现金。有时候，转手贸易是公司或国家用来纠正各种贸易失衡的手段。例如，匈牙利以一定价格将化学品卖到了法国，法国将匈牙利的贸易额记以一定量的贸易信用，匈牙利将来就可以用这些信用从法国购买产品。如果匈牙利不想从法国购进产品，它就将该信用低价卖给第三方贸易商。第三方贸易商之后寻找需要买法国产品的公司或国家，然后把该信用出售给相应公司或国家，以赚取利润。

2）自由贸易区

（1）自由贸易区的概念与作用

根据 1973 年国际海关合作理事会在日本京都签订的《关于简化及协调海关制度的国际公约》以及美国关税委员会对自由贸易区（Free Trade Area，FTA）的解释：自由贸易区可以理解为一个国家内有别于普通关税区域的特殊关境区域，进入闭环管理的自由贸易区内的进口货物，只要不流到本国的其他区域销售或使用，就能够享受关税豁免待遇，也免于常规的海关监管。由于自由贸易区通常设在港口的港区或邻近港口地区，因而也常常被称为"自由港"。自由贸易区的设立主要是为了吸引外资来开设工厂、发展出口加工业务，以及鼓励外资前来设立商业企业和金融机构，促进本国的经济发展。

此外，自由贸易区还有一种与自由贸易协定（Free Trade Agreement，FTA）有关的概念解释，将在下一节介绍。

（2）自由贸易区的功能

就性质而言，自由贸易区可分为商业自由贸易区和工业自由贸易区。前者不允许货物的拆包零售和加工制造；后者允许免税进口原材料，并在指定的加工作业区内进行加工生产活动。自由贸易区从功能来看，主要有以下几种。

● 转口集散型自由贸易区。这类自由贸易区主要发挥货物储存、加工和货物转口及分拨功能，如巴拿马科隆自由贸易区。

● 贸工结合、以贸为主型自由贸易区。这类自由贸易区以进出口贸易为主业，并进行一些简单加工和装配作业，在发展中国家最为普遍，如阿联酋迪拜港自由贸易区。

● 出口加工型自由贸易区。这类自由贸易区以面向出口的加工制造为主要职能，辅以转口贸易和仓储运输功能，如尼日利亚自由贸易区。

● 保税仓储型自由贸易区。这类自由贸易区既可以免除进出口手续，又能够使进口货物在较长一段时间内处于保税存储状态，如荷兰阿姆斯特丹港自由贸易区。

（3）保税区

在中国，保税区是经由国务院批准设立，并接受海关监督和管理的特殊经济区域，一般分为保税仓库区和综合保税区。

保税仓库区主要发挥保税仓储和转口集散功能，辅以贸工结合、以贸为主型自由贸易区的简单加工功能。保税仓库区内的货物实行境内关外管理方式，享有免证、免税、保税等优惠性海关政策，进入该区域的进口商品可以保税状态在较长一段时间内存储保管。同时，保税仓库区也便于开展转口贸易，以及进行改装、分拣和简单加工处理。

综合保税区是设立在内陆地区、功能最齐全的海关特殊监管区域，实行封闭式管理，在国家开放贸易服务、金融投资、仓储运输等领域扮演着先行者和试验区的角色。根据国务院办公厅于 2015 年 8 月印发的《加快海关特殊监管区域整合优化方案》，现有保税港区、保税物流园区、出口加工区及跨境工业区等将整合为综合保税区，采用统一的监管模式和海关特殊监管区域信息化管理系统。

目前中国已经在全国范围内设立了几十个保税区，如北京天竺综合保税区、上海外高桥港综合保税区、天津港保税区、苏州工业园综合保税区等。

（4）保税工厂

保税工厂是为了加工制造出口外销产品、经海关批准设立并接受海关监督与管理的特殊生产制造型区域，其生产制造过程中所使用的原材料和零配件通常是以免税方式进口获得的。保税工厂的申请和成立需要满足一些基本的条件，如拥有专用于出口加工制造的生产设施和仓储设施，建立满足海关要求、专门记录产品产销存信息的台账手册，并安排专人进行管理等。

海关对保税工厂及其进出货物管理具有一套完整的管理制度，涉及保税产品的范围、生产与仓储设施要求，以及原材料、零部件和产成品进出保税工厂的管理制度等各个方面。

| 第4节 | 国际贸易协定

上一节提及还有一种与自由贸易协定有关的自由贸易区的定义，这个定义就是："自由贸易区指两个或两个以上的国家（包括独立关税地区）根据世界贸易组织（World Trade Organization，WTO）的相关规则，为实现相互之间的贸易自由化所进行的区域性贸易安排所覆盖的区域。"这种区域性贸易安排不仅包括货物贸易自由化，而且涉及服务贸易、投资、政府采购、知识产权保护、标准化等多领域的相互承诺，是一个国家实施多双边合作战略的手段。因此，这一节主要介绍基于区域性贸易安排的自由贸易区以及典型的国际贸易协定的有关内容。

1. 基于区域性贸易安排的自由贸易区

1）广义的自由贸易区

这一节中的自由贸易区，是指若干国家（包括独立关税地区）之间共同签订了自由贸易协定、彻底取消相互贸易中的关税壁垒和配额限制，从而使得商品和服务能够在这些签约国之间自由流动的一个特定地理区域。显然，这个自由贸易区在面积上比前一节中的自由贸易区要大，属于国家与国家之间形成的广义上的自由贸易区。当然，这个自由贸易区并非像听起来的那样自由，各签约国之间依然会制定某些政策，对从那些非签约国进口的产品或服务，甚至对来自签约国的部分产品或服务进行限制。比如，"欧洲自由贸易联盟"内各成员国之间能够进行自由贸易的产品仅限于工业品，而不包括农产品。这种自由贸易区被称为工业自由贸易区。

广义自由贸易区的建立无疑有利于采购组织推进全球采购战略，使其可以以更低的成本，在更加广阔的地理范围内，更加便利快捷地获得自己所需的产品或服务供应来源。但是由于自由贸易区有可能导致产品或服务流向的扭曲和避税问题，故而自由贸易区一般都会制定各种政策和规则来减少产品或服务流向的扭曲问题和可能导致不公平竞争的避税问题。全球采购组织和专业人士有必要了解这些政策和规则，以规避在全球采购中可能出现的、会给企业带来负面影响和风险损失的不合规问题。

2）广义自由贸易区的政策与规则

建立广义自由贸易区有可能带来贸易转移问题，签订多个自由贸易协定会加剧这种现象。因此，自由贸易区需要用政策与规则来进行干预和协调，以减少采用区域性贸易安排带来的弊端。

（1）关税制度

不断扩大免税区域范围和免税商品范围，是减少为了规避关税问题而进行贸易转移的一种可行的方法；而缩短关税减免的过渡期也是可行之道。另外，通过双边或多边贸易谈判降低关税壁垒，从更具效率、更有成本优势的国际供应商处获得发展所需的产品或服务，也可以将区域性贸易安排的负面影响降到最低。

（2）原产地规则

原产地规则规定：只有产于自由贸易区内的原产地产品才享受自由贸易协定所赋予的

优惠贸易待遇。这是防止或减少贸易转移现象的一个利器。理论上，产成品只有在某个成员国内的生产附加值占到产品价值总额的一定比例以上时，才可以被视为来自这个成员国的原产地产品。一般而言，在自由贸易区以外，国家在某类产品上拥有的竞争力优势越大，原产地附加值比例的要求越高。从本质上来看，原产地规则是针对自由贸易区内各成员国所提出的一种保护性措施；反过来看，就是针对非原产地产品设定更高的关税壁垒来对冲其原先所具有的效率或成本优势。

2.世界贸易组织

世界贸易组织，以下简称世贸组织。该组织主要有五大职能，包括对各成员进行监管、评估并保证合规性的管理职能；为实现各项协议既定目标而组织实施各种有效措施的组织职能；管理与其他国际组织或机构关系的协调职能；解决各成员之间贸易冲突的调节职能；为各成员提供协商场所、向发展中国家提供各种技术援助的职能。

需要注意的是，由于世贸组织这一管理者角色的存在，加入世贸组织与若干个国家之间自主签订的多边贸易协议并不是一回事。

为了实现世贸组织构建可持续性发展的多边贸易体系这一关键目标，世贸组织的成员必须遵守六大基本原则，即互惠原则或对等原则、透明原则、市场准入原则、促进公平竞争原则、经济发展原则或鼓励经济发展与经济改革原则、非歧视性原则。

中国自 2001 年加入世贸组织后，不仅可以更加顺利地将本国的产品销往全球市场，并成为全球工厂；同时也为国内企业从全球范围内以更低总成本获得各种重要基础性原材料、具有高科技含量的半导体产品等打开了方便之门，其他发达国家（地区）的先进管理经验也经由跨境管理咨询服务在中国生根开花。

3.世界上主要的自由贸易区与国际贸易协定

1）北美自由贸易区与《美国－墨西哥－加拿大协定》

（1）北美自由贸易区

《北美自由贸易协定》最早生效于 1994 年 1 月 1 日，它的生效宣布了包括美国、墨西哥、加拿大这 3 个国家在内的北美自由贸易区的成立。该协定要求这 3 个国家彼此之间给予国民待遇及最惠国待遇，并通过程序上的透明化等措施来消除贸易壁垒。

北美自由贸易区的成立从总体效果上来说对 3 个国家都是有益的，尤其是对经济发展程度相对较低的墨西哥而言，更是获益良多。在《北美自由贸易协定》生效的那年，墨西哥遭遇了一场金融危机，而北美自由贸易区的诞生，尤其是美国的巨额经济支援，使得墨西哥得以避免产生更大的经济损失。虽然墨西哥由于自由贸易的要求，从美国进口的农产品增加了数倍之多，导致其国内的小农遭受重创，但工业的发展依然对墨西哥的整体经济发展和民生水平提高起到了积极的作用。墨西哥的工业出口总额在国内生产总值中的占比上升了一倍左右，汽车行业规模在全球仅次于中国，居世界第二位。也正是由于美国方面认为墨西哥从《北美自由贸易协定》中受益过大，在一定程度上损害了美国的相关利益，才有了下文介绍的《北美自由贸易协定》的升级版——《美国-墨西哥-加拿大协定》。

（2）《美国-墨西哥-加拿大协定》

《美国-墨西哥-加拿大协定》即 USMCA，于 2018 年 11 月 30 日正式签署。USMCA 中新增了一些显著的、会对三国的经济及贸易形式产生影响的新特点，包括：美国的奶制品等农产品可以更方便地进入加拿大市场；原产地规则要求更加苛刻，比如汽车零部件在北美的采购比例不能低于 75%，汽车整车中 40% 以上的零部件生产地的时薪高于 16 美元时才能够享受零关税待遇；全面提高墨西哥工厂的劳动标准，并接受其他两个国家的监督；减少了对专利药品知识产权的保护，降低了生产仿制药的要求等。

USMCA 的签订使北美自由贸易区得以存续，对该区域中的 3 个国家之间的国际贸易和经济发展总体上依然有利。但是，这个新的协定对中国而言是一个新的挑战。原产地规则要求上的升级，对包括中国在内的非北美自由贸易区国家（地区）来说，其与美国、墨西哥、加拿大 3 个国家的贸易可能会受到负面影响。为了应对这些负面影响，可以预见会有越来越多的中国企业在美国、墨西哥、加拿大开设工厂，力图确保与这 3 个国家之间的贸易总额的持续增长。在这种情况下，这些企业在北美开发供应来源的必要性和紧迫性也会随之增加，而原先为这些企业提供配套服务的企业也面临着跟随进入北美市场还是另寻市场的战略选择。

2）欧洲联盟及其共同政策和措施

（1）欧洲联盟

欧洲联盟（European Union，EU），以下简称欧盟，是世界三大自由贸易区之一。欧盟本质上是一个在政治与经济两个层面上都实现了一体化的区域性组织。欧盟的诞生极大地加速了欧洲的经济发展。

（2）欧盟内部的共同政策和措施

自欧盟的前身——欧洲共同体开始，一系列的共同政策和措施被制定出来，并得到各成员国的接受与执行，主要包括：关税同盟和共同外贸政策；包括统一农产品价格、取消内部关税等在内的共同农业政策；打破各种与海关关税有关的有形壁垒以及与技术要求相关的无形壁垒，实现资本、产品和劳务的自由流动，建设成内部统一大市场。

中国与欧盟长期以来保持着紧密的商贸合作伙伴关系，除了2020年和2021年，欧盟多年来都是中国的第一大贸易伙伴。在高端半导体光刻设备、数控机床设备、电气自动化成套设备、高分子化合物材料、生物医疗医药等方面，很多欧盟企业都是中国企业的重要甚至唯一供应来源。

3）东盟自由贸易区

（1）东南亚国家联盟

成立于1967年的东南亚国家联盟（Association of Southeast Asian Nations，ASEAN），简称"东盟"，目前拥有包括泰国、越南、新加坡、马来西亚、印度尼西亚等在内的10个成员国。联盟成员国在国土总面积和人口上都约等于中国的一半。中国、韩国、日本等国家以及欧盟，都先后与东盟建立了自由贸易区。

（2）中国－东盟自由贸易区

中国－东盟自由贸易区（CAFTA）至今已有20多年的历史。从相互大幅下调关税开始，中国目前已与越南等国实现了绝大多数商品的零关税贸易状态。

东盟在棕榈油、天然橡胶和木材这些初级大宗商品方面，是中国企业的重要供应来源；在食品和电子产品的生产制造方面，相对于中国也存在成本方面的优势。中国则在汽车、机械电子设备、精密仪器等中高端产品方面，成为东盟的重要或潜在供应来源。事实上，在2019—2021年，东盟一直是中国的第二大贸易合作伙伴。

（3）《区域全面经济伙伴关系协定》

由东盟发起，中国、日本、韩国、澳大利亚和新西兰等国参与的《区域全面经济伙伴关系协定》（Regional Comprehensive Economic Partnership，RCEP），是于2022年1月1日正式生效的区域性自由贸易协定。

在货物贸易方面，RCEP要求各成员国对来自其他成员国的货物给予国民待遇，对特定货物给予临时免税入境待遇，取消农业出口补贴，以及取消配额和其他非关税措施方面的限制等。

在原产地规则方面，RCEP的要求相对比较宽松。比如"累积规则"允许区域内某个成员国将来自其他成员国的原材料视为本国原产，从而有利于推动任一成员国将其供应链合理部署在整个区域内的不同国家（地区）；再如"微小含量规则"允许产品包含来自非成员国的原材料，只要这部分的价值或重量不超过整个产品的10%，依然可以给予其原产地待遇；另外，被核准的出口商或生产商自行开具的原产地证明，也可以被各成员国所接受。

RCEP在规则方面的弹性可以让该区域内各成员国之间的经贸合作变得越来越紧密，有助于促成该区域在不久的将来跃升为全球体量最大的经济体。对于中国的供应管理人员而言，来自该区域内各合作伙伴的供应资源，将在全球寻源活动中具有举足轻重的地位。了解并谙熟该区域内各国家（地区）的法律法规、人文风俗、地理物产等知识，势必成为全球管理人员的必修课之一。

4）《全面与进步跨太平洋伙伴关系协定》

美国的《跨太平洋伙伴关系协定》（Trans-Pacific Partnership Agreement，TPP），在2018年被11个亚太地区的国家重新打造后更名为《全面与进步跨太平洋伙伴关系协定》（Comprehensive and Progressive Agreement for Trans-Pacific Partnership，CPTPP）。

中国在2021年9月正式提出申请加入CPTPP，并与亚太地区各国共同积极推进《全面与进步跨太平洋伙伴关系协定》的全面生效与有效实施。

参考文献

[1] 哈特利.供应管理基础［M］.汪希斌，译.北京：中国物流与采购联合会采购与供应链管理专业委员会，2014.

[2] 萨林格.保理法律与实务［M］.刘园，叶志壮，译.北京：对外经济贸易大学出版社，1995.

[3] 胡亮.金融深化与区域发展［M］.北京：经济科学出版社，2006.

[4] 赵宗博.国际贸易概论［M］.青岛：中国海洋大学出版社，2008.

[5] 任治君.对外经济关系论［M］.成都：西南财经大学出版社，2006.

[6] 陆林.人文地理学［M］.北京：高等教育出版社，2004.

[7] 杜敏.国际贸易概论［M］.北京：对外经济贸易大学出版社，2001.

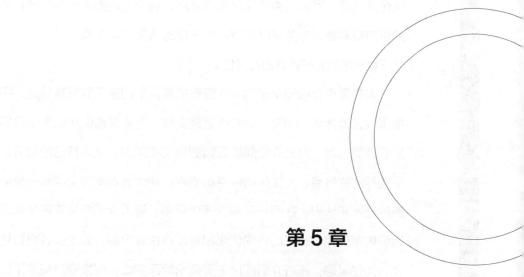

第 5 章

间接采购

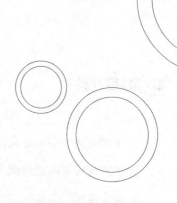

间接采购管理是企业采购管理的一部分，采购管理者不仅需要遵循企业战略，而且需要关注供应链战略，兼顾短期的企业利益与长期的供应链利益，与关键供应商建立长期的战略伙伴关系，以增强企业生产经营所需关键物料的可得性。

本章重点介绍间接采购，从管理视角介绍间接采购管理概述、间接采购管理优化、间接采购最佳管理实践、间接采购供应商全生命周期管理等内容。首先介绍间接采购的定义和范围、采购标的的划分、采购标的的特点、间接采购特点和流程，使读者对间接采购有一个清晰的理解和认识。在间接采购管理优化中，重点介绍需求管理优化、组织内部优化、跨部门协同优化和管理系统等内容。为使读者更好地了解间接采购，还将介绍间接采购需求管理实践和间接物料集成采购管理实践。在间接采购供应商全生命周期管理中，围绕间接采购管理的各个环节，重点介绍事前建立供应商库，事中的评估与选择、交付管理、关系管理，事后的绩效管理、退出管理，有助于读者更加全面地理解供应商管理在间接采购管理中的价值。

本章目标

1. 掌握间接采购的定义和范围。

2. 了解间接采购管理优化的策略。

3. 深入理解间接采购供应商全生命周期管理流程、策略。

4. 了解间接采购最佳管理实践，掌握间接采购管理有效的策略和方法。

|第 1 节| 间接采购管理概述

1. 间接采购的定义和范围

1）间接采购的定义

根据企业所采购物料在生产过程中的具体用途和表现差异，采购可以分为直接采购和间接采购。直接采购是指购买直接物料和服务的采购活动，以购买生产性材料为主要内容，包括原材料、半成品和产品包装材料等。此处的生产为广义的生产，包括服务运作活动，例如第三方物流、流通行业的主营运作活动。从业务流程层面看，直接物料基本会显示在 BOM 中。间接采购是指支持产品生产、销售以及维持企业正常运营的物料及服务的采购。间接采购可以理解成企业从外部采购获得的产品和服务，而这些产品和服务并不直接包含在交付给最终客户的产品和服务中。

间接物料不直接构成企业的最终产成品，而且占企业采购成本的比例也较低，所以间接采购管理常被企业管理者忽视。然而，间接采购供应商提供的产品和服务的质量直接关系到企业生产经营的效率、效果，且间接采购 SKU 的数量占企业采购总数的 80% 左右，间接采购供应商的数量十分庞大。如果间接采购管理得当，将大幅降低企业成本、提高工作效率，为企业带来持续性竞争优势。

2）间接采购的范围

间接采购概念最初出现在一些跨国公司，经迅猛发展已逐渐从传统的采购管理中脱离，形成了一个全新的职能。间接采购管理的目标是以最低的总成本获得所需的产品和服务。多数组织的正常运行需要材料、设备和服务的支撑，采购活动所涉及的领域广泛，包括工厂维修设备、安全设备、办公设备等。间接采购在传统意义上往往被忽视，许多组织中的直接采购由采购部门负责，而间接采购通常由非采购部门负责，大多由各请购部门分散行使采购职能。

在实际工作中，间接采购流程专业化程度低，致使间接采购工作难度较大。大多数企业会通过 ERP 系统汇总和运行直接采购需求，所有的直接采购物料都会记录在 BOM 中。而间接采购涉及的物料种类繁多，一般通过人工在系统中提出采购申请再由采购部门处理。因此，间接采购不仅涵盖的物料范围更为广泛，复杂程度也更高，工作难度大于直接采购。间接采购的广泛性和职能的特殊性决定了间接采购在承担企业现金流改善任务的同时，企业还需要通过梳理产品和服务质量参差不齐的供应商名单，挑选优质供应商建立间接采购合作关系，以保障企业安全稳定运营。

行业差异会造成间接采购范围的差异。很多行业中的大型跨国制造企业，如汽车、医药、航空等行业的企业，其间接采购管理体系随着企业采购流程的完善而完善。如一些机械制造企业的间接物料采购范围囊括经营业务、生产业务两大单元，其中经营业务物料涉及员工服务、人力资源服务、工程项目服务、市场品牌服务、IT服务和财务服务等；生产业务物料涉及厂房等基础建设、设备维修维护、焊接与组装、备件生产、环境维护等。对于服务型企业，由于没有直接生产功能，因此间接采购的对象主要是维持企业办公场所正常运营的物料和必需的服务，这也是大多数服务型企业的间接采购范围。

间接采购作为企业采购和供应链管理中最具降低成本潜力的部分，起着整合和分配内部资源的关键作用。相对于直接采购以降低成本为主要目标，间接采购的目标更多元，往往需要根据企业需求，运用专业化的控制手段，在不同的情况下以提升效率、节约成本、确保安全和产能等为目标，从而维持企业竞争优势。美国通用电气公司要求间接采购工作单独汇报，可见间接采购与直接采购具有同等重要的地位，这也彰显了间接采购对企业提升市场竞争力的重要价值。面对风云变幻的经济形势，随着传统制造业等产业转型升级以及以供应链为主体的竞争的日益激烈，企业应该更加重视间接采购管理对未来降本增效的巨大价值。

2. 间接采购标的的划分

标的是指经济合同当事人双方权利和义务共同指向的对象，如货物、劳动、工程项目等。间接采购标的划分的目标是吸引投标人投标，以发挥供应商的优势、降低采购成本、保证供货时间和质量，以及确保开展招标工作的可操作性。一般而言，间接采购标的分为两大类，一是MRO物料和服务，二是其他服务和非传统产品。MRO物料和服务不直接参与最终产品的构成和交付，一般仅用于生产设备和相关器械的维护、维修和运行保障。企业在实践中根据用途可将间接采购标的分为投资类固定资产、耗材类物料、后勤办公类物料、服务供应类物料等。

1）间接采购标的主要范围

间接采购标的不包括BOM中的物料，所以间接采购标的与产品不直接相关，但间接采购标的是企业生产运营中会产生损耗的物料，是保证企业生产正常运行的重要辅助。间接采购标的既可以是有形的产品，也可以是无形的服务，包括生产设备、厂房和服务等。间接采购标的种类繁多，会因所属行业的不同而不同，也会因间接采购需求来源部门的不同而不同。具体而言，间接采购标的的主要范围如下。

●生产运维类，如备品备件、设备维修服务、工具等。

●基建设施类，如厂房建设服务、生产线建造服务、配套设施等。

●能源消耗类，如电力、原煤、液化天然气等。

● IT 软硬件与服务类，如硬件及配套服务、软件及配套服务、系统开发服务等。

●市场营销类，如线上线下设计服务、市场调研服务、公关服务、促销赠品等。

●专业服务类，如咨询服务、人员外包服务、仓储物流服务、猎头招聘服务、餐饮服务、培训服务等。

●行政办公类，如物业服务、租车服务、环境维护服务、会议接待服务等。

●物流运输类，如货运代理服务、报关服务、仓储配送服务等。

不同企业还会针对职能部门的细分，增加更具特色的间接采购标的。例如，对于有质量管理和认证需求的企业，间接采购标的还包括各种质量标准和质量认证服务；有环境保护需求的企业还需要对相关测试仪器和试剂等进行采购。

2）不同行业间接采购标的的特点

在不同的行业，间接采购标的具有不同的特点，以反映不同行业正常运营所需组织结构的不同，以及所消耗的物料的差异。下面以机械制造、石油和化工、电信和电力等无形服务、快消品等行业为例进行介绍。

（1）机械制造行业

机械制造行业间接采购标的的特点，主要体现在生产线设施建设、各类自动化设备、加工中心、工装夹具、功能测试等机械设备/模具，以及生产过程中涉及能源动力和各种消耗性物资、维修维护备品备件及服务等类别的采购上。

（2）石油和化工行业

石油和化工行业的间接采购包括石化生产装置项目设计和建设、流程设备、仪表、电气和材料、维修维护备品备件及服务（MRO）等类别，其核心作用是为企业安全生产和项目推进提供基础保障。石油和化工行业属于流程制造业，会使用各种塔釜、管道、阀门、泵浦等物资。

（3）电信和电力行业

电信和电力行业间接采购标的的特点，主要体现在间接自用采购标的和项目采购标的两大类，其中间接自用采购标的包含具有服务于企业运营所需的固定资产类、生产消耗类、IT 设备及服务类、行政采购类、商旅出差类、人事采购类等；项目采购是间接采购部门针对电信和电力服务企业为了提供固定和移动通信服务或输变电服务所需的基础设施和专业设备采购。对于电信运营商，主要涉及骨干网、传输网、接入网中所需的工程设计和建设、铁塔、光缆、中继、交换机、路由器等专业服务和物资采购类别；对于电网公司，主要涉及主网和配网中所需的工程设计和建设、变压器、断路器、电抗器、电缆等专业服务和物资采购类别。

（4）快消品行业

快消品行业间接采购的重点在于助力市场推广、完成商务营销体系建设的媒体渠道、市场调研、促销赠品等采购类别，以支持企业正常开展生产活动。媒体采购标的主要包括媒体宣传、电视广告、各类文艺或体育节目赞助采购，以及各类市场推广服务。

间接采购作为企业内部的一项复杂工作，与直接采购相比，虽然和企业的主营业务相关性较弱，但是随着业务的高速发展和企业规模的不断扩张，间接采购必须紧密联系企业所处行业的具体特征，对间接采购标的进行合理化划分，在对采购物料和服务进行品类管理的前提下对采购步骤、采购流程等进行系统化改进，充分提升间接采购的效率和效益。

3. 间接采购标的的特征

间接采购的物料和服务主要是用来支持企业正常运转的产品和服务，不像直接采购那样直接作用于企业产品，因此间接采购标的具有需求不清晰、标准化程度低、需求数量不确定性强、需求时间不确定性强等特征。

（1）需求不清晰

间接采购标的包含有形产品和无形服务，从而导致所涉及的品类涵盖生产运维类、基建设施类、能源消耗类、IT 软硬件与服务类、市场营销类、专业服务类、行政办公类、物流运输类等诸多品类，所以与直接采购标的相比，间接采购标的的品类非常繁杂。繁杂的品类造成间接采购标的标准化难度大，采购需求很难明确和规范表述，这给采购业务的有效开展带来很多的困难。

（2）标准化程度低

间接采购标的涉及的各个部门对于申请采购的物料缺乏统一口径，如对于物料的品牌、规格、型号描述不完整，对非标准件的需求描述不准确，对维修商需提供的维修服务内容不明确，以及上报的价格、预算等不符合实际需求等，所以间接采购标的往往对应着更加繁杂的采购需求。以机械制造类企业为例，新产品的生产设备采购通常问题频发，一些定制化设备的采购往往需要多个供应商共同开发，工程师无法在采购初期准确描述设备的相关参数要求。因此，较低的标准化程度会导致间接采购标的的需求不能清晰定义。

（3）需求数量不确定性强

与直接采购相比，间接采购活动规律性较弱、涉及品类繁多，需求和供应特点相差甚远。直接采购，企业可以根据订单信息或市场销售规模以及未来趋势进行生产预测，有计划地制订原材料和服务的采购计划。相比之下，间接采购标的品类繁杂，虽然单次采购量相对有限，但间接采购具有典型的多品种、小批量特征。

（4）需求时间不确定性强

对于一般性的实物型间接采购标的，包括办公用具、劳保用品、备品备件、低值易耗品等，因为采购价值较低、周期性用量稳定，可以进行稳定控制和准确预测。对于一些高价值标准件型间接采购标的，由于市场竞争的影响，企业难以较好地管控其采购价格。对于一些具有战略意义的瓶颈型间接采购标的，包括非标准、定制化产品，企业往往会因为其需求不稳定、可预测性差而难以把控好紧急性的间接采购活动。

4. 间接采购的特征

由于间接采购标的具有需求不清晰、标准化程度低等特点，所以间接采购具有采购人员专业化程度低、分散采购难成合力、系统化程度低、采购流程透明度低、供应商管理对症施策难、采购提前期较短、采购议价能力低等特征。

（1）采购人员专业化程度低

各部门负责间接采购的人员专业化程度低，也缺乏长期采购策略的引领，开展的采购工作往往只限于日常业务，选择的业务伙伴也只限于一些区域性供应商，通常不考虑供应商评估与选择、供应商能力培养、战略供应商合作等内容。在间接采购中，由于生产设备和备品备件的管理贯穿生产的全生命周期，所以出现了一些为间接采购标的的采购提供集中服务的第三方企业，如提供跨国 MRO 集成采购服务的德国 V-LINE 集团。第三方企业的介入，对间接采购人员的专业能力提出了更高的要求。间接采购人员需要具备全程负责间接采购需求分析、订单交付计划制订等能力，才能从第三方企业处更便捷地获得价格和质量更具优势的产品和服务。

（2）分散采购难成合力

在很多企业中，间接采购工作由相关需求部门或职能部门负责，部分品类和间接采购项目由企业高层指定专人负责，间接采购管理被包含在后勤管理活动中。由于间接采购需求方遍及企业各个部门，企业总部会对各个部门的间接采购活动给予一定关注但不直接参与具体采购活动，所以间接采购一般由各个部门采用分散采购的方式满足自身运营需求。在这种分散采购的方式下，采购信息无法在企业内部传播和反馈，需求通用性和要求标准化程度均较低，难以集聚采购资源形成合力。

（3）系统化程度低

由于目前的间接采购大多采用分散采购的方式，所以采购主体的组织架构重复设置，难以对各部门采购人员进行有效的考核和激励。分散采购方式下，间接采购需求繁杂、数量不确定的特点被进一步放大，企业的整体间接采购工作无法有效统筹，所以间接采购具有系统化程度低的特点。

（4）采购流程透明度低

间接采购信息来自企业各个部门，而各部门采购管理体系的成熟度参差不齐，这增加了需求管理、成本管理、绩效管理等关键环节的管理难度。完善的间接采购数据信息体系有利于提升间接采购流程透明度，提高间接采购工作效率，统一企业内部的间接采购策略，整合供应商资源，最终达到充分发挥间接采购潜力来降低成本并提升服务水平的目标。

（5）供应商管理对症施策难

由于间接采购需求方遍及企业各个部门，需求多样且差异大，而多数企业又缺乏对间接采购标的的细化分类，所以对应的供应商复杂性很高且难以整合管理，因此企业无法针对性地采取差异化管理策略。间接采购供应商管理主要围绕质量管理、成本管理、准时交货管理、服务水平管理等方面展开。间接采购质量管理是完成间接采购任务的前提，管理者应以满足最终用户设定的质量要求为目标，同时需要考虑尽可能延长产品的生命周期。间接采购成本管理是最为关键的方面之一，决定了在直接采购成本被着重考虑缩减时，企业能否在激烈的市场竞争中获得间接采购成本优势，其重要性正在持续提高，但其具有隐蔽性强和难以统计梳理的特点。在间接采购准时交货管理中，供应商能否准时交货是企业评价供应商是否可靠的关键因素，体现了供应商提供企业所需产品或服务的能力。间接采购服务水平管理需要贯穿间接采购的全生命周期，包括在间接采购初期方便企业了解所需产品或服务的详细信息，在间接采购中由供应商针对企业提出的问题、需求或整体解决方案给出相应的解答和优化方案，以及在交付后由供应商提供完善的售后服务以保证产品正常使用。

（6）采购提前期较短

绝大多数企业对于间接采购活动的申请流程规范化程度较低，对于间接采购标的需求缺乏有效预测和提前计划，特别是没有设置安全库存的物料，其采购提前期较短。因此，大多数情况下，企业容易出现紧急采购需求，采购部门不得不被动应对，人为控制采购时间和采购优先级。

（7）采购议价能力低

间接采购标的品类繁多，需求定义不规范，导致间接采购人员需要对接的供应商数量众多。在间接采购实践中，供应商分类管理难度大，缺乏适当的需求预测和采购规模，容易使间接采购人员无法在谈判中获得更多主导权，因此采购议价能力低。

5. 间接采购的流程

采购流程是整个采购过程中各项工作的重要指引，不仅对各项工作的负责人提出具体工作要求，还对各个负责人之间的配合衔接做出执行安排。间接采购流程是在直接采购流程的基础上，基于间接采购管理的特殊性延伸发展而来的。间接采购流程涉及的主体包括企业内部的请购部门、采购部门、仓储部门、财务部门等，以及企业外部的供应商。

1）间接采购典型流程

对于消耗类与资本类物料的间接采购，其典型流程为请购部门提出采购申请和确认需求，采购部门编制采购计划、确认采购、询比价、确认供应商、磋商采购合同、确认采购合同、执行采购合同，仓储部门接收物料入库，财务部门接收发票和付款，如图 5-1 所示。

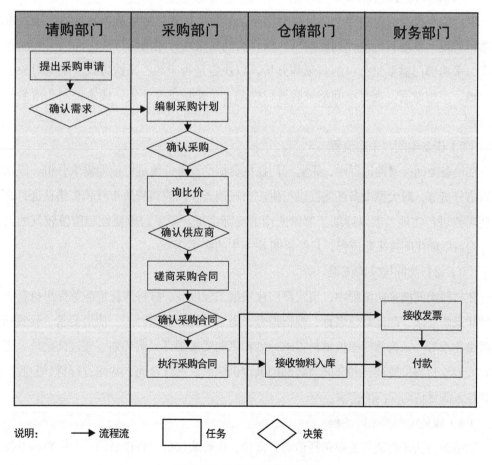

图 5-1　间接采购典型流程

在间接采购典型流程中，请购部门填写请购单，将采购的消耗类或资本类物料具体化并获得管理层审核批准，对需求进行确认；采购部门汇总需求并编制采购计划，经管理层审核批准，对采购进行确认，在选择供应商进行询比价时，采购部门会同请购部门对供应商进行确认；在采购合同审批签订环节一般采用标准产品类模板，以节省谈判时间并规避潜在法律风险；消耗类与资本类物料的接收入库需要仓储部门严格按照合同约定的验收标准进行；在供应商开具发票的特定时限内，一般由企业财务部门进行付款操作。如果存在不良品，采购部门需与供应商协商解决。

2）间接采购具体流程

图 5-1 所示的间接采购典型流程结合间接采购标的类型进行调整后，可形成项目类间接采购流程、设备类间接采购流程、材料类间接采购流程和服务类间接采购流程等间接采购的具体流程。

（1）项目类间接采购流程

项目类间接采购贯穿整个项目生命周期，其管理模式直接影响项目成本、项目进度和项目质量。在项目进度计划影响下，项目类间接采购计划的制订成为间接采购流程的始点，采购部门需要进行自制与采购分析，以决定是否采购、采购方式、采购对象、采购数量、采购时间。项目类间接采购流程中融入了项目进度计划、成本控制和质量管理等内容。

（2）设备类间接采购流程

在设备类间接采购流程中，采购部门往往会根据设备价值进行前期需求分析、成本投入产出分析等，对大型设备还需要进行供应市场调查、供应商资质审核和资格认证，必要时还需要进行实地考察以详细了解供应商的实际情况。而采购重要性和价值较低的设备时，则可以简化间接采购流程，只保留图 5-1 中的必要环节。

（3）材料类间接采购流程

在材料类间接采购流程中，请购部门应根据工程进度、材料消耗定额等提出材料需求计划和采购要求，明确材料名称、规格型号、需求数量、需求时间、使用要求、验收标准和质量要求等。采购部门根据材料需求计划和采购要求制订采购计划，通过询比价、招标等方式寻找材料供应商，并会同请购部门确定供应商、签订合同，共同进行材料验收和品质管控，满足请购部门的需求。

（4）服务类间接采购流程

服务类间接采购流程主要包括请购、询价、比价或议价、签订合同、合同审核并批准生效五大步骤。请购部门需要填写采购申请，注明采购某类服务的目的和用途、预算金额。采购申请获得批准后，即可进入采购实施阶段。在询价环节，采购部门需要对供应商进行信息调查，并基于调查结果对供应商的资质进行评分，然后邀请合格的供应商进行竞标。在比价议价环节，一般由采购部门负责开标并和目标供应商进行谈判，以获得更低的成本与更具优势的服务条款。此后进行合同签订，采购部门针对审批合格的报价单和供应商签订合同；最后，财务部门对采购申请和报价审核单进行最终复核并加盖公章，当采购订单和采购合同由供应商签字并盖章回传确认后，合同即生效。

|第 2 节| 间接采购管理优化

1. 间接采购需求管理优化

1）间接采购品类树

品类树就是指依据产品特点，将产品划分为一阶、二阶、……、n 阶的树状结构，企业应该结合生产经营管理实际进行品类划分。随着间接采购成本占企业总成本比重的增长，越来越多的企业开始开展间接采购管理优化。企业在开展间接采购管理优化之前，首先需要清楚哪些成本属于间接采购管理范畴。一般而言，间接采购品类树描述了间接采购成本的构成，如图 5-2 所示。

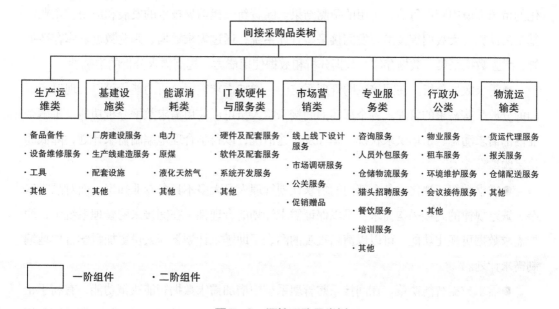

图 5-2　间接采购品类树

2）编码管理

物料编码是间接采购需求计划编制的基础，也是对间接采购进行统一规范管理的基础。以"一物一码"为目标的编码管理，需要遵循统一的物料编码基本原则和规则。一般来说，物料编码应兼顾物料属性和管理属性，采用英文字母和数字相结合的方式表示，编码人员可根据备件属性、使用区域等进行编码。

3）需求预测与前瞻性管理优化

间接采购需求呈现多样性、复杂性、模糊性和非重复性特征。间接采购需求包括所有与产品生产不直接相关的物料和服务，涉及的种类繁杂多样，需要对接多个内部请购部门，管理多个外部供应商。间接采购需求并非提前规划而是由请购部门临时提出的，通常较为复杂和模糊，这导致存在大量一次性采购。间接采购需求管理优化的目标在于提高需求计划的准确性、及时性，有效地降低间接采购综合成本，保障企业生产经营活动的正常有序。

（1）需求预测管理优化

间接采购标的多具有需求不连续性的特点，预测比较困难。对于日常运营维修类需求，可以考虑使用 Croston 法、生命周期模拟法等来预估需求间隔周期和需求数量；对于项目类需求，建议通过加强计划性和内部协同来预测未来的需求时间和需求数量。

（2）需求前瞻性管理优化

需求预测的准确性会受到数据质量、预测方法等诸多因素的影响，企业难以在动态变化的市场环境中获得可信、可用的预测结果。随着新一代信息技术的发展和应用，企业应基于云计算、大数据等技术开发间接采购管理系统，通过需求数据、采购数据、库存数据等，增强数据采集、数据存储、数据分析和数据使用能力，提高需求分析的准确性。

●需求数据分析。在间接采购管理系统中，增加需求数据分析功能，可以实现对多部门的分散采购需求的管理。各个部门的间接采购人员可以应用需求数据分析功能，了解企业内部需求动态、市场供求状况、库存及在途情况，以科学合理地编制需求计划，降低间接采购综合成本。

●需求数据可视化。各个部门的需求计划管理人员大多不具备专业知识，面对品类繁杂、缺乏规律的间接采购需求，难以保证需求计划的合理性。在间接采购管理系统中，增加需求数据可视化功能，可以以清晰直观的图表帮助需求计划管理人员更加科学合理地编制需求计划。

●需求数据智能决策。在间接采购管理系统中增加需求数据智能决策功能，有利于企业在综合分析需求策略、间接采购战略以及供应商管理、合同管理、质量管理等方面数据的基础上得出需求计划实施方案。需求数据智能决策功能建立在间接采购管理系统功能完善的基础上，大数据、人工智能的应用有助于提高需求计划编制的科学性和合理性。

2. 间接采购组织内部优化

1）间接采购组织架构优化

根据间接采购管理特点，间接采购采用基于业务单元的分散型组织架构，这类间接采购组织架构的复杂性高和协调难度大，需要企业采取有效的措施进行优化，形成基于间接采购品类的混合型组织架构。

（1）一般性组织架构

间接采购组织架构如图 5-3 所示，间接采购负责人为各个部门的间接采购负责人及支持组负责人提供技术支持、流程改进和系统维护等服务，各部门分别对各自的供应商进行管理，部门之间的采购操作和成本控制相互独立。由于间接采购成本和采购操作往往是非集中化、零星的，来自不同内部利益相关者且各自拥有独立预算和花费规则。因此，这种间接采购组织架构虽然能快速响应采购需求，但也由于无法进行跨部门的供应商整合，难以形成规模效应，造成了成本的浪费和冗余。

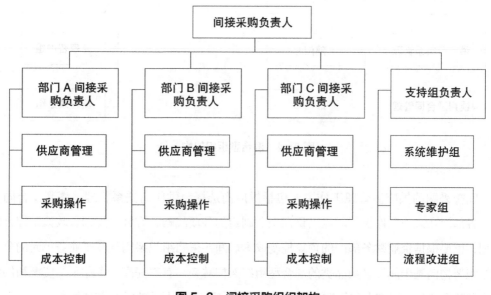

图 5-3　间接采购组织架构

（2）混合型组织架构

分散型组织架构虽然具有一定的灵活性，但是总部对采购过程、库存状况、采购成本和采购质量的控制较差。同时，由于各个部门各自为政，容易出现重复采购、人员费用较高、供应商体系构建困难、供应链难优化等问题，频繁采用分散型组织架构反而会增加采购成本，也不利于数字化采购的推广实施。因此，构建基于间接采购品类的混合型组织架构，能有效优化间接采购组织架构。

在图5-4所示的混合型组织架构中，间接采购负责人直接对供应商管理、采购执行、成本控制等工作负责，同时领导支持组为采购过程提供系统维护、专家咨询、流程改进等服务。各个专业部门根据负责的间接采购品类完成日常的采购操作。混合型组织架构能通过统一采购渠道、统一供应商管理、统一成本控制、统一完善数据目录、统一供应商信息录入系统来降低采购成本和相关环节成本、形成协同效应、避免无谓的竞争、降低采购风险和提高市场透明度。

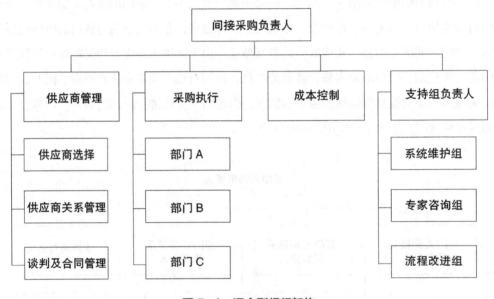

图5-4　混合型组织架构

间接采购的供应商管理工作主要包括供应商选择、供应商关系管理、谈判及合同管理。各部门在采购工作执行时应当贯彻企业制定的各项战略、方针、规划、政策及综合性计划，也要根据企业财务部门的预算控制成本。间接采购组织架构从基于业务单元的分散型组织架构向基于间接采购品类的混合型组织架构转变，有效提高了企业采购资源和供应商资源整合能力，以专业化采购缩短采购需求响应时间，从而提高采购效率。

2）间接采购流程优化

间接采购涉及多个部门共同行使间接采购职能，优化后的基于间接采购品类的混合型组织架构致使间接采购流程主体多、环节多、衔接复杂，企业需要采取有效措施优化间接采购流程。

（1）间接采购的一般流程

随着部门职责的增加，企业需要逐渐精细化间接采购流程管理，从需求管理、供应商签约、付款等核心流程，逐渐扩充至供应商准入管理、供应商绩效考核、不同品类采购流程区分、不同金额采购流程区分等。在间接采购管理精细化过程中，如何有效避免因流程过于繁多而影响企业运营效率的问题已成为企业管理者思考的重点问题。

间接采购流程包括供应商准入、采购需求提审、采购申请、询比价、供应商选择、签约与履行、交付与验收、开票与支付、供应链绩效评价等。间接采购可以通过电子采购渠道进行，即直接通过电子采购系统进行电子目录采购，或者向系统中的供应商通过询比价方式进行采购。

● 间接采购总流程。图 5-3 所示的间接采购组织架构中，主要由用户所在部门组织间接采购，相应的间接采购总流程如图 5-5 所示。

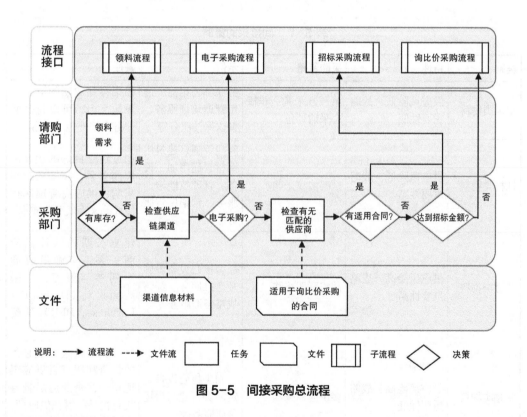

图 5-5　间接采购总流程

● 间接采购电子化。在间接采购过程中仍然存在大量的纸质文件，如请购单、询价单、采购单、进货单等。面对采购信息未能充分共享、采购效率有待提高等问题，企业可以引入电子目录采购。进入电子采购流程后，企业首先查看是否可以通过电子目录进行采购，如果可以则向系统首选供应商询价，创建询价文件发送给供应商，通过比较报价创建采购订单。在电子目录采购审批时，可以根据订单金额执行不同的规则；若订单金额达到招标标准，需要依据招标流程审批签字，若订单金额未达到招标标准，则依据不招标流程审批签字；然后生成采购订单并与供应商确认，订单进入收货流程。

●间接采购询比价。根据询价单采购时，经常会遇到现有供应商无法满足需求的情况，此时企业需要通过外部询价方式寻找新供应商。新供应商通过资质审核后即可进入供应商报价环节，企业通过询比价、磋商谈判等环节选择供应商，并且经过审批流程生成采购订单，与供应商确认订单后即可进入收货流程。

（2）间接采购分类优化

间接采购是一项复杂而烦琐的业务活动，参照卡拉杰克矩阵（Kraljic Matrix），企业可以将间接物料分为常规类物料、杠杆类物料、关键类物料、瓶颈类物料，并且可以依据每一类物料的供应风险和战略重要性的高低设计相应的采购策略（见表5-1）。

表5-1　间接采购策略

类别	特性	采购策略	示例	备注
常规类物料	供应风险低，战略重要性低	第三方采购/非核心采购外包	劳保办公用品、通用管理培训服务、餐饮保洁服务等	如果存在成熟的第三方采购平台，可以将采购业务直接外包给平台
杠杆类物料	供应风险低，战略重要性高	框架协议采购	阀门管道、建筑用钢材、通用加工设备、管理技能培训服务、营销广告服务等	通过建立良好的伙伴供应商关系，实施准时制采购、供应商管理库存模式等来降低采购成本
关键类物料	供应风险高，战略重要性高	战略联盟采购	品牌核心设备设施及运维服务、经营战略咨询服务等	建立长期的伙伴供应商关系，实施供应商早期参与策略、为采购而设计（Design For Purchase，DFP）策略等
瓶颈类物料	供应风险高，战略重要性低	多供应商采购	定制类核心设备、定制类行业与市场调研服务等	瓶颈类物料是企业必备的物资和服务且供应渠道单一，企业应尽量寻找替代品和潜在供应商，实时监测库存动态和订单状态

●常规类物料间接采购流程优化。常规类物料间接采购可以采用第三方采购或非核心采购外包的方式，以尽可能降低采购成本。常规类物料间接采购流程如图5-6所示，当请购部门产生采购需求时，采购部门确认采购系统库存信息，如果库存充足则进入领料流程，如果无充足库存则采购部门确认是否进入电子采购流程。如果通过电子目录确认平台有充足的物料能满足请购部门需求，则进入电子目录采购流程完成从采购申请到签收的所有环节，否则就要通过分析采购需求来选择采购模式。根据经验判断订单金额，当订单金额大于企业设定的招标金额时，通过招标进行采购，否则根据采购物料的性质确定进入询比价采购流程还是谈判采购流程。

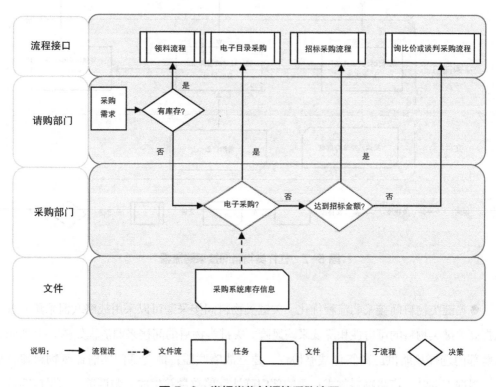

图5-6 常规类物料间接采购流程

●杠杆类物料间接采购流程优化。杠杆类物料间接采购可以采用框架协议采购方式，以提高杠杆类物料的可得性和降低采购成本。杠杆类物料的间接采购流程如图5-7所示，采购部门选择伙伴供应商签订框架协议，实施框架协议采购；请购部门定期检查并更新物料库存信息，根据库存动态产生物料需求；采购部门确认订单数量并生成采购订单，与供应商确认采购订单；在间接采购过程中，采购系统提供库存信息和采购订单，采购过程操作简便、节省时间和精力，大大提高了采购效率。

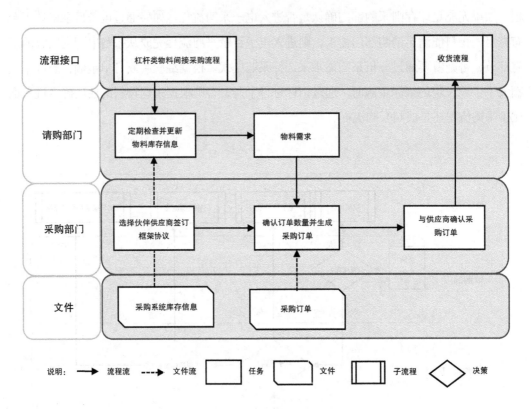

图 5-7 杠杆类物料间接采购流程

●关键类物料间接采购流程优化。关键类物料间接采购可以采用战略联盟采购方式，以提高关键类物料的可得性和降低采购风险。关键类物料的间接采购流程如图 5-8 所示，采购部门选择战略供应商签订战略协议、建立战略联盟；请购部门实时监测物料库存信息，根据库存动态产生物料需求；采购部门确认订单数量并生成采购订单、与供应商确认采购订单；在间接采购过程中，采购系统提供库存信息和采购订单，以标准化流程提高采购效率。

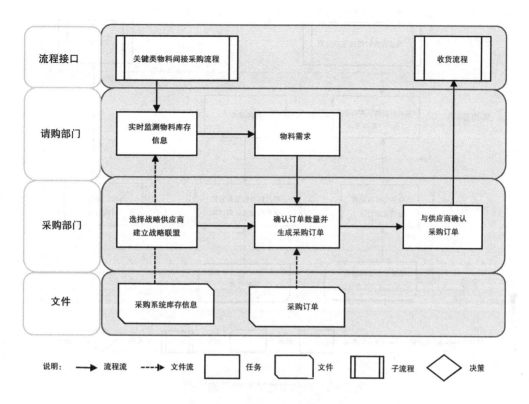

图 5-8　关键类物料间接采购流程

●瓶颈类物料间接采购流程优化。瓶颈类物料间接采购可以采用多供应商采购方式，以降低采购风险和采购成本。瓶颈类物料间接采购流程如图 5-9 所示，采购部门选择伙伴供应商并签订采购协议，实施多供应商采购，根据供应商贡献合理调配采购数量；请购部门实时监测物料库存信息和订单信息，产生物料需求；采购部门确认订单数量并选择供应商生成采购订单，与供应商确认采购订单；在间接采购过程中，采购系统提供库存信息、订单信息、供应商信息和采购订单，以标准化流程提高采购效率。

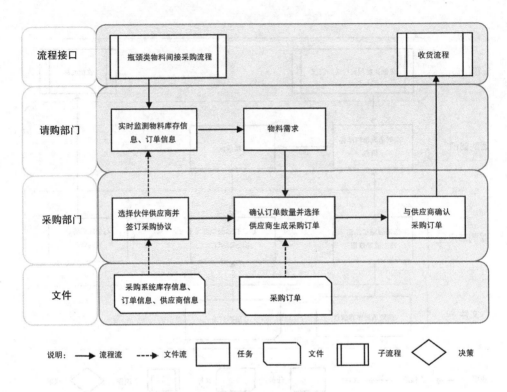

图 5-9　瓶颈类物料间接采购流程

3.间接采购跨部门协同优化

1）间接采购跨部门协同挑战

尽管优化后的混合型组织架构在一定程度上有助于统一采购渠道、统一供应商管理、统一成本控制、统一完善数据目录、统一供应商信息录入系统，但是间接采购跨部门协同仍然面临挑战。

（1）需求计划编制缺乏规范

间接采购需求来自不同的部门，由于缺乏统一的需求计划编制规范，在间接物料描述、需求计划提前期、需求计划执行反馈等方面容易出现偏差，从而增加间接采购需求不准确、不及时等风险。

（2）供应商考核缺乏操作规范

由于间接物料来源分散，所以一家供应商通常服务于多个部门，需要多个部门考核同一家供应商的情况非常普遍。如果不同部门不能统一考核标准就会影响供应商考核质量，甚至影响最终的考核结果。在供应商考核过程中，缺乏供应商考核操作规范，必然会产生各个部门考核关键点不同、考核尺度不一等问题。

（3）间接物料使用缺乏反馈

各个部门是间接物料的使用者，有权利和义务及时反馈物料使用过程中出现的质量问题、供应商服务质量问题，以便采购部门及时汇总分析间接物料使用情况，真实准确地考核间接采购供应商。缺乏及时、有效的间接物料使用情况反馈，必然会影响企业对外部供应商的评价和内部采购管理绩效的评价。

2）间接采购跨部门协同对策

间接采购跨部门协同面临的挑战在一定程度上影响了间接采购管理绩效，需要企业有针对性地制定管理规范，提高企业间接采购跨部门协同的意愿和能力。

（1）制定需求计划编制规范

在需求计划编制过程中，间接物料描述、需求计划提前期、需求计划执行反馈等方面出现的偏差，源于需求计划编制缺乏规范。企业间接采购负责人应带领团队深入各个部门进行调研分析，在广泛征集各个部门意见的基础上，制定需求计划编制规范，用于指导各个部门的需求计划编制。在需求计划编制规范的指导下，不同部门的技术人员能够及时、准确地编制需求计划，有效提高间接采购效率和效益。

（2）完善供应商考核操作规范

企业在间接采购管理体系中会制定供应商考核标准，但是由于不同部门、不同考核人员对考核标准的理解难以保持一致，因此企业需要在考核标准的基础上完善供应商考核操作规范，让参与考核的人员通过培训正确理解考核标准。在供应商考核操作规范的指导下，不同部门的技术人员能够围绕考核关键点使用统一的考核尺度考核供应商，从而提高供应商考核的准确性。

（3）建立间接物料使用反馈机制

保证间接物料使用反馈信息的完整性，有助于更好地考核间接采购供应商，更好地优化间接采购策略。为了激励各个部门及时反馈间接物料使用情况，企业应有针对性地制定相应的奖励政策、完善反馈机制。在间接物料使用反馈机制作用下，各个部门的工作人员都能自觉自愿地及时反馈间接物料使用情况，有助于企业及时捕捉间接物料的质量信息、服务信息等，以更加科学合理的间接采购策略保障企业正常运营。

4. 间接采购管理系统

通过间接采购管理的特点可知，间接采购作为企业非核心业务，其数字化进程相对于核心业务的数字化进程较为缓慢，但是从企业战略管理的高度出发，以数字化整合提高间接采购管理效率是一种必然趋势。在间接采购管理系统设计过程中，企业不仅应考虑间接采购关键控制点的全覆盖，而且应该充分考虑间接采购业务平台的全集成，从而实现不同业务模块之间的互联互通，增强基于数据共享的间接采购可视化管理能力。

1）间接采购关键控制点

在图 5-1 所示的间接采购流程中，采购部门与请购部门、仓储部门、财务部门等共同完成间接采购任务。为了确保间接物料质量、提高间接采购效率，采购部门必须把控好事前的供应商准入确认、事中的采购计划确认和采购合同确认三大关键控制点，如图 5-10所示。

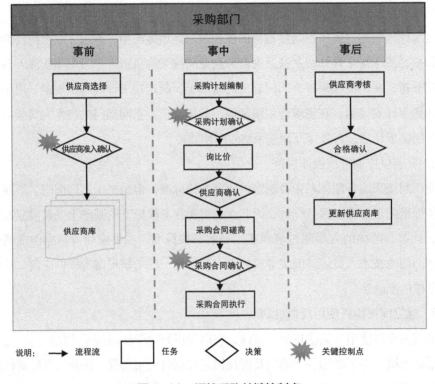

图 5-10　间接采购关键控制点

（1）供应商准入

在间接采购管理体系中，供应商是间接物料供应者和服务提供者，直接影响企业运营质量和效率。采购部门联合各部门建立供应商评价体系、供应商考核小组，选择合格供应商并建立供应商库。供应商库中的供应商数量和种类，不仅取决于企业管理需要和未来规划，而且取决于市场环境及其演化趋势。

（2）采购计划审核

在间接采购管理体系中，采购计划来自各个部门提报的需求计划，采购部门需要综合平衡库存量、在途量、前期未满足量，从而确定一个科学合理的间接采购数量。采购计划审核不仅需要综合考虑企业内部需求、可供应情况，而且需要综合考虑市场环境状况、资源可得性。

（3）采购合同审批

在间接采购管理体系中，采购合同的磋商和签订是一个关键环节，决定了采购对象、采购时间、采购数量和采购价格等。影响采购合同审批的因素不仅包括供应商资质和采购数量、采购价格，还包括采购合同执行策略、企业运营策略和未来发展战略。

2）间接采购业务平台

企业需要建立一个完整的间接采购业务平台，包括需求审批及业务管理平台、在线采购及结算平台、采购信息发布平台，如图 5-11 所示，以支持请购部门完成需求审批及业务管理，采购部门完成在线采购及结算和采购信息发布。

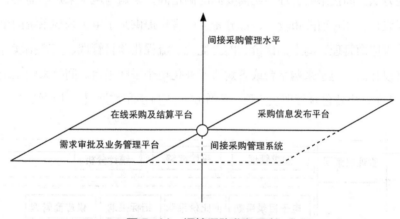

图 5-11　间接采购业务平台

（1）需求审批及业务管理平台

需求审批及业务管理平台聚焦于企业内部需求整合，通过梳理现有的业务流程，统一各个部门需求审批管理流程，来统一规范审批流程设置。通过审批的需求计划作为采购计划编制的输入，平台根据采购人员的权限分配任务并提供采购进程跟踪管理功能。通过平台，请购部门可以实时跟踪、动态评价采购绩效，有利于增强采购部门与各个部门的沟通能力。

（2）在线采购及结算平台

在线采购及结算平台主要针对长期采购的 MRO 物料，通过平台实现这类物料的电子采购，可大幅提高采购的及时性和准确性、结算的便利性。整个业务流程都通过在线采购及结算平台实施，即采购人员下单→供应商确认并发货→采购人员收货送检→检验合格后收货入库→同步间接采购管理系统→入库单审核→发票关联→财务稽核→结算支付。供应商只需送货到位、核对入库单、提供发票，采购组织的财务部门进行财务稽核，根据合同约定的账期办理付款。

（3）采购信息发布平台

很多间接物料都是单笔采购的。由于间接采购需求的临时性、突发性，如何能在采购信息发布后短时间内吸引更多的潜在供应商参与始终是间接采购管理的优化方向。建立统一的采购信息发布平台，有利于实现采购过程透明化，吸引更多供应商；既方便供应商在线提交相关资质资料，也便于采购人员对供应商进行资质审核、分类管理、建立供应商库。

3）间接采购管理系统架构

间接采购需求具有随机、分散、计划性差、种类繁多等特点，因此电子采购成为一种科学高效的方法。间接采购管理系统需要同时满足间接采购与电子采购的需要，关注功能设计和流程设计。在目前的市场上，部分企业向客户提供基于电子采购系统的个性化解决方案，涵盖供应商管理、网上询比价、网上竞价、流程化项目管理、资产拍卖等功能；也有企业自行设计研发电子采购平台或者购买专业化电子采购平台。间接采购系统整体架构如图 5-12 所示，主要包含管理决策层、操作层、支持层和数据层等 4 层结构。

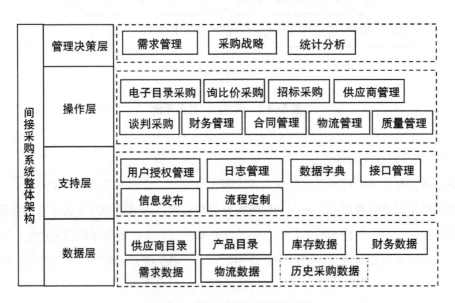

图 5-12　间接采购系统整体架构

|第 3 节| 间接采购最佳管理实践

1. 间接采购需求管理实践

1）间接采购品类管理

品类管理是需求管理的基础，指将同类别的产品或服务作为一个独立的采购单元进行管理。间接采购品类管理依赖于科学设计的品类树，有助于企业优化间接采购流程、实施科学的间接采购需求管理。某大型集团公司根据企业间接物料品类的采购金额、采购风险、采购难易程度等因素进行分类，形成了包含常规类物料、杠杆类物料、关键类物料、瓶颈类物料的间接采购品类树，如图 5-13 所示，从而根据品类进行市场研究、成本分析、采购策略制定。

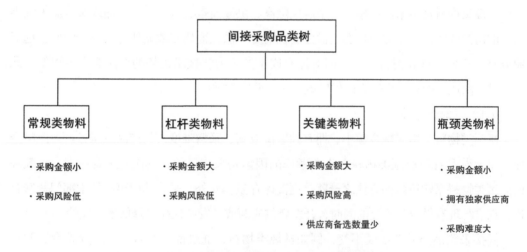

图 5-13 某大型集团公司的间接采购品类树

（1）常规类物料

常规类物料通常是采购金额小、采购风险低，容易在市场上获得的标准化产品或服务，如行政服务类物料、办公用品类物料和一般生产耗材类物料。采购常规类物料通常采用简单流程，即整合现有的供应商，就每个品类选取 1~2 家优质供应商并与其签订长期服务协议和框架协议，以实现企业管理成本最低、采购沟通成本最低的目标。以标准元器件采购为例，这类物料因品类多、单价低，向多家供应商分散采购往往导致供应商以物流成本高为由拒绝发货，只有采购金额达到一定标准后供应商才同意送货。因此，采购部门可以协同请购部门对物料的品牌、规格型号进行整合和统一，根据现有供应商的能力与配合程度选择恰当的供应商，与其签订框架协议并锁定价格。框架协议签订后，采购人员需要定期进行价格维护和供应商审核、汇总请购部门的物料需求。

（2）杠杆类物料

杠杆类物料通常是采购金额大、采购风险低的产品或服务，例如IT设备与服务、厂务设施、安全防护设施、工具配件等。杠杆类物料同样属于标准化产品或服务，买方具有更多的选择权，因此采购部门的议价能力很强。杠杆类物料往往是企业降本增效的重点管理对象，其价格差异和切换成本是企业的关注焦点。其中，切换成本是指每次寻源、供应商审核、合同谈判和合同签订的管理成本，实际使用人员培训成本、库存处置成本，以及违约成本等一系列潜在成本。为了降低采购成本，企业常通过招标的方式选定供应商。为了保证供应商提供有竞争力的市场价格，应为每个品类选择不少于3家优质供应商统一进行招标，然后采购人员依据评标结果正式受标、签订商务合同。

（3）关键类物料

关键类物料是指采购金额大、采购风险高、供应商备选数量少的产品或服务。关键类物料的切换成本高，企业一旦选定供应商，需要与供应商建立战略伙伴关系。因此，选择业界具有良好口碑和财务能力，同时拥有成本竞争力和技术优势的供应商尤为重要。此外，供应商还要拥有有竞争力的供应链资源、兼容性强的企业战略。

（4）瓶颈类物料

瓶颈类物料是指采购金额小、拥有独家供应商、采购难度大的产品或服务。为保障企业正常运营，针对瓶颈类物料首先要考虑的因素是采购风险，其次是采购成本。有效降低瓶颈类物料采购风险的方法之一就是提高库存量。此外，采购部门可与技术部门紧密合作，在进行现有供应商管控的同时，开发新供应商或开发替代品以降低采购风险。

间接采购品类并非一成不变，例如常规类物料，通过品类整合、供应商整合、联合采购等策略，随着企业采购金额的增加、采购议价能力的提高，可以转变为杠杆类物料；对于瓶颈类物料，企业通过寻求替代品或者提高供应商关系管理能力，与供应商建立战略伙伴关系，可使其向常规类物料转变。总之，从长期看，间接采购品类管理是一个动态过程，企业需要依据实际情况，通过定期回顾做出相应调整，从而制定相应的间接采购策略。

2）间接物料编码

物料编码是以简短的文字、符号等代表物料、品名、规格或类别等事项的一种管理工具。在间接采购管理系统中，企业可以应用间接物料编码来标识间接物料，以"一物一码"的方式管理间接采购流程，实现需求管理、供应商管理、合同管理、物流管理、质量管理等管理功能。

（1）间接物料编码的意义

●增强物料资料的正确性。间接物料的领用、验收、请购、跟催、盘点、储存等物料活动均通过间接物料编码进行查核，从而能增强物料资料的正确性，避免一物多名、一名多物等物名错乱的现象发生。

●提高物料管理的工作效率。以间接物料编码代替文字记述，便于间接物料领用、使用全过程管理，提高间接物料管理的效率。

●利于电子化管理。间接采购管理系统以间接物料编码为基础，贯穿从需求管理到财务管理的全过程，有利于实现间接采购全流程电子化管控，降低间接物料库存持有成本，提高间接采购管理效率和效益。

（2）间接物料编码的误区

●以图号作为间接物料编码。随着信息技术的不断进步，很多企业会使用 CAD 等辅助设计间接采购管理系统。由于设计管理规范的要求，每张图纸都会有一个图号，于是部分企业直接使用图号作为间接物料编码。应用图号作为间接物料编码会出现 3 类问题：技术部门并不负责间接物料的管理，部分间接物料没有图号；图号不唯一，不能确保"一物一码"；图号管理不规范。

●间接物料编码承载信息过多。由于缺乏间接物料编码经验，部分企业在制定间接物料编码规则的时候，往往希望制定一套能承载所有信息的间接物料编码规则，包括物料种类和属性、供应商信息、仓库信息等。然而，间接物料编码所能表达的信息有限，无法承载过多信息。

●编码规则由技术部门制定。企业管理者将间接物料编码工作交给技术部门或者某个资深员工完成。然而，使用间接物料编码较多的是采购部门和财务部门，而非负责制定编码规则的技术部门。因此，间接物料编码规则应该由技术部门、采购部门、财务部门组成团队共同制定。

（3）间接采购物料编码实践

为了提高间接采购效率，某大型集团公司在间接采购品类树的基础上，研究建立间接物料编码体系，实施"集中采购为主、分散采购为辅"的间接采购策略，支持各个分（子）公司共享间接物料信息、降低间接采购综合成本。

●统一物料编码规则。在间接物料大类、中类、小类分类的基础上，构建"层次码＋特征码"的 14 位间接物料编码规则，如图 5-14 所示。层次码描述了间接物料所属的大类、中类、小类，特征码描述了间接物料的材质、规格型号等特征。基于"层次码＋特征码"的间接物料编码规则的确定，一方面便于统计分析，形成以品类为采购单元的间接物料采购策略；另一方面便于采购人员或请购人员按照特征模板编制间接物料编码，实现间接物料编码的统一规范管理。

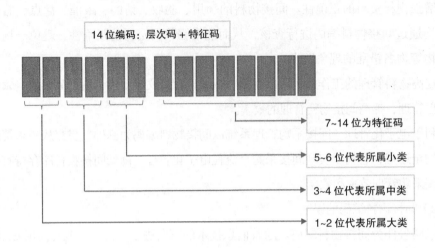

图 5-14　某大型集团公司编码规则

●间接物料编码维护系统。为了实现间接物料编码的统一规范管理，集团公司研发了间接物料编码维护系统，支持各个分（子）公司按照统一的间接物料编码规则、特征模板分别编制编码。间接物料编码维护系统统一赋码，有助于有效避免违反"一物一码"规则的现象发生。间接物料编码维护系统支持远程维护，成为集团公司集中采购的重要基础。

3）ABC 分类间接采购策略

间接采购品类管理与 ABC 分类策略相结合可形成 ABC 分类间接采购策略，多用于间接采购管理。采购人员按照 ABC 分类原则将间接物料分成 A、B、C 共 3 类，对其实施相应的采购策略。

（1）间接物料分类

企业可根据年度采购数据，按照 ABC 分类原则对间接物料进行分类。A 类间接物料主要是一些价值很高的产品或服务，B 类间接物料主要是一些价值相对较低的产品或服务，C 类间接物料是通用性很强且价值非常低的产品或服务。

（2）间接物料分类采购策略

● A 类间接物料采购策略。A 类间接物料采购策略的目标是既要降低库存缺货风险又要保持较高的库存周转率。采购部门严格按照每周汇总的需求量下订单，到货后则按照优先级别检验入库。对于 A 类间接物料，采购部门会会同相关部门定期盘点，确保间接采购管理系统中的库存数据是完整准确的。如果发生意外短缺，企业会以最快的速度补库。

● B 类间接物料采购策略。B 类间接物料采购策略的目标是正常防范库存缺货风险。采购部门每周下单采购满足下两周需求的物料，每月进行一次库存盘点、更新系统数据。B 类间接物料的库存周转率低于 A 类间接物料。

● C 类间接物料采购策略。C 类间接物料采购策略的目标是简单防范库存风险。采购部门每周下单采购满足未来 6 周需求的物料，每个季度进行一次库存盘点、更新系统数据。虽然 C 类间接物料的库存周转率远低于 A 类间接物料和 B 类间接物料，但采用这种策略的资金成本和人力成本较低，不失为一种高效的管理方法。

4）间接采购需求动态分析

与直接采购相比，间接采购需求管理难度大。直接采购大多采购的是具有多家供应商的规范化产品或服务，而间接采购的产品和服务很难在市场上找到新的供应商，从而要求采购部门掌握更丰富的市场知识、引导和管理各个部门的需求。科学高效的间接采购需求管理能够清晰描述间接物料的特征，紧密联系物料策略、采购战略，提高间接采购的效率和效益。考虑到间接采购需求管理的难度，制造行业的企业可以通过直接采购需求分析挖掘间接采购需求规律。制造行业的企业普遍有短期的需求，在物料需求计划（Material Requirement Planning，MRP）、能力需求计划（Capacity Requirement Planning，CRP）和最终装配计划（Final Assembly Scheduling，FAS）的基础上，密切关注日常经营活动安排，以更好地管理间接采购需求。

日常经营活动安排是主要计划的执行计划，作为日常生产运作活动的依据。它根据物料需求计划输出生产信息，编制车间内部的设备或加工中心的作业顺序和作业完工日期，从而将供、产、销和生产技术准备工作联系起来。及时跟进日常经营活动安排可以帮助采购人员进行动态的间接采购管理，以适应企业的柔性化生产模式。

间接采购需求的制定，可以综合考虑直接采购需求计划及年度经营计划、年度生产计划、用料清单、库存情况、物料标准成本、生产效率，以及企业自行生产等相关因素。在综合分析直接采购需求动态变化的基础上，制订间接采购需求计划，可提高间接采购需求管理的效率和效益。

2. 间接物料集成采购管理实践

1）MRO 集成采购

集成采购是一种有效的采购策略，已经在 MRO 物料采购中获得应用。MRO 集成采购是以降低采购综合成本为目标的一种间接采购策略，主要通过整合供应商资源、改进间接采购流程、与供应商建立长期的伙伴关系进行采购。

MRO 物料虽然不是生产过程中直接需要的资源，却是企业正常运营不可缺少的物料，包括除原材料之外的所有器材。一方面，MRO 物料与直接物料相比，具有价格相对较低、采购周期不稳定、供应商来源广泛、价格变动性大等特点，同时，一些关键备品配件一旦缺货会引起停工停产，造成巨大损失。另一方面，对生产商来说，MRO 物料通常采购订单量较大、采购金额较小、采购成本较高，根据德国 V-LINE 公司测算：MRO 采购订单量占总采购订单量的 60% 左右，采购金额只占总采购金额的 8% 左右。

MRO 集成采购服务模式最早出现于 20 世纪 80 年代，以提高管理效率、降低管理成本为核心，通过广泛应用信息技术和网络技术，将间接采购中的计划管理、采购管理、仓储管理、配送管理、库存管理、供应商管理、环境保护等管理功能有机地集成为一体。MRO 集成采购服务模式成功实施的基础是双方（集成采购服务提供商和客户）增进对彼此的了解，建立信任关系，实现信息共享，从而在长期稳定的合作中实现双赢。

以德国 V-LINE 公司实施的 MRO 集成采购模式为例，它改变了生产商仅向原始设备制造商采购 MRO 物料的传统采购模式，有效集成了原始设备制造商和原始配件制造商。采用图 5-15 所示的集成采购模式，不仅能使企业获得在质量和价格方面更具优势的产品和服务，而且能降低企业的库存水平、增强企业的应变能力。

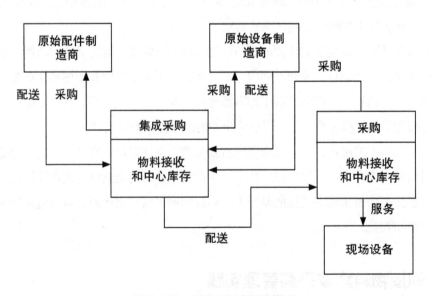

图 5-15　MRO 集成采购模式

2）MRO 集成采购服务模式

本质上，集成采购服务模式是一种库存服务或者现场服务模式。某大型集团公司为有效降低采购综合成本，与集成采购服务提供商签订战略框架协议，集成采购服务提供商为了提高服务水平，设立区域中心库存对接多家分（子）公司的中心库存或者现场设备，如图 5-16 所示。

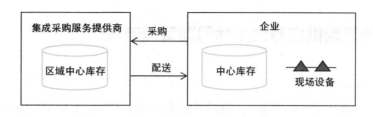

图 5-16　MRO 集成采购服务模式

在集成采购服务提供商的支持下，战略框架协议覆盖的 MRO 物料的库存量显著降低，现场设备的服务能力显著提高。一方面，战略框架协议的签订，有助于企业解决关键类、瓶颈类 MRO 物料的采购问题，缩短采购提前期；另一方面，集成采购服务提供商的区域中心库存，有助于企业向着"零库存"的方向发展，避免出现传统采购模式中因库存结构不合理造成的短缺与浪费并存的现象。

面向特定区域的集成采购服务模式，有效集聚了区域内企业的需求，能够在战略框架协议下充分利用第三方采购服务资源和能力实现双赢目标。集成采购服务模式的成功实施，需要企业挖掘对关键类、瓶颈类 MRO 物料的需求，以及与集成采购服务提供商建立战略伙伴关系，更重要的是需要企业围绕 MRO 集成采购模式持续优化采购策略、组织架构和业务流程，实现企业中心库存与集成采购服务提供商区域中心库存的信息共享，甚至在战略框架协议内共建 MRO 物料协同补货机制。

以下再补充两个概念。

●集成采购（Integrated Purchasing）：是指将采购当成独立的产品或服务来经营的一种模式，强调提供系统化、规模化的采购服务，集成采购服务提供商可以根据服务对象的需要集成采购、仓储、配送等服务。

●集成供应（Integrated Supplier）：是指以集成供应商（Integrator）为核心组成供应商联盟，形成长期、稳定的伙伴关系，共同满足客户需求的供应模式，该模式有助于供应商更好地实现供应链管理目标，降低供应链成本、提高客户服务水平。

| 第4节 | 间接采购供应商全生命周期管理

1. 间接采购供应商全生命周期管理流程

总体上，除了像大宗固定资产那样的价值高、要求高的品类，多数间接采购品类的全生命周期管理具有品类生命周期短、周期内交易品类价值低、进入门槛和退出代价低等特征。然而，技术类、新兴服务类的间接采购还由于技术变革快、供应商寿命短、供应商与采购方对供需要求都不明确等原因，出现供应链存在周期短、切换频繁或突然等特征。

1）建设供应商库

正如第1节描述的间接采购具有采购人员专业性低、分散采购难成合力、采购提前期短等特点，很多企业的间接采购供应商准入门槛相对较低。需求时间紧迫、不了解间接采购品类需求或不规范的间接采购品类需求描述往往造成仓促接纳供应商，这些供应商可能是用户部门指定或推荐的，也可能是采购部门在供应市场上临时寻找的。对于较为分散、采购金额小的品类，采购人员通常难以花费大量精力进行系统性的品类研究和寻源策略制定。

随着经验积累和管理要求的提升，完善供应商库的建设对间接采购管理不失为一种必要手段。完善供应商库建设的方式包括利用市场上逐渐成熟并细分的寻源平台、借助资源信息类电商平台，甚至自主建立这些平台与企业间接采购系统的对接等。这些做法在会议会场、家政保洁、基础维修、差旅等细分品类采购中已屡见不鲜。只有完善的供应商库才符合间接采购需求急迫的特点。完善供应商库建设对于大量依赖新兴服务和技术、支撑企业进入新业务赛道的间接采购品类尤其重要。在建设供应商库阶段，间接采购与多数直接采购的一个区别是，企业对供应商的扶持活动相对较少，这与间接采购品类支出小、重要性低的常见特点有关。

2）供应商评估与选择

除了固定资产类设备具有非常严格的技术标准、厂家或产品检验流程之外，企业对很多其他间接采购品类缺乏检验能力，认为不值得投入大量财力和精力建立自有检验能力，甚至不值得外包检验。例如，对于劳保用品、文具用品、清洁用品、个人防护装备等品类，多数企业没有能力或精力进行厂家或产品检验。

间接采购中的多数服务品类不能事先验证服务产品和服务过程，因为服务产品具有同步性、易逝性、无形性等特征。间接采购管理者需要根据服务产品的特点，事先与供应商界定 SOW，并选择性能 SOW、表现 SOW、设计 SOW 或任务努力水平（Level of

Effort）SOW 等形式。例如，对于市场营销品类，如果间接采购管理的重点是品牌传播，那么在供应商评估与选择时，企业就会重点关注服务过程，如强调受众定位、曝光 / 接触频次和记忆残留等指标，就选择表现 SOW。如果间接采购管理的重点是对业务的促进，则企业在供应商评估与选择时就很在意可检测的结果指标，如阶次分层转化率和对照组实验（ABTEST）结果等指标，便选择性能 SOW。

由于服务采购的上述特点，供应商评估与选择标准的主观性更突出，并且采购部门通常要与用户部门等跨职能团队一起评估服务过程。

3）供应商交付管理

很多间接采购品类由于用户部门分散，采购执行（从下单到收货）也多由用户部门完成，造成间接采购在执行验证标准、实际收货状态确认等环节，不如直接采购管理严格或管理难度更大。除了固定资产类设备的采购，很多间接采购的实物并不被企业财务部门视为存货并入账到资产负债表，因而间接采购管理在这些实物的出入库、领用、盘点等环节中，更应重视数量和时间统计工作，企业可借助信息技术提高统计的准确性、及时性和合规性。用户部门在系统中完成收货动作（包括进行服务采购时的虚拟收货）不及时，会造成应付账款的触发延迟，因而影响企业的信誉。管理者非常有必要优化供应商交付管理流程，培训和监督用户部门。

有些间接采购品类的交付物不是或不只是实物，如工程项目、软件系统开发项目、咨询培训服务、市场活动和基础服务（维修、保洁）等，管理者要核验合同规定的交付文件或记录，如图纸、报告、过程证明等文件或其他验收标准所要求的信息采集记录。

4）供应商关系管理

企业与供应商关系的紧密程度取决于所采购产品和服务的重要性。通常，由于间接采购的产品和服务大多较成熟，企业往往仅关注采购价格和供应商服务能力，不注重供应商关系管理。例如对于市场供过于求的低值物料，供应商数量庞大、订单转换容易，企业不必与供应商建立合作伙伴关系，更不用维护供应商关系。

企业对技术含量高的 IT 服务的需求通常为一次性需求，企业长期时间内不会更换供应商，而且 IT 系统在使用过程中会出现大量问题，需要供应商运维，IT 系统不能满足企业需求时也需要供应商优化系统功能。因此，企业需要与供应商建立紧密的合作伙伴关系。间接采购中，供应商关系管理的关键主要体现在以下 3 个方面。

●集中化管理模式。从供应商准入审核到日常管理，都由采购人员负责。采购人员梳理并建立完善的供应商分级分类体系，按层次进行供应商关系管理。

●利用供应商库。当请购部门提报间接采购需求时，采购部门应尽量从供应商库中选取供应商，尽量避免出现一次性供应商，以提高采购效率和供应商利用率。

●接入间接采购管理系统。企业应通过供应商管理模块，提高供应商交易数据分析能力，全面掌握供应商生产经营能力，降低来自供应商的各种风险。

5）供应商绩效管理

多数间接采购品类由于存在支出金额小、需求零散和随机等特点，会增加管理者按照传统供应商绩效评估标准制定的采购批次和工作量，这促使管理者进一步优化供应商绩效考核的评估方法和过程、评估频率，尽可能采用整体框架式或自动化评估方式，从而避免不满足合同要求和合同价值漏损的情况出现。很多品类，特别是服务品类的间接采购，都会涉及多部门定性评估环节，如需求差旅、设施服务（保洁保安、员工餐食）等品类的部门或员工进行的满意度评估。管理者在签约时的绩效约定（SLA 或 SOW）、供应或服务过程中的追踪监管对事后的评估都需要进行绩效评估，而供应商绩效评估标准也会根据过程或者结果对业务的重要程度开展有侧重性的设计。

6）供应商退出管理

不同间接采购品类的供应中断对企业业务的影响不同，例如，办公用品的中断对多数业务的影响甚微，班车服务或设施服务的中断则会影响员工正常上班进而影响业务，而大型 IT 系统和市场营销品类的中断则会严重影响业务。

供应商退出原因可以归为两类：一是供应商主动退出，即供应商在战略、产品、资源等方面实现转型发展，或者受突发事件影响而停工、停产等，从而退出；二是企业主动退出，即企业由于转产、转型等原因不再需要原有供应商，或者供应商因未能及时履约、出现产品和服务缺陷导致考核不合格而被淘汰。

管理者需要基于品类的重要性、品类采购策略和供应中断对业务的影响，制定供应商主动退出和企业主动退出的应对方式，后者与通常的采购风险管理措施别无二致。供应商主动退出时，管理者需要与用户部门密切沟通，理解用户部门的业务策略、工作计划，参与供应商日常关系维护和供应商表现评估，避免间接采购管理的被动。同时，对于那些对供应市场、采购合同履约责任缺乏认识的用户部门，进行供应市场分析、合同条款培训、更换供应商成本测算等将有助于让他们知悉切换业务赛道、不顾合同责任条款、不理智地更换供应商等典型做法对企业的危害。而对于既定的供应商退出计划的执行，特别是影响到广大部门或员工的品类的供应商的退出，例如班车、餐饮、差旅等品类的供应商的退出，采购部门需要事先做好沟通计划并执行。而更换信息系统供应商、市场营销品类的供应商、主要的物流供应商时，企业更加需要充分地做好准备，并将其视为项目进行管理。

2. 间接采购供应商全生命周期管理策略

1）供应商绩效评估策略

间接采购中，供应商绩效管理是供应商全生命周期管理的重要环节，企业必须建立一个科学的供应商绩效评估指标体系，才能实现供应商管理目标。企业可以根据间接采购需求、供应商结构、市场环境等实际情况选择供应商绩效评估指标，构建供应商绩效评估指标体系。间接采购中，供应商绩效评估指标主要包括经济指标、质量指标、供应指标、服务指标。

（1）经济指标

经济指标主要与采购价格和成本相关，可以用供应商提供的采购价格或企业实际采购成本与目标采购成本的差距来呈现，也可以用相对价格水平来描述。相对价格水平反映了采购价格与同行业平均价格的比率。

（2）质量指标

质量指标是用来评估供应商绩效的最基本的指标之一。质量指标包括来料批次合格率、来料抽检缺陷率、来料在线报废率和来料免检率等，尤其以来料批次合格率最为常用。除此之外，是否在质量控制中运用统计过程控制等也应纳入考核，如进行 ISO 9000 质量体系认证。还有一些企业要求供应商在提供产品的同时提供相应的质量证明文件，如过程质量检验报告、出货质量检验报告、产品成分性能测试报告等，并根据供应商提供信息完整与否、及时与否进行考评。

（3）供应指标

供应指标又称企业指标，用于对供应商的交货表现以及供应商企划管理水平进行考核，主要包括准时交货率、交货周期、订单变化接受率、订单及时回复率、订单满足率、承诺准确率、备货覆盖率等。此外，有些企业还将本企业持有的供应商供应的原材料或零部件的最低库存量、供应商所采用的信息系统如 MRP 系统、MRP Ⅱ 系统、ERP 系统，以及供应商是否同意实施"即时供应"策略等也纳入考核。

（4）服务指标

服务指标包括服务承诺履行情况、解决问题及时性、技术服务水平、IT 使用与维护水平等。服务承诺履行情况可以用供应商兑现的服务项目数与合同条款中规定的服务项目总数之比来表示。解决问题及时性是指产品在使用过程中出现质量和性能等方面的问题时，企业会要求供应商及时提供技术支持，希望能在尽可能短的时间内有效解决出现的问题和故障。技术服务水平可以表示为供应商高效处理问题的次数与企业向供应商发出解决技术问题请求的总次数之比。IT 使用与维护水平描述了供应商 IT 软硬件运行环境、IT 业务系统和 IT 专业人员情况，可以用企业间接采购管理系统与供应商信息平台的对接程度来表示。

2）不同采购品类的全生命周期管理

企业在间接采购中进行供应商全生命周期管理，旨在降低采购风险和采购成本，提高间接采购效率和效益。由于要对不同的间接采购品类采取不同的间接采购策略，所以在控制间接采购成本时企业也应考虑按品类进行。

（1）常规类物料间接采购成本控制

由于常规类物料采购金额小、采购风险低，所以采购过程中价格分析成本不能高于实际采购金额。在分析常规类物料价格的过程中，宜采用快速、低成本的价格分析方法，比较分析各供应商报价、市场价格、历史采购价格记录、类似物料的采购价格，以期获得最优价格。

（2）杠杆类物料间接采购成本控制

杠杆类物料由于采购金额大、采购风险低，所以采购过程中需要采购人员花费较多时间进行价格分析，能够随时寻找到采购价格更低的供应商以备不测。企业可以采用价格分析为主、成本分析为辅的方式进行成本控制，应用价值分析法进行供应商成本结构分析，进而估算杠杆类物料采购的综合成本。

（3）关键类物料间接采购成本控制

关键类物料采购金额大、采购风险高、供应商备选数量少，一般都是重要物料的采购，如主要机器设备、IT 系统或厂房设施等，所以建议企业采用成本分析法计算整体拥有成本，分析整个供应链的成本结构。重要物料的采购方案一旦变成重复性的例行采购，则必须考虑使用战略联盟采购、战略采购策略。

（4）瓶颈类物料间接采购成本控制

由于瓶颈类物料采购金额低、拥有独家供应商、采购难度大，所以企业希望与供应商建立长期的伙伴关系，以期获得更大的收益。企业可以应用成本分析法，分析供应商的详细成本，寻找可以改善的潜在环节、计算建立战略伙伴关系的成本，进而分析整个供应链的成本结构，让采购部门探索集成采购策略。

间接采购中的供应商全生命周期管理流程、管理策略充分展现了供应链管理思想，更加关注"扶优劣汰"的供应商管理理念，企业应做好供应商开发、供应商关系管理，寻求优秀供应商、签订长期合作协议。

3.间接采购供应商管理

1）供应商管理体系

企业与供应商关系的重要性的提高，可促使供应商管理从传统的采购管理体系中分离出来，如图 5-17 所示。供应商管理与采购管理相分离，使供应商寻源结构和策略、供应商集成与合作成为实施有效采购的必要条件。供应商寻源结构和策略的调整主要表现为，缩减供应商数量，优化供应商结构，建立信息共享平台。供应商集成与合作模式的运用，有助于建立相互信赖的伙伴供应商关系，形成长期的、创新的供应商管理体系。

图 5-17　采购与供应商管理分离

（1）供应商分类模型

为了能够找到优秀供应商，某大型集团公司根据间接物料重要程度、市场发育程度和市场规模与市场地位，将供应商分为战略供应商、重要供应商和一般供应商 3 种类型，如图 5-18 所示。战略供应商是战略性（战略类）物料的供应商，与企业在战略层次开展合作；重要供应商是重要性（瓶颈类）物料的供应商，与企业关系密切；一般供应商是一般性物料的供应商，与企业关系不是很密切。企业与供应商关系的变化主要影响战略供应商和重要供应商，而对一般供应商影响较小。

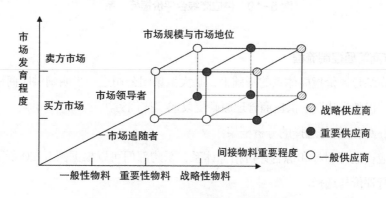

图 5-18　供应商分类模型

在实际运营中，企业需要根据不同的目标选择不同类型的供应商。对于长期需求而言，企业要求供应商保持较强的竞争力和增值能力，因此最好选择战略供应商；对于短期或某一短暂市场需求而言，选择重要供应商或一般供应商即可，要保证成本最小化；对于中期需求而言，企业可根据供应商的竞争力和增值能力对供应链重要程度的不同，选择有影响力或竞争力等不同类型的供应商。

（2）供应商综合评估指标体系

间接采购中，企业选择供应商的标准大多集中在供应商的产品质量、价格、柔性、交货及时率、提前期和批量等方面，没有形成供应商综合评价指标体系，不能对供应商做出全面、具体和客观的评价。

因此，企业需要建立一套完整、科学、全面的供应商综合评价指标体系。通常，影响供应商选择的主要因素可以归纳为4类：企业业绩、生产能力、质量体系和企业环境。为了有效评价和选择供应商，在系统全面性、简明科学性、稳定可比性和灵活可操作性原则指导下，企业可以构建包含3个层次的供应商综合评价指标体系，第一层是目标层，第二层是影响供应商选择的具体因素层，第三层是细分因素层，如图5-19所示。

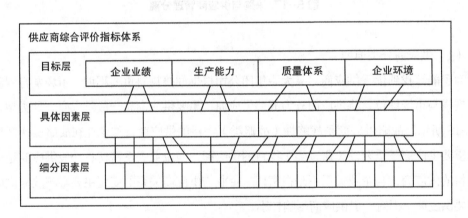

图5-19　供应商综合评价指标体系

2）供应商管理控制流程

在供应商综合评价指标体系的基础上，某大型集团公司进一步明确供应商评价与选择流程，并将"优胜劣汰"的供应商管理原则更改成"扶优劣汰"。

（1）供应商评价与选择的分析框架

基于供应商选择目标和综合评价指标体系，采购部门可以根据图5-20所示的流程，对供应商进行评价与选择。

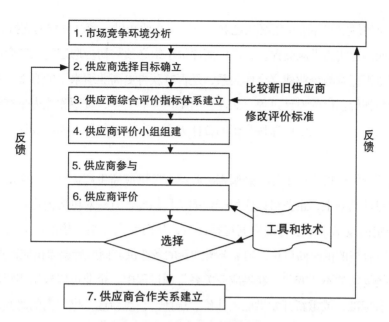

图 5-20　供应商评价与选择流程

对于市场竞争环境分析，企业要建立基于信任、开放性交流和长期合作的供应商关系，必须首先分析市场竞争环境。分析市场竞争环境的目的，在于找到针对哪些间接物料建立供应商伙伴关系是有效的。企业应知道现在的间接物料需求是什么，以确认是否建立供应商伙伴关系，以及根据需求的变化确认供应商伙伴关系变化的必要性，同时分析现有供应商的现状，总结现有供应商存在的问题。

对于供应商选择目标确立，企业必须确定供应商评价流程，明确实施的环节、信息流程，以及各个环节的负责人，而且必须建立具有实质性和现实性的供应商选择目标。降低成本和提高效益是主要目标，供应商评价、选择不仅是一个简单的过程，也是企业内部和企业与供应商之间的一次业务流程重组的过程，一个优化的业务流程本身就可以带来一系列利益。

供应商综合评价指标体系是企业对供应商进行综合评价的依据和标准，是反映企业自身和环境所构成的复杂系统的不同属性的指标，按隶属关系、层次结构组成的有序集合。企业应根据系统全面性、简明科学性、稳定可比性、灵活可操作性的原则，建立供应链环境下的供应商综合评价指标体系。供应商评价涉及供应商业绩、设备管理、人力资源开发、质量控制、成本控制、技术开发、风险管理和客户满意度等可能影响供应商关系的内容。

企业必须建立一个供应商评价小组，成员主要来自采购部门和具有间接物料需求的各个部门，每位成员必须具有团队合作精神，熟悉企业发展战略，具有全局意识和一定的专业技能。组建的供应商评价小组必须能够同时获得企业和供应商领导层的支持。

一旦企业决定实施供应商评价，供应商评价小组必须与初步选定的供应商取得联系，以确认他们是否愿意与企业建立合作关系，是否有获得更高业绩水平的愿望。企业应尽早让供应商参与评价程序的设计过程。然而，由于企业的信息、资源和能力是有限的，企业只能与少数的、关键的供应商保持紧密的合作关系，所以参与评价程序设计过程的供应商应尽可能少。

供应商评价的一项主要工作，是调查、收集有关供应商生产运营等方面的信息。在收集供应商信息的基础上，企业可以应用一定的工具和技术方法对供应商进行评价。然后，企业根据一定的技术方法进行供应商选择决策，从而使企业跟合格的供应商建立伙伴关系，如果没有合格的供应商可选，则需要增加新的备选供应商或者调整供应商选择目标。

由于市场需求的不断变化，在供应商关系管理过程中，企业可以根据实际需要及时修改供应商评价标准，或重新开始供应商评价、选择。在重新选择供应商的时候，企业应给予供应商充足的时间适应这种变化。

（2）全流程控制

供应商选择、评价过程描述了供应商资格预审的过程，属于供应商管理的事前准入阶段。供应商管理的事前、事中和事后控制流程的建立，能够进一步规范供应商管理流程，让企业从更深层次上挖掘供应商资源、规避资源风险，增强企业对资源的控制能力。从供应商角度出发，准入前为事前阶段，准入后签订合同前为事中阶段，签订合同后为事后阶段。供应商控制流程如图 5-21 所示。

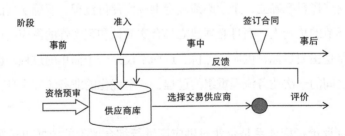

图 5-21 供应商控制流程

间接采购供应商管理实践更加突出了供应商在企业发展中的价值，以及通过间接采购扶持战略供应商一起成长的重要性。尽管间接采购管理难以集聚优势资源、难以实现颠覆性价值创造，但是间接采购保障企业正常运营的能力不可或缺，采购部门为业务发展保驾护航的重要使命不可或缺。

第 6 章

数字化赋能

新一代信息技术的发展推动着数字供应链、智慧供应链的发展和应用，也推动着数字化采购管理的实施。数字化赋能采购管理，有助于实现采购全过程数字化、可视化，增强对关键环节的管理和控制，以可观、可控的管理状态优化采购流程、规避采购风险、降低交易成本，实现采购管理降本增效的目标。

本章从采购管理视角重点介绍数字化采购概述、系统、采购决策、系统开发等内容。首先介绍数字化采购的发展历史，采购系统的功能、作用与价值，让读者对数字化采购能有一个清晰的理解和认识。在数字化采购系统中，将重点介绍数字化采购系统的功能与流程、数字化采购系统集成和数字化采购集成技术等内容。在数字化采购决策中，将介绍供应链控制塔、商业智能、数据驱动的智能化采购决策。在数字化采购系统开发中，将重点介绍数字化采购系统的投资分析、设计与实施、风险与防范等内容，帮助读者更加全面地理解数字化采购系统的功能与流程。

数字化采购管理增强了部门内部、部门之间和组织之间的沟通能力，增强了组织对采购管理关键环节、关键流程的追溯能力，有助于组织更加全面系统地规划设计采购流程，提高供应链环境下的采购管理能力。

本章目标

1. 掌握采购系统的功能、作用与价值。

2. 了解数字化采购系统的功能、流程等内容。

3. 掌握数字化环境下采购决策的基本原理，以及数据驱动的智能化采购决策的特征和方法。

4. 了解数字化采购系统开发的相关内容，重点关注投资分析、设计与实施、风险与防范等方面。

| 第1节 | 数字化采购概述

1. 数字化采购的发展历史

根据工业和信息化部 2019 年发布的《企业数字化采购实施指南》，数字化采购以提质降本增效为出发点，面向从寻源到合同、从订单到支付以及供应商管理等采购全流程，应用互联网、大数据、人工智能等新一代信息技术，构建数据驱动型的新型采购体系，实现采购系统升级、业务创新、流程优化和管理变革，提升供应链响应速度和协同效率。数字化采购是指供应商和企业用户通过大数据、云计算、流程自动化等技术，实现传统供应链中采购环节的数字化升级。在数字化助力产业转型的背景下，数字化采购的边界在不断扩展，不同条件和需求的行业、企业在管理实践中不断摸索数字化采购的发展路径。

世界范围内的采购发展历史和衍变历程，都与供应链管理在不同时期所面临的经济环境及承担的职责密不可分。采购的发展历史大致可以划分为战略采购阶段、电子采购阶段、数字化采购阶段。

1）战略采购阶段（1970 年至 1990 年）

20 世纪 50 年代至 60 年代，世界供给能力逐步赶上需求增长的步伐。随着竞争的加剧，企业开始关注资本利用率和控制成本，以避免出现过多生产造成的积压和浪费。企业采购部门应用的技术更加先进，更有能力做出合理的采购决策，采购职能在企业中的地位日益提升。

20 世纪 70 年代，一些大型国际企业开始应用 MRP 系统对生产主计划、物料需求计划、产能需求计划、产能执行计划、物料执行计划进行较为精细的管理。MRP 系统的应用成为采购管理信息化的起点，奠定了数字化采购的基石。20 世纪 80 年代，企业迎来新一轮更全面的内部整合和协同。先进企业开始在 MRP 系统的基础上推出 MRP Ⅱ 系统，将销售订单的流程与传统 MRP 系统下的物料和产能管理流程对接，进一步满足反应迅速、高服务水平和低成本的市场要求，其中一些 MRP Ⅱ 系统还具备制订销售与运营计划、仿真及预测等功能。在全球化迅猛发展的市场背景下，战略采购管理理念开始兴起，此时企业更加注重对第三方合作伙伴关系的维护和进行各类风险管理，许多卓有成效的采购流程框架也应运而生，例如知名管理咨询公司科尔尼独创的战略寻源七步法。20 世纪

80年代末期，企业的采购管理职能与业务流程逐渐完成整合，采购管理从以交易为基础的战术职能发展到以流程为导向的战略职能。

2）电子采购阶段（1991年至2000年）

20世纪90年代，经济全球化进程加快，竞争更加激烈，市场对产品质量、服务和价格的要求越来越高，采购进入了电子时代。世界主要国际企业逐渐发现，为了保持和扩大自己在全球市场中的优势地位，必须进行更全面的供应链管理。企业供应链管理者需要打破限制，拓展供应链伙伴间协调发展的空间。为满足这一需求，大型国际企业在MRP Ⅱ系统的基础上开始大规模应用ERP系统以实现企业内部更多资源的协调和优化。除了MRP Ⅱ系统覆盖的领域外，ERP系统还引入了企业后台支持模块，包括内控、销售和分销管理、财务会计管理、投资管理、质量管理、人力资源管理、工厂维护管理等。大型ERP系统提供商开始探索供应商关系管理领域的进货物流、电子发票、在线反向拍卖、供应商合同管理以及客户关系管理（Customer Relationship Management，CRM）领域的销售团队管理自动化、客户合同管理、客户服务和支持、市场开发自动化和市场文件管理等新功能。通过ERP系统对这些领域的覆盖，采购系统开始更全面地介入企业内部各种资源的协调和管理。此外，许多辅助采购的软件大量出现，如电子竞标（E-Auction）、电子合同（E-Contract）、电子目录（E-Catalogue）等，这些电子工具都可用于满足采购数据的创建、处理和存储需求，推动采购管理完全进入电子时代，而此时的采购业务已经逐步从交易管理演化为战略管理的一部分，但是管理重点仍然以成本为导向。

3）数字化采购阶段（2001年至今）

21世纪，随着人工智能、大数据等数字技术的高速发展以及计算机计算能力的快速提升，更为先进的数据分析工具日趋成熟，数据驱动的智能化采购决策大幅加快了采购管理的数字化进程。数字化采购促进了跨领域价值链的互动，使得不同价值链之间的数据融合与协同，加快推动采购管理转型升级。同时，智能化工具的使用也提升了下游采购的效率，采购管理通过将企业与外部合作伙伴网络化连接，逐渐演变为企业价值创造的中心，创造了上下游高效协同的商业模式。这个时期的企业加强了外包活动，以使自己可以将资源更集中应用在其核心价值领域，从而保持在市场上的领先地位。另外，客户对产品定制化和新颖性的要求日益提高，企业需要不断创新，加快新产品开发和投入量产的速度。

为应对此时期采购管理和供应链管理日趋复杂的情况，传统的ERP系统经过改良形成了ERP Ⅱ系统。ERP Ⅱ系统可以扩大对供应链伙伴在产品设计协调管理方面的信息覆盖范围，包括产品数据管理、技术变更管理、产品生命周期管理、新品引入管理等功能模块。另外，新时代的技术更新"一日千里"，这也对采购组织快速学习和适应新兴技术的能力提出了更高要求。具有远见的采购组织开始建立相应的基础设施，例如在采购部门与业务部门之间搭建 AI 模型与规则引擎，实现不同场景下的采购业务联动，使采购系统能够在更短时间内快速学习、智能分析并提供正确的解决方案。

当前，接近半数的企业对接的供应商数量超过 100 家，企业采购负责人和其对接的供应商的比例约为 1∶10。对于大中型企业而言，设置过多的采购负责人会导致采购管理职责交叉、信息明显不对称等现象，不利于保证采购效率和采购质量，而数字化采购有助于企业应对供应商寻源和招投标挑战、简化采购流程、实现降本增效。

2. 采购系统的功能

数字化采购的实施载体是采购系统，即通过互联网进行产品和服务交易的信息系统。在交易中，买方利用采购系统完成采购的关键步骤，包括明确采购需求、进行详细说明和确认其他具体要求、接受产品和服务以及对产品和服务进行管理（跟踪使用情况、完成发票验证匹配和确认付款等）等；卖方可以利用采购系统完成销售的关键步骤，包括更新产品和服务的电子目录，提供产品和服务详情、报价，接收及处理订单，安排产品和服务的运输和交付，开具发票和安排收款，等等。采购系统的功能包括支持企业进行供应商管理、采购订单管理、合同和电子发票管理等，采购系统既可以用于产品采购，也可以用于服务采购。

1）供应商管理

战略寻源作为供应商数字化管理的一部分，需要对供应商数据收集、市场调研分析、商务谈判与合同管理等任务进行模块化集成。战略寻源的数字化和自动化有助于通过加速信息流和工作流，为企业联通数字商业网络、动态评估供应商带来战略优势。数字化供应商定价管理则避免了以往一些采购部门仅凭经验和直觉对供应商定价规则进行判断的误区，为科学定价提供依据。此外，供应商绩效管理是评估和衡量供应商实际表现的关键，可以帮助企业牵引供应商不断改进，形成闭环管理，最终达到降本增效的目的。

2）采购订单管理

采购订单管理是企业实现数字化采购转型的重要模块，为企业通过智能工作流程和智能订单平台优化订单流程、实施订单可视化管理和协作型采购奠定基础。智能化采购订单管理能够避免企业传统订单管理中的诸多漏洞，对常见的采购订单（标准订单、计划订单、合同订单）进行集成化管理，完成采购订单的自动生成、录入和审批。

3）合同和电子发票管理

合同管理为企业管理类型繁杂的合同以及合同交付验收等环节提供稳定支撑。合同管理系统一般涉及主合同和子合同管理、合同的修改和续约、合同的会计处理和结算、交付成果验收与质量惩罚等，确保合同完全按照拟定条款履行。电子发票系统是一种以电子文件格式在供应商和客户之间对发票进行文件建立、传输、审核等活动的系统，其功能是更好地确保交易双方达成的商业协议得到及时准确的执行。除了发票，采购交易过程中涉及的其他商业文件还包括采购订单、借账凭据、赊账凭据、付款条件和说明以及汇款凭单等。为使财务部门的运作更加自动化，提高供应链交易的速度和准确性，降低运营成本，国际上越来越多的企业和政府机构转向以电子发票形式进行交易。

3. 采购系统的作用与价值

随着科学技术发展和产业变革加快，每天都有新的技术和新的材料出现，在此背景下，采购管理难度日趋增加。在产品生命周期短、产品价格浮动范围广、产品研发时间缩短、技术发展速度快等一系列因素的作用下，采购管理的反应时间大幅减少。因此，企业采购管理迎来十分严峻的发展局面，亟须进行数字化转型。

1）采购系统的作用

采购系统最基本的作用在于帮助采购人员及时高效地处理采购信息，减少重复性劳动，提高工作效率，推动采购流程透明化。以往物料的紧急采购往往影响企业正常生产和运营，采购系统能够及时对企业内部和客户的物料需求信息进行反馈，最大限度地避免人为因素的干扰。在实时准确获取信息的基础上，企业利用采购系统实现数据报表、合同文件的自动生成和导出，极大地提高了管理效率和动态管理水平。另外，采购系统的运用还有利于实现信息共享，推动企业整体信息资源的集约化整合与运用。

采购管理对于企业控制库存水平具有关键作用，采购管理不当容易造成库存风险，以及资金链循环不畅，或者由于紧急采购频发打乱采购工作正常秩序，增加企业管理成本。采购系统的开发利用，有助于企业降低采购成本、提高采购效率，增强供应商生产供应的敏捷性，从而提升企业在经济全球化和信息全球化背景下的市场竞争力。

采购系统的开发利用有利于实现招投标全流程线上化，生产计划部门和需求部门通过采购系统提交采购申请，采购部门汇总信息后，使用采购系统便捷地生成招标文件并接受供应商的报价，提高对供应商报价信息、供应商资质比较的效率和准确度，快速确定候选供应商清单。由此可见，采购系统的开发利用对企业招标管理工作的流程化起到重要作用。

2）采购系统的价值

采购系统为采购计划的制订和实施提供了流程保障。各部门可通过采购系统提出采购申请，采购任务也可以依靠采购系统进行分类、分解和分配。采购负责人和相应的采购管理者都可以按照自身权限，通过采购系统实时掌握采购任务的具体进度，分析采购的合理性。

采购系统提高了合同全流程工作效率。在合同制定环节，采购系统可以提供标准化合同模板供采购人员制定合同、打印合同。对于流程烦琐的合同审核环节，采购系统可以通过完整的合同审批流程提高其效率。最后，采购人员可以按照合同的业务种类和履行期限将合同归类存档。

采购系统能帮助企业进行高效准确的价格管理。采购价格管理包括内部和外部价格查询，以及价格分析、维护与更新等。采购系统能够直观动态地向采购人员展示供应商价差、物料的价格波动，便于采购人员对物料价格进行预测分析。

采购系统对于企业高效管理供应商，建立战略供应商伙伴关系意义重大。采购系统可以联通企业内外数据，实现信息的传输共享，包括企业各个业务部门、企业和供应商之间的信息共享。企业能通过采购系统与供应商交流订货信息，赋能供应商预测企业需求以便提前备货，丰富管理和决策依据，提高采购管理的科学性与合理性。企业依据系统中积累的大量供应商信息，定期对供应商进行综合评价，不仅能提高企业寻源效率，还可以实现对供应商的分类管理和动态管理，以发掘具有发展潜力和合作价值的战略供应商，保证企业长久获得高质量、可信任的产品和服务。

以下补充两个概念。

●数字化采购：是指应用新一代信息技术，打造集精准战略寻源、智能化采购执行和前瞻性供应商管理等业务为一体的采购管理体系，以提高采购效率、降低采购风险，增强采购部门助力企业创造新利润、新价值的能力的采购方式。

●智能化采购：是指在数字化采购的基础上，进一步提高内外部系统的集成度、降低"人"在整个采购流程中的参与度，真正实现智能管理、降本增效，全方位保障企业资源可得性的采购方式。

|第2节| 数字化采购系统

1. 数字化采购系统的功能与流程

随着互联网、大数据、人工智能等新一代信息技术的发展，数字化赋能增强了采购系统的网络化、数字化、智能化能力。电子采购系统可以在供应商管理、采购订单管理、合同与电子发票等方面支持企业采购管理工作，而数字化采购系统则以可视化、智能化赋能电子采购系统，增强企业与供应商之间的沟通能力，提高采购管理的效率和效能。数字化采购（D-procurement）系统的功能与流程如图 6-1 所示，涵盖了数字化寻源、供应商定价、采购订单管理、合同管理、供应商绩效管理等功能。

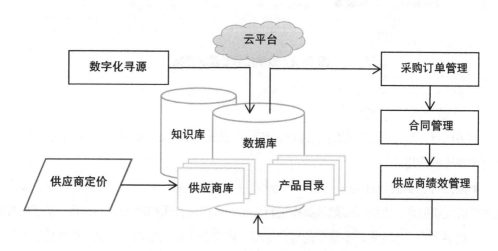

图 6-1 数字化采购系统的功能与流程

1）数字化寻源功能与流程

企业寻源主要有 3 个目的，一是为新产品找到供应商，二是为产品生产转移就近寻找低成本供应商，三是为优化采购成本而进行全球化采购。数字化寻源解决方案（见图 6-2）通过系统解构和梳理供应商资源关键风险点，使寻源方式精准化、智能化，不仅能够确保寻找优质供应商过程透明、合规，而且能有效管理供应商准入流程，避免供应商资源流失，实现战略寻源管理和战略供应商管理。

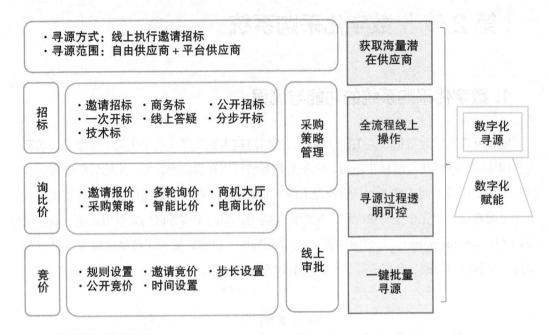

图6-2 数字化寻源解决方案

（1）数字化寻源功能

数字化寻源在提供寻源信息、进行系统性的供应商管控、减少供应商带来的风险等方面发挥着重要作用。

●提供寻源信息。作为采购前的市场摸底行为，数字化寻源可使企业对行业竞争格局及主要供应商信息、供应商绩效等数据进行分析，辅助进行采购决策。一方面，基于内外部数据，数字化寻源系统构建多维度的客户标签，实现企业智能搜索、企业多维度信息展示与评估、专家评审资格条件审核、客户价值分析及智能推荐。另一方面，基于供应链，数字化寻源系统提供企业上下游之间链状网络的行业分析，从更高层面为采购和寻源工作提供决策信息支持。

●进行系统性的供应商管控。数字化寻源系统能够基于企业获得的丰富供应商资源，对供应商的匹配度、响应速度等进行管控。对于中大型企业，数字化寻源系统具有内部协同功能，能促进供应商管控人力资源信息化并将其转换为企业的储备资源，降低采购作业对员工经验的依赖。由于小微企业针对供应商的议价能力较弱，数字化寻源系统在寻源中选择电商采购平台，使小微企业能享受专享价，减少了采购业务板块的人力需求。

●减少供应商带来的风险。信息安全是许多寻源和采购部门开展风险管理和合规工作的重中之重，数字化寻源系统将信息的所有权、管理和使用纳入与经销商和供应商的谈判中，确保供应商供应的持续性及网络安全，实现企业和供应商数据的安全共享，减少供应商带来的风险。

（2）数字化寻源流程

可视化的数字化寻源流程包括制定需求草稿、寻源审批、需求发布、参与者报名、入围筛选、评分、公布结果几个步骤，如图 6-3 所示。企业可根据自身规模和采购性质来选择通过自有渠道采购或者通过电商采购平台采购。

图 6-3　数字化寻源流程

2）供应商定价功能与流程

数字化采购系统不仅赋能企业进行供应商报价分析、核算，作为企业与供应商进行价格磋商的基础工具，还能够助力供应商进行动态定价。在传统的供应商产品价格形成机制中，供应商估算销售量、预测竞争反应、选择定价方式、最终制定出适合自身业务发展趋势的价格。然而，在实际的大型采购活动中，价格的波动会由于诸多因素的叠加影响而变得更加复杂。在数字化采购系统的支持下，供应商可以有针对性地采取动态定价策略，即基于对市场诸多动态因素的实时监控，制定最优的产品价格。

（1）供应商定价功能

借助数字化技术和高级数据分析方法，供应商可以在每一笔采购订单的"客户 + 产品"层面上实施传统定价手段难以做到的定制化、精细化定价策略。这些技术和方法能充分发挥以价值为导向的定价策略的巨大潜力，并且提供了行之有效的实施步骤，以最大限度地实现产品价值。

（2）供应商定价流程

与传统定价方式不同，供应商定价总体分为 3 步。首先，供应商需要转换现有的定价工具和体系，对所有采购组织的账户数据和定价数据进行全面清查，同时需要具备优秀的市场分析能力，了解行业最新发展动态和趋势，结合先进的数据分析方法与定价战略搭建定价管理体系。其次，调整定价部门的组织架构和工作流程，定价部门需要制定明确的定价流程，从市场分析和价格预测开始，到高度细化的动态定价，且在整个过程中提供建议，推动落实、不断回顾与加强管控。定价部门还要整合定价和绩效管理系统，及时跟踪和复盘定价目标、利润和业务量增长的实现情况。最后，转变全体员工的思维方式、提升员工的数据敏感度和分析能力。高层领导者需要了解并重视大数据分析方法的应用，中层管理者需要学习如何结合大数据分析的结果，引导定价部门开展工作并使之见效，一线人员则需要学习如何使用新的动态定价方法。

3）采购订单管理功能与流程

在数字化采购系统的支持下，采购订单管理的供应商选择、采购订单跟踪、采购订单异常处理等功能更加可视化、智能化。

（1）采购订单管理功能

采购订单是实施采购的起点，具有明确采购品类、采购对象、采购数量、采购时间等采购关键要素的功能。在数字化采购系统的支持下，采购订单具有提供采购信息源、预测成本和市场趋势、监测绩效、及时处理订单异常等功能。

采购订单是企业与供应商之间具有法律约束力的合同，包括产品尺寸、付款条款等严谨且重要的信息。

采购订单用于评估工时、工资和成本，有助于企业确定生产总成本，为绩效管理提供明确的数据。同时，由于采购订单是规范企业所有活动的根文档，进行采购订单分析可以帮助企业估算在不同市场行情下的业绩，识别市场趋势和市场周期。

对一定时期内的采购订单进行分析，有助于企业了解采购成本与销售收入之间的关系，进一步通过运营绩效监测采购绩效。实时的绩效监测有助于改善采购绩效。

采购人员在下单后能通过数字化采购系统及时跟踪订单情况，快速定位问题环节，迅速与供应商、采购经理或请购部门联络，获知订单异常情况以便及时进行补救或调整，最大限度地降低损失，避免影响正常生产。

（2）采购订单管理流程

在数字化赋能的基础上，采购订单管理能够有效实现采购订单智能跟踪、采购订单异常处理智能化。采购订单管理的第一步是编制采购订单，采购人员应根据企业实际的生产经营需要及采购计划要求定期编制采购订单；第二步是签订采购订单，采购人员需要发出并确认采购订单，并编制采购记录；第三步是跟踪采购订单，采购人员对采购订单履行的全过程进行跟踪，以保证采购订单正常履行；第四步是订单存档管理，采购人员与供应商签订的合同，出具的采购订单及相关文件、资料要及时存档备查，以便后续使用和查询，形成历史数据，作为订单下达及合同跟踪的参照。在整个采购订单管理流程中，采购人员需要随时关注订单的异常状况并进行订单异常处理。采购订单管理流程如图 6-4 所示。

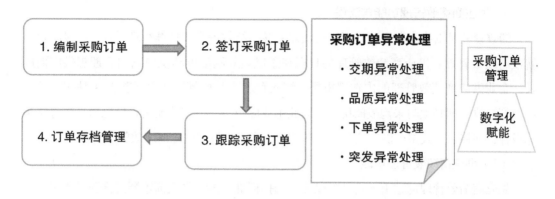

图 6-4　采购订单管理流程

4）合同管理功能与流程

在数字化采购系统的支持下，合同管理有效规避了数据隐私风险和数据安全风险，合同管理功能与流程更加完善。

（1）合同管理功能

企业借助数字化采购系统完成采购活动，不仅可以优化采购流程，而且能降低采购综合成本。在区块链技术的支持下，数字化采购、电子签约提高了采购的安全性及便利性，同时采购系统与合同系统实现全流程的对接，采购人员可以随时随地通过移动端签约，无须跨多个部门走盖章流程，无须邮寄合同盖章。

（2）合同管理流程

数字化采购系统中的合同管理包含发起电子合同、填写合同要素、网上签章、电子合同备案、物料验收、资金支付 6 个步骤，如图 6-5 所示。

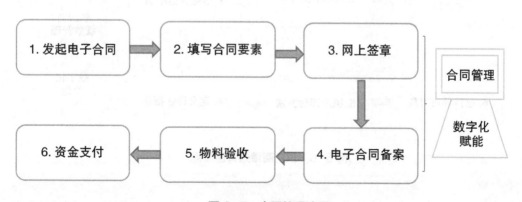

图 6-5　合同管理流程

5）供应商绩效管理功能与流程

绩效管理是围绕企业经营目标进行绩效考核、绩效提升的持续循环过程，故没有目标就没有绩效管理。供应商绩效管理的目标在于以绩效制度推动供应商向着理想供应商成长，企业供应商绩效管理的内在逻辑是，绩效管理 = 目标管理 + 绩效提升 + 扶优劣汰。供应商绩效管理必须与采购战略协同，因此企业应当基于采购战略进行供应商绩效考核指标设计，并将之融入整个供应商绩效管理之中，形成完整的供应商绩效管理流程。

（1）供应商绩效管理功能

供应商绩效管理通过引入良性的供应商选择标准，推动供应商不断提升服务水平，在有效降低自身供应成本的同时，完成企业的采购成本优化，改善采购绩效，从而降低供需双方的总成本，实现双赢。

供应商绩效管理可以在不同环节形成特定的标准要求，从而对供应商的行为进行有效约束，促进供应商的优质化和规范化，提升供应商的整体水平。企业在供应商绩效考核的项目选择上，可以结合自身特色，使供应商绩效管理制度与企业的管理理念有效结合，并且根据供应商绩效管理的最终结果来开展针对供应商的管理工作、激励工作及沟通工作，从而保证供应商绩效管理具备应变性和针对性。

（2）供应商绩效管理流程

在数字化赋能的基础上，供应商绩效管理的基本流程包括明确采购战略与目标、采购品类分析、组建评估小组、定义评估指标、确定评估方法、选择评估对象6个步骤，如图6-6所示。

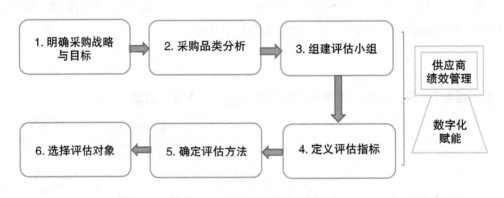

图6-6　供应商绩效管理流程

供应商绩效评估指标不仅要可量化，而且要能够有效体现供应商能力，使不同供应商拉开差距，为后续的分级管理奠定数据基础。企业通常可按照既定的评估标准，将供应商分为A、B、C、D共4级，并针对不同级别的供应商采取不同的管理措施。对于A级供应商，企业应当稳定推进合作，维持既有管理措施，并提升能力；对于 B 级供应商，企业同样应当稳定推进合作，维持既有管理措施，并提升能力；对于 C 级供应商，企业应当根据供应商存在的问题与供应商深入沟通，寻求解决方案，帮助其提升能力；D 级供应商存在重大隐患，属于重点监控对象，企业应当高度防范供应风险，在适当的时机停止合作。

2. 数字化采购系统集成

数字化采购管理的实施依赖于数字化采购系统的集成，通过内外部系统的有机集成，企业可实现采购管理过程的可视化、一体化。在有效集成内外部系统的基础上，从内部系统的需求计划编制到外部系统的询价、合同签订，内外部各个环节流程清晰、职责明确，如图 6-7 所示，充分展现了数字化采购管理的价值。

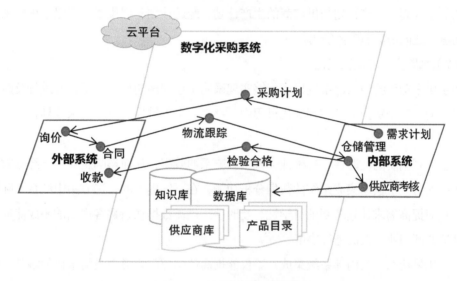

图6-7 数字化采购系统集成

1）内部系统集成

数字化采购系统与内部系统集成可以延伸到物料需求的每一个环节，为精准的需求分析和供应商评价创造条件。

（1）采购全过程内部系统集成

企业内部系统主要包括生产管理系统、仓储管理系统、运输管理系统、全面预算系统、资金管理系统、法务系统、风控合规系统等，覆盖与采购业务流程相关联的每一个部门。在企业数字化战略的指导下，将分散的生产管理系统、仓储管理系统、运输管理系统等集成，有助于提升企业供应链管理分析与决策能力。采购全过程内部系统集成重点关注数字化采购系统与生产管理系统、仓储管理系统、运输管理系统的集成。

数字化采购系统与生产管理系统的集成，旨在提高需求计划提报的及时性、准确性。随着数字化技术的应用和生产管理系统功能的拓展，来自 ERP、MRP Ⅱ 等生产管理系统的物料需求计划、间接物料需求计划更加精细化，需求计划生成、执行、反馈的全过程可视化追溯能力也进一步提高了。

数字化采购系统与仓储管理系统的集成，旨在提高采购物料交付、使用、结算的及时性、准确性，实现采购物料全程可视化和可追溯，以及采购物料从仓间、库位到车间、工位的动态优化。在数字化技术支持下，企业可增强库存结构、库存数量的合理性，实现内部采购、生产和销售的协同运营，自身与上游供应商、下游客户的协同运营。

数字化采购系统与运输管理系统的集成，旨在实现采购物料物流全过程的可视化、可追溯，为实现准时制采购、准时制生产和准时制销售奠定基础。在数字化技术的支持下，企业的需求计划、生产计划与供应商的生产计划、配送计划实现集成，增强了集成系统对进向物流、逆向物流的管控能力。

（2）采购全业务流程优化

数字化采购系统与内部系统集成能够实现采购全过程透明化，便于各方进行及时有效的信息沟通。在采购全业务流程优化过程中，存在两个关键控制点：需求计划管理、供应商考核。

需求计划编制的及时性、准确性会直接影响采购效率，从而影响企业生产经营效率。请购部门业务人员借助集成系统的数据分析功能，在系统提供的备选方案中结合实际做出决策，从而提高需求计划编制的科学性、及时性。供需数据在请购客户端的集成能够更好地辅助请购部门业务人员进行决策。

数字化采购系统与内部系统集成，不仅能提高请购部门业务人员需求计划编制的便捷性，而且系统内嵌的智能分析程序能够及时提醒、验证需求计划编制的及时性、合理性，避免出现多部门协同运营不协调现象。请购客户端的集成功能，为有效弥补采购管理体系中的需求计划编制短板问题提供了可行的途径和方法。

供应商考核是供应商管理的重要环节，也是采购全业务流程优化的关键控制点。在采购管理体系中，供应商考核一直缺少场景和数据支持，这不仅影响考核结果的真实性、可靠性，还影响参与考核人员的积极性。数字化采购系统与内部系统集成后，源自历史数据的供应商画像成为考核人员的参照，每一位考核人员的考核结果都会使供应商画像产生变化。

请购部门业务人员结合实际的动态运营数据，对来自供应商的产品和服务进行评价，有助于在真实场景、真实数据的支持下提高评价的科学性和准确性。供应商考核系统操作的便捷性与数字化，能够更好地吸引请购部门业务人员的关注和支持，以便保持供应商的优质性。

（3）采购全过程数字化管控

数字化采购系统与内部系统集成，有助于实现采购全过程数字化管控。集成系统可提取采购全过程各个环节的大量数据，并根据管理需求对采购节支率、项目执行实际成本、工程不同阶段消耗占比等进行对比分析，为采购管理决策者提供决策依据。采购全过程数字化管控覆盖采购管理的 3 个层次，即决策层、管理层和执行层，如图 6-8 所示。

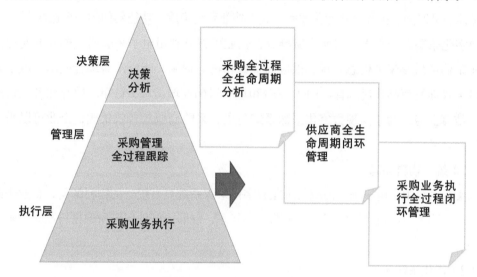

图 6-8 采购全过程数字化管控

在采购管理体系中，供应商全生命周期闭环管理、采购业务执行全过程闭环管理支撑着采购全过程全生命周期分析，实现数据分析基础上的采购目标、采购决策优化。采购全过程全生命周期分析依赖于采购全过程积累的数字化素材的完整性及运用的数据分析方法的科学性。

在采购管理体系中，数字化采购系统能够为供应商考核提供覆盖供应商全生命周期的数字化素材，帮助企业进一步提高事前供应商准入、事中供应商选择、事后供应商考核的供应商管理能力。供应商全生命周期闭环管理将供应商管理职责延伸到企业每一个部门，有助于增强企业员工对供应商战略资源的理解和认识。

在采购管理体系中，从需求计划编制到供应商考核，采购业务执行全过程实现闭环管理，基于数据分析的辅助决策功能有助于提高采购效率。采购业务执行全过程闭环管理使每一个请购客户端、供应商考核客户端融入数字化采购系统，采购管理思想渗透每一个环节，企业能够更好地实现采购战略目标、企业战略目标。

2）外部系统集成

外部系统主要指供应商或第三方软件服务商的系统，外部系统集成逻辑较为复杂，数字化采购系统与外部系统集成不仅技术难度大，而且受合作双方关系的影响。数字化采购系统与外部系统集成主要涉及信用评价机构、招标采购平台和电子采购商城等，对于战略供应商则会涉及自动补货系统（Automatic Replenishment Programs，ARP）及 M2M（Machine to Machine）集成的实现。电子采购商城利用电子商务平台的信息技术优势，有助于形成成熟的交易信息发布、搜索、交流、价格竞争和结果公示模式，能够在一定程度上缩短交易时间、提高企业运营效率，成为外部系统集成、功能延伸的一个选择。

数字化采购系统与电子采购商城集成，企业可充分利用电子采购商城模式的便利性和电子采购商城集聚的信息资源、供应商资源和物流资源，降低采购综合成本。电子采购商城模式涉及商品代码选择、ERP 平台和电子采购商城需求、订单、收存业务、售后服务、结算业务。为了实现数字化采购系统与电子采购商城的有效集成，企业可以采取如下措施。

（1）统一物料编码

在集成系统中，电子采购商城与企业数字化采购系统具有统一的物料编码，企业采购人员通过请购客户端就可以实时跟踪采购物料状态，能够更好地保障所购物料及时准确地满足需求。

（2）优化采购流程

企业应借助数字化采购系统，注重加强对采购订单提交、收货验收、供应商考核等环节的管控，优化需求计划合理性、渠道选择合理性审核流程，提供培训和职业教育以提升采购人员的职业素养。

（3）加强质量跟踪

电子采购商城更加适用于通用性物料，不仅需要采购人员掌握大量物料来源信息，而且需要加强对所购物料的质量跟踪。采购人员应会同请购人员全程跟踪物料使用情况，为后续的采购决策提供依据。

（4）防范价格风险

电子采购商城的议价能力较强，物料价格通常相对较低、较合理，但是采购人员仍然需要密切关注电子采购商城的物料价格动态，选择合适的采购时机、确定合适的采购数量，避免给企业造成不必要的损失。

（5）强化绩效管理

随着集成系统的运行，数字化采购系统应根据电子采购商城模式的特点制定关键绩效指标，例如增加 SKU 编码一次通过率、采购成本最大结余额、退换货比率等关键绩效指标，监控指标的变化趋势，强化对电子采购商城的绩效管理。

数字化采购系统与电子采购商城集成，展现了采购系统向外部延伸形成的优势，能够提高企业的信息共享与交流能力，便于企业进行供应商管理；能够提高采购资源的可得性、降低采购成本和采购错误率、提高采购效率；能够集聚更加丰富的数据资源，进一步提高企业采购管理的智能化水平。

3. 数字化采购集成技术

1）虚拟集成技术

外部系统集成不同于内部系统集成，系统之间难以实现真正的功能集成，因此企业可以综合应用虚拟集成技术实现数据资源的共享与交流。

（1）虚拟集成系统架构

虚拟集成技术为交易双方共享数据提供了充分整合的途径和数据存取的共享池，以及更加直观和便捷的呈现方式，为数字化采购管理决策和采购执行提供了有力支持。在虚拟集成技术应用过程中，企业应以可共享数据虚拟化集成为目标，根据交易双方约定严格限制公共耦合范围、降低内容耦合程度，研究构建数字化采购虚拟集成系统架构，如图6-9所示。

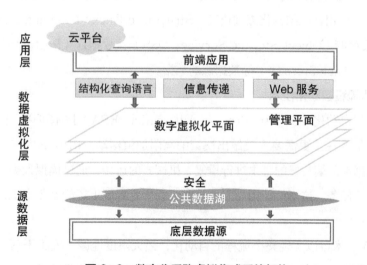

图6-9 数字化采购虚拟集成系统架构

数据虚拟化是指针对异构、多源、多所有者的数据集，通过对数据资源的逻辑虚拟化，实现数据的集成管理并提供统一的访问接口，以便为各种数据需求者提供跨数据源整合的数据服务。数据虚拟化层是整个虚拟集成系统架构的核心，包括数据虚拟化平面和管理平面。其中，数据虚拟化平面包含数据抽象、元数据建模、数据源映射、查询驱动与响应等功能；管理平面包含系统配置、管理、监测、数据检查与维护等功能。

（2）公共数据湖

数据湖（Data Lake）是一种能够保存数据原始格式的存储架构，它将所有结构化数据（关系数据库数据）、半结构化数据（CSV、XML、JSON 等格式的数据）、非结构化数据（电子邮件、文档）和二进制数据（图像、音频、视频）存储在一个集中式存储库中，支持分布式地存储海量的结构化数据、半结构化数据、非结构化数据和二进制数据。

数据湖从本质上来讲，是一种企业数据架构方法，物理实现上则是一个数据存储平台，用来集中存储企业内海量、多来源、多种类的数据，并支持对数据进行快速加工和分析。从实现方式来看，Hadoop 是最常用的部署数据湖的技术，但并不意味着数据湖就是指 Hadoop 集群。为了应对不同业务需求的特点，"大规模并行处理（Massively Parallel Processing，MPP）数据库 +Hadoop 集群 + 传统数据仓库"这种混搭架构的数据湖也越来越多地出现在企业信息化建设中。

公共数据湖的思想是对交易双方的可交易数据进行统一存储，例如，供应商的生产计划、企业的需求计划等可共享数据，以及从原始数据（源系统数据的精确副本）转换为用于报告、分析和机器学习等各种任务的目标数据就可以放置在公共数据湖中。数据湖分析是 Serverless 化的交互式联邦查询服务，无须数据仓库技术（Extract-Transform-Load，ETL），使用标准结构化查询语言（Structured Query Language，SQL）即可分析与集成对象存储（Object Storage Service，OSS）、数据库（PostgreSQL、MySQL等）、NoSQL（TableStore 等）等数据源的数据。

2）机器人流程自动化技术

机器人流程自动化（Robotic Process Automation, RPA）技术可以承担管理任务，使采购部门能够专注于更需要人类做出决策的高附加值活动。RPA 的内核是一种软件机器人，它会根据提前编写好的脚本进行重复、机械式的运转，通过模拟人类的操作，自动处理当前的人工任务。这不仅能提高工作效率，在一定程度上还能避免人工操作可能出现的错误。

应用 RPA 技术可以实现整个流程的自动化，最大限度地减少人工干预，实现采购流程全生命周期管控，提高效率，在需要人类做出决策的过程中提供帮助，有助于企业为未来制定有效的审计跟踪策略，打破企业各部门间的信息壁垒，减少人力投入，使采购人员能够专注于供应商管理等战略举措。

RPA 技术的应用有助于解决数字化采购系统集成带来的大量数据处理难题，帮助采购人员解决内部系统集成、外部系统集成新问题，帮助企业真正实现降本增效的采购目标。

通过将 RPA 技术集成到采购流程中，企业可以在短时间内完成从提出需求计划到创建采购订单的整个流程。一旦提出需求计划，RPA 将自动执行工作流，例如评估需求计划、寻求相关部门主管的批准以及处理采购订单等。

企业应用 RPA 技术能对需求和供应计划进行端到端的管理，有效消除不同部门之间的信息孤岛问题，并对采购、运输、仓储等环节进行集中管理。

采购部门应用 RPA 技术可以监控库存水平，得知库存水平何时变低，以便及时采购产品，并获取实时报告以随时更新库存水平，这有助于采购部门评估当前的需求并预测未来的需求。

企业运用 RPA 技术创建和分配订单，利用 RPA 机器人通知采购部门，采购部门相关成员可以收集采购订单并执行采购业务。一旦采购订单完成，RPA 机器人将关闭业务订单并通知请购部门相关人员当前的采购状态。

企业应用 RPA 技术可以有效节省时间并最大限度地减少发票错误。通过光学字符识别（Optical Character Recognition，OCR）扫描技术，RPA 机器人能帮助采购部门扫描发票以提取数据，同时根据采购订单自动匹配提取的数据。如果字段匹配，则发票将自动过账到财务系统。这将原来需要 15 个步骤才能完成的任务，精简到只需 4 个步骤即可完成。

3）区块链技术

在数字化采购系统中，区块链技术的集成应用在于采购管理系统的开放式联合和不可篡改的交易记录。建立基于信任的商业交易体系，才能充分保障采购交易双方的切身利益，帮助企业实现采购去中心化和直通式处理，及时发现采购交易问题、提高采购效率。针对采购流程透明化、审计追踪、财务汇总记录与分析、采购订单进度跟踪等采购问题，区块链技术的优越性显得尤为突出。企业采购具有金额大、周期长等特点，需要有效追踪相关交易记录，及时发现交易风险并采取有效措施规避损失。区块链技术与数字化采购系统集成的作用体现在如下几方面。

（1）重点把控采购防伪

基于区块链技术，针对采购过程的作假问题，集成系统一方面通过跨系统边界联合，允许企业数据实时自动关联；另一方面通过微观层面的行为统计数据展现规定时间内的商业承诺、交付过程和结果，塑造数字化采购系统在区块链中的可靠性和可追溯性，保证交易过程中的数据的可追踪性和不可篡改性，实时反馈具体交易情况，防止交易双方作假，保障交易双方的利益。

（2）数字化、智能化订单

在区块链技术、用于交易的数字规则和自动结算应用程序等技术的支持下，集成系统可为需求计划、采购计划、采购合同的编制与结算、交货验收等智能化操作提供技术保障，提高采购全过程的智能化水平。在采购流程设计过程中，集成系统会综合考虑直接采购和间接采购，助力企业实现数字化、智能化采购。

（3）采购业务联动

通过区块链技术的概览和分层架构，企业可以轻松浏览所有业务情况，实现全方位、全过程实时信息管理，追溯每一个采购订单的执行情况，特别是供应商发货、到货、财务结算等的执行情况。企业可以通过对区块链技术的集成应用，解决繁杂的采购流程申请、招投标等细节问题，实现可视化、智能化采购管理。

（4）实时财务管理

通过区块链技术将财务关联性内嵌于各个业务单元，管理层可实时查看企业、部门、各个业务单元的财务状况。数字化采购系统会自动实时地将财务信息从最低层级部门汇聚到最高层级部门，同时剥离出企业之间的交易信息，逐层挖掘财务明细信息，也能按照用户自定义的规则将引擎从组织架构自动分配到项目组或单个项目，从而使管理层清晰便捷地掌握企业各个环节的经营状况。

数字化采购系统与外部系统集成不同于与内部系统集成，需要集成虚拟集成技术、RPA 技术和区块链技术等综合技术，建立可共享数据的公共数据湖，从而减轻采购工作量、保障可共享数据的可信性。可以说，数字化采购系统的智能化来自这些综合技术的赋能。

这里补充数字化转型的概念。数字化转型（Digital Transformation）是指在新一轮科技革命和产业变革的推动下，企业利用现代技术和工具贯穿产业链、供应链业务流程，旨在创新企业为社会创造价值的方式。数字化采购应纳入企业数字化转型战略体系。

| 第 3 节 | 数字化采购决策

1. 供应链控制塔

多年以来，企业通常在收集和分析历史数据的基础上做出管理决策，而历史数据的收集和分析是需要时间的，因此基于对这些数据的分析做出的决策具有时间上的滞后性，决策的质量也往往会受到不同程度的影响。随着信息化向数字化的演变，企业越来越能够在集成了来自不同职能和源头的实时数据的基础之上，快速地做出时效性强的决策。供应链控制塔就是可以实现这一目的、应用于采购决策过程的数字化系统。

1）什么是供应链控制塔

供应链控制塔（Supply Chain Control Tower，SCCT）是对供应链端到端的、存在关联关系的相关数据、关键业绩指标和事件进行定制化和可视化处理的数字化平台，可助力企业更全面、更及时地理解和解决各种关键问题。

在构建供应链控制塔时，企业首先要厘清如何获取与供应链管理各个环节相关的数据，其次要梳理所获取的数据的关联关系，进而将其构建成有实用价值的、能够提供供应链端到端实时信息的可视化表现形式。供应链控制塔的外在表现形式可能是图6-10所示的相对简洁的仪表盘（Dashboard），也可能是图6-11所示的较复杂和全面的驾驶舱（Cockpit）。

图6-10 仪表盘示例

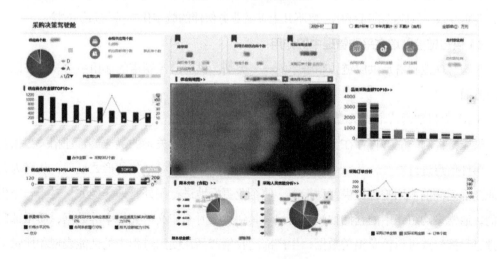

图6-11 驾驶舱示例

2）供应链控制塔的种类

供应链控制塔在企业中发挥着"神经中枢"的作用，按照其发挥作用的领域可以分为以下几类（参考 IBM 的分类）。

（1）物流 / 运输控制塔

这类控制塔可以为企业提供提前装运通知（Advanced Shipping Notice，ASN）、发货数据、全交付过程跟踪与追溯信息等。简言之，这类控制塔可以对企业进场物流和出场物流的相关信息及物流管理关键绩效指标进行可视化呈现。

（2）客户交付控制塔

这类控制塔专注于辅助实现客户订单履行和交付的包装、排程优化活动，旨在以最低的服务总成本实现最佳的订单交付水平。

（3）库存管理控制塔

这类控制塔旨在为实时库存管理赋能，着力防范和减少库存短缺或呆滞现象的发生。

（4）采购管理控制塔

这类控制塔关心的是供应保障问题，致力于洞察上游供应市场特征、供应瓶颈、备用供应来源的可得性、替换材料的可得性、供应来源的异动情况，及时发现供应风险并响应，以确保供应持续性。

（5）供应链端到端控制塔

这类控制塔是覆盖范围最广、涉及环节最多，也是部署难度最大的供应链控制塔。它涵盖了企业整个供应链系统与流程，往往需要整条供应链上各关键节点成员的参与和协同。一家企业的信息化和数字化系统中收集并处理其上游供应商及下游客户的全方位信息已然不易，要实现整条供应链的可视化，离不开上下游业务伙伴的数字化支持与系统对接。

3）供应链控制塔在采购管理中的作用

采购管理控制塔是供应链控制塔中的一个类别。供应链控制塔的作用主要表现在以下几个方面。

（1）为日常运营中的供应保障提供支持

供应链控制塔能够将存在于不同职能部门中但具有关联关系的供应链管理相关数据及外部事件信息进行整合，并以"仪表盘"或"驾驶舱"这种可视化的形式呈现，从而为各个职能部门间的协同响应提供行动指南，使企业更好地进行例外管理。例如，对于一家供应商，通常采购组织中的仓储物流部门记录其到货准时率和交付完好率等数据，质量部门掌握过程控制或进料检验相关数据，生产部门收集产品在使用过程中的性能表现和质量瑕疵信息，采购部门获取产品价格和供应商配合响应表现等信息，产品研发部门收集供应商早期参与和设计服务能力等信息。这些数据或信息被归集并可视化后，再加上从第三方系

统中获取的该供应商最近发生的组织架构或人员变动信息，就可以帮助采购供应链管理团队获得洞察力，并制订出恰当的策略与行动计划，及时进行供应商风险管理或改善活动。

（2）为基于品类管理的采购战略决策赋能

供应链控制塔中的"仪表盘"或"驾驶舱"等可视化表现形式不仅可以呈现采购管理、供应商表现、合同履约等方面的实时绩效数据，还能够根据时间轴、供应商、使用地/部门等维度对这些数据进行统计、归集和分类，用月、季、年度，或本年度到目前为止（Year-to-Date）这类期间表达形式呈现各个采购品类/子品类的支出现状、不同供应商在不同品类/子品类上的供应绩效表现、供应商对不同使用地/部门的服务表现、不同使用地/部门在不同品类/子品类上的需求变化趋势等信息。再加上对外部供方产能变化、需求变化、政策、地缘、环境等方面的信息的获取与可视化，采购管理团队可以更易于以数据和事实为依据，高效地制定出半年度或年度采购策略，以及时间跨度长达 3~5 年的战略采购决策。例如，若中国对本土半导体芯片的替代需求急剧增加，其上游材料（如硅土、硅晶圆等）的供应怎样才能得以保障就成为芯片制造企业或需求企业的采购部门必须思考的采购战略决策问题。这时，供应链控制塔会不断收集和完善并实时可视地呈现供应产能分布与增减数据，这对企业做出战略决策就会起到不可或缺的作用。

（3）为端到端供应链管理与决策提供必要信息

采购作为整个端到端供应链管理中的重要一环，与采购管理有关的各种信息都将成为企业经营管理中包括产品研发、计划、采购、生产、订单管理、物流分销等职能部门参与的端到端供应链信息可视化的重要组成部分，对端到端供应链管理决策及各个部门的职能决策制定都提供了必不可少的支持作用。

4）供应链控制塔构建指南

供应链控制塔构建是一个跨职能和组织边界的系统性工程，涉及底层架构及上层架构两个层面。其中底层架构又可以细分成 4 个层级，即数据采集层、数据传输层、数据整合与存储层、数据处理层；而上层架构则可以细分成三大应用层级，即可视化呈现层、运营决策支持层、战略决策支持层。图 6-12 所示为供应链控制塔层级示意图。

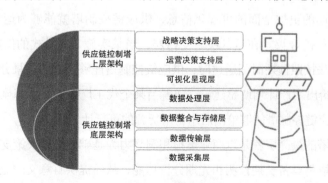

图 6-12 供应链控制塔层级示意图

（1）供应链控制塔的底层架构

供应链控制塔的最底层是数据采集层。这包括数据采集中必须用到的数据感测和输入设备，如各类传感器、手持终端、桌面终端等，以及 ERP 系统、业务应用系统、用于计算和存储的各类数据中心或云端基础设施。

终端设备收集到的各种供应链数据要能够实时同步传输到各个系统、数据中心或云端，这就涉及底层架构中的第二层——数据传输层。今天的 5G 无线通信、有线通信、互联网及物联网的技术发展保障了这一层级架构的建设和有效性。

完成了数据的同步传输后，企业需要将获得的数据进行整合归类，然后存储起来。这就涉及底层架构的第三层，即数据整合与存储层。传统的数据库架构及当下盛行的数据湖为这一层的使命达成奠定了基础。

最后，就是要对分类整合和存储好的数据按照所需的业务逻辑进行处理，因此在构建数据处理层时，企业必须厘清和构建好所有的智能化业务逻辑算法。例如，企业需要思考某家供应商供应哪些采购标的，如果该供应商发生了某些异常状况，会影响到哪些使用这些采购标的的事业部或运营基地；同理，企业还要思考供应商所在地可能与哪些政策、地缘冲突、物流事件或自然灾害产生关联，进而可能影响到哪些采购标的、哪些事业部或产品线或运营基地的供应持续性等。

（2）供应链控制塔的上层架构

在供应链控制塔上层架构中的第一层是可视化呈现层，主要包括最早被称为"仪表盘"、后来演化为"驾驶舱"的可视化工具。只是，"仪表盘"多是用于呈现供应链管理中各项关键绩效指标实时表现的可视化图表，而升级后的"驾驶舱"还能够为管理者提供更多与过程和事件有关的可视化信息，例如某个进场物流服务提供商货运车辆的实时位置、预计到达时间等可视化信息，或者某个代工厂正在为采购组织加工的某个产品的实时状态等可视化信息。典型的可视化创建方式为直接读取数据库，通过图表库进行绘制，最终构成自建的前端显示效果。为追求效率，企业一般选择成熟的报表软件进行开发可视化图表，例如 FineReport。

有了如上所述的更加全面的可视化信息，供应链控制塔就能够为运营决策或战术决策的制定提供可行的建议。在运营决策支持层，当某实施 JIT 模式的供应商的送货可视化信息显示其无法按照预期时间送达时，供应链控制塔能够通过"场景分析"（Scenario Analysis）算法给出生产计划调整建议；或者当某个代工厂的实时状态显示其产能或质量出现异常时，供应链控制塔能够给出启用备用货源的可行计划建议。

供应链控制塔的最高层就是以商业情报和洞察力为基础的战略决策支持层。在该层级上，供应链控制塔需具备长期预测和先期分析功能，从而提供有意义的业务决策见解，为供应链管理和采购战略决策提供支持。例如，供应链控制塔通过模拟未来若干年内某个采购品类的供应群体的产能分析（包括在建产能及潜在增加产能），以及对应的需求预测后，给出开发新供应来源或研发替代材料或零组件的战略决策建议。

2. 商业智能

供应链控制塔上层架构中可视化呈现层与战略决策支持层作用的发挥离不开商业智能，而商业智能的实现涉及软件、硬件、咨询服务及应用，由数据报表、数据分析和数据挖掘 3 个部分组成。

1）商业智能组成

商业智能是一套从数据整合、分析到辅助决策的完整解决方案。商业智能实现的关键在于它能够从不同企业的系统中提取有用的数据进行清理，以保证数据的正确性，然后经过 ETL 过程，即抽取（Extrac）、转换（Transform）和装载（Load），将数据合并到一个企业级的数据仓库里，从而得到企业数据的全局视图，在此基础上利用合适的查询和分析工具、数据挖掘工具、OLAP 工具等进行分析和处理，为管理决策者提供决策支持。

（1）数据报表

数据报表是商业智能的基本形式，能够以可视化的方式呈现各类分析指标、业务分析结果，如采购订单满足率、到货及时率、库存周转率等。尽管数据报表的呈现方式多种多样，但是其价值有限，仅能让用户对日常业务有清晰、直观、准确的认知。

（2）数据分析

根据用途的不同，数据分析可分为描述性统计分析、探索性数据分析及验证性数据分析。数据分析指通过相互关联的维度和指标，使用钻透、关联等分析方式对数据进行深层次分析。企业通过数据分析能够建立数据与业务之间的逻辑关系，例如管理决策者通过供应商风险来源分析、价格波动原因分析等可以带着问题找问题。

（3）数据挖掘

数据挖掘是一种更深层次的业务数据的主动设计和探索分析，通过相关性分析、离散分析、聚类分析等统计分析方法，围绕具体的业务场景深入挖掘数据蕴含的内在价值。在数字化采购系统中，可预测战略寻源模型、自助式采购服务模型、自动触发补货模型等，都需要结合商业智能进行数据挖掘。

2）商业智能应用

商业智能的常用功能主要有报告、在线分析与处理、解析、数据挖掘、流程挖掘、复杂事件处理、经营业绩管理、预测性分析等，可以帮助管理决策者更好地使用数据，提高管理决策的效率。在数字化采购系统中嵌入商业智能，有助于扩大数据价值链的覆盖范围，使外部系统中的数据资源得到更加充分的利用。

（1）纵向一体化

纵向一体化是以企业所处的供应链为核心，构筑商业智能系统，通过供应链运营数据采集、数据存储、数据管理、数据分析和数据使用，以增强供应链整体运营能力为目标优化企业采购策略。数字化采购系统获取供应链运营数据能力的提升，有助于管理决策者基于供应链思想制定采购策略、实施战略寻源策略。

从供应链战略视角，商业智能可以支持从战略到日常经营的众多决策过程，如供应链目标定位、产品和服务定价等，而且商业智能可以支持供应链成员协同运营。只有以供应链为单元充分集聚信息、资源和能力，才能在精准的数据支持下实现商业智能的智能输出，全方位保障供应链纵向一体化运营。

（2）横向一体化

从供应链视角观察，处于同一层级的企业之间有着几乎相同的供应商资源和客户资源，大多数属于同一市场的竞争者，横向一体化商业智能系统有助于企业增强市场洞察力，更加清晰地掌握竞争者的动向。基于横截面的数据分析的不仅是产品和服务的竞争态势，而且涵盖战略寻源的竞争态势。

多层次横向一体化商业智能系统的应用，能够提高数字化采购系统横向比较分析的能力。无论日常的采购策略、供应商选择策略还是面向未来的供应商寻源战略，企业都需要清晰地了解竞争者的动态。纵向一体化与横向一体化的融合，能够使企业更加全面地观察分析外部环境中存在的不确定性、蕴藏的商机，从而做出更加科学的采购决策。

3. 数据驱动的智能化采购决策

供应链控制塔的构建与应用有助于采购运营和战略决策的智能化，当然，这离不开上一节中介绍的现代数字化技术，如数据湖、机器人流程自动化、区块链等技术，也离不开商业智能、人工智能、数字孪生、增强现实（Augmented Reality，AR）/虚拟现实（Virtual Reality，VR）、仿真优化等技术的加持。

1）数据驱动技术

数据驱动是指通过互联网或其他自动化手段实时收集大量数据，通过数据整合、处理和分析增加数据价值并将数据提炼转化为有效信息，在这些信息的基础上经过训练和拟合形成自动化决策模型。当出现新情况并输入新数据时，系统可以应用自动化决策模型直接做出决策。数据驱动构造了一个持续不断的循环过程，即数据收集→完成建模→自动化决策→数据收集，并通过持续迭代提升自动化决策能力。

数据驱动具有3个特征，即海量的数据、自动化的业务、强大的模型支持。数字化采购系统嵌入数据驱动功能，能够充分利用数据驱动的3个特征，有助于增强其对决策的支持能力。下文以数据驱动的采购绩效优化流程为例（见图6-13），系统分析基于数字孪生技术的数据驱动决策支持系统的应用情况。

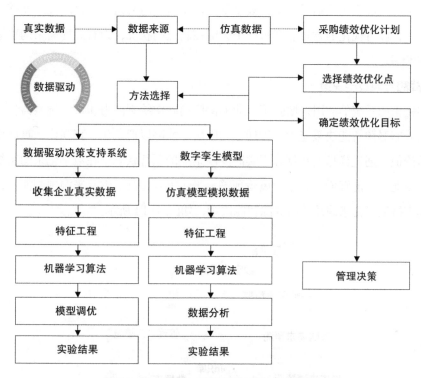

图6-13 数据驱动的采购绩效优化流程

（1）数据驱动的决策支持系统

数据驱动的决策支持系统通过数字化采购系统实时采集大量采购过程数据，然后结合人工智能算法解决和优化实际运作问题。数字化采购系统涵盖采购管理执行层、管理层和决策层3个层次的所有数据，数据驱动的决策支持系统能够基于这些数据和相应的智能优化算法辅助决策，通过为采购人员提供实时数据，实现灵活的自动化决策。

（2）数字孪生技术

数字孪生模型是一种特殊的仿真模型，可理解为真实事物的数字复制品，其以数字化的方式对流程、人、系统和设备等物理对象进行复制，模拟它们在真实世界中的运行状态。基于真实世界和虚拟世界各一个系统的设计，数字孪生模型通过对产品、采购过程乃至整个供应链进行虚拟仿真，模拟、预测和优化采购管理系统，辅助真实世界中的决策制定，从而提高企业的采购效率和效益。数字孪生技术起初多用于物理制造系统，随着大数据、智能优化算法的发展，数字孪生技术开始应用在采购管理、供应链管理等领域。

（3）仿真优化技术

智能优化算法与仿真技术相融合，衍生出仿真优化技术，成为数据驱动的决策支持系统中的新元素。智能优化算法、仿真技术和数据分析结合，构成了创建数字孪生模型所需的全部技术。在数字化采购系统中，数字孪生模型与实时数据流的集成应用能够揭示采购运营的状态，以可视化的方式展现每一个关键控制点的状况，为有效提高采购决策的科学性奠定技术基础。

2）战略寻源智能决策

数字化采购系统的应用，增强了企业的供应商画像绘制能力和市场洞察力，有助于提高企业的战略寻源智能决策能力。管理"驾驶舱"能够以形象化、直观化、具体化的形式展现数据价值，通过详尽的数据分析实时反映企业的运行状态。在数字化采购系统中嵌入管理"驾驶舱"，能够增强其采购风险预警、采购需求预测、供应来源预测能力，更加生动形象地支持数字化采购及战略寻源智能决策，如图6-14所示。

图6-14　数字化采购战略寻源智能决策

（1）采购风险预警

在采购管理体系中，采购风险来源、成因、结果复杂而难以预测，成为每一位采购人员必须采取有效措施加以防范的问题。随着数字化采购系统的应用，人类专家的知识逐步转化为人工智能的知识，企业的各类采购风险感知、识别和预警能力得以增强。

数字化采购系统提供了采购风险识别、风险评估、风险应对和风险控制功能，企业在数据与知识的双重驱动下不仅能够有效辨识潜在风险、及时预警，而且能够提供有效应对和控制采购风险的方案。数字化采购系统提高了每一个节点的数据采集、分析能力，并进一步提高了企业的采购风险预警能力，为企业有效规避、降低采购风险创造了条件。

（2）采购需求预测

由于采购需求来源于不同的部门，部门之间的协调性、协同性会影响需求计划提报的及时性、准确性，直接影响采购效率和效益。数字化采购系统能显著增强采购部门基于数据＋算法的决策能力，为采购部门有效洞察需求演化规律、预测采购需求创造了条件，还能够助力请购部门及时提报需求计划。

采购需求预测需要综合考虑企业产品或服务的产出情况、市场动态、库存动态、产能状况等，基于数据分析预测重要物资的需求，供请购部门业务人员及时编制需求计划。采购需求预测建立在分类管理的基础上，采购人员要应用预测分析技术及时了解采购需求、支出结构，定位关键支出，提供降本增效的可行方案。

（3）供应来源预测

采购管理的重要职责在于寻找优秀供应商，建立强大的协作网络，增强资源的可得性。数字化采购系统有助于帮助企业发掘更多合格供应商资源，依据企业未来发展规划预测供应商群体的能力，面向未来逐步实现战略寻源转型。对供应来源的精准预测，将增强企业对潜在供应商协作网络的把控能力。

数字化采购系统的品类管理功能能够根据不同品类的需求特点和技术含量等因素，分别制定差异化寻源策略和可复用的标准流程，洞察产品所有来源于原产地的成本，为战略寻源决策的制定奠定基础。数字化采购系统供应商的有形网络协同能力和无形网络协同能力，以强大的资源保障有效增强了企业的创新发展能力。

3）采购业务智能决策

数字化采购系统提供了自助式、自动式采购服务功能，在战略寻源智能决策的基础上，进一步增强了企业的采购业务智能决策能力。在数字化采购系统中嵌入数据驱动技术，能够增强其需求与补货智能决策、审批与票据智能合约、合规与风险智能管控能力，更加生动形象地支持数字化采购业务智能决策，如图 6-15 所示。

图 6-15　数字化采购业务智能决策

（1）需求与补货智能决策

管理"驾驶舱"的应用使企业增强了采购需求预测能力，能够基于数据分析预测重要物资的需求，但是企业仍然需要增强自动感知物资需求的能力、自动触发补货请购行为。从需求预测到需求感知，采购人员与请购部门业务人员的角色发生了变化，自动感知、自动补货信息驱动下的智能决策更加贴近现实的应用场景。

需求与补货智能决策更加依赖于采购全过程数据的真实性、完整性以及企业的数据分析能力和应用智能分析技术挖掘需求规律的能力。企业应逐步完善数字化采购系统对数据进行采集、存储、管理、分析和使用的功能，提高数据价值链增值能力，以此增强数字化采购系统的自助式、自动式采购服务能力。

（2）审批与票据智能合约

RPA技术的应用，使数字化采购系统可通过模式识别和学习逐步消除重复性手工操作，例如预算审核、发票匹配等，实现日常例行采购管理职能的自动化和标准化。区块链技术的集成应用，使数字化采购系统能够基于规则自动分配审批任务和执行付款流程，实现基于智能合约的安全付款，全面提高采购效率、持续降低管理成本。

审批与票据智能合约功能的实现，使数字化采购系统能够在差异化品类分析的基础上，实现基于品类的自动化采购，通过批量执行重复性任务、自动触发审批流程，增强企业的精细化、标准化管理能力。在数据分析、数据挖掘基础上，将最佳实践的审批工作流程和票据合约工作流程的标准模板与机器智能融入采购组织就能降低差错率和采购风险。

（3）合规与风险智能管控

数字化采购系统通过构建合规与风险管理生态系统，将采购风险管理无缝嵌入采购流程，实现各环节采购行为的自动监控和审计跟踪报告的生成，确保采购的合规性，有效控制采购风险。在采购全过程中实时跟踪审计、动态监控，能够及时捕捉采购风险源信息，帮助企业快速洞察采购风险。

以合规与风险智能管控为目标构建的合规与风险管理生态系统，能够自动追踪采购全过程各环节的行为、监控异常情况，并通过管理"驾驶舱"、数字孪生技术提供监控与分析结果，帮助采购人员实时洞察合规性与采购风险，及时发现和消除风险隐患。管理"驾驶舱"、数字孪生技术的应用，增强了系统的风险可视化呈现能力，有助于采购人员精准定位风险源，快速消除风险隐患。

4）供应商管理智能决策

数字化采购系统提供了战略寻源智能决策功能，能够基于供应商洞察能力助力企业面向未来实现战略寻源转型。在数字化采购系统中嵌入商务智能，能够增强其供应商绩效预测、供应商风险监测、供应商 VR 审核能力，能够将战略能力转化为战术能力，以更加丰富的数据支持数字化采购供应商管理智能决策，如图 6-16 所示。

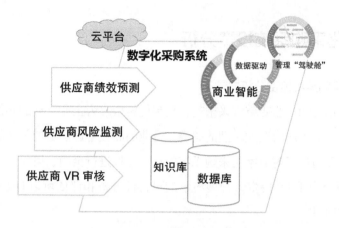

图 6-16　数字化采购供应商管理智能决策

（1）供应商绩效预测

数字化采购系统的管理"驾驶舱"、数据驱动模块都具有供应商绩效预测功能，可从企业的视角考核、评价和预测供应商绩效。通常没有交易记录的新供应商的绩效预测会受多种不确定性因素的影响，而且预测结果的真实性和可靠性均有待验证。如果数字化采购系统能够结合商业智能系统充分挖掘供应商的运营数据，将有助于提高供应商绩效预测的真实性和可靠性。

（2）供应商风险监测

供应商风险监测应充分结合第三方数据源，实时监控潜在的风险源，以提高企业在供应商准入决策、选择决策、考核决策等方面的准确性。在数字化采购系统中嵌入商业智能，其就能充分挖掘供应商的生产经营状况、信誉与口碑、ESG 价值等，帮助企业从供应链视角探讨供应商风险监测策略，提高供应商风险管理的科学性。

（3）供应商 VR 审核

供应商准入、供应商选择、供应商考核都需要企业进行供应商访问与现场审核，需要投入一定的人力、物力。在数字化采购系统中，企业可以集成应用商业智能和 VR 技术实现供应商 VR 审核，获得与真实场景一致的结果，以随时随地的审核提高供应商管理效率。

｜第4节｜ 数字化采购系统开发

1. 数字化采购系统投资分析

1）数字化采购系统投资分析方法

新一轮科技革命和产业变革方兴未艾，数字化转型成为企业发展的必然趋势，数字化采购系统的开发与应用成为企业转型的关键。企业的高级管理层更加关注数字化采购系统的经济问题，从而增加了对数字化采购系统的投资回报进行全面、可靠评估的需求。数字化采购系统的投资属于 IT 投资，开展科学的可行性分析和评估可以有效避免 IT 投资风险，提高资金的使用效率。

（1）TCO 法

对数字化采购系统的成本和收益进行分析是确定系统经济可行性和投资回报率的主要手段。系统生命周期内的总成本应低于或等于总收益。成本和收益分析的结果是企业明确系统定位、优化系统需求、定义系统能力、搭建系统架构的重要参考因素。企业采用总拥有成本（Total Cost of Ownership，TCO）的结构化框架与 IT 投资评估算法相结合的方法，对数字化采购系统的成本和收益进行定量化分析，可以为数字化采购系统的投资决策提供科学支持。

TCO 是一种科学、合理的经济评估指标，指采用新技术、新服务所需成本的总和，包括硬件成本、软件成本、人力资源成本等直接成本以及培训成本、维护成本、运营成本等间接成本。与投资回报率相比，TCO 侧重于反映系统的长期表现。国际咨询公司 Gartner 认为，TCO 法是一种长期考虑企业整体成本的全局性方法。该方法能够将定性的要素量化，进而分析数字化采购系统的效能，这有助于企业全面分析、评价、降低系统建设成本，从而提高整个系统的投资回报率，使系统能够更好地支持采购业务。

（2）基于 TCO 模型的投资分析

TCO 模型分别从成本、效益等角度构建了信息系统投资评估标准。数字化采购系统投资主要涉及信息技术领域，物联网、大数据、人工智能等相关技术的投资，企业可以借助 TCO 模型进行成本和收益分析，以便更好地观察数字化采购系统的投资回报情况。

数字化采购系统的 TCO 一般包括技术成本和业务成本两大部分。技术成本包括硬件、软件的购买（含维护和升级）与安装，人员培训的成本，以及操作、支持和咨询等的成本。业务成本涉及系统和业务的匹配度、运转效率对业务的负面影响和系统崩溃后的恢复问题。因此，企业在投资数字化采购系统时既要考虑终端用户的软硬件成本，也要考虑其他相关成本。其他相关成本包括以下内容。

- 附加的资产成本：软件、IT 支持软件和网络架构成本。
- 技术支持成本：硬件和软件部署成本、技术支持人员成本、系统维护成本。
- 管理成本：财务成本、供应商管理成本、用户培训成本、资产管理成本。
- 终端用户操作成本：宕机成本、用户支持成本。

为了便于核算，参照 TCO 模型，数字化采购系统的成本可分为直接成本和间接成本两大类，其中直接成本包括附加的资产成本、技术支持成本、管理成本等，而间接成本则包括终端用户操作成本等。

数字化采购系统的收益不仅是一个财务问题，更是一个战略和管理问题。数字化采购系统投资的价值，取决于该系统能够为企业带来的预期收益。从经济学角度来看，数字化采购系统就是一种资本，它能够生产其他产品或服务，而这些产品和服务又可以为用户提供价值。因此，数字化采购系统的潜在价值与使用结果是密切相关的。图 6-17 描述了数字化采购系统的价值。

图 6-17　数字化采购系统的价值

数字化采购系统的收益体现为增加的企业利润或者降低的成本，是一种预期收益。收益分为有形收益和无形收益。有形收益指可以计量的收益，可以按照月度或者年度利润的形式来衡量。无形收益指难以量化或者不可能量化的收益。投资数字化采购系统带来的无形收益主要包括较高的工作效率、较高的管理决策水平、较高的产品质量、较高的客户满意度、通过提升竞争优势获得的更优秀的供应商资源，以及较高的风险管控能力。

依据 TCO 模型进行的数字化采购系统的投资分析，可以从业务价值和 IT 价值两个角度展开。业务价值体现了系统运用在决策、管理、执行、产品和服务等方面的价值，企业可以从业务流程、业务实践和从业人员 3 个角度衡量。IT 价值体现在遵循系统总体框架设计标准、保持系统先进性建设成本优化和运行成本优化等方面。

2）数字化采购系统投资评估方法

综合运用 TCO 模型的成本和收益分析框架与 IT 投资评估方法，能够更加科学准确地量化 IT 项目的投资回报情况。综合测评法是常用的 IT 投资评估方法之一，它以综合评价的方式描述投资 IT 项目的收益，而非运用单一的财务指标或经济指标进行评价，能够对企业的有形收益和无形收益进行综合测量，从而全面评价数字化采购系统的投资回报情况。以如下场景为例，应用 TCO 模型和综合测评法分析数字化采购系统的投资回报情况。

案例：某大型企业拟构建集供应商管理、智慧寻源、需求管理、合同管理、订单管理、产品管理、报表分析、库存管理等功能于一体的数字化采购系统，在系统建设前需要对其进行投资评估。

（1）数字化采购系统的成本分析

依据 TCO 模型对数字化采购系统的成本进行分类估算。假设系统建设当年的投入为 450 万元（见表 6-1），在评估基准日以一年定期储蓄存款的利率 2.25% 作为折现率，系统在 5 年使用期内的成本为 111.31 万元（见表 6-2），则累计投入为 568 万元。

表 6-1　数字化采购系统建设当年的投入

单位：万元

投入种类	成本类型	成本明细		
直接投入	软硬件成本	硬件成本	服务器、MCU、存储系统成本	270
		软件成本	智能采购平台成本	45
			数据库、操作系统成本	25
	项目管理成本	项目实施、管理成本		90
		系统设计、开发成本		
		IT 培训成本		
	运营成本	技术服务成本		10
		客户服务成本		
间接投入	用户成本	学习成本		10
共计				450

表6-2 数字化采购系统5年使用期内的成本

单位：万元

成本类型	成本明细	第1年	第2年	第3年	第4年	第5年
软硬件成本	新增硬件设施成本、软件版本升级成本	20	10	1	1	1
项目管理成本	系统功能完善及开发成本	0	10	5	5	5
运营成本	硬件、软件、网络系统运维成本	10	10	10	10	10
用户成本	学习成本、宕机成本	2	2	2	2	2
小计		32	32	18	18	18
合计						111.31

（2）数字化采购系统的收益分析

依据 TCO 模型，企业可将数字化采购系统分为寻源系统、财务管理系统、供应商管理系统、计划系统、库存管理系统等5个子系统并分别计算收益，然后求出总收益。系统的业务收益体现在成本节约和企业利润的增加两个方面，表6-3以寻源系统为例列出具体收益的核算方式。数字化采购系统5年使用期内的收益如表6-4所示。

表6-3 寻源系统收益

收益类型	收益类别	收益明细
有形收益	差旅费用	减少20%，节省633,650元／年
	招待费用	减少10%，节省349,157元／年
	工作效率	提高2%，收益104,996元／年
	合计收益	1,087,803元／年
无形收益	1. 自动询价，减少烦琐事务，提高员工工作积极性； 2. 历史价格清晰可见，提高决策质量	

表6-4 数字化采购系统5年使用期内的收益

单位：万元

子系统	第1年	第2年	第3年	第4年	第5年
寻源系统	1,087,803	799,179	799,179	799,179	799,179
财务管理系统	31,682	31,682	31,684	31,683	31,683
供应商管理系统	285,163	285,163	285,163	285,163	285,163
计划系统	427,745	436,300	445,025	453,926	463,004

子系统	第1年	第2年	第3年	第4年	第5年
库存管理系统	600,000	618,000	636,540	655,636	675,305
小计	2,432,383	2,170,324	2,197,591	2,225,587	2,254,334
合计					10,563,458

（3）数字化采购系统投资回报

项目一次性投入450万元，在5年使用期内共投入568万元，累计收益约1128万元，利润总计560万元，投入产出比约为198.6%，总体投资回报率约50.7%。预计项目投资回收期为2.2年，参考国内类似系统的使用情况，投资回收期的置信区间约为[1.9，2.5]年。数字化采购系统成本收益分析如表6-5所示。

表6-5 数字化采购系统成本收益分析

单位：万元

项目	实施当年	第1年	第2年	第3年	第4年	第5年
累计投入	450	482	514	532	550	568
累计收益	0	243.24	460.27	680.03	902.59	1,128.02
投入产出比	0	50.5%	89.5%	127.8%	164.1%	198.6%
累计利润	−450	−238.76	−53.73	148.03	352.59	560.02

常用的IT系统投资评估方法还有IBM功能点分析法，该方法基于软件功能估算价值，运用度量和估算的方法对软件工程实现定量分析，包括对软件工程的项目规模、工作量、进度和投资成本的分析等。该方法在国际上使用较为普遍，广泛应用于信息系统、数据库密集型系统、4GL应用系统等的开发。在实际评估中，企业可参照以下步骤开展评估工作。

●估算项目规模，需计算系统功能点。

●估算项目工作量，以人/月为单位。

●估算项目进度，以月为单位。

●估算项目成本。

具体评估公式如表6-6所示。

表 6-6 IBM 功能点分析法

代码行 L	FP × KLOC/FP（千代码行）
工作量 E	5.2 × L 0.91（人／月）
文档量	49 × L 1.01（页）
系统建设费用	E × 3.23 B（万元）
开发人员数量	0.54 × E0.8（人）
项目持续时间	4.1 × L 0.14（月）

3）数字化采购系统投资决策

应用基于 TCO 模型的投资分析以及 IT 投资评估方法进行投资评估，企业可以清晰地了解数字化采购系统投资的成本结构、收益结构，以及数字化采购系统的投资回报情况。由于数字化采购系统的复杂性、专业性，企业仍然需要在自主开发数字化采购系统和购买通用数字化采购系统之间做出投资决策。

自主开发数字化采购系统和购买通用数字化采购系统的优缺点如表 6-7 所示。具体而言，选择自主开发数字化采购系统的优点是能够更精准地满足企业业务的特殊要求，有时成本较低（开发相对简单和小型的系统时）；主要缺点是自主开发系统的成本和周期容易失控，功能容易缺乏先进性和完整性，不同版本和模块的开发衔接容易出现问题。购买通用数字化采购系统的优点在于系统体现了丰富有效的管理理念且拥有切实可行的解决方案，保障系统性、先进性和标准化，服务提供商具备丰富经验、系统实施可控度高；主要缺点在于费用一般较高，且系统有可能缺乏满足企业特殊要求的灵活性和针对性。

表 6-7 自主开发数字化采购系统和购买通用数字化采购系统的优缺点

优缺点比较	自主开发数字化采购系统	购买通用数字化采购系统
主要优点	1. 能够更精准满足企业业务的特殊要求 2. 有时成本较低（开发相对简单和小型的系统时）	1. 系统体现了很有效的管理理念且提供了众多方案 2. 保障系统性、先进性和标准化 3. 服务提供商具备丰富经验、系统实施可控度高
主要缺点	1. 成本和周期容易失控 2. 功能容易缺乏先进性和完整性 3. 不同版本和模块的开发衔接容易出现问题	1. 费用一般较高 2. 有可能缺乏满足企业特殊要求的灵活性和针对性

如果自主开发数字化采购系统和购买通用数字化采购系统决策选择不适合企业发展现

状，就会给系统的实施和维护带来一系列问题。对于数字化采购系统开发路径的选择问题，企业管理者一定要根据实际情况，全面审视、慎重决策。

2. 数字化采购系统设计与实施

1）数字化采购系统设计

结构化系统开发方法（Structured System Development Methodology，SSDM），是一种传统的信息系统开发方法，旨在以用户为核心、以系统工程思想和工程化方法，结构化、模块化、自顶向下地进行分析与设计，是目前应用最普遍、最成熟的信息系统开发方法之一。应用结构化系统开发方法设计数字化采购系统，可以将系统开发过程分为系统规划、需求分析、系统设计、编码、测试、维护6个阶段，6个阶段间有严格的界定，完成上一个阶段后，方可进入下一个阶段。

（1）系统规划

系统规划阶段，企业通过对数字化采购系统的开发任务进行全面调查和可行性研究，制定出系统总体的逻辑结构、开发策略，确定产品规划、经费预算、迭代方向和开发时间等。系统规划的主要内容包括企业目标的确定、解决方式的确定、系统目标的确定、系统主要结构的确定、开发项目的确定、可行性研究等。

（2）需求分析

需求分析阶段的主要目的是明确系统开发的需求。企业通过用户研究和市场调研，对比分析竞品，确定系统的功能模块、运行环境和性能要求。系统分析的主要内容包括数据的收集和分析、系统数据流程图的确定、系统功能流程图的确定、系统结构图的确定、系统方案的确定等。通过分析数字化采购系统的功能需求、性能需求、环境要求与限制等，企业可对数字化采购业务流程和数据流程进行梳理，最后形成软件需求说明书。软件需求说明书里要详细说明需求背景、软件规划、功能逻辑、页面元素、需求规格等。

（3）系统设计

系统设计阶段，企业会根据软件需求说明书设计系统架构和实现方法。根据系统规模的大小，系统设计进一步分成概要设计和详细设计。概要设计环节，企业首先定义系统的总体结构、模块划分、模块的功能说明以及模块之间的调用关系，定义各功能模块的接口，设计全局数据库和数据结构。详细设计则对概要设计中的功能模块进行方法和过程的描述，落实到细节的实现，为编写代码提供必要的参考，包括模块内部的实现算法、输入/输出设计、数据库设计等，最后形成软件设计说明书。

（4）编码

编码阶段也称软件实现阶段，是指由程序员根据软件设计说明书的要求，采用程序设计语言和软件开发工具，编写程序代码的过程。编码阶段的主要工作内容包括对各程序模块进行编码、调试、静态分析和单元测试，验证程序模块与设计说明的一致性，并将经过测试的模块集成为一个完整的系统。其中，单元测试应满足《计算机软件测试规范》（GB/T 15532-2008）中的要求。最终的编码程序要能够满足软件需求说明书中的要求。

（5）测试

测试阶段的主要任务是发现需求分析、系统设计和编码阶段产生的各种错误和逻辑不合理之处，以保证系统的质量。测试的目的是在一定时间和经费的前提下，通过执行有限个测试过程，尽可能多地发现系统中的错误，而不是证实软件中不再包含错误。

（6）维护

维护阶段的主要任务是对已投入运行的系统进行完善性、正确性和适应性维护，对系统的使用提供持续性保障。系统维护主要以升级软件的方式实现，包括系统功能的局部优化与功能的扩充、故障的排除和潜在缺陷的消除、性能的提升以及软件运行环境的变化等。

2）数字化采购系统实施

在预算充足的前提下，经过投资分析、系统设计，企业就可以进入数字化采购系统实施阶段。数字化采购系统实施是指根据系统设计报告，将系统设计结果在计算机上呈现，进而转换成可运行的数字化采购系统。数字化采购系统实施阶段的主要任务如下。

（1）购置计算机设备，搭建计算机网络系统

根据数字化采购系统设计报告中的软硬件配置和网络设计内容，购置和安装计算机硬件设备和基础软件，如果需要，还要搭建计算机网络系统。

（2）建立系统数据库

根据数字化采购系统设计报告中的数据库设计内容，建立系统数据库。

（3）编写程序并进行调试

根据数字化采购系统设计报告中的功能设计、界面设计和数据库设计等内容，编写程序并进行必要的调试。

（4）用户培训

一方面要培训用户学会使用数字化采购系统，让用户了解数字化采购系统的整体结构，产品经理会编写用户手册供用户使用；另一方面还要培训用户方的相关信息技术人员（如技术支持工程师和运维工程师等）了解数字化采购系统的基本技术逻辑，学会基本的故障排除方法，以便在数字化采购系统发生故障时自行检测。

（5）数据准备和系统切换

数字化采购系统第一次正式投入运行前，需要输入大量初始数据，进行数字化采购系统的初始化搭建。数字化采购系统初始化搭建成功后，用户即可从旧系统切换到新系统。

（6）系统测试验收

数字化采购系统上线后，用户要对系统功能进行测试验收，这主要是为了检验系统功能的可用性和稳定性，判断数据是否准确。在进行数字化采购系统测试过程中，用户如果发现问题，可以反馈给研发人员进行调试，修正程序后，确保有关功能能够正常运行。

3. 数字化采购系统风险与防范

1）数字化采购系统风险

数字化技术在采购管理领域的应用如同大多数技术一样，在带来收益的同时也会带来风险。风险来自数字化技术的投入使用，以及现有信息系统的使用。如果企业不能精准识别有关风险，缺乏相应的手段分析和规避风险，数字化采购系统的实施就会遇到阻碍。数字化采购系统在实践中的风险点贯穿新技术使用和企业适应的全生命周期，主要包括新旧系统切换风险和新系统运行风险。

（1）新旧系统切换风险

数字化采购系统实施时，采购人员必须要从熟悉的旧系统转换到以新技术为核心的新系统，采用新的工作模式和工作方式。新旧系统切换在管理层面和技术层面都容易出现问题，从而引发数字化采购系统的实施风险。

在管理层面，由于数字化采购系统引入了新思想、新技术和新标准化流程，采购人员要付出一定的学习时间和成本熟练掌握数字化采购系统蕴含的管理思想、管理流程和管理规范。采购人员在短时间内完全掌握新系统的使用方法具有一定难度，会因为不能学会使用新系统而面临无法继续承担本职工作的风险，继而产生对新技术的畏难和排斥情绪。数字化采购系统实施管理层面的风险主要来自组织惰性、人为障碍，需要采购人员正确理解和认识数字化转型的重要性，从企业发展的高度认识数字化采购系统的实施。

在技术层面，数字化采购系统实施要进行新旧系统的切换，需要对巨大的人力、物力资源进行系统整合，将旧系统的数据迁徙、转换，甚至人工输入新系统。数字化采购系统实施在技术层面的风险主要来自转换方案的试错风险、对过程文档的记录与保存不当，以及对新技术、新知识的学习效率低下，采购人员需要正确理解和认识数字化技术的优势，及相应的技术规范、管理规范。

（2）新系统运行风险

数字化采购系统不仅在新旧系统切换阶段存在风险，在新系统运行阶段也会产生风险。数字化采购系统作为新系统运行时，在管理层面和技术层面都会产生一些新的风险。

在管理层面，数字化采购系统的运行会带来新的管理理念、管理方法和管理流程，RPA 技术、管理"驾驶舱"、数据挖掘、商业智能等的应用都会分担大量的人工工作，必将带来工作岗位、工作职责、工作量的变化，短时间内会产生管理变革风险。面对数字化采购系统运行在管理层面的风险，采购人员需要统一思想认识，充分理解和认识新管理环境的新要求，从更高层次上履行好自己的职责。

在技术层面上，数字化采购系统运行过程中会产生系统软件 BUG 和质量缺陷问题、软硬件系统集成不灵敏、一些高度依赖数据量的功能无法实现等技术问题，需要技术人员在系统应用过程中逐渐发现并加以解决。面对数字化采购系统运行在技术层面的风险，采购部门需要事先做好防范预案，采购人员应积极配合技术人员解决遇到的技术问题，技术人员则应履行好系统运行与维护职责，及时有效地规避技术层面的风险的蔓延和扩展。

2）数字化采购系统风险防范

面对数字化采购系统的新旧系统切换风险和新系统运行风险，企业需要采取有效措施加以防范，才能有效规避数字化采购系统运行过程中的各类风险。在制定数字化采购系统风险防范措施时，企业不仅需要密切关注数字化采购系统的风险防范要素，而且需要制定完善的风险防范步骤。

（1）数字化采购系统风险防范要素

面对数字化采购系统蕴藏的系统性风险，在系统实施过程中企业应密切关注风险防范五要素，有目的、有意识地通过计划、组织、控制和检查等活动防范风险的发生，削弱风险发生的影响，全面提高采购管理的效率和效益。

尽管数字化采购系统提高了采购管理分析和决策的智能化水平，增强了采购过程预测、预警的可视化能力，但是采购管理的关键控制点并没有发生变化，即事前的供应商准入、事中的采购计划确认和采购合同确认仍然是采购的三大关键控制点。数字化采购系统的实施应聚焦三大决策关键要素，多方共同测试系统提供的智能化解决方案和数据分析结果，认真把握采购管理成功的关键因素。

数字化采购系统的价值体现数据价值生成和数据价值实现过程中，企业利用数字化采购系统能够充分挖掘数据蕴含的价值，提升采购管理决策的科学性。在数字化采购系统实施过程中，企业应注重评估系统的数据采集、数据存储、数据管理、数据分析和数据使用能力，以及从需求管理直至开出发票全过程的数据价值，及时发现数据价值生成、数据价值实现中存在的问题，确保数字化采购系统增值能力的提升。

数字化采购系统与内外部系统集成拓展的功能，不仅增强了企业的战略寻源能力、采购业务决策能力、供应商管理决策能力，而且内外部数据、系统的有机集成还增强了系统复杂性。在数字化采购系统实施过程中，企业应精准定位系统存在的管理复杂要素、技术复杂要素，不仅要求技术人员制定详细的说明书，而且要求采购人员制定清晰的工作流程和管理规范，以更好地规避或消除复杂要素的影响。

数字化采购系统增强和拓展了采购职能，例如增加了可预测战略寻源、自助式采购服务、自动触发补货等功能，但是数字化采购系统无论有多强大都不能完全替代人做决策，采购人员担负的采购管理职责始终不变。在数字化采购系统实施过程中，企业应进一步明确采购人员的职责、明确采购管理决策中"人"和"机"的分工，充分考虑市场环境和未知问题的复杂性，充分发挥人类智慧与人工智能相结合的优势。

在设计数字化采购系统的过程中，企业一定要选择具有前瞻性的管理模式、技术方法、集成功能等，充分考虑战略寻源转型、战略采购升级等企业未来发展对采购管理的需要，要具有高度的洞察力和预见性。在数字化采购系统实施过程中，企业应在有前瞻性地进行选择的基础上保持技术持续改进、不断迭代升级，避免数字化采购系统在技术持续创新升级的浪潮中过早地失去应有的技术优势。

（2）数字化采购系统风险防范措施

数字化采购系统风险防范应该贯穿于系统实施的整个过程。在密切关注数字化采购系统风险防范要素的基础上，企业应根据数字化采购系统风险类型制定相应的风险防范措施，采取有效措施防范风险事件的发生、发展。

数字化采购系统的应用本质上是一场技术变革和管理创新，需要企业相关部门自上而下的领导和自下而上的支持，因此需要采购部门在数字化采购系统的设计、开发过程中结合系统蕴含的管理思想和操作流程制定相应的管理规范。为了提高管理规范的科学性、有效性，规范编制人员应全程参与系统的设计和开发，指导系统功能测试和运维服务。

数字化采购系统运行会带来相关领域的新技术、新知识，需要采购人员正确理解和认识这些新技术、新知识。采购人员应注重自身的学习，及时掌握新系统的技术规范、管理规范。企业应注重加强员工培训，除了培训如何使用操作系统以外，还应培训相关的新技术、新知识，帮助员工统一思想认识，充分理解和认识新管理环境下的新要求。

数字化采购系统运行涉及内部的采购、财务、生产、设计等部门，甚至涉及外部客户和供应商，新旧系统切换风险和新系统运行风险的出现都会产生不利的影响。采购部门应制定相应的防范预案，建立有效的风险预警机制，每位员工、每个部门都应从企业长远利益出发做好风险防范工作，遇到风险及时预警。

企业需要为数字化采购系统建立运维服务体系，该体系包括组织、制度、流程、技术支撑、绩效考核等方面，以全面提高运维服务的质量和水平。通过系统的培训和学习，运维服务人员能够担负起系统投入运行后的管理及维护、系统建成前后的评价、发现问题并提出系统迭代升级的需求、更新运维问题文档等工作，保障系统高效、稳定、安全运行。

参考文献

[1] 王建民. 石油化工工程建设企业物资采购风险控制研究 [J]. 物流科技，2015，38（07）：132-133+138.

[2] 卢晓凯，封军. 电子采购平台与 ERP 系统融合助力企业采购数字化转型发展 [J]. 中国物流与采购，2021（15）：38-39.

[3] 任晓敏，唐荣高，罗志勇，等. 电子订货系统（EOS）在医用材料管理中的应用 [J]. 生物医学工程学进展，2017，38（02）：112-115.

[4] 张强. 施工总承包企业分包采购模式分析与选择 [J]. 企业改革与管理，2019（07）：212-214.

[5] 朱丽丽，张瑞，王孟潇. 基于区块链＋物联网的供应链采购合同管理研究 [J]. 中国物流与采购，2020（08）：65-66.

[6] 董慧. 浅析公司间接采购成本控制绩效管理 [J]. 人口与经济，2010（S1）：212-213.

[7] 崔彬彬. 供应链环境下企业采购管理系统研究 [J]. 经营者，2021，35（12）：61-63.

[8] 叶剑亮，陆继山. 企业信息化采购管理系统设计与应用研究 [J]. 中国管理信息化，2021，24（15）：102-106.

[9] 刘佳颖，戚忠礼. 基于 ITIL 的物资采购信息系统运维服务台的研究 [J]. 中国管理信息化，2013，16（20）：58-61.

[10] 张兆一，王德权，苏佳琦，等. 基于制造企业采购信息系统的研究与开发 [J]. 组合机床与自动化加工技术，2021（07）：178-180+184.

[11] 杨叶勇. 物流信息技术与信息系统 [M]. 长沙：湖南师范大学出版社，2020.

[12] 赵林度，王海燕. 供应链与物流管理 [M]. 北京：高等教育出版社，2018.

[13] 冯耕中，吴勇，石晓梅. 物流信息系统 [M].2 版. 北京：机械工业出版社，2020.

[14] 秦天保. 现代物流信息系统：技术、应用与建设 [M]. 上海：上海交通大学出版社，2010.

[15] 朱晓艳. 制造企业间接采购管理优化 [J]. 经济管理文摘，2021（07）：173-174.

[16] 邢德海，张曦. 基于 TCO 的信息系统成本和收益的有效测量方法研究 [J]. 工业技术经济，2010，29（10）：127-131.

[17]Jonni Jahnukainen, Mika Lahti. Efficient purchasing in make-to-order supply chains[J]. International Journal Production Economics, 1999, 59（1-3）:103-111.

[18]艾瑞咨询. 中国企业采购数字化管理调研白皮书 2020 年 [EB/OL]. [2020-12-23].

[19]Kearney. Procurement: making digital transformation work for you[EB/OL]. [2020].

[20]赵国锋，葛丹凤. 数据虚拟化研究综述 [J]. 重庆邮电大学学报（自然科学版），2016，28（04）：494-502.

[21] 艾瑞咨询. 中国数字化新采购发展白皮书 2020 年 [EB/OL].[2020-10-15].

[22] 韦韬. 浅谈信息系统工程软件造价评估方法 [J]. 信息安全与技术, 2010（09）：90-92.

第 7 章

采购谈判

按照 ISM 的定义，谈判是一个双方或多方之间相互探询和交流的过程，以确定相互间的兴趣、底线和其他可选项，并致力于达成各方满意的结果。在供应链管理中，谈判一般是采购组织与供应商围绕采购交易的所有环节展开的，双方都有各自的观点、利益诉求和目标，涉及价格、服务、规格、技术和质量要求、支付条款等方面。

本章所说的谈判，特指供应链管理中采购组织与供应商之间的采购谈判，是一个正式的沟通过程，并构成寻源战略执行与实施阶段的一个重要环节。对于采购组织而言，与供应商进行谈判，就采购合同的主要内容、补充协议等达成一致，是最常见的采购方式之一。即使是通过招投标或询比价的方式进行采购，常常也有谈判的环节，以促成最后的合同订立。

采购谈判是一项复杂和高成本的活动，需要谈判人员投入大量的时间和精力进行充分的谈判准备工作。一般认为，谈判的准备成本占谈判总成本的 90% 左右。此外，谈判还要经历多个阶段或多轮次的、艰苦的谈判过程。在谈判准备与实施中，谈判人员还需要掌握和运用各种有效的工具、策略和技巧，以帮助采购组织获得满意的谈判结果，达成预设的谈判目标。

在当今充满变化的商务环境中，采购组织越来越关注如何从与供应商的合作中获得竞争优势。因此，谈判人员在与供应商进行谈判时，需要充分理解采购组织的战略意图，并将其作为谈判的目标。这些战略意图包括（但不限于）以下内容：与少数供应商结成战略伙伴关系；获得供应商持续改善的承诺；促成供应商持续进行成本削减；获得供应商关于交付、服务和担保等方面的承诺；增强供应商的积极主动性，使其为采购组织实现产品／服务的创新献计献策。

1.了解谈判的理念、分类和流程。

2.清楚谈判准备中所要收集的信息，以及进行信息分析的工具与方法。

3.熟悉 3 种谈判战略。

4.熟悉期望、需要与可交换条件，以及谈判计划所包含的内容。

5.熟悉分配型谈判和整合型谈判中常用的战术、技巧和关键要点。

| 第 1 节 | 采购谈判概述

1. 谈判的适用场合

采购组织首先需要明确何时采用谈判，也就是谈判的适用场合问题。一般而言，当谈判人员认为必须要通过谈判而不是简单地接受供应商现有的要约，才可能获得对采购组织更加有利的交易结果时，就会选择谈判这一方式。适合进行谈判的情形有以下几种。

●采购金额大且供应商之间缺乏竞争而无法采用招投标方式时。

●报价极为相近或没有满意的投标时。

●合同为非标准合同，存在特殊价格、质量和服务需求时。

●采购产能、为特定的生产和服务能力制定合同时。

●产品包含的技术很复杂，需要经常改变合同或设计时。

●面临众多不确定因素时，如在一个陌生的行业或国度中。

●自制可作为一种选择时。

●采购组织对所需的产品 / 服务拥有独特的经验，或只有极少甚至完全没有经验时。

●采购内容为高新技术，需要对技术进行妥善保密时。

●启动投资巨大，以及与战略供应商进行商业合作时。

2. 谈判理念与谈判分类

1）谈判理念

一般来说，有 3 种不同的谈判理念：双赢、单赢和双输。表 7-1 给出了这 3 种谈判理念的重要特征。

表 7-1　3 种谈判理念的重要特征

双赢	单赢	双输
合作的	对立的	对抗的
整合的	分散的	不感兴趣
广泛的互动	适度的互动	很少的互动

双赢	单赢	双输
长期的	中短期的	临时的／过渡的

（1）双赢理念

这是一种双方都关注对方的谈判结果与收益以及双方之间的长期合作关系的理念。

（2）单赢理念

在这种理念下，一方较关注自己的谈判结果和收益，而忽略对方的谈判结果和收益，缺乏长期合作意识。

（3）双输理念

这种谈判理念是指双方都不关心自己和对方的谈判结果与收益，对双方的关系也毫不关心，而抱着一种"我得不到，你也别想得到"的心态，缺乏达成交易的意愿和动力。这种理念多数是在谈判过程中，由于分歧过多、互不相让、情绪失控等原因而产生的，是被强烈建议摒弃的一种谈判理念。

采购组织采取或持有何种谈判理念，一般取决于以下内容。

● 长期合作关系的建立对采购组织的重要性。

● 采购组织对非输即赢的信仰程度，体现了其长期形成的价值观。

● 采购组织对供应商的依赖度。

● "混合动机"，即采购组织既强调自身的利益诉求，但又都有长期合作的意愿。

2）谈判分类

传统上，受单赢理念的支配，谈判被视为一种零和游戏，一方的利益增加通常意味着另一方的利益减少。自 20 世纪 80 年代中期开始，谈判理念开始发生转变，在现代谈判中，越来越多地倡导双赢或共赢。

今天，我们一般把零和的谈判方式称为分配型谈判，而把双赢的谈判方式称为整合型谈判。虽然，双赢或共赢的理念越来越成为现代谈判的主流，但在实际工作中，分配型谈判依然无处不在，即使是整合型谈判，最终还是会有分配的过程或环节。

（1）分配型谈判

当一个蛋糕被两个人分食的时候，任何一方多吃一点，就意味着另一方要少吃一点。这个比喻形象生动地诠释了分配型谈判的特征，即在资源有限的情况下，双方会争夺更多的资源，也就是说，他们的目标存在直接的冲突，于是，某一方的利益增加就对应着另一方利益的减少，这时谈判就变为零和游戏。分配型谈判也被称为竞争型或输赢谈判。

生活中常说的"讨价还价"，实际上反映的就是分配型谈判的过程。"讨价还价"或分配型谈判中，谈判双方通常都会设定 3 个关键点，并据此圈定一个谈判区间。这 3 个关键点分别是目标价、底线价格、开价。买卖双方将各自的3个关键点放在一起则构建出各自的谈判区间。双方在设定各自的谈判区间之间，一般会出现有重叠区和没有重叠区两种情况。

其一，双方的谈判区间有重叠区，谈判成功概率很高。图7-1（此图体现的仅仅是一种典型的有重叠区时的情形）中，买方目标价（14元）低于卖方目标价（18元），因此，在目标价之间双方没有重叠；而且，买方目标价（14元）也低于卖方底线价格（15元）；但是，买卖双方存在一个卖方的底线价格与买方的价格底线之间的重叠区域（15~20元），因此，双方通过讨价还价，可能得出一个双方最终都能接受的结果。

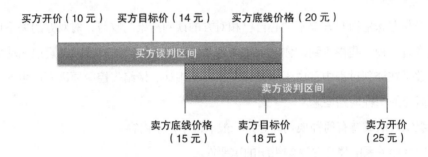

图7-1 存在重叠区（网状阴影区域）的情形

其二，双方的谈判区间没有重叠区，谈判成功的可能性几乎为零，除非一方在迫不得已的情况下突破自己的底线。图7-2中，买方的底线价格（14元）低于卖方的底线价格（15元），双方不存在重叠区。此时，终止谈判比接受一个突破自己的底线、对己方利益有所损害的协议要更明智。

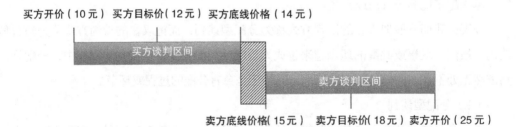

图7-2 不存在重叠区（斜线阴影区域）的情形

在分配型谈判中，信息被视为一种有力的武器，而信息的保密被当作一个重要的策略。双方都尽力保守己方所知的信息，同时竭力探询对方的各种信息，尤其是对方的底线。

分配型谈判的首要目标，通常是使己方在交易中实现收益最大化。因此，采购组织的谈判人员在谈判中要做好两件事，一是发现和识别供应商的底线，二是影响对方并改变其预设底线。

（2）整合型谈判

如果采购组织不把供应商当作资源有限情境下实现单赢目标的冲突方，而是与供应商保持目标一致，即通过资源整合、相互合作，共同扩大市场份额、开拓合作领域、提高市场竞争力，也就是俗话说的"把蛋糕做大"，这时，双方在为了订立采购合同而进行的谈判中，更多会抱着"你赢我也赢"的态度，展开整合型谈判。

与分配型谈判相反，在整合型谈判中，有效的信息交换和信息共享被看作达成协议的一种重要策略。双方追求大同、搁置小异，强调的是达成协议对双方真实需要的满足，而不是把重点放在几个关键价格的争夺上。由于谈判的目标是使双方满意，因此，相对于分配型谈判而言，整合型谈判过程中存在着更多"舍与得"的良性价值交换。

3.谈判流程

谈判流程一般包括谈判准备、谈判实施、谈判完成 3 个阶段，如图 7-3 所示。下文将重点介绍前两个主要阶段。

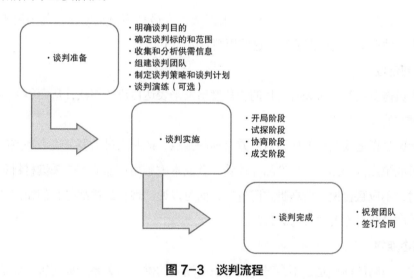

图 7-3　谈判流程

在谈判准备阶段，供应商管理人员需要与内部利益相关方进行充分的沟通，明确谈判目的，确定谈判标的和范围，收集和分析供需市场的相关资讯、谈判双方的业务现状与趋势信息、谈判双方的优劣势，选择合适的谈判团队成员、商讨和确定成员在谈判过程中的角色与职责，制定谈判策略，形成周详的谈判计划。在时间允许时，谈判团队最好进行谈判演练，找出谈判计划中的潜在问题并予以修正。

谈判实施阶段一般包括 4 个子阶段，即开局阶段、试探阶段、协商阶段和成交阶段。在谈判开局阶段，谈判双方会进行简短的寒暄、介绍各自的谈判团队成员简况、阐述各自的谈判目的与立场，并争取为后续的谈判奠定有利的态势基础和地位基础；在谈判试探阶段，谈判双方会向对方提出各种预先准备好或临场发现的问题，尝试打探对方在各个方面的真实需要、目标定位及底线，也可能主动且有选择性地向对方透露己方的商业资讯或乐观定位，引导整个谈判向着对己方有利的方向发展；在谈判协商阶段，谈判双方会通过抛出各种各样预先准备好的交换条件，做出适当的、有计划的让步，来获得对方的让步，从而缩小双方的目标差距，推动谈判顺利进行，促成协议的达成；在谈判成交阶段，谈判双方会针对在之前各阶段中达成的一致意见，进行总结和确认，其中一方会发出成交信号，并确认对方接收到和接受这种信号，进而对所有协议达成的附加条件或后续行动计划进行澄清，并形成谈判文件记录，以确保双方在后续的合同签订过程中，没有不必要的误解或争议，从而顺利完成签约工作。

4.谈判原则与应用

在谈判实践中，有 6 条有用的原则。很多谈判人员都不自觉地在谈判中用不同的方式、或多或少地在实践着这些原则。这些原则具体如下。

1）有利定位

谈判人员需要从对方所关心的目的和角度出发来表达自己的想法，从而得到对方的认可，削弱对方的排斥心理。

有利定位是指把谈判标的作为对己方有利的基点，谈判人员需要从这个基点出发来提出需求、形成论点。例如，一位产品经理就一款成本敏感型产品的一个关键材料和供应商进行谈判时，不应直接说"我要贵方降价"，而可以说"现在的挑战是我们如何精诚合作才能使这款产品获得更大的市场份额"。

2）高企期望

运用这一原则的前提是，不会对采购组织所期望的供应商关系造成伤害。而把期望设定得较高的目的在于，尽量促成最后的成交价格接近己方所设定的目标价格，甚至更好。谈判人员将谈判中涉及的各个方面的期望都设定得高一些，例如，更快的交付、范围更广的担保、促使供应商提供更多的信息（流程、控制、真实成本等方面的信息）、得到供应商更多资源投入的承诺、供应商为采购组织的需求进行生产排程的灵活性更强、更慷慨的付款条件等。

不少谈判人员在谈判中不敢提出高要求。而实际上，提出高要求往往会获得更好的结果，分配型谈判和整合型谈判都是如此。在分配型谈判中，对有限资源进行分配时，你无所求，就不会有所得。在整合型谈判中更需要提出高要求，要求越高，才越能激发谈判双方的能动性，寻找出解决问题的更佳方案，这也是帕累托最优法则所揭示的现象。

每一场谈判都有很多的问题需要双方沟通和磋商。有经验的谈判人员会积极探索对方在每个问题上的底线。谈判人员需要牢记一点，在谈判过程中，期望一般只会降低，越来越接近真实的需求，而不是逐渐升高。所以，在谈判早期，谈判人员要在合理的范围内，尽量将期望设定得高一些，以便为后续的谈判预留让步余地。

另外，谈判中存在所谓的锚定效应。即在分配型谈判中，先出价的一方通常被视为拥有力量的一方，而最后的成交价格一般都会与首先开出的价格接近。最先的出价仿佛是一个固定船只的锚，因此被称为锚定点。

3）巧用信息

有经验的谈判人员在制订谈判计划时，会同时制订出谈判实施进度计划，以明确在谈判过程中何时、如何给予并获取信息。巧用信息涉及两个方面：巧用己方拥有的信息、巧用对手拥有的信息。

很多时候，己方在谈判中没有实现价值最大化，往往是由于己方的机密信息不小心泄露了，或者没有从对方那里探询到对己方有利的信息，甚至是忽视了已经到手的信息。

4）深谙力量

谈判前，谈判人员要充分了解供应商的现状和实力（知彼），以及采购组织自身所拥有的实力（知己），并在谈判过程中，用适当的方法去检验这些力量的真伪。

比如，谈判人员可能这样展现己方的实力："如果贵方不接受我方的交易条件，那么我方现在只能结束与贵方的谈判，去接受另一家供应商的更好的合作条件了！"也可能这样说："如果贵方没有诚意，我们坐在这里谈判的必要性就不大了！"但相比之下，第一种陈述显得更有力量。更具有力量的陈述常常是："如果贵方在 × 月 × 日前，不能接受我方业已让步的交易条件，我方将不再继续与贵方进行谈判和合作！"

采购组织的实力通常体现为采购组织在业界的声望、采购支出的金额等。除了一些实质性的要素，谈判人员还需要认识到，采购组织的实力体现为其表现出来的自信和坚定程度。

在谈判中，有几种力量的展现更容易起到正面积极的作用。例如，信息充分带来的力量、深谙市场和成本结构的专家力量、作为某个行业或领域的权威的力量。

谈判人员还可以借助情绪的力量，例如，"我们已经合作这么久了，双方一直都合作得挺愉快的，这次还要请贵方多多体谅我方的难处。""要不是我们合作这么久，大家这么熟悉，我们也不会轻易把底都兜给你们了！"

当然，在明显的买方市场、己方占有主动权的情况下，谈判人员也可以采用一些比较强势的做法。比如，利用惯例的力量（格林斯潘效应）："我们给其他客户的也是这个价格！""关于账期的问题，我们公司的财务一直都是这样要求的！"或者利用"最后通牒"的力量："已经谈到这个地步，现在给贵方的选择是，要么接受我方的条件并成交，要么就结束谈判！"当然，在采用强势做法的同时，谈判人员要做好谈判进入僵局，甚至谈崩的准备，最好有最佳备选方案（Best Alternative To Negotiated Agreement, BATNA），避免自己成为"纸老虎"。

5）满足需要

需要是提出期望方的内在动机，也是其最本质的需求。一个有经验的谈判人员，通常会采用"坦诚地提问"和"投石探虚实"两种方法，通过多问为什么和提出建设性的建议或可交换条件，来探询对方的真实需要，并满足其需要，以换取己方需要的满足。

如前文提到的，假如供应商的要价明显高出成本太多时，谈判人员可以询问："是有什么其他的成本驱动要素推高了贵方的售价吗？""为什么我们估算的成本与贵方要求的价格有这么大的出入呢？""我们的成本估算中是不是漏了些成本驱动要素？"。实际上，提问题就是要让对方列出表明期望合理的证据，而对方提供证据的过程也是己方弄清楚其真实需要的最好时机。

所以，在识别需要的过程中，倾听非常重要。

6）稳妥让步

有经验的谈判人员，通常在谈判计划制订阶段就制订出恰当的让步计划，以便在谈判过程中拥有更多的主动权来控制谈判进程。一般而言，除非迫不得已，不要轻易让步。己方做出的每一个让步，应争取让对方也做出相应的妥协。重要的是，己方的每次让步都应正确地传递己方的信息，不要让对方误解成这是己方怯懦的表现。

在让步过程中，谈判人员需要有耐心，尤其不能失去对自己情绪的控制，除非是在运用一种故意为之的谈判技巧。

｜第 2 节｜ 谈判准备

1. 信息收集与分析

"知己知彼，百战不殆。"谈判人员在谈判前所做的准备，也要像军队出战迎敌前一样，"审知彼己强弱利害之势"。

谈判人员在谈判前要做的旨在知己知彼的信息收集工作主要包括以下几个方面。

1）宏观环境分析

宏观环境分析是指分析采购组织与供应商所处的宏观环境，包括对政治、经济、社会、技术、法律、自然环境等各个方面进行审视与分析，以了解和确定可能导致组织经营环境和协议执行发生变化的因素。

（1）政治方面

谈判人员要考察国家（地区）的政局是否稳定、国家政策是否会改变从而增强对企业的监管并增加税收、政府所持的市场道德标准是什么、政府的经济政策有什么变化、政府是否关注文化与宗教、政府是否与其他组织签订过贸易协定等。

（2）经济方面

谈判人员要分析利率、通货膨胀率、人均就业率、人均 GDP 的增长预期等。

（3）社会方面

谈判人员要了解双方所在区域的商业惯例、文化特征、宗教风俗、人均寿命、富裕程度等，以及语言和文化障碍是否对产品的推广有影响。

（4）技术方面

谈判人员要了解科技是否降低了产品和服务的成本并提高了质量、科技是否为消费者和企业提供了创新产品和服务、科技发展是否改变了分销渠道、科技发展是否大大缩短了产品和服务的市场生命周期等。

（5）法律方面

谈判人员要了解用工保护相关的法律是否完善、不正当竞争和垄断限制方面的法律是否完善、差异化定价方面是否有法律规范、相关法律对商务活动有什么样的约束或保护。

（6）自然环境方面

谈判人员要了解自然环境带来何种资源禀赋优势或何种自然灾害风险等。

2）市场分析

波特五力模型作为一个供应市场分析工具，前文已有提及。谈判人员在谈判中自然也会应用到这个工具，从新进入者的威胁、替代品的威胁、需求市场买方力量、供应市场卖方力量、供应市场竞争状况这 5 个方面对谈判标的所对应的供应市场，以及作为谈判对手的供应商进行博弈力量分析。

一般来说，谈判准备中，谈判人员首先要对谈判的标的、目的和范围进行界定，由此，市场分析的针对性更加明确，通常是针对更加具体的产品或服务进行的。

谈判人员应通过对当前供应市场的分散程度、市场细分程度、市场规模和成长性、技术发展趋势、行业总体利润率的变化以及法律、行业等方面规定的调整变化等信息的收集与分析，掌握供应市场的动态和趋势。

3）价格 / 成本分析

价格是谈判人员特别关注的一个方面。价格趋势是针对某个市场的特定产品或服务而言的。了解和掌握价格动态和趋势，可以帮助谈判人员在谈判中确定合理的、双方都能接受的价格范围，有助于维护与供应商长期合作的关系。供应商无利可图，常常会削弱采购组织获得供应的稳定性、良好口碑和健康发展的可持续性。大部分的价格信息可以通过政府或者行业协会等组织定期公布的价格指数来获取。谈判人员需要在谈判前收集与采购标的相关的价格与成本信息，并进行分析。

4）价格指数分析

价格指数是表示某一特定时间点的产品价格同某一特定基期的产品的价格的比率。价格指数可以反映价格的变化情况。消费者价格指数和生产者价格指数是最常见的两种价格指数，通常由一个国家（地区）的政府统计机构发布，如美国的劳动统计局、英国的国家统计办公室和中国的国家统计局等。此外，采购组织也可以根据自己的实际需求编制自己的价格指数。

一般来说，CPI 反映了一个国家（地区）做生意的成本水平和人们的生活质量水平，以及企业的用工成本水平。进行 CPI 分析可以帮助企业磋商劳动合同，帮助政府制定财政政策。PPI 是衡量工业企业产品出厂价格变动趋势和变动程度的指数，是反映某一时期生产领域价格变动情况的重要经济指标，也是制定有关经济政策和进行国民经济核算的重要依据，通常可以用来预测价格走势、通货膨胀情况和作为磋商价格条款的依据。

将 PPI 与 CPI 的变动趋势结合起来考察，可以得知买卖双方可能拥有的谈判力量，如表 7-2 所示。

表 7-2　利用价格指数进行谈判力量分析

PPI	CPI	采购方力量	供应方力量
下降	上升	强	弱
下降	平稳	强	弱
下降	下降	弱	弱
上升	上升	弱	强
上升	平稳	弱	强
上升	下降	弱	弱

5）文化与性格分析

谈判人员对谈判对手的文化特质、谈判团队成员的性格有比较充分的了解的话，有利于理解对方的潜台词，避免己方说出或做出对方忌讳的言语或行为，获得对方的好感与认同，促进双方的相互理解和良性关系的建立。

（1）文化分析

文化是为一个国家、一个地区、一个民族、一个组织或一个群体所共同拥有和认同的风俗习惯、生活方式、行为规范、思维方式、价值观念和宗教信仰等方方面面的集合。具有不同文化特征的人，在言语表达、行为方式、认知模式、时间观念、爱憎好恶等方面往往会表现出较大的差异。因此，对于谈判人员来说，分析和把握谈判对手的文化特征，对谈判的进展、成功与否，会产生相当大的影响。

基于文化分析，谈判人员可以采取相应的谈判准备。例如，谈判对手对不确定性的规避度较高时，谈判人员可能通过长期采购协议、增强需求的可预见性，获取供应商在价格、交期、付款账期、持续改善等方面的较好的条件与承诺。

对文化特征进行分析和把握的工具中，影响力较大的主要有吉尔特·霍夫斯泰德的文化六维度框架和爱德华·霍尔的高低语境文化二分法。

（2）性格分析

文化通常是一个国家（地区）或企业的共同表征。而每个参与谈判的个体，又都具有其独特的性格特征。因此，在文化分析以外，谈判人员还应该获得对方谈判团队的构成、谈判人员的性格特征等方面的信息。

现在有许多性格分析工具与方法，其中影响较大、应用较广的包括九型人格分析、MBTI 职业性格测试、PDP 性格分析、DISC 性格分析、大五人格理论、色彩性格分析等。

下面以大五人格理论为例，来介绍性格分析对谈判的作用。大五人格理论对己方选择合适的谈判人员或如何应对对方都有很强的指导意义。比如，当采购组织进行一场单赢的谈判时，可以尝试激怒对方情绪不稳定的谈判人员，造成对方在谈判中的失误；而在进行整合型谈判时，开放度高的谈判人员会更容易获得成功，这是因为他们更加富有创造性，且容易提出和接受新颖的解决方案与建议。

6）双方优劣势分析

谈判人员可以采用 SWOT 分析工具对自己所在的采购组织和供应商分别进行分析，以明确各自的优势、不足、机会与威胁。更重要的是，通过 SWOT 分析，谈判人员可以找到下列问题的答案，并将其作为谈判中力量的来源。

● 如何充分发挥采购组织的每一项优势？

● 如何将采购组织的不足弱化或消除？

● 如何向供应商传达采购组织拥有的每一个机会的价值？

● 如何针对采购组织面临的威胁做好应对措施并弱化或消除其影响？

7）其他谈判准备工作

（1）谈判地点的选择

通常建议采购组织将谈判地点安排在自己的办公场所内。这样，谈判人员可以免除车马劳顿之辛苦，并且在自己熟悉的环境里开展谈判，不会有陌生环境带来的局促或压迫感。在谈判过程中，谈判人员为了某种战术需要而选择暂时离开谈判现场也较为方便。

另外，在谈判会场里，建议己方谈判人员选择面对进出口的位置就座，而将对方谈判人员安排在背对进出口的位置。这样可以给己方营造一种将现场的一切动态尽收于眼底的有利态势。

此外，谈判人员还需要考虑谈判场合的安全性。尤其是不得已在供应商的办公场所进行谈判时，要特别关注是否存在隐藏的窃听、监视装置，以及存在工作记录被窃取等隐患。如果因为情况特殊，己方谈判人员间的沟通不得不在公共场合进行，谈判人员需要特别留意工作记录的安全问题，确保相关文件的保密性和安全性。这在国内外谈判中都应该引起采购组织的高度重视。

（2）谈判团队的选择

是否建立谈判团队取决于谈判的复杂程度。谈判的复杂程度则取决于所采购产品和服务的复杂程度（可能需要技术专家）和供需双方所需发展的关系的性质（可能涉及多个部门利益）。

对于仅仅涉及交期、价格或某一特定供应需求所进行的谈判，可以由个人完成。但对于一个涉及产品或服务提供全案的谈判标的，个人的专业知识、经验和技能一般无法处理和应对谈判过程中的所有问题，此时最好是建立一个跨职能团队来进行谈判。

谈判团队成员必须在谈判准备阶段就参与进来，并理解和认可各自在谈判中的角色和职责；对谈判中可能涉及的各种问题，谈判团队成员应该在谈判前充分沟通，以消除彼此之间的意见分歧。

谈判团队需要一个合适的领导者来管理，谈判领导者一般需要具备以下几个特征。

● 是产品或流程方面的专家，至少要对产品或流程有比较充分的了解。

● 谈判经验丰富，谈判技巧高超。

● 与采购组织利益相关方及谈判团队成员拥有比较良好的人际关系。

谈判准备中经常出现的不足主要表现为：自以为随机应变能力强，而不做谈判准备或准备不充分；谈判目标不明确或不现实；没有充分考虑到谈判对手的需要并做好满足对手需要的准备；对于己方设立的立场、定位和目标缺乏具有说服力的论据；等等。

2.谈判战略

战略是指引组织运用现有的资源、通过双赢互利的协议达到组织目标的长期规划，是展开谈判的指导方针，并为谈判进展提供衡量尺度。

1）3 种谈判战略

在本章第 1 节里，我们了解了 3 种谈判理念，即单赢、双赢和双输。在现代供应链管理中，秉持双输谈判理念走上谈判桌的情况越来越少见，而以双赢理念为基础的开放合作的谈判战略，被越来越多的谈判方所接受。尤其在采购组织对当下的财务结果和长期的供应商合作关系均看重时，通常会采取开放合作的谈判战略开展整合型谈判。

然而，当谈判方在实践中更强调通过谈判为己方争取更大的利益，而不太关注谈判对手的利益时，则会采用对抗竞争的谈判战略，以单赢为基本理念，开展分配型谈判。

而当采购组织期望与供应商建立并保持长期合作关系，但又无法确定是否能达成这种结果时，则会倾向于选择适应调整的谈判战略，在谈判过程中通过各种试探性谈判技巧，并适时采用"闭门会议"来不断修正己方的谈判方向和战术，从而在短期利益与长期关系之间达成适度的平衡。表 7-3 给出了这 3 种谈判战略的特点。

表 7-3　3 种谈判战略的特点

谈判战略	主要特点
对抗竞争	1.秉持非赢即输的谈判理念，更关注对己方有利的谈判结果； 2.对供应商的信任度较低，无意与其建立长期的合作关系； 3.将信息保密视为谈判力量的来源； 4.在谈判中经常采用各种强硬的和有误导性的谈判战术和技巧
开放合作	1.秉持双赢的谈判理念，希望谈判结果对双方都有利； 2.对供应商的信任度高，期望与其建立长期的合作关系； 3.将信息分享视为谈判成功的基础； 4.关注对方的利益并重视满足对方的需要； 5.在谈判中很少采用强硬的或有误导性的谈判战术和技巧
适应调整	1.秉持双赢或我输你赢的谈判理念，希望通过满足对方来获得更优的谈判结果； 2.视双方的合作情况及未来的需要确定建立长期合作关系的必要性； 3.采购组织会对供应商坦诚对待，但这常常是一种单方面的信任给予，不可靠； 4.在谈判中避免采用强硬的或有误导性的谈判战术和技巧

2）供应商偏好模型与谈判战略

一般来说，谈判战略应与寻源战略保持一致。供应定位模型也常常作为谈判战略选择的一个基本工具。另外，供应商偏好模型在谈判战略的选择中也扮演着重要角色。因此，供应定位模型与供应商偏好模型结合在一起，可以帮助谈判人员选择恰当的谈判战略。

供应商偏好模型（见图7-4）建立在两个维度上：①客户的相对价值，一般用采购组织的采购支出占供应商销售额的比重来表示采购组织对供应商的价值；②客户的吸引力，即采购组织的业务对供应商的吸引力，这通常与供应商的业务战略有关。将两个维度进行结合，可以得到供应商偏好的4个象限，分别是核心、开发、盘剥、回避。

（1）核心

当采购组织对供应商的价值及吸引力都处于高位时，供应商通常把采购组织当作核心客户，并致力于与采购组织建立长期的合作关系。此时，采购组织多会选择开放合作的谈判战略。

（2）开发

当采购组织的业务对供应商具有较大的吸引力，但是采购组织尚未在供应商那里进行大规模采购时，供应商通常把采购组织当作重点开发的客户。供应商对采购组织发起猛烈的"追求"攻势时，采购组织往往可以获得最优的谈判结果，并且将是否建立长期合作关系的主动权掌握在自己手里。此时，采购组织可以在开放合作或适应调整的谈判战略中做出恰当的选择。

（3）盘剥

当采购组织的采购支出在供应商的销售额中占比较高但对供应商缺乏长期的吸引力时，供应商往往不看重与采购组织长期合作关系的维系，而更加看重眼前利益，因此与采购组织的谈判会显示出我赢你输的倾向。在这种情况下，采购组织要视具体情况来选择对抗竞争或适应调整的谈判战略。

（4）回避

当采购组织的采购支出在供应商的销售额中占比很低，且其业务对供应商的吸引力很小或没有时，供应商对采购组织表现出厌烦的态度。当采购组织迫不得已与供应商进行谈判时，供应商会明显表现出我赢你输，甚至双输的倾向。这种情境下的谈判对谈判人员的挑战最大，谈判人员常常被迫采用适应调整的谈判战略，而供应商关系一般是一次性或短期导向的。

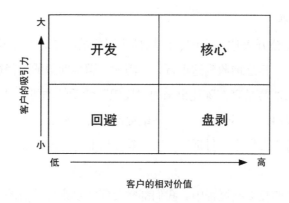

图 7-4　供应商偏好模型

供应商偏好模型可以帮助采购组织进行恰当的供应商关系定位，或者当供应商提供的产品或服务对采购组织具有唯一性或相当的重要性时，可以帮助采购组织采取适当的方法增强自身对供应商的吸引力，从而获得谈判中的话语权。当采购组织拥有以下某个或某几个特征时，其业务对供应商的吸引力会比较大。

● 采购组织拥有高端、最新的技术。

● 采购组织的业务扩展可能性大。

● 采购信息／需求模式具有持续性、稳定性。

● 采购组织具有良好的口碑和社会形象。

● 采购组织的财务实力强，具有有吸引力的付款条件。

● 采购组织单次订货量大、需求稳定。

● 采购组织愿意签订长期供应协议或合同。

● 采购组织乐于倾听供应商的建议与诉求。

● 采购组织的专业性强，在业内有威望。

● 采购组织有意愿、有能力将供应商推荐给其他采购组织。

3. 谈判计划

1）期望、需要和可交换条件

谈判双方常常固执地、一厢情愿地希望在谈判中达成己方的期望，而非满足对方的需要，形成阻碍谈判达成令双方都满意的结果的壁垒。我们必须注意，谈判双方应关注的是对方的需要而不是期望，并努力用对己方而言成本不高，但是对对方来说价值较高的、可交换的条件，来满足对方的需要。

（1）期望与需要

"期望"通常是公开表达出来的、比较具体明确的要求，且是可以衡量的。比如，"我们期望在 × 月 × 日之前收到这批货"。因此，满足期望的途径往往也是唯一的。相对而言，"需要"则通常是直接陈述出来的"期望"背后的动机。"× 月 × 日之前收到这批货"的期望被提出，并不一定意味着期望提出方就要在那天收到这批货。有可能是因为期望提出方担心对方会发生交付延误，所以其提出的特定的交货日期通常含有一定的缓冲时间。

因此，在谈判之前及谈判过程中，我们都需要仔细收集可获得的、对方的各种信息。比如，供应商出价，谈判人员通过成本分析，发现供应商出价比应该成本／价格高时，就可能需要通过询问"为什么贵方出价会比合理价格高"这个问题，来发现对方期望价格背后的真实需要。这也许是因为供应商担心采购组织拖欠货款，从而在出价中加入了延期支付可能产生的机会成本；也有可能是因为供应商担心自己提供的产品的质量不能达到采购组织的要求，而预先考虑了退换货导致的成本增加等；还有可能是供应商为了应对和满足将来采购组织的定期降价要求，而把初始成交价定在较高的位置上。无论何种原因，在谈判中，尤其是在双赢理念指导下的整合型谈判中，满足对方的期望并不是促使双方实现长期信任与合作的前提，双方应该探询和识别对方的真实需要，并满足这些需要。

期望与需要的区别如表 7-4 所示。

表 7-4　期望与需要的区别

期望	需要
想要什么东西	为什么想要这个东西
明确具体的要求	可能是比较抽象的要求
易于衡量的	可能不易于衡量
物理的、可见的	多表述为属性、特征、特点
通常只有一种满足的途径	通常有多种方法可以满足
可能不合理	合理的利益诉求
成本导向	战略与长期导向
旨在规避风险	旨在实现价值最大化

（2）可交换条件

通常谈判的目标是达成令双方都满意的结果，因此，在谈判中，存在着大量的"舍与得"的交换。可交换条件就是在谈判中用对己方而言成本不高、但是对对方而言价值较高的"舍",来满足对方需要,并获得对己方而言价值较高的"得"。

比如,当采购组织没有现金流的压力或己方的机会成本较低,但供应商存在着较大的现金流压力或机会成本很高时,谈判人员可以把付款账期作为换得更理想的价格与服务的一个可交换条件。

在制订谈判计划时,谈判人员首先需要对对手的期望、期望背后的动机(根本而真实的需要)及可交换条件进行预判;其次,还要辨明己方手上的"牌",即列出己方手上握有的可交换条件,并按它们对己方而言的成本的高低进行排序,以及按照它们对对手的预估价值进行排序;最后,还要列出对方手上的可交换条件,并按它们对对手而言的成本高低进行排序,以及按照它们对己方的价值进行排序。

2)制订谈判计划

通过前面各种信息的收集与分析和谈判战略的确定,谈判人员需要制订详细的谈判计划,并形成书面文件。一份好的谈判计划需要包括以下内容。

● 对采购组织真实需求的识别和确定,充分考虑寻源战略、未来的采购计划、预算状况、战略机会等方面的要求。

● 可以满足采购组织根本需求的最佳备选方案,包括自制或外采、价格要求、规格要求等。

● 对供应商真实需求的预估,以及对供应商提供的产品或服务的成本分析。

● 通过对宏观环境、供应市场以及双方优劣势进行分析,明确双方在谈判中的有利与不利因素。

● 己方的谈判战略,以及对对方可能采取的谈判战略的预估。

● 通过对谈判对手的文化特征及性格特征进行分析,确定恰当的谈判战略和技巧。

● 对谈判过程中可能出现的问题的预估,以及己方可能采取的应对措施。

● 谈判中己方可以提供的可交换条件,以及己方持有的可交换条件的成本和对对方的预估价值。

● 谈判演练计划。

● 谈判团队组建与实施进度计划,其主要内容包括谁去谈判?谈什么问题及谈判的先后顺序?什么样的妥协可以被组织接受?在何处、何时进行谈判?何时透露己方的相关信息?透露多少信息?何时探索对手的包括底线价格在内的相关信息?怎样获取这些信息?

4.最佳备选方案

如果谈判人员有其他方案可选,采购组织就会有更大的谈判优势。这些方案是在当前采用的谈判方案无法达成令双方满意的结果时，可以被谈判人员选用的最好替代方案，称作最佳备选方案。

最佳备选方案可能涉及供应商的竞争对手，即替代供应商，也可能涉及谈判标的的替代品或替代技术，还有就是采购组织可以通过自制获得的产品。

最佳备选方案可以说是任何谈判中最有力的工具之一，谈判方拥有最佳备选方案时，就能拥有更多的谈判优势。最佳备选方案是谈判力量的重要来源。

| 第 3 节 | 谈判实施

由于分配型谈判与整合型谈判在谈判性质、战略导向、最终目标等方面存在较为明显的差异，这两种谈判的实施过程也表现出一定的差异性，具体表现在沟通方式、信息传递、谈判过程中技巧的选择与应用等方面。因此，本节将分别对这两种谈判的实施过程加以阐述。

1. 分配型谈判的实施过程

总体来说，分配型谈判的实施过程包含 4 个主要阶段，即第 1 节中提到的开局、试探、协商和成交 4 个阶段。下面就从这 4 个阶段入手展开讨论。

1）开局阶段

分配型谈判中，开局阶段的目的主要如下。

● 对双方的力量做出预估。

● 争取获得更加有利的地位。

● 从一开始就掌握谈判的主动权。

因此，谈判双方在会面之初，就可能从寒暄介绍、座席安排、出席人员安排等方面展开明争暗斗，力图使谈判的"天平"从伊始就向己方倾斜。

当然，任何谈判的开局阶段都或多或少会有一些与谈判标的本身关系不大的寒暄过程，这个过程的长短与谈判人员的文化背景有关。一般来说，深受"关系导向"影响的东方人在谈判开局阶段的寒暄过程较长；而坚持"结果导向"的谈判人员则在寥寥数语后，就急于进入谈判正题。但寒暄过程的长短往往是谈判人员运用某种谈判战略或技巧的结果。自认为处于强势地位或力争获得先手优势的一方，往往不急于进入谈判正题，这会给对方造成一种错觉：“这场谈判对对方不是很重要”或"我们的业务对对方不那么重要"。

在基于单赢理念的分配型谈判的开局阶段，往往会形成比较明显的针尖对麦芒的氛围。自认为处于强势地位的一方或力争获得先手优势的一方，在会面之初，即使表面上看起来平静温和，但在说话的主动性上或语气上，还是会表现得不一样。

当自认为处于强势地位的一方或力争获得先手优势的一方是在自己主场进行谈判时，他们通常会利用"客随主便"的惯例，为对方安排容易被外界干扰的不利位置；此外，他们即使表面热情，但"我说了算"的态度也会在不经意间流露出来；并且，他们常常会采用"缺人战术"，即己方的关键人物要么姗姗来迟；要么在短暂现身之后，就找个借口离席，称"在下临时有点急事或有紧急会议，实在抱歉，稍后一定尽快赶过来"。实际上，这是在向对手传达"我们胸有成竹"的信息。

当自认为处于强势地位的一方或力争获得先手优势的一方在对方主场进行谈判时，则会通过轻车熟路的外在表现，来彰显己方的力量。比如，一见到对方，可能以一种居高临下的态度，就对方的接待陪同人员、谈判现场的组织或对方的合作绩效，加以赞扬；更甚者，就是对前面的各个方面进行一番抱怨。不管是赞扬还是抱怨，其本质往往相同，就是要向对方表现出自己"高人一等"的地位。

在进入谈判正题后，自认为处于强势地位或力争先手优势的一方，往往会采取类似故意延长寒暄时间、不急于进入正式谈判的战术，且率先出价，并表露出绝不让步的态度。这其实是他们在利用锚定效应，期望获得主动权。当然，他们也有可能采取完全相反的做法，就是让对方先出价，但不论对方出价多少，他们都会拒绝，表露出无法接受的态度。至于如何出价，一般来说，通常有 3 种常见的策略，如表 7-5 所示。

表 7-5   3 种常见的谈判开局策略

谈判开局策略	应用说明
不透露己方的任何定位信息	采购组织在谈判中不向供应商披露己方的定位信息，而是通过不断地拒绝供应商的建议方案，试图倒逼出供应商的底线。该策略适用于供应商渴望达成协议时或采购组织缺乏足够的信息时或供应商的建议方案很长且复杂时
只透露对己方最有利的定位信息	采购组织已经获得供应商的建议方案和报价信息时，对每一个在谈判中将要涉及的商务问题都设定好对己方更加有利的谈判区间，在谈判中只将对己方最有利的定位信息披露给对方
先透露对己方最有利的定位信息，紧接着透露目标定位信息	采购组织面临时间上的压力时，可通过运用此策略节省谈判时间。运用此策略存在的风险是，如果供应商拒绝己方提出的定位条件，透露了己方目标定位信息的采购组织，可能会得到事与愿违的结果，即被迫退让到己方底线附近，最终在不利于己方的条件下达成协议

采购组织遇到开局即表现强势的谈判对手时，不能轻易被其"充满力量"的表现所迷惑。冷静下来，想一想在谈判准备阶段，己方对双方的力量做出的评价是怎样的。如果当时的评估结果反映出对方确实占据主动地位，我们则不能被对方轻易激怒，而针锋相对，达成己方的谈判目标比"赌气"重要得多！另外，既然对方与自己坐在谈判桌前，也就说明，他们并非一切尽在掌握中，否则，谈判对他们而言就没有必要。如果当时的评估结果并未显示出对方占据主动地位，己方也不能掉以轻心，虽然在表面上，己方可以通过某种方式表现得不卑不亢，在战略上藐视对手，但仍需要思考，己方获得的信息或做出的判断是否有缺失，以及谈判准备完成之后，是否有新的情况出现。而这一切问题都可能需要通过谈判中的试探来找到答案。

综上所述，分配型谈判的开局阶段，谈判方常常会使用先声夺人、故意缺席和一口回绝等战术，力争占据优势地位。但不管怎样，既然已经坐到谈判桌前，谈判人员就必须克服各种障碍，进一步刺探对方的虚实，以便达成己方的谈判目标，至少要弄清楚是否存在达成协议的可能性。

2）试探阶段

试探阶段的目的，就是要了解对方的立场与目标定位、刺探对方的底线，确定对方的真实需要和兴趣，而己方则会有选择性地向对方透露自己的业务信息、定位信息与期望，将谈判朝着有利于己方并达成双方都可以接受的协议的方向进行引导。

当然，对方也会做同样的试探。在该阶段，谈判人员需要通过大量的提问，来摸清对方的兴趣和真实需要。因此，如何提出明智的问题，以便获得己方想要了解的信息，是谈判人员需具备的非常重要的能力。

提问的方式有多种，比如让对方回答"是或不是"的封闭性提问，意图让对方进行详细描述时所采用的开放性提问，充满交换色彩的"我方如何做，你方则会怎样响应"的假设性提问，让对方在若干答案中做出抉择的选择性提问，等等。

谈判人员会利用开放性提问来获取对方的价格、交付和质量等方面的详细信息，如"请问贵方的定价依据是什么？""请问你们的生产周期是多长？""请问你们交期最长的采购件是什么？"。

由于满足对方的真实需要是达成己方谈判目标的一个基本前提，因此，谈判人员可以通过多问"为什么"，来鼓励对手直截了当地说出其真实需要，这对识别出后续阶段能够采用的、恰当的可交换条件作用很大。例如，"为什么你们不能更快地交付？""为什么你们不能接受90天的账期？""为什么你们不能承诺3年的质保期？"等，让对方进行详细的描述，以便发现是否可以在协商阶段通过帮助对方解决某些难题，如某物料采购周期过长的问题，来得到对方提供的更好的价格、交付或质保条件。

谈判人员可以利用假设性提问来试探对方的目标定位和底线，如"如果我们的采购数量更大，采购价格会有多大的下降空间？""如果其他的条件我们都可以接受，你们的最低价格是多少？""如果我们的付款账期缩短 30 天，你们可以优惠多少？"这些提问与答复有助于企业发现在后续阶段可用的可交换条件。需要切记的是，这里提出的只是假设性前提，并不代表你已经向对方做出了承诺！

有时谈判人员也可以提出一些装傻性的问题，例如，"不好意思，您刚刚是说你们的价格还有 ×% 的下浮空间吗？"。这种装傻性的问题往往能起到出其不意的效果，导致对方怀疑自己是否真的说过这样的话。如果对方犹豫了，就不排除相应的可能性，也不排除对方做出"如果贵方怎样，我们可以考虑"的回答。

当然，谈判人员也有可能提出一些强硬的问题，如"是不是我们不接受你们的这些条件，你们就要放弃与我们合作了？"这种封闭性的提问。也可能是"如果我们不和贵公司合作，请问你们还有哪些比我们更好的客户？"这种开放性的问题。这样表述也是为了试探对方的底线。

总之，在谈判的试探阶段，提问与倾听是最重要的谈判战术和技能，而所要提出的问题及提出的方式，最好是在谈判计划阶段就确定好。当然，在谈判过程中，谈判人员需要机智和随机应变地提出与回答问题，但是，语气与肢体语言中可能表现出来的、或强硬或温和的态度，必须要与谈判准备中所定下的基调保持一致！不能因对手干扰而乱了己方的分寸，切不可将谈判转变成拌嘴或对人不对事的争辩，除非这是事先确定的一种战术。

3）协商阶段

协商阶段的目的主要是，促进己方目标的达成，迫使对方让步并使谈判结果尽量靠近相互可以接受的底线位置。当然，弄清楚哪些是对方必须得到满足的需求并争取满足它们，从而确保协议的达成，是协商阶段的重中之重！

协商阶段最重要的两种技能就是提要求和做交换，以便达成既有利于己方又能够满足对方真实需要的协议。积极有效地运用这两种技能，需要谈判人员既具有竞争性的特质，又具备合作性和创造性的特质。竞争性的特质可以避免己方让步过快，而有损于己方利益；合作性和创造性的特质则可以帮助谈判人员避免谈判陷入僵局，而促进双方的信任与长期合作关系的建立。只是，在分配型谈判中，竞争性的特质的作用与重要性往往会更加显著一点。

提要求时，谈判人员要干净利落，清楚明白，可以使用"我方期望"和"我方需要"这样的表述。需要注意的是，嘴上说的期望或需要，都不一定是真实的需要，可能更多的是乐观的期望。而且，即使在竞争性更加显著的分配型谈判中，谈判人员提要求时也应该尽量避免过于强势，除非是预先确定好的战术使然。提出要求后，谈判人员可以保持沉默，即静待对方的答复，无须对所提要求的原因做出解释，话太多往往会削弱己方的力量，或动摇己方所提要求的必要性。同样，被提要求的一方往往也会连续询问"为什么"，其目的在于发现对方所提要求背后的真实需要。

做交换时，有一个十分有效的法则，即用对己方而言成本较低、但对对方而言价值较高的条件，来交换对己方而言价值较高、对对方而言成本较低的条件。比如，己方现金流很好而对方现金周转困难的时候，就存在用缩短账期换降低价格的时机；当己方品牌知名度高，对方是己方所处行业的新晋供应商时，就存在用业务机会换降低价格的机会；当对方看重利润，而对方提供的产品在己方产品成本中占比不大、但不得不用时，就可以用好价格换取供应保证；等等。谈判人员在与对方做交换时，需要尽量显得公平，但公平不等于平均，重要的是让对方能够接受，甚至认为自己赚了。尽管这样，在分配型谈判中，谈判人员也不排除会使用比较强硬的或者诡诈的方式来促成与对方做交换，比如大家耳熟能详的"最后通牒""画大饼""红脸白脸""逐步蚕食""疲劳战术""调虎离山"等手段，表 7-6 列举了一些常用的强硬或诡诈战术。需要注意的是，一般情况下，不建议谈判人员采用这些战术。但是一个好的谈判人员必须了解它们，以帮助自己在谈判中识别和有效应对这些战术，保持己方的有利地位。

表 7-6　常用的强硬或诡诈战术

谈判战术	描述
最后通牒	告诉对方"要么接受、要么免谈"，期望对方让步，并快速达成谈判目标
画大饼	提供未来的、非现实的业务机会，从而使对方在眼下的谈判中提供有利于己方的成交条件
红脸白脸	己方一个唱红脸，一个唱白脸；当对方被唱红脸的弄得尴尬的时候，就有可能对唱白脸的打开心扉。事实上，谈判双方都可能会有这样的表演
逐步蚕食	将己方的要求进行分割，逐个提出并让对方觉得只要做出微小的让步，就能达成协议。而实际上，对方答应了所有分割后的条件后，往往发现，为了成交而付出的代价很大
疲劳战术	处于主场的谈判方，往往会利用对方远离家乡、迫切思归、期望早点结束谈判的心理，而故意耗时间，让对方感觉筋疲力尽
调虎离山	小事化大，即故意抬高一件对己方并不重要的事的重要性，将对方的注意力从真正关键的问题上转移开

谈判人员遇到对方使用这些战术时，可以采取的对策有如下几种。

（1）忽略对方

强硬是需要力量的，但往往谈判桌上的强硬是外厉内荏的纸老虎表现。再者，"一鼓作气、再而衰、三而竭。"忽略对方，让对方一击不中，消耗对方的士气，不失为一种有效的方法。

（2）直言相告

这是一种不少谈判专家建议使用的方法。具体做法是，指出对手正在使用的是何种战术，建议对方把注意力放在谈判中的实际问题上，并坦白己方对对方在谈判中的行为与道德准则的期望。直言时，己方也可以采取更强硬的态度，但这通常不是解决问题的有效途径，更不是目的。谈判人员可劝告对方先找到更有建设性的方法，再继续进行关于实质性问题的谈判。在应用这种方法时，要牢记对事不对人，即不是针对或评论对方，而是针对对方的行为举止做出评价和反应。

（3）针锋相对

当己方并不处于完全的弱势地位时，尤其是有最佳备选方案支撑时，谈判人员可以采取针锋相对、以硬碰硬的做法。但一般不建议这样做，因为这往往会导致双输的结局。

（4）建立关系

这通常需要在对方使用强硬战术之前实施，谈判人员通过找到与对方相同的爱好、兴趣等，与其建立如同朋友的关系，从而避免在谈判中采取过于强硬的态度或手段，更加理性地把关注点放在谈判问题本身，就事论事，坦诚相待。

综上，在谈判的协商阶段，谈判双方需要做到以下几点。

● 确保各自就谈判计划中的每个要点都进行了沟通和磋商。

● 试探对方，明确哪些是可以接受的，哪些不可以接受。

● 就达成协议的每一个要点进行磋商。

● 就可以达成一致的问题，确保在该阶段达成一致。

4）成交阶段

虽然，并非所有谈判都能进入成交阶段，但是，一旦进入成交阶段，谈判双方宜速战速决，避免久拖不决。成交阶段的重点在于，澄清和确认双方已经达成一致的协议，防止达成的协议在事后得不到履行。所以，谈判人员要做到的很重要的一点就是，让对方感觉自己的谈判是成功的。

为了促成交易，有的谈判人员会采用一种"二一添作五"的成交战术，就是经过一轮轮的讨价还价后，建议双方就依然存在的分歧各让步50%，从而达成协议。谈判人员在遇到这种情况时，需要冷静对待，客观地分析在双方各让步50%后，成交点是更加接近对方的目标还是己方的目标，这与锚定效应有关，也是锚定效应在成交阶段中的价值再利用。

如前所述，"画大饼"常常是促成交换的一种战术，而在双方几近成交的最后时刻，采用相近的战术，让对方展望未来，而又不做出实质性的承诺，是一种有效的方法，这能促使对方着眼于未来的长期业务机会，从而忠实履行达成的协议，即使感觉到目前达成的协议可能会使自己稍稍吃亏，但相比短期的暴利，对方可能更看重未来长期而稳定的业务机会。

当然，在分配型谈判中，也会有谈判人员在对方认为双方已经达成协议之际，抛出"最后一击"，也就是"得寸进尺"地提出最后的、往往也是让对方最难做出取舍的要求。这些成交条件往往直逼对方的底线，如果不答应，对方会担心前面的努力全部付诸东流。这种局面的出现，往往是极富竞争性的谈判人员在经历了艰苦的讨价还价过程后，洞悉或预判出对方的真实底线以及面对不得不尽快成交的压力后，做出的出乎对方意料的成交战术。对此，谈判人员需要保持冷静，不疾不徐地坚持之前的成交条件，在适当的时机摆出"要么接受、要么免谈"的姿态。因为，对方认为自己洞悉了谈判对手的底牌，但并不能百分之百确认，因此采用心理突袭战术以察言观色。因此，切记，不要让自己的肢体语言出卖了自己！

总之，在谈判的成交阶段，谈判人员需要做到以下几点。

● 总结并确认协商过程中的所有关键成交条件。

● 发出成交信号，确认对方接收到并接受成交信号。

● 对所有协议达成的附加条件或后续行动计划进行澄清，并形成文件记录。

2. 整合型谈判的实施过程

整合型谈判是以非竞争性、合作性和创造性为特点的谈判，目的在于通过合作"将蛋糕做大"，从而使得双方的利益更大化。因此，虽然整合型谈判的谈判过程与分配型谈判大抵相同，但是谈判人员在谈判过程中所采用的手段或战术，与分配型谈判差别很大。下面就对整合型谈判的每个阶段加以详述。

1）开局阶段

在整合型谈判中，谈判双方在开局阶段就会更多地表现出诚意、信任、礼貌与谦和。双方在进行寒暄介绍、座次安排时，都会换位思考，力图让对方感觉到被关照和体谅。处于主场的一方，会尽力为对方营造一种宾至如归的氛围；而处于客场的一方，也多会表现出客随主便的气度。

整合型谈判有别于分配型谈判的重要一点就是，在整个谈判过程中，双方通常都会尽力保持信息沟通的自由和畅通。整合型谈判的开局阶段，实质上是供双方识别和明确彼此所面对和需要解决的问题的阶段。因此，双方会抱着一种开放和解决问题的态度，开诚布公地讲出各自所面临的问题，以及表现出期望与对方一道解决问题的诚意。比如，谈判人员明确地告知供应商目前采购组织面临的最终产品售价偏高，市场占有率偏低，并正在设法降低该最终产品的成本，因此前来与供应商一起探讨如何解决成本削减中的重要问题，即如何降低该最终产品的直接材料成本；而从供应商的角度来看，他们也有问题需要采购组织协助解决，比如，他们目前供应给采购组织的零部件中包含一种供应紧张、交期很长、价格较高的材料，不提前备货可能无法保证供应，提前备货又会带来较高的库存持有成本。因此，双方需要通过谈判这一正式的沟通方式，一起解决问题。

虽然在分配型谈判的开局阶段，双方也可能会坦白各自面临的问题，但双方通常带着各自认为对己方有利的解决方案前来沟通，并在后续的各个阶段中，通过试探、让步和交换，最终得出双方都可以接受的方案；而在整合型谈判的开局阶段，双方并不急于给出各自认为有利于自己的方案，而是更期望通过谈判，来将需要解决的问题显性化、明确化的同时，共同探讨各种可能的解决方案，以及该方案对双方的利与弊，并致力于找到一个对双方都利大于弊的解决方案。显然，这并非一个简单的过程，而解决问题的第一步是识别问题，接下来就是分析问题，也就进入了整合型谈判的第二个阶段。

2）试探阶段

整合型谈判的试探阶段中，双方也会使用各种提问技巧，其目的在于发现上一阶段中所呈现出来的问题背后双方的利益诉求与真实需要。正如罗杰·费舍尔（Roger Fisher）等人所认为的："达成一个整合型协议的关键是谈判各方具有理解和满足对方利益诉求的能力。"

而利益诉求可以分成若干种，有可能是与经济或财务收益有关的实质性利益，也有可能是通过谈判过程的展开而获得对方认同的过程性收益，或者是与维持长期合作关系相关的关系性收益，还可能是与公平对等相关的原则性收益。

以前面开局阶段中所假设的问题为例，采购组织的利益诉求可能是在利润率不变的前提下，提高市场占有率；而供应商的利益诉求可能是在维持与采购组织的业务份额不变的前提下，降低自己的成本，提高利润率。但是，这只是假设的实质性收益，而各自的真实需要或根本利益则需要通过试探得以澄清，并作为后续阶段的信息输入。

整合型谈判中，双方坐在一起并进行试探的目的在于，突破每个个体或每个组织都可能存在的、自身所固有的认知局限，在可信任的其他方的帮助下，找出仅靠自己未必能发现的真实需要。这就如同在寻源过程中，供应管理人员可以对内部客户提出的需求提出修改建议，进而帮助内部客户认识到自己的真实需要。

3）协商阶段

整合型谈判的协商阶段，实质上是双方共同协商和探讨出尽可能多的备选解决方案的阶段，尽管这些方案对满足双方利益诉求和真实需要的程度可能不尽相同。

备选解决方案的制定需要双方在定位与利益之间，更加关注自己和对方的利益，而非定位。在商言商，利益是可以交换的，过分关注预设的定位，只可能徒增冲突与对抗。因此，谈判过程中双方需要坦诚合作，不抗拒将自己的底线透露给对方，并通过头脑风暴找到可以满足双方利益诉求和真实需要的途径，坦诚地进行信息交换与共享依然是达成合作的基础。

表 7-7 给出了整合型谈判中常用的战术。

表 7-7　整合型谈判中常用的战术

谈判战术	描述
各让一步	双方需要找到存在不一致的问题点，然后可以采取互相退让的方法，即在某个问题上，一方可获得更多的收益，而在另一个问题上，另一方可获得更多的收益
将蛋糕做大	努力找到让双方利益都可以更大化的方法。例如，在价格具有弹性的市场情境下，双方共同努力将最终产品的售价降低，增加市场份额，从而让双方的业务范围都扩大，提高现有资源的利用率，降低一般管理费用占比，获得营业利润的增加
资源调剂	在没有办法将蛋糕做大的情况下，双方可以通过资源共享或调剂的方式，来满足各自的需要、增加各自的收益。比如，采购组织可以通过提供闲置的资源给供应商使用，获得更理想的价格、交期等
协议外补偿	一方以一种可行的方法，对谈判结果不利的一方进行协议外补偿。比如，向其介绍新的业务，提供免费的培训等

4）成交阶段

整合型谈判的成交阶段，实质上是对协商阶段中识别到的各种备选解决方案进行评估，并做出最终选择的阶段。

即使在整合型谈判中，依然存在一个如何将"做大的蛋糕"在双方之间进行分配的问题。因此，重点在于评估各备选解决方案能够满足双方利益诉求和真实需要的程度。而双方最终选择的，通常是能实现双方利益最大化的备选解决方案，但这并非意味着双方的收益是均等的。

3. 谈判实施中的其他关键问题

1）谈判问题的排序问题

处理这个问题一般有以下两种方法。

（1）按重要性排序

越重要的问题越先通过谈判来解决。

（2）按分歧程度排序

分歧越大的问题越先通过谈判来解决。反过来，分歧越小的问题越先通过谈判来解决也是可以的。

2）谈判团队成员的角色与责任分配问题

谈判中一般有一个主谈判手负责把控整个谈判的节奏与进度，并在谈判过程中协调安排合适的团队成员回答相应的专业问题。

具有决策权的人通常会采用缺席战术，即使出席，也不建议轻易发表意见和观点。其出席的作用往往在于以下两方面。

● 解决对手坚称不参加没有决策者出席的谈判的问题；

● 在成交阶段，代表己方对最后的成交协议做出确认。

谈判团队中需要有一人对整个谈判过程进行观察，并做好谈判记录。这个成员并不参与谈判，全程只进行观察和记录，以便在中场休会的时候，将观察到的、可能为己方利用的一些信息向团队进行汇报；另外，谈判结束前，要回顾双方达成一致及残留的问题，并完成书面记录，最好让双方签字确认。

3）谈判中的说服技巧

按照 CIPS 在其核心课程《商务谈判（L4M5）》中给出的定义，说服（Persuasion）就是"鼓励某人做你希望他为你做的事情"。为了实现说服的目的，了解并满足对方的某种需求是基本前提。因此，在谈判前和谈判过程中，谈判人员要努力挖掘对方的真实需求，包括对方可能忽略掉的真实需求。

现实中，谈判对手的需求是多方面的，这需要试图说服谈判对手的谈判人员用某种方式来揭示或凸显某种需求对谈判对手的重要性，并进而以满足这种需求为条件，来达成说服的目的。

根据需求的不同，谈判人员可以采用 5 种典型的说服技巧，即晓之以理、动之以情、导之以利、引之以势、反之以弊。

（1）晓之以理

这是一种非常典型且几乎人人了解的说服技巧。通常，谈判各方都希望基于真实的数据与合理的逻辑推断达成公平的合作协议，这时，用真实的数据和合乎逻辑的推断来说服对方，就是卓有成效的方法。

（2）动之以情

虽然谈判各方通常期望通过理性谈判来达成合理公正的协议，但是人的感情色彩在谈判中依然会发挥作用。谈判人员以与对方具有某种相同或相似的观点为出发点，使用感情手段来感染对方，从而使得对方能够放弃对己方的警惕、提防或抗拒等负面心理，变得更加开放和坦诚，这时也就更加有利于说服对方接受己方的建议或合作条件。

（3）导之以利

使用这个技巧的要点是，谈判人员详细罗列并清楚地表达出己方主动提出或通过让步给予对方的各种有利可图的"甜蜜点"，让对方在舍不得放弃既得利益的情况下，答应己方的某些要求。

（4）引之以势

说服的过程也就是发挥影响力的过程，而谈判人员本身的专业性、权威性等都是产生影响力的重要因素。因此，在谈判过程中，引导对方看清己方所拥有的各种影响力就被称为引之以势。比如，世界知名企业的谈判人员通常都会提示对方与己方达成合作协议可能对其潜在客户产生示范效应。

（5）反之以弊

这是通过向对方说明不和己方合作可能产生的不利影响，来反向推动对方走向与己方合作之路的技巧。其中可能有"警告"的意味，因此，谈判者需要谨慎使用。

4）打破谈判僵局的方法

任何谈判过程中，都可能出现双方争执不下的僵局，打破僵局的方法有很多种，下面列举了一些。

- 把注意力集中到问题本身。
- 缩小问题的范围。
- 扩大问题的范围。
- 暂时休会。
- 陈述对方的情况。
- 寻找共同的兴趣。
- 寻找第三方的介入和帮助。
- 把注意力集中到双方达成一致的领域。
- 改变谈判问题的顺序。

5）建立双赢合作关系的要点

- 表示认同，但不无原则退让。
- 先说"是"，再说"但是……"。
- 对准"频道"。
- 认可对方，承认并强化对方的理性。
- 认同对方的专业性、权威性和能力。
- 与对方建立良性友好的私人与工作关系。

●表达己方意见时，注意措辞，避免伤害对方。

●多征求对方的意见，并以之为继续谈判的基础。

6）谈判过程中需要避免的问题

●低估自己的力量而过快让步。

●臆测对方什么都知道或什么都不知道。

●受到对方气势的威慑，转而把预设底线的附近位置作为谈判起点。

●容易情绪化，进而对人不对事，忘记了事先制定好的谈判目标、策略和战术等。

●在对方面前发生内部争论（故意为之的战术安排除外）。在谈判过程中，谈判人员应该避免在对方面前暴露出己方成员之间的分歧，要做到即使最终的结果不是个人的最佳期望结果，也应该支持谈判团队的决策以及团队领导的最终决定。

7）与唯一供应商谈判的问题

与唯一供应商谈判是一件非常棘手的事情，总体而言，在与唯一供应商谈判时，谈判人员通常采用的是适应型谈判战略，即以满足对方的条件为先，从而达成满足己方的根本需要的协议——通常是供应保证问题。

在与唯一供应商谈判时，谈判人员在谈判中需要保持低姿态，让对方感受到与己方合作的愉快与友好，通过打"感情牌"来尽量减少实质性的损失。

采购组织有可能找到其他标准化程度高的替代产品或替代技术，来缓解己方面对唯一供应商的不利局面；另外，自制有时也可以作为一个备选方案，这样一来，采购组织既可以减少对唯一供应商的依赖，在谈判中也可以增加谈判筹码和力量。

还有，谈判人员可能运用某些方法将谈判引向整合型谈判。比如，采购组织可以利用跨产品杠杆，即借力其他采购品类的规模效应，来缓解与唯一供应商谈判时面对的不利局面，并将谈判转变成整合型谈判，这通常称为腾挪法。此外，与唯一供应商进行联盟、合资，甚至对其进行并购，也是可以考虑的方法。

再者，采购组织如能利用自身所具备的其他优势，帮助唯一供应商获得融资便利、管理辅导或为其介绍新客户等，也会对与唯一供应商的谈判有所裨益。

谈判人员必须努力了解对方的弱点，并加以研究，从而获得和增加己方在与唯一供应商谈判与合作时的力量或话语权。

参考文献

[1] 列维奇，桑德斯，巴里. 国际商务谈判［M］. 程德俊，译. 5 版. 北京：中国人民大学出版

社，2008.

[2] 哈特利.供应管理基础［M］.汪希斌，译.北京：中国物流与采购联合会采购与供应链管理专业委员会，2014.

[3] 英国皇家采购与供应学会.采购与供应中的谈判与合同［M］.北京中交协物流人力资源培训中心，译.北京：机械工业出版社，2014.

[4] 戴蒙德.沃顿商学院最受欢迎的谈判课［M］.杨晓红，李升炜，王蕾，译.北京：中信出版社，2012.

[5] 福克斯.哈佛谈判心理学［M］.胡姣姣，译.北京：中国友谊出版公司，2014.

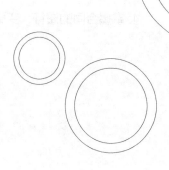

第 8 章

合同管理

企业与企业之间或相关商业主体之间的商业活动与经济合作，主要是依据双方签订的合同进行的。合同管理是相关方之间互动的核心内容之一，对保护合同当事人的利益有重要的作用。对企业而言，合同管理是整体管理的一个重要组成部分，是建立在遵守法律法规的基础上的全过程和全方位管理。对于采购组织而言，合同的签订是整个采购活动的一个关键里程碑，买卖双方按照合同约定履行职责，才能真正地体现合同的价值。合同的管理与执行是一个实施阶段，主要体现了采购活动的价值及其对组织贡献实现的过程。

本章目标

1. 了解合同的概念与类别。

2. 理解合同生效的条件及其含义。

3. 了解合同订立流程。

4. 掌握合同的履行、变更、纠纷解决和终止的管理。

|第 1 节| 合同管理概述

1. 合同的概念

合同是两个或两个以上有行为能力的当事人之间订立的具有法律效力的书面或口头协议，明确规定了各相关方的权利和义务。采购组织在与供应商进行商业合作时，订立对买卖双方都有效的合同非常重要，这不但涉及管控采购组织的成本和风险，而且还涉及如何确保供应商满足所有需求的问题。合同应该对采购组织和供应商都是公平合理的，并为双方的工作关系定下基调。

《民法典》对合同的定义进行了描述，合同是民事主体之间设立、变更、终止民事法律关系的协议。合同一旦依法成立，则对各相关当事人具有法律约束力。

1）合同的形式

采购组织和供应商之间进行商业往来，必须订立一份合同在法律上约束彼此，确保各自履行义务。在讨论"合同"时，常常会伴随着"协议"一词，在很多环境中二者被混用。严格来说，合同和协议的法律定义是有区别的。协议通常是当事人之间协商一致而达成的约定或契约，一般不涉及法律义务与责任。当协议条款被约定具有约束力时，则协议具有法律效力，等同于合同。协议可以建立在口头语言或可见行为的、书面形式的或其他约定俗成惯例的基础上。合同是协议的法律形式，对当事人的权利与义务的约定更加具体而明确。在不同的国家（地区），合同的法律意义需要参照当地的法律定义或司法解释。例如美国《统一商法典》（UCC）中，合同的定义为受法律规则影响的双方协议所产生的全部法律义务，协议的定义为双方口头约定或在其他交易过程、贸易过程、履行过程中所隐含的事实上的约定。协议是否具有法律效力取决于相关法律法规的规定。

根据《民法典》，合同可以有书面形式、口头形式或者其他形式。书面形式有形地表现所载内容，例如各种形式的合同书、信件，还有电报与电传、传真等。随着技术的发展和互联网的应用，电子数据交换、电子邮件已经成为个人、组织间信息交换的主要应用手段，这些数据电文能够有形地表现所载内容并可以随时调取查用，也被视为书面形式。

书面形式有利于清晰载明协议内容，统一当事人约定的事项以避免产生误会、歧义等，书面形式所得到的法律保障也是最好的。口头合同可能因协议内容简单明了、交易金额小、时间紧迫来不及准备书面合同等订立，也可能因彼此的行为习惯或惯例而订立。例如，采购人员口头通知供应商紧急交付一批材料，以供生产急用，供应商给予执行的承诺。采用口头合同要谨慎，采购人员要参照有关法律对口头合同的规定，以免给企业带来不必要的损失或风险。对于因时间紧迫而临时采用口头合同的情况，最好在口头合同订立之后尽快补充一份书面合同。

2）合同要素

不同合同的内容会有较大的差异，包括交易的类别与详情、权利与义务的界定、法律法规的要求等。合同内容是当事人根据合同的目的和实际情况进行谈判、约定之后予以拟定的。《民法典》中列出了19种典型合同，并分别说明了合同的基本内容，可供起草合同时参考及引用。合同也可以参照一些行业的示范文本而订立。使用合同范本的一个不足是，合同范本的条款不是根据实际情况拟定的，可能没有充分或完全涵盖当事人需要约定的事项，或者不具备适当的执行弹性。

（1）合同的基本内容

合同一般包括下列基本内容。

● 当事人的姓名或者名称、地址。

● 合同标的、数量、质量、价款或者报酬。

● 执行合同的地点和方式、期限，以及违约责任和解决纠纷的方法。

● 其他有关权责利、相关风险控制、遵守法律法规的条款。

合同的内容要求明确、清晰，避免使用容易产生歧义和误解的词语。合同内容不够清晰明了，会导致执行上的困难、交付成果出现偏差、执行成本更高，甚至对各方的合作关系或客户形象造成损害。

（2）合同的条款

为了确保合同订立目的的实现，为采购组织提供各方面的法律保护，合同的条款需要尽可能全面，涉及的内容可能包括以下方面。

● 合规性。

● 知识产权问题。

● 分包与转让。

● 合同支付。

● 违约与救济。

● 终止与退出。

● 责任与索赔。

● 买方权益。

● 社会责任。

●司法管辖权。

●其他陈述、生效日期、第三方受益人、附条件的履行及承诺。

合同的条款涵盖范围及其内容因合同不同而有差异，多数情况下由律师起草合同范本，提供给采购人员选择使用。拟定好的合同也应经过律师的审核。表 8-1 是一个范例：国际业务建立法律性文件需要考虑的相关条款类别。

表 8-1　国际业务法律文件的条款类别

1	知识产权	18	间接损害的免责声明
2	权利金 / 特许权使用费	19	共谋与串标
3	国内 / 国外法律的要求	20	暂停条款
4	分包的提前通知和同意	21	权利的保留
5	付款方式	22	禁止毁约
6	保险与保障	23	道德与社会责任问题
7	赔偿	24	司法地域
8	终止与退出条款	25	损害赔偿及类型
9	客户保密	26	承包商分包条款顺延
10	不可抗力	27	质量担保
11	业务连续性	28	义务违约通知补偿救济
12	贸易限制与管制	29	资产管理
13	国土安全问题	30	陈述
14	可转让条款	31	管辖权与地点
15	源代码托管账户	32	生效日期
16	索赔	33	第三方受益人
17	责任限制	34	附条件的履行及承诺

3）合同的主体

合同主体即合同当事人，是构成合同关系的主体。具有相应民事权利能力和行为能力的自然人、法人和其他组织都可以成为合同主体。合同主体包括债权人和债务人，债权人是请求债务人依据合同约定或法律规定履行相应的义务的一方，而债务人则是需要履行给付义务的一方，负有实施一定行为的义务。合同主体在具体合同中是特定的，但不是固定不变的。依据法律的规定，债权人或债务人可以将其债权或债务的全部或部分转让给第三方。转让后，受转让的第三方取代转让一方的地位成为合同主体之一。

2. 基于《民法典》的合同类别

在实际商业活动和经济活动中，合同的分类方式不尽相同，因此合同的类别很多，如买卖合同、技术服务合同、承揽合同、运输合同、赠与合同等。

《民法典》中列有典型的合同类别，共19种，涵盖商业买卖、租赁、运输、技术、工程承包、服务等类别，如表8-2所示。

表8-2　《民法典》中的典型合同类别

合同类别		合同用途说明
商业买卖类合同		
1	买卖合同	用于向供应商采购物品的合同，如采购订单、购销合同等
2	供用电、水、气、热力合同	用于购买电、水、气和热力的合同，例如供电合同
租赁类合同		
3	租赁合同	用于租赁房屋、设备等资产的合同
4	融资租赁合同	用于第三方租赁业务。第三方出租人向供应商采购租赁物，再转租给租赁人使用。多数情况下，租赁人会选择或指定租赁物及其供应商
运输类合同		
5	客运合同	用于运输旅客的业务。合同生效基于承运人向旅客交付票据
6	货运合同	用于运输货物的业务
7	多式联运合同	多式联运涉及跨多个区段运输的业务，多式联运经营人是合同的总负责人，可以通过组织各区段承运人共同履行合同义务，但对全程运输享有权利并承担义务
技术类合同		
8	技术开发合同	包括委托开发合同和合作开发合同两种，主要针对新技术和新产品的研究开发
9	技术转让合同	分为专利权转让合同、专利申请权转让合同和技术秘密转让合同等
10	技术许可合同	分为专利实施许可合同、技术秘密使用许可合同等
11	技术咨询合同	用于特定技术项目的技术咨询业务，提供技术预测、专题技术调查及评估分析报告、可行性论证等
12	技术服务合同	用以解决特定技术问题的服务合同，不包括承揽合同和建设工程合同
工程承包类合同		
13	承揽合同	用于工程项目和加工业务，例如产品制作加工、修理、测试或检验等。承揽人通常需要按照定做人的要求交付工作成果
14	建设工程合同	用于与工程勘察、设计与施工相关的业务。建设工程多应用招投标工具

合同类别		合同用途说明
服务类合同		
15	保理合同	用于保险业务的合同
16	保管合同	用于保管物的保管业务，如购物者到购物中心保管处寄存物品
17	仓储合同	用于货物的仓储业务
18	物业服务合同	用于物业服务，包括建筑物及其附属设施的维修养护、环境卫生和物业所属区域秩序的管理等
19	行纪合同	行纪人员为委托人从事贸易活动的合同
20	中介合同	中介机构或人员为委托人提供媒介服务
其他类合同		
21	赠与合同	用于无偿赠与财产的合同
22	借款合同	用于与借款有关的事项的合同
23	保证合同	属于主债权债务合同的从合同，担保人履行债务或者承担相应责任
24	合伙合同	两个或两个以上合伙人为了共同的事业目的而订立的合同，合伙人按照约定比例出资及履行义务
25	委托合同	受托人为委托人处理事务的合同

不同类型的合同，内容不尽相同。合同内容主要由当事方根据实际情况及需要订立，《民法典》中列出了各类型合同一般包括的内容。

在实际生产与商业活动中，合同类型的选用受多种因素影响，如竞争激烈程度、价格数据的可得性和准确性、合同方所感知的相对风险及相对地位。

3. 基于价格的合同

固定价格合同是一种典型的基于价格的合同，表明价格已确定（除非采购方要求更改合同内容）。随着合同期限的延长和产品开发或服务执行复杂性的增加，固定价格合同中供应商面临的风险较大。常用的固定价格合同如表8-3所示。

表8-3 常用的固定价格合同

合同类型	合同使用情况
确定型固定价格合同	在这种合同中，合同标的的价格确定。这是最常见的、所需管理最少的固定价格合同形式。从避免风险的角度看，这是采购人员最喜欢的合同类型之一。采用这种合同时，成本超出固定价格的风险由供应商承担，会刺激供应商提高效率和降低成本

合同类型	合同使用情况
调整型固定价格合同	产品或服务交付时间跨度大或金额大，合同标的的价格（例如能源、金属或农产品）受市场因素影响较大。有关的人工和材料已知，但是人工费率或材料价格未知，供应商通常不愿报出固定价格，因此合同当事人使用调整条款以规定因人工或材料成本变化而出现的价格升降情况
再确定型固定价格合同	在将来的人工或材料的价格和用量都不确定的情况下，人工或材料的价格是在合同履行过程中获悉的，即在合同开始履行时采用临时的固定价格，在当事人获得经验和确定成本后对价格进行调整。初始价格可能为价格上限
激励型固定价格合同	合同设定目标成本和目标利润，制定价格上限及最终的利润计算公式，为供应商控制成本提供激励。按预先商定的比例，允许供应商分享任何低于目标成本的成本节约，供应商的利润会随着成本下降而增加。这种合同特别适用于成本高、交货期长的项目
单位人力投入型固定价格合同	在履行合同前无法明确工作内容或结果，双方按照特定的每单位投入费率议定具体投入成本水平，即固定单位人力投入水平。典型应用如研发工作和实验室测试工作：双方按照每小时固定费率的产品测试小时数来评估结果，并决定是否需要进一步合作

4. 基于成本的合同

基于成本的合同中最具代表性的是成本补偿合同。在成本补偿型合同的执行期间，对所产生的属于允许范围、可分摊的和合理发生的成本，甲方应该予以支付，以确保合同价格涵盖允许的成本以及双方商定的额外费用，只要这些成本在合同规定或允许的范围内。为了控制预算，这些合同中会估算总成本，并确定一个未经采购组织批准供应商不得超过的成本上限。成本补偿合同的财务风险在采购组织一方，必须受到严密监控。常见的成本补偿合同如表 8-4 所示。

表 8-4　常见的成本补偿合同

合同类型	合同使用情况
成本加固定费用型合同	供应商可获得允许的成本，另外还可获得双方商定的固定费用
成本加激励型合同	类似于激励型固定价格合同。双方共享低于目标成本的成本节省；当实际成本超出目标成本时，供应商获得利润将减少；如果实际成本大大超出目标成本，供应商可能会损失除了成本以外的所有费用
零费用成本型合同	采购组织支付管理费用和成本，但不会获得利润。该类合同常被非营利性组织使用，如大学。
成本分担型合同	采购组织和供应商可以分担成本和利益。例如，供应商为采购组织开发设备，同时可将其卖给其他人

5. 其他类型的合同

1）采购订单

采购订单（Purchasing Order，PO）是合同的一种特定形式，是由采购组织发出的，用于向特定供应商采购的具有法律约束力的文件。采购订单描述采购组织提出的合同条件和条款、交易细则。采购订单可能会作为对要约、承诺、口头协议的确认、对供应商执行结果的确认，也可能作为既定合同履约的执行文件。采购订单在供应商正式回复接受之前，本身通常不构成合同及合同关系。例如，采购组织通过电话通知供应商紧急供应一批物料，随后发出相应的采购订单，此时采购订单构成对该口头协议的确认；供应商在没有合同或订单的情况下送来一批物料，该批物料因可以使用而被采购组织接收，采购组织补发一张采购订单给供应商，则该采购订单构成对供应商送货行为的确认。

（1）不确定交付订单

不确定交付订单（Indefinite Delivery Order，IDO）适用于采购组织尚不知道未来交付的确切时间、交付数量、交付频率的情况，通过提供交货通知（Delivery Notice，DN）或交货计划（Delivery Schedule，DS）令供应商启动具体交付。交货通知的格式在本质上与采购订单相同，但直接引用标准的条款和条件所依据的订单或合同可以不重复列出。

（2）总括订单

总括订单（Blanket Order，BO）典型地应用于连续性的生产性物料需求的采购。由于生产性物料的规格要求基本确定，但需求的时间与数量取决于生产计划，这种情况下，总括订单显示出了其实用性，因为固定采购订单（Firmed Purchasing Order，FPO）难以明确预计交付的时间与数量，即便是分段交付计划也可能因为生产计划的调整而难以执行。在商业实践中，总括订单有着不同的应用。总括订单一般会约定交易的产品类别或规格、交易价格及条件、预计的最大交易数量（或预计的最低交易数量）和订单有效期。有些总括订单并不约定交易价格，而是以采购组织发出的价格通知单作为价格依据。总括订单有效期的设定很灵活，可以按时间（如一个季度或一年）设定，可以按完成约定的最大交易数量设定，也可以设定为价格调整则总括订单终止（适用于固定价格的总括订单）。

总括订单一般会伴随交货订单或交货通知的使用，以及/或月度交货清单（对账单）的使用。交货订单或交货通知用于根据实际的生产计划通知供应商送货，交货清单用于定期核对每单交货的数量与时间，便于合并发票进行货款支付作业。交货订单或交货通知的格式依赖于总括订单，通常不需要包含详细的交易条款。在使用企业资源计划系统和供应商管理库存系统的企业实践中，总括订单被广泛使用，极大限度地简化了采购作业流程，使交付流程更为顺畅，并提高了流程效率、降低了库存水平，有利于供应链准时制战略的使用。

采购订单的应用环境，比较典型的是生产要素的采购、连续性需求的采购、合作企业之间的商业活动等。这类商业活动更可能涉及频繁的订单作业，会由于不同的商业环境或不同的文化习惯而对采购订单有不同的应用，例如采购订单生效的条件，以及是否与另一份正式的合同配套使用。为了确保采购订单具备法律约束力，采购人员要明确采购订单的授权签署政策、法律规定、供应商的确认签回等合同生效要点，以避免订单不符合生效条件而使组织承受不必要的损失。

此外，有些企业会要求采购订单服从于另一份正式合同。例如买卖双方预先签订了一份合同，这些更高层级的或具有总括性的合同定义了企业之间合作的基本框架、基本商业条款，具有方向性和指导性。在这种情况下，基于具体商业活动的采购订单必须服从于这些更高层级的合同。

2）框架协议

框架协议（Framework Agreement，FA）在不同的商业环境中被使用，但框架协议本身不算合同，通常是利益相关方达成的一份框架性、指导性的协议，使用者依据框架协议可再签订正式合同或订单（也称为子合同、分合同）。框架协议可以不具备法律约束力，但当协议方在其中加入法律约束条款时，框架协议则具有法律约束力。利益相关方根据实际商业需要拟定协议条款。多数情况下，框架协议包含经批准的供应商清单、基本的交易条款，以及后续签订正式合同的要求或标准，分合同相应地应用框架协议的条款，避免重复进行谈判。在具有框架协议的前提下，签订分合同时可以重新议定价格或重新招标，但重新招标一般都是在框架协议约定的供应商清单中选择的。

框架协议的一个典型应用场景是需求品类比较明确的重复性采购项目，例如生产中的消耗性材料的采购。采购组织对供应商进行评估与选择，商定交易的类别及交易条款、可能的最高或最低采购量，还可能给定价格条件或价格调整的前提条件等，最终与选定的供应商签订框架协议。采购部门则根据框架协议进行分合同作业，执行具体的交易。另一种应用是客户与采购组织签订框架协议，客户给定采购类别、可选择的供应商、基本的交易条款等，采购组织的采购部门根据这个框架协议向指定供应商进行采购。

6. 合同管理流程

合同管理是采购管理的一部分，对合同各个方面进行管理，可以确保履约方的总体绩效符合合同承诺，并确保履约方履行对采购方的义务。实质上，合同管理包括针对特定合同或采购订单订立、签署后的所有行动。在某些情况下，合同履行完成后合同管理仍未终止，这是由合同所包含的持续效力条款决定的。在实际社会环境和商业实践中，合同管理变得越来越复杂，合同管理要求越来越高。企业应根据自身特点，建立有效的合同管理体制，在战略和战术层面保障合同的有效履行，从客户需求出发，在质量、工期、成本和运作之间平衡各种优先权。合同管理包含合同订立管理、合同履行管理和合同履行后管理 3 个阶段，如图 8-1 所示。

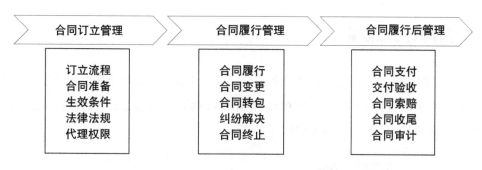

图 8-1　合同管理的 3 个阶段

（1）合同订立管理

合同订立管理涉及合同签署生效及之前的全部任务，即合同订立的各环节需要特别关注的问题，如合同选型、合同授权与签署等，对于某些合同如复杂的合同还需要涉及具体执行计划。

要使合同发挥效力，采购组织应当在采购的早期阶段开始实施合同管理。合同管理应当以早期阶段开展的风险评估为基础。此类风险评估将为合同战略的制定奠定基础，进而有助于合同管理计划的制订。

（2）合同履行管理

合同履行管理是合同管理的基本责任，管控约定工作的完成计划和步骤，合同的效力检查、监控和交付的接受，合同的财务管理、货物所有权管理和债权管理等。

合同履行管理涉及以下方面。

合同变更管理是合同履行中一项非常重要的管理事项，很少有合同是不需要进行任何变更的。有些变更是行政性变更，并不影响合同实质；有些变更则影响合同实质，例如价格、数量、质量、交付时间和方式等的变更。合同应该包含有关变更规定的条款，以及建立变更审批流程，以严格监管合同的任何变更。变更是合同中比较困难的控制点。

（3）合同履行后管理

合同履行后的管理工作包括接收与验收、核算与审计、支付、索赔、收尾。

| 第2节 | 合同的订立

合同的订立指采购方与供应商之间就交易细节达成共识，从而签署合同文本并授予合同。

1. 合同订立流程

签订任何类型的合同都是一件严肃的事情，订立协议和订立合同都必须经过深思熟虑才能进行。在商业合作关系中，一定程度的信任是必须的，但订立有效的合同可以确保各自的权益得到维护。合同订立流程如图8-2所示。

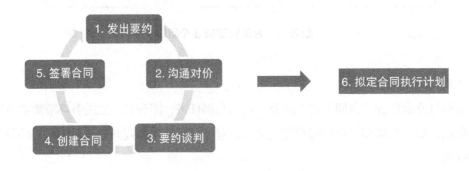

图8-2 合同订立流程

第一步：发出要约。订立有效合同的第一步是发出有效的要约，每份合同都必须有要约，这是一种采取行动或不采取行动的承诺，以换取采取同样行动的回复。有效的要约必须有明确的条款和承诺。例如，供应商向采购组织报价，以100,000元的单位价格向采购组织销售其所需要的某设备，付款方式为预付10,000元后发货，采购组织收到设备后一周内支付剩余的90,000元。供应商承诺提供这款设备以换取采购组织的货款。这个要约是明确的，其中所含报价包含有明确的产品技术或性能规格、品质水平与必要的服务事项、付款条件。

在订立合同之前，双方都应该认为要约是公平的，并且应该是书面的、口头的或双方都可以理解的其他形式。

第二步：沟通对价。对价即各自的付出和回报。订立协议时，双方必须向对方提供有价值的东西。双方应讨论并就对价达成一致，对价亦应体现公平公正。如采购组织支付100,000元货款采购某款设备。

第三步：要约谈判。一方提出要约并说明对价后，双方可能对要约进行协商与谈判。通过谈判，要约的条款可能会被修改。例如，前例中采购组织要求将付款方式修改为收货时支付 50,000 元，设备正常运行一个月后再支付剩余的 50,000 元，从而构成一个反要约。供应商可以选择接受或拒绝这个修改要求。双方谈判的一个重点是确认合同基本内容与相关条款，采购总价可能因要约条款的修改而改变。

采购组织必须将合同发给供应商审阅，取得供应商对合同条款的理解和支持。这个过程可能需要双方反复商讨。

第四步：创建合同。双方完成谈判并都同意合同条款，就可以形成合同文本，经相关方授权人批准后进行合同签署。签订口头合同容易发生纠纷，而签订书面合同可以提供安全感。根据法律要求，有些类型的合同必须采用书面形式。

第五步：签署合同。为了使得合同具有法律约束力，要约或反要约必须为合同各方所接受，合同各方必须阅读并同意合同条款，然后签署合同以表明他们将遵守合同条款。合同签署的形式或方式因实际情况的不同而不同，例如由于管辖法律要求、合同方的惯例、组织的政策规定等不同，合同生效方式可以是签字生效、盖章生效或签字加盖章生效。随着 IT 技术的发展与推广应用，电子签核或电子签章越来越多地被采用。电子签署方式提高了流程效率（特别是需要多层级签核的流程）与可追溯性，也有利于异地办公和移动办公。合同签署的同时可能需要批准合同执行计划，也可以是合同授予后批准，供应商拟定合同执行计划后交采购组织批准。

合同签署的更多相关内容如下。

（1）确认合同签署人员的合法性

按照组织政策规定授权：组织通常有特定政策或程序规定合同批准与签署代理人。

按法律法规执行：有些法律法规会规定合同批准与签署权限。例如有些法律法规规定组织的法人代表具有法定权限；或默认拥有采购经理头衔的人签署采购订单有效，销售经理签核销售合同有效。有些法律法规还可能规定合同需要盖章和公证才能生效。对于电子签名的规定，不同国家（地区）的法律法规各不相同，并会随着技术进步而不断调整。

（2）说明会

有些当事方会在合同签约前安排说明会，以对合同的准备及主要条款、要求、项目背景及签约手续要求等做说明，确定相关方对合同签署有清晰的了解。是否召开说明会，企业要根据实际需要和有关政策规定决定。

（3）庆祝会

某些情况下，合同签署后双方会举办庆祝会，其目的是感谢大家的辛勤努力与贡献，营造良好的团队合作氛围和增强团队凝聚力，并为合同的顺利履行打下良好的基础。

有些合同在订立后需要进行转移。例如，采购部门主持与领导招投标流程、与供应商或承包商完成合同订立后将合同转移给用户部门。合同的转移涉及合同的整体转移和知识培训，培训的内容如下。

- 合同的架构、合同涉及的文件、条款的阅读与解释、合同主体的责任与义务。
- 需要建构的供应商关系、采购理念。
- 可能存在的问题、解决纠纷的原则与基本方法、纠纷发生后该采取的行动和不该采取的行动。
- 组织的相关政策和流程。
- 采购组织在合同履行中的角色定位、互动机制、主要联络人等。

移交手续和培训过程都需要有书面的执行记录，培训参与者应对培训记录进行签字确认，这些记录应存档备查。培训根据需要可能需要邀请人力资源部门的人员参加。

2. 合同签订前的准备

为避免合同的签订给采购组织带来各种问题，合同签订前采购组织的相关人员必须非常明确地知道要达到的目标和避免的风险，清楚本国（地区）和供应商所在国家（地区）的现行法律政策，提高对国际性问题的敏感性。避免纠纷胜于处理纠纷，处理纠纷的成本可能是高昂的，且对生意关系的破坏较大。

1）关注几个关键的合同问题

（1）供应商的履约和偿付能力

采购企业需要评估供应商的履约和偿付能力，这是选择供应商时的一个首要评估任务。如果供应商的偿付能力较弱，可以通过担保来保障采购组织的利益，担保方可以是供应商的母公司、主要股东或高管；另一种保障采购组织利益的方法是供应商交付合格后采购组织才支付货款。

（2）阶段性地付款的考虑

在有些合同的生效期内，采购组织需要把供应商的合同履行过程分解成一系列阶段或步骤，对每一个阶段或步骤的履行情况进行评估，并根据实际履约状况调整努力方向和相关的财务政策，以减少可能的风险。

（3）合同复杂性问题

复杂性问题是合同履行中出现的非常重要的关注点。采购组织可以通过法律咨询起草适当的合同（即便是采购简单产品的一次性合同的起草也需要咨询法律专业人士）。

（4）合同弹性的考虑

有弹性的合同适用于需求很难清楚地表达，或需求变化迅速等情况，例如软件的采购需求。采购组织可以与供应商签订以"人·天"工作量为基础的合同，或按工作任务分阶段签约。

（5）后续影响

如果供应发生在动态的环境条件下，采购组织应预知技术或产品将如何改进、改进所需的费用、改进是否要改装旧设备、改进会产生什么样的问题等。对于每份合同采购组织都需要合理地确定付款计划，以保持自身的竞争优势。

2）确保文件正确和完整

采购组织应确保用于沟通采购需求的所有文件是正确的和完整的。

（1）工作说明书

服务完成后产生的纠纷，很多时候是因为双方对预期目标有不同的理解。工作说明书列出对具体服务的陈述，指明服务内容与范围、服务质量水平要求、任务完成时间表、可接受的结果等，因此正确、完整的工作说明书有助于采购组织在整个项目期间进行项目管理。

（2）服务水平协议

服务提供商的服务水平往往较难衡量，服务水平协议是一种重要的合同文件，用于规定采购组织对服务提供商的具体绩效要求及绩效衡量方式。

（3）产品规格说明书

产品规格说明书中，产品的规格、性能要求必须准确和完整，应尽量避免出现容易产生歧义的内容，并确定供应商能准确理解和生产。产品规格说明书也构成交付时品质检验的最主要依据之一。

（4）产品价格清单

采购组织应检查产品价格清单中产品的编号、名称、价格等的正确性，并将其及价格条件包含在合同中。

（5）供应商方案

有些方案型招标或采购谈判是建立在供应商方案基础之上的。采购组织在进入合同订立流程前要确保供应商方案的完整性和适当性。

3）合同评审

进行合同评审是预防风险的一项重要策略，即在合同签订之前评估供应商提交的计划交付时间是否合理可行、为履行合同分配的资源是否充足。采购组织也可以将当前合同与其他类似的供应商签订的合同进行比较，这种比较有利于评估并确保合同的可执行性、进度计划的合理性。

3. 影响合同的法律法规

影响合同的法律法规有很多，除了下文讲到的《民法典》和《联合国国际货物销售合同公约》（CISG）外，还有电子商务、反垄断/反竞争、反腐败、贸易协定、国际贸易、知识产权、产品责任、环境保护等方面的法律，采购组织在订立合同时需要充分了解并评估其影响，以识别并规避潜在的合同风险。

1）《民法典》

《民法典》由十三届全国人民代表大会第三次会议通过，2021年1月1日起正式施行，原来的《合同法》被《民法典》所取代而同时废止。《民法典》在法律体系中居于基础性地位，是市场经济的基本法，也是法官在裁判民事案件时的重要依据。

2）《联合国国际货物销售合同公约》

《联合国国际货物销售合同公约》是联合国国际贸易法委员会主持制定的国际公约，保存人是联合国秘书长，于1988年1月1日生效。此公约适用于跨国家（地区）的货物销售合同，为国际货物销售提供了具有普适性的规章制度，其主要贡献之一是提高商业交易的可靠性并降低交易成本。

3）国际贸易惯例

国际贸易惯例是国际贸易发展历程中逐步形成的一种约定俗成的惯例和大家趋于遵守的规则，惯例本身不是法律。但在国际贸易实践中，各国（地区）的法律允许合同当事人自由选择适用的国际贸易惯例，并明确国际贸易惯例对合同当事方具有法律约束力。在国际贸易中影响较大的国际贸易惯例如国际商会制定的《国际贸易术语解释通则》和《商业跟单信用证统一惯例》。

4）交易国（地区）的法律法规

对于国际采购业务，采购人员要了解和熟悉交易当地的法律法规、惯例对商业活动的影响，或寻求当地法律专业机构和人士的帮助。

4. 合同成立与生效的条件

1）要约和承诺

要约，有时也称为发盘、出价或报价，是一方当事人（要约人）以缔结合同为目的向另一方当事人（受要约人）所做的内容具体的意思表示。要约的内容要求具体确定，要约人在受要约人接受要约后即受要约内容的约束。根据《民法典》，某些商业性公告、商业广告和商业宣传、寄送的价目表本身含有要约的意思表示，都可以作为要约。

承诺，有时也称为接受，是指受要约人同意接受要约的全部条件以缔结合同的意思表示。要约本身并不构成一个独立的法律行为，但在受要约人做出承诺并将承诺有效送达要约人后，要约即对要约人构成约束。只有受要约人才具有承诺的能力。受要约人未向要约人发出承诺通知，但在规定的期间内做出实际行为来表示同意，则该实际行为等同于发出承诺通知，例如，采购组织没有回复是否接受供应商的报价及价格条件，但采购组织根据该项报价发送采购订单给该供应商，则此行为等同于采购组织对该供应商报价的接受。供应商没有及时确认签回采购订单，但实际上按照该采购订单的要求发运货物，供应商的发货行为等同于对该采购订单的接受。

（1）承诺的送达

受要约人做出承诺一般应当采用通知的方式，并在要约规定的期限内将承诺通知送达要约人。如果要约中没有明确承诺送达的期限，则承诺通知应当在合理期限内到达要约人。如果要约人以对话方式发出要约，则受要约人应当即时做出接受（承诺）或拒绝的意思表示。承诺通知送达要约人非常重要，例如，采购订单发出后，供应商需要在一定的时间内书面签署采购订单并将其送回采购组织，其中的"一定的时间"则需要采购组织在采购订单或双方的其他有关文件中清楚地规定，或按有关法律规定执行。《民法典》对承诺期限及承诺通知送达方式做了较为详细的规定，包括以各种不同的方式发出要约，以及不需要发送承诺通知的情况。《联合国国际货物销售合同公约》认为双方在考虑承诺通知送达时效时，需要适当考虑当地的通信条件。

（2）反要约

受要约人给出的承诺内容应当与要约的内容一致，若做出任何实质性变更的承诺，则构成反要约。例如，合同标的及质量等级、交货期限、制造地点、违约责任界定及解决争议方法等的变更，都被视为实质性变更。如果变更是非实质性的，则承诺生效，除非要约人及时表示反对或者要约明确规定不允许做出任何变更，那么合同以承诺的内容为准。承诺带有附加内容和限制条件，则表示受要约人拒绝该项要约，并构成反要约。

2）对价

对价是相关法律的一种要求，即订立有效合同必须涉及价值交换，这里的价值可以是金钱、物品、行为或服务、独占权、承诺或放弃现有权利。给予的价值和承诺的价值不是必须相等的，法院也很少对对价的价值做出判断，除非这两个价值极端地不相称，以至于表现出恶意或不合情理。

对价的真实性对合约有效性具有很大的影响，缺少对价的合约可能不具备法律约束力。例如，一位采购人员按照工作岗位的要求履行职责，年底向组织索要额外的奖金作为奖励时可能会失败，因为这个"奖金"的对价应该是"你完成了额外的工作或做出了额外

的贡献"。另外，如果采购经理为了让采购人员的工作表现更好而口头承诺期末额外发送
10,000 元奖金，这个承诺相当于一份礼物，而不是一份合同。如果他改变主意，采购人
员不能强迫他拿出现金，因为他的承诺是片面的，采购人员没有做出相应的承诺或做任何
交换。当然，如果采购人员为了采购经理的这个承诺做出了自己的承诺，如交付了更好的
工作成果，则存在对价，从而构成一份口头合约。

3）合同成立的条件

当事人可以就任何合法的、符合诚信和合理的基本义务的事项达成协议并订立合同。
通过正式传达渠道提交给供应商的采购订单、供应商发给采购组织的报价，是否具有法律
约束力具体取决于是否符合合同成立的条件或相关法律规定。合同成立有 5 个基本条件。

- 要约与承诺有效。
- 合同内容真实有效。这是合同有效的重要条件。当合同当事人的意思表示缺乏真实
性时，需要考虑其内心意思。
- 当事人有民事能力及相应行为能力。当事人能够辨认自己的行为，并判断法律后
果。大多数国家（地区）的法律对当事人订立合同的资格与能力的界定基本是一致的，例
如法定年龄、心智能力、作为代表的权力、不能处于醉酒状态或有精神性疾病等。
- 目的合法及符合社会公共利益。合法是民事法律行为的本质属性。
- 义务的相互性。

《民法典》对合同成立的条件有详细的规定，例外情况也有考虑。

4）合同生效的条件

合同中通常应包含合同生效的条件，如果没有特别约定，通常在合同成立时合同即
生效。

5. 订立合同的代理权问题

企业组织是法律实体（法人）。法人可以起诉和被起诉，但只能通过代理人行事。这
里的代理主要涉及民事法律行为。在代理人、委托人（被代理人）与相对人（第三方）的
三角法律关系中（见图 8-3），代理人以委托人的名义实施法律行为，与相对人开展商业
活动，但代理人本身不是合同当事人。例如，代理人代表委托人签订买卖合同时，合同是
在委托人和相对人之间形成的。代理关系所体现的法律特征是，代理人受委托人委托或授
权，并在代理权限内独立实施法律行为，代理行为的法律后果直接归属于委托人。

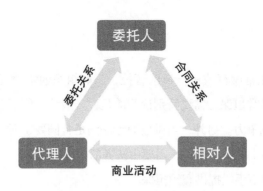

图 8-3　代理三角关系示意图

1）委托代理和法定代理

代理分为委托代理和法定代理。

委托代理。企业组织通常都会有内部的委托机制及授权机制，代理人按照委托流程及授权级别行使委托代理权。委托代理的典型依据是委托人签署的授权书或职位说明书。工作人员在其工作职权范围内以企业的名义开展商业活动，所实施的民事法律行为对企业产生效力。

法定代理。这是指代理人依照法律的规定行使代理权。《民法典》对代理权有详细的规定，并对代理人违法、无代理权、超越代理权限实施民事行为的责任界定也给予了说明。

2）代理权限的问题

（1）明示权力与默示权力

代理人被赋予特定的权力，例如，采购人员在职权或被授权范围内采购材料，其签订的材料采购合同对组织具有约束力。这一权力可以是明示或默示的。明示权力是由委托人具体说明的一种实际授予的权力，如职位描述权力，它可能包含在诸如雇佣合同或代理委托书的正式书面声明中（但并非必须是书面的）。当委托人对所赋予的实际权力描述不全面时，法律将其默示为完成委托人所表达意图的一切必要权力，即默示权力。例如，如果采购人员的职责描述包括所有电子类物料的采购，这将默认采购人员拥有为完成该职责所需的适当金额水平的采购权力。

（2）表见代理

表见代理是另一种代理权类型，是指被代理人的行为足以使第三人相信无权代理人具有代理权，并基于这种信赖与无权代理人实施法律行为的代理。例如，未经授权的采购或绕过采购部门的不合规采购行为。供应商会利用这种"表面"授权，以实现正常授权得不到的订单利益，直到委托人告知其不受此类未经授权行为的约束。

6. 履约担保

为了确保合同的正常履行或进行风险管控，采购组织通常会要求供应商提供履约担保，包括经济担保和信誉担保。需要特别说明的是，一般认为保证金可能会增加供应商的成本和降低供应商的竞争力。另外，当供应商无法满足合同要求时，保证金可能并不能保证采购组织能挽回财务上的所有损失，需要由法务部门进行处理。

供应商可以借助以下手段提供履约担保。

1）履约保函

由第三方出具担保函，向采购组织或工程发包方提供书面承诺。如果供应商未能按合同要求履行义务，则担保方将向受益方支付约定的款项。履约担保应由供应商或工程承包方申请。

2）履约保证金

作为交易条件之一，供应商需要缴纳履约保证金，以保证及时交付符合规格要求的产品或按工期要求交付成果。采购组织获得的补偿金额通常不超过保证金金额。

3）支付保证金

供应商应向采购组织交纳支付保证金，以确保供应商不会拖欠其上游供应商、分包商或员工的款项。这种安排是保障采购合同顺利执行的手段。

4）信用证

在国际业务交易中，信用证是一种常用的支付方式，能较好地确保供应商履行合同后收到应收款项。

5）不动产担保

供应商将不动产存入托管账户，作为保证履行义务的担保形式。

6）公司担保

公司担保通常是供应商的母公司或关联公司提供信誉担保、负连带责任，或提供授信额度支持等。如果担保方是上市公司，则这种担保行为会被审计或评估。

| 第3节 | 合同履行与风险管理

采购人员或合同管理人员的一项重要职责是管理合同的履行及风险。合同履行管理一方面是确保供应商的所有绩效都达到了合同中的要求，履行了对采购组织的义务，实现了合同的目的；另一方面是根据合同的履行进度和完成情况保障按照合同规定支付款项。

1. 合同履行的目标和关键要素

合同履行是需要被严格监管的，合同履行的监管人员需要增强监管意识，了解被执行的合同条款。一个很重要的方法是，通过个性化培训让项目团队成员和利益相关者清楚地了解合同条款及要求。增强意识的培训内容包括合同履行的方方面面，如合同范围、成本控制、计划进度、可交付成果及其验收标准、保密要求、知识产权和数据保护、合规性要求、各种限制及程序等。

1）合同履行的目标

●确保合同各方履行其在合同项下的义务，供应商绩效表现符合合同中的要求，采购方按条款约定支付款项。

●确保供应商提供的产品和服务符合要求，实现组织的目标和利益相关者的目标。

●迅速和公平地解决合同履行中出现的各种问题及意外状况，保护采购组织的利益。

●管控合同变更，需要就合同条款的调整进行谈判，决定额外增加成本的承担方。

2）合同履行的关键要素

（1）按合同条款履行

合同履行可以分解为一系列的任务或活动，进行合同管理是为了保证供应商完成应完成的任务，以确保供应商的表现和合同中的要求相一致，而采购方也应该根据合同按时付款。要实现这一点，需要控制的内容有：制定工作任务与完成时限，执行工作任务，对任务的结果进行审查和确认，合同费用的确认与支付，等等。

有一些合同是在签订之后才确定工作活动和工作授权流程的，如成本补偿合同、工作时间合同、时间与材料合同、无限期运输合同等，制定工作任务是合同管理的一个重要部分。工作计划的制订与维护，工作任务的授权以及发布执行通知，各阶段工作任务的具体日程安排，各种资源包括资金、材料、人员的分配，每一阶段的里程碑和阶段输出结果的制定、跟踪、监控及确认，采购组织的预算制定，任务成本和完成进度等的控制，都是合同管理所要涉及的内容。

（2）可交付成果符合合同约定标准

确保合同得到遵守，确保供应商所交付的产品符合采购组织的需要，是采购人员的重要工作内容之一。采购人员可以采用一些技术方法和流程，例如抽样检验、现场监督、项目管理工具等，考察供应商是否按时交付所承诺的产品，或者按照原先确认的日程表安排工作任务，以及检验交付的产品是否满足要求、是否符合质量标准。合同双方及时沟通，建立良好的交流体系是达成合同目标的关键要素之一。如果供应商无法履行合同，或者合同履行过程中条件发生变化（如材料变化、环境变化等），合同管理人员、合同履行的监督人员需要与供应商、涉及的相关部门人员一起建立有效、明确、可行、及时的应对计划。

在实际工作中，对于非常复杂的合同、较专业的合同或者技术含量很高的合同，采购组织可能需要授权内部使用部门、合同管理人员或者第三方管理者来监督合同的履行过程。这种情况下，相关部门及人员应该充分地理解合同内容，熟悉采购组织的经营政策和流程，把握采购需求的内涵。

（3）合同管理的财务责任与管理责任

从合同签订到合同终止，供应商都会关心能否及时收到已经完成的工作的报酬，因此合同管理的财务责任是预防资金浪费和确保花费在预算范围内。对于工作时间合同、时间与材料合同以及成本补偿合同，第一，采购人员或现场的代表人员需要监督和指导供应商，防止其进行浪费资金的工作，并确保本组织在预算范围内获得所需的服务；第二，对供应商计划的分包工作，采购组织通常具有事先批准权。为了确保供应商担负起财务责任，预防潜在的资源浪费，支付给供应商的款项应该是合理的。

管理责任体现在管理合同变更、管理合同条款、确认所有行动符合文件化要求、合同终止时核实合同义务是否完成。变更分为两个主要方面——调整价格条款和管理变更订单，原始合同应规定变更程序以有效地解决问题。

2. 合同履行过程的管理

合同履行过程的管理包括针对特定合同或采购订单签署后，收尾程序完成前的所有行动。在某些情况下，合同履行完成后管理是否终止具体取决于合同所包含的持续效力条款。

1）合同授予后的会议

对于复杂的合同，在合同授予后，采购组织应尽快安排最终用户团队和供应商／承包商团队会面。这样有利于确保各方都对义务和责任有共同的理解。各方在会面时，应讨论各自的期望并努力达成一致。

2）合同合规与合同条款执行情况

确保合同得到遵守，确保合同条款得到执行并合规，是采购管理的主要职责。对于极其复杂的合同、非常专业的采购合同或技术性极强的合同，可能需要由使用产品或服务的内部客户的协助管理，或由第三方管理者进行管理，以确保供应商遵守合同。在这种情况下，这些人员需要接受关于合同内容、相关法律法规、采购、政策等的培训。培训内容包括了解合同的基本内容和潜在的问题、各方的权力与责任范围、通知合同管理人员之前可以采取和不能采取的行动、与供应商建立互利与公平的关系的方法、组织的运营政策和程序等。

采购人员应该了解合同条款及其执行情况，并确保供需双方对合同条款的认知保持一致。合同条款涉及具体采购的数量、交付状况、实际执行的价格、装运要求、支付方法、质量规定、标准和规范等信息，这些合同条款的准确执行会给采购组织在合同的终止、专利权和支付程序、装运、外包管理等方面提供法律保护。

监督合同的履行过程是为了确定供应商是否按照合同要求履行合同，以及是否出现需要解决的问题。监督任务包括审查以下内容：供应商能否按计划执行任务、成本是否在预算之中、资源使用量是否在最初预测的范围内、最终产品质量是否符合规格要求、采购组织是否收到了按合同规定交付的产品、供应商自身的进度监控系统是否完善、是否所有合同规定都得到了遵守、要求的变更是否都得到适当的记录并合理地实现了、付款进度是否得到了保障等。

3）合同履行中的工作控制

某些类型的合同（如不确定交付合同、时间与材料合同、工作时间合同、成本补偿合同）会将订购和工作授权流程推迟到合同授予之后，订购成为合同授予后的合同管理事项。

（1）不确定交付合同、时间与材料合同、工作时间合同

不确定交付合同、时间与材料合同、工作时间合同的工作订单下达通常遵循一种通用模式。如果签订的是不确定交付合同，客户的活动启动标准工作订单（即交付通知单）中的产品的描述和价格直接遵循合同的约定，或直接从合同中复制过来。工作订单需要采购组织的相关人员（可能会包括财务人员，以便其核算资金）签名核准后发给供应商。工作的完成、检查和验收遵循正常程序。如果签订的是时间与材料合同或工作时间合同，所有流程遵循类似的模式，但客户通常会对基于活动的工作说明进行内部估算。

（2）成本补偿合同

成本补偿合同要求制订和维护年度工作计划（Annual Work Plan，AWP），进行工作授权，发出开工通知单（Notice to Proceed，NTP），其目的是帮助采购组织控制成本和进度。采购组织收到初步资金计划和使用指引后，通知供应商预期的可用资金水平、基于当前主项目计划的各结点及其跨度等信息。依据该指引，供应商制订年度工作计划。

第一，年度工作计划是一种用于合同管理的文件，提供在预算年度内需要执行任务的初步定义和完成任务的时间表，具体要素通常包括目标和假设、工作授权审核结果、时间表、人员配备计划和预算年度的成本估算。年度工作计划是整个流程的核心，可以平衡资

金和项目进度。在审核年度工作计划期间，采购组织会批准供应商的资源预测，并安排要执行的任务。在每个预算年度中期，供应商应该对年度工作计划进行更新。

第二，工作授权通常包括为工作制定的工作分解结构、关于工作授权期限的信息、工作的基准成本估算，以及对应的年度工作计划和工作授权之后要下发的开工通知单。

第三，开工通知单是用来管理合同的文件，描述特定时间段或合同履行阶段要完成的任务，通常包括工作说明书、工作范围、任务完成的关键结点、分配给各任务的资金总额。供应商收到开工通知单后将开始工作并报告相关任务的成本和计划。

4）合同相关的文件

每一份合同都有其所要求的文件。合同管理人员决定需要哪些文件，并查看合同是否配齐这些文件，所需要的文件应该与订单、发票、工作计划等的相对应，供应商的商业保险文件、担保证明、缴税证明、材料交付证明等文件都需要收集、保存和确认。采购组织在合同中提出对这些文件的要求会使得合同管理更加专业正规，还可以有效地对合同履行过程中的所有行为进行记录并核实所提出的要求是否得到满足。

5）外包管理

采购组织在订立合同时要保留对供应商外包的批准权，决定是否批准供应商的外包计划。对于一些关键或特殊的要求，采购组织会根据合同的实际状况不允许供应商将其工作外包，并且在合同中明确注明对这一类外包的禁止。合同中还要有关于允许外包的条款，以及相应的成本控制方案。

6）供应商的履约绩效管理

采购组织应该建立系统机制来管理供应商的履约绩效，特别是在与供应商签订的是大额的采购合同、建筑合同和大部分的服务采购合同时。在供应商履约绩效管理中，采购组织需要考虑下列问题。

（1）绩效标准

采购组织必须清楚地定义怎样才是成功地履行了合同，确保双方对绩效标准有正确一致的认识。绩效标准的基础是产品的规格、服务的工作说明书。合同管理人员应该在合同订立之前就与供应商接洽绩效的衡量标准及衡量方法，达成明确的共识。双方还应该在合同履行期间，有计划、定期地进行沟通，跟踪、监督、衡量绩效表现，检查效果。

（2）工作说明书与服务水平协议

工作说明书是采购组织对于产品和服务采购合同中供应商需要履行义务的概括说明，通常详细包括了服务的种类、服务水平、质量保证以及要求的时间等。供需双方要清晰理解各自所要负担的责任，以此为基础实现令各方满意的绩效结果。因此，合同管理人员应该和用户部门一起仔细准备和沟通每一项工作的描述，以明确合同双方的需求，特别是采购组织期望的结果。

对于某些服务，双方需要签订服务水平协议，以定义所要求的具体绩效结果。

（3）工作计划

供应商需要建立并维护具体的工作计划，特别是对于大额合同和长期合同，例如，年度计划提供了最初的预算、年度所需要履行的任务，以及所有任务的时间表。

（4）供应商反馈的问题

一份合同对于采购组织而言是采购合同，对于供应商而言就是销售合同，双方需要诚信合作，才能保证合同履行顺利。一方面，合同要满足采购组织的要求；另一方面，采购组织需要及时倾听供应商的反馈，定期了解供应商对于合同履行的意见和想法。在合同履行中，采购组织需要主动从供应商处获取的信息如下。

● 采购组织对工作说明书的内容、需求与交付质量要求等的说明是否清楚、准确。

● 合同中对目标和结果的描述是否清晰。

● 采购组织付款是否及时，采购组织的相关人员的专业性、沟通协调能力如何。

采购组织在合同实施期间进行定期的供应商调查，获取供应商的反馈意见，这对于改进采购组织与供应商的关系有着明显的效果，也有利于采购组织及时发现并解决内部的管理问题。

（5）工作进度的监督

实时了解供应商工作进度是采购组织对合同履行情况评价的基础，因此采购组织需要通过多种渠道获得有关数据，如生产进程会议、对供应商的现场访问、供应商定期提交的进度报告和内部用户部门的反馈等。合同管理人员可以到正在执行工作任务的实际地点确认工作完成的实际状况，还可以到项目实施的现场或者经常访问的项目所在地（如建设工地）监督项目进展。对于工程合同，合同管理人员或者采购组织代表可以访问施工现场以监督工程进展，还可以通过文件、凭证进行间接监督，例如采购组织通过分析供应商的票据和报表、了解预算执行情况进行间接监督。合同管理人员还可以在自己的办公室远程检查需要完成的工作的进度，例如通过电话会议或视频会议等检查供应商的工作进度。

（6）异常情况处置

如果合同履行过程中出现一些异常状况，在保证常规的监督之外，根据实际情况，在合同约定的条款范围内，合同管理人员需要决定是否有必要采取措施处置异常情况。对普通产品与服务来说，简单的监控收货记录和进程检查可能就足够了。但是关键物料、重要的产品与服务出现异常情况时，合同管理人员就需要进行更加严格的流程控制，例如，对于重要产品，合同管理人员需要对加工设备、操作工的资质和能力、测试方法、工艺过程等进行严格的流程管控。

7）合同履行的进度报告

在一些项目中，合同条款要求供应商提交分阶段制造计划，该计划在被批准之后才能实施。在实施项目管理的采购合同中，采购组织对于整个项目过程会设定一些主要的里程碑节点和质量门（类似于产品开发的门径管理流程），用于决定是否放行。其中，里程碑节点会涉及例如分阶段制造的安排或者关键清单，相关服务执行或者产品制造周期的计划安排，零部件制造、组装、测试和发货等所需要的时间和检测要求等。通常，在申请方案和相应的合同中就应该对制造进程的信息、服务交付里程碑或者质量要求做出规划，并在合同履行中由合同管理人员执行。

在合同履行中，供应商应对实际与预测的交付情况做出进度报告，并对可能导致延误的因素和未完成的预先生产准备工作（如质量规范的确立、工程准备工作、模具和原型产品的建造等）或者服务条款的执行状况做出报告。报告也应该包含供应商对于遇到的困难和问题的解释、提议的行动计划和为了克服困难准备采取的行动等内容。

对于关键合同，进度报告并不能代替对供应商工厂或者工作现场的定期访问，这类访问的权利并不是法定的，所以采购组织有必要在申请方案、工作说明书和相应的合同内确定现场访问及审核的权利。采购组织可以派遣监督人员常驻供应商现场，以监督质量和工作进度。

8）最终用户及利益相关方的反馈

订立合同的最终目的是满足最终用户的需求，合同的履行还会对采购组织内部的其他部门及外部的利益相关方造成影响。寻求和倾听最终用户及利益相关方的反馈，是确保合同在可接受的范围内履行的一种自我检查方法。最终用户包括内部和外部的，特别是合同标的的最终使用者。内部利益相关方可能包括财务部门、质量监控部门、仓储物流部门、高层管理者等。外部利益相关方有供应商、分包商、政府代理机构、其他合作伙伴及合同可能影响到的社区等。

3. 合同履行过程中的风险管理

合同风险的客观存在是由合同的特殊性、合同履行的长期性、多样性、复杂性以及环境特点决定的，合同风险可能来自法律法规、政治经济环境、合同条件、国际/地区惯例和履行过程等。合同风险的识别最好由一个跨职能团队来完成。

1）风险管理流程

风险管理的一般步骤包括识别风险来源、评估风险事件发生的概率和可能的影响、建立风险概况档案、制定风险管理战略、配置资源并执行战略、评审结果。图8-4所示为风险管理流程图。风险会随着情况的变化而变化，风险管理人员需要持续不断地进行监控，必要时需启动新的一轮风险管理流程。

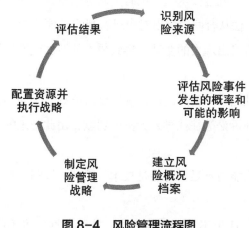

图 8-4　风险管理流程图

2）识别风险来源

合同风险主要分为两类，一是合同条款的风险，二是合同履行过程中的风险。典型的合同履行过程中的风险可分为财务风险、进度风险、交付风险、质量风险、声誉风险、法律风险、失败风险等。

●财务风险：包括价格计算不精确、价格波动、实际成本超支、违规和事故导致的罚款。

●进度风险：项目实际进度落后于计划，或不能按期完成项目。

●交付风险：产品不能按照合同中规定的时间、地点、数量进行交付，因供应链安全问题或供应商问题，物料短缺导致交付不能连续。

●质量风险：交付的成果不符合验收标准或阶段性成果不能通过关口评审或阶段性评审。

●声誉风险：供应商的违规行为导致采购组织的声誉受损。

●法律风险：法律法规的变化影响合同的履行，例如新的法律的出台导致要求变动或成本的增加，在合同履行过程中违反了法律法规等。

●失败风险：由于多种原因导致合同履行失败，如原有技术不能实现或新技术的出现导致失败等。

识别风险的方法之一，是先识别主要风险类别，然后识别不同风险类别中的具体风险及风险来源。风险来源涉及如下十大因素。

●合同因素。合同条款意思不清晰或存在歧义、由于文化背景或习惯不同对合同条款有不同的理解等都会带来风险。例如以箱为订购单位，但每箱货物包含多少件并未注明而引起实际交付时的纠纷或损失；代表组织签订合同的人可能并不十分了解合同标的物的性能、用途等相关指标，也未经过技术人员或有关领导的审查，便轻易做出决定，而当合同履行发生争议时，组织无法从合同中找出对自己有利的条款。

●价格变动。市场价格出现大的变动，导致成本的增加或不可控。价格变动是带来财务风险的重要因素。

●法律法规与合规性因素。新的法律法规实施可能导致合同不合规，履约方在经营中违背法律法规而面临法律诉讼等往往导致大额的罚款，由此带来的财务风险和声誉风险是明显的。

●能力不足。供应商能力不足，可能是技术、工艺、控制、财务等方面的能力变弱，不能保证合同的履行。

●质量问题。交付的成果不符合验收标准，或阶段性成果不能通过关口评审或阶段评审。

●变更原因。合同变更导致不能达到预定目标或带来成本的增加。例如，口头变更或变更未走审批流程，导致缺乏充分论证，从而带来失败或其他不良后果。

●缺料原因。市场上关键原材料的供应不足。

●政治经济因素。地缘政治、政府换届、经济环境的变化也会给合同履行带来一定的风险。

●环境风险。自然灾害的发生导致合同的履行面临风险。

●欺诈行为。商业活动中的各种欺诈行为，可能影响合同履行的方方面面。

几乎所有的合同都存在履行风险，但不同类型的合同因其特点、复杂性、完成期、重要性等不同，面临的风险可能会有所不同。表8-5列举了部分典型合同的履行风险。

表8-5　部分典型合同的履行风险

合同类型	部分可能的风险
产品采购订单	产品采购订单中，产品规格和价格条件确定，但产品采购订单在履行中可能遇到的典型风险有材料价格上涨或不可控的财务风险，缺料导致延迟交付或无法交付的交付风险，质量问题可能导致产品不能满足客户需求的质量风险；由供应商经营活动中的不合规和违法行为引发的法律风险，因订单履行周期较长而面临的技术风险、供应商能力变弱风险等。 对于有服务需求的设备类采购订单，其可能面临的风险还包括设备技术性能不能达到标准、售后的安装与保养服务满足性弱、备件的可得性差等
租赁合同	租赁合同涉及资产使用权的转移，资产的功能/性能的可满足性达不到要求，容易导致财务风险。租赁期间资产的维修保养责任和费用归属、损毁的责任界定方法等需要在合同中定义清楚。某些大型或重型设备的租赁还涉及使用技术和操作安全，租赁方要注意安全风险和可能的法律风险

合同类型	部分可能的风险
货物运输合同	货物运输合同面临的风险包括由运输途中和装卸过程中的货物损毁、遗失引起的财务风险，因限制性物品如有毒有害物资、危险化学品等发生泄漏、翻车倾倒造成对环境的污染或对人员的伤害，而带来的财务风险、法律风险和声誉风险
技术类合同	技术类合同涉及专业技术或专有技术的所有权和使用权，需要具有专业知识的人员进行管理。管理中比较容易出现侵权、泄密、欺诈等问题，容易导致法律风险和巨额赔款引发的财务风险。技术类合同同样存在技术风险，如技术的使用能力低下、技术不能达到需求水平或技术过时
工程施工合同	工程施工类合同的典型特点有合同金额大、工程量大、复杂、履行周期长、某些项目存在渐进渐明的特点、合同履行过程中合同变更频繁、合同定价过于粗放等。 合同条款形成的风险，例如合同价格、结算方式、合同工期、工程款支付等，在施工过程中要重点关注。 价格变动引发的财务风险是要重点监控的，对于采用固定总价的合同，施工单位通常根据现有图纸、资料按经验进行报价，因无法详细计算工程量而容易出现错报、漏报现象，进而容易引发财务风险。 货款支付不及时，往往容易导致工期延长、劳资纠纷，甚至法律诉讼，容易引发法律风险。 施工过程中容易出现技术、安全事故，由此产生的赔偿、违章罚款、整改会导致成本增加，从而带来很大的财务风险和法律风险。 由于工程项目的复杂性和工程项目施工的长期性，合同履行过程中经常涉及工程变更问题。如果变更结果不能实现预期目标，或变更未经审批，都可能引起质量风险、财务风险，甚至法律风险。 施工现场和某些事件容易引发社会舆论问题，负面的投诉会很快在互联网上蔓延，容易引发墙倒众人推的决堤式的声誉风险
软件开发合同	软件开发合同存在的常见风险如下。 1. 特征蔓延或范围蔓延：项目要求的增加会导致项目超支和超期。 2. 关键员工离开：关键员工的离开会推高项目成本和延长项目的存续时间。 3. 模棱两可的规范：在规范制定阶段的沟通断层会形成一份模棱两可、不合适的合约。 4. 生产效率低下：如果不能精确地估计工作组的绩效，会导致资金浪费。 5. 开发时间表不合理：可能导致目标无法实现
服务合同	服务合同可能存在需求或工作描述不清晰、工作需要分解完成、可交付成果的定义与标准不明确等问题，存在的风险通常是显而易见的，如财务风险、进度风险、质量风险、法律风险和声誉风险等
基于价格的合同	例如调整型和再确定型固定价格合同，由于市场条件和价格的不稳定，合同对所需人工量和材料使用量、人工费率和材料价格可能不完全确定，存在明显的财务风险，也容易产生进度风险和法律风险
基于成本的合同	例如成本加费用型合同，供应商根据合同可以获得所有成本以及额外的费用，采购方将承担最大的财务风险

4. 合同违约的原因及应对措施

合同违约指在合同订立后，当事人未能按照合同约定履行义务，如未能交付产品、产品未能达到约定的质量水平等。合同违约可能是当事人的任何一方引起的。

1）履行不能

履行不能是指因客观原因不能履行合同，可能是法律上不能履行或事实上不能履行。法律上不能履行，是指履行将会违反法律规定。事实上不能履行，是指在事实上已不可能做到或者已经没有意义。这种情况下，合同规定的权利义务关系可以根据当事人的请求而终止，但是终止后影响违约方对违约责任的承担。

履行不能的应对措施包括在合同中设立条款，明确履行不能的范围和定义，以及可用的处置方法。供应商有责任和义务确保合同的顺利履行，监控和预测商业环境、法律环境，预先发现履行不能的风险，并及时与采购组织沟通应对方案。采购组织同样需要监控和预测商业环境、法律环境，并与供应商同步信息。最佳的策略是预先准备合同的替代方案。

2）履行不当

履行不当包括不符合合同的约定，如交付的数量、质量不符合约定等，或造成对方的其他损失，如因质量问题对下游客户的利益造成损害。履行不当的另一个原因可能是合同条款有瑕疵或有歧义，导致供应商履行的结果不符合合同的目的。

合同条款通常应包含违约责任的界定与处置方法，没有约定或者约定不明确的，可以采用补充协议或者按交易惯例确定。实际商业活动中，受损害方还可能依据需求紧急程度、违约损害的大小、减少损失的理念，要求对方进行修理或折价特采，由违约方承担由此产生的成本与损失。

3）部分履行

当事人履行了部分而不是全部合同义务。通常的应对措施是要求供应商继续履行未履行的义务，或采购方根据实际需要将合同转移给其他供应商继续完成，由此产生的额外成本或损失应由违约方承担。这些应对措施也应预先列入合同，便于界定责任和处置措施的实行。

4）延迟履行

供应商可能因各种原因而未能在合同约定的时间内完成合同义务，采购方可能因供应商延迟履约造成生产延误、客户订单的延迟交付、被迫转移订单等后果。应对措施包括将责任界定列入合同、加强对供应商合同履行过程的监控、预先准备供应商备用方案等。延迟履行带来的损失、采用应对措施造成的额外成本应由违约方承担。

5）拒绝履行

供应商能够履行但违法地表示不履行合同，或以实际行动表明不履行合同义务。采购方应该采取应对措施，包括要求供应商按合同约定履行义务或者采取补救措施，并对采购方由此遭受的损失予以赔偿。若供应商仍然不履行合同，采购方需要转移合同给第三方，由第三方替代履行，由此产生的额外费用或成本，应由违约方承担。拒绝履行的责任界定与处置方法需要在合同中明确。

6）合同变更

合同变更带来的问题通常有两种，一种是合同变更是由当事人协商一致进行的，但供应商没有正确执行或没有实行变更，导致交付成果出现质量问题；另一种是供应商自行变更，没有得到采购组织或项目组批准，从而导致严重的违约后果。采购组织在合同履行过程中需要重点监控合同变更的情况，例如变更的审批是否符合程序，检验变更的结果是否达到要求和目标等。

7）延迟付款

采购组织未按合同规定或合同履行进度及时支付供应商款项，原因可能是验收不及时、交付结果存在异议、支付延误或资金不足等。延迟付款可能导致很严重的合同履行风险或声誉风险，采购人员或合同管理人员应该及时跟踪报告合同履行进度与付款计划，对比项目预算，及时与财务部门沟通。

采购人员应对合同违约的措施还包括履行风险控制和及时行使抗辩权，以避免组织遭受损失。

|第 4 节| 合同变更与处置

在合同履行的过程中，可能会由于不同原因进行合同变更。变更具有一定的普遍性，对合同的变更进行科学有效的管理与及时的处置，才能使变更后的合同与原合同顺利衔接，有效达成合同预期目标。

1. 合同变更与转让

合同变更发生在合同没有履行或者履行没有完成之前，主要是修改或补充原合同的某些条款。合同的变更应由当事人依据实际情况和履约需要进行协商，达成一致意见。合同中应该包含变更条款。在实际商业活动中，合同变更需要经由变更流程管理委员会及变更批准委员会批准。原合同在变更协议未生效之前仍然有效。

1）合同变更的条件

●进行变更的合同必须是已经具备法律效力的合同，还不具备法律效力的合同不存在变更的问题。

●进行变更的合同是尚未履行或正在履行过程中的合同，已履行完成或已终止的合同不存在变更的问题。

●合同的变更是对合同内容的局部调整，通常表现为对某些条款的补充或修改，如采购合同中运输方式和交货地点的改变、交付数量的增减、交货时间的调整等。对于工程类、服务类合同，变更可能涉及的内容更广、更复杂，任何变更都可能影响项目的时间进度、成本和交付成果，甚至影响项目范围。

●除非原合同有约定，变更必须由相关方协商一致并经过批准，否则任何一方无正当理由擅自变更的，可能构成违约。

2）合同变更的原因

合同变更的原因如下。

●不可抗力使合同不能履行。

●合同执行环境或经济条件发生变化，合同履行变得明显失去公平，这种不公平不包括盈利性的商业风险。

●可能存在重大误解、欺诈或胁迫、乘人之危等原因，使订立合同的意思表示不真实。

●当事人违约。

●当事人自愿、协商一致。

3）合同变更的程序

●合同一方提出或者发出变更合同的书面建议或者通知。书面建议或通知中需要说明变更理由、变更的后果及可能的赔偿责任的处理等。

●合同另一方对变更建议或通知进行研究、答复，逾期不答复的可能会被视为默认同意。

●双方达成变更合同的协议，并形成书面化补充文件。

4）合同变更后的法律责任问题

合同变更涉及当事人的权利义务关系的，按新协议的权利义务关系执行。变更涉及合同条款、交易内容等的调整的，经变更流程批准后予以严格执行。合同变更可能存在法律后果，以及由此产生的赔偿责任、负担额外成本的责任、延期风险等。免责情况：因不可抗力或者情势变化而变更合同的，其他法律规定或者当事人约定变更合同时可以免责的情形。

5）合同的转让

《民法典》对合同转让有相应的规定，合同转让是指将债权、债务的全部或者部分转让给第三方（约定不得转让和法律规定不得转让的除外）。变更合同主体，实质上构成了合同转让。

当债务人转移债务后，新债务人可以主张原债务人对债权人的抗辩（原债务人对债权人享有的债权不得主张抵销），新债务人应当承担与主债务有关的从债务（专属于原债务人自身的除外）。

2. 采购组织对合同变更的管理

1）采购组织变更管理内容

变更管理不善常常是造成供应商最终交付的产品或服务存在质量问题的重要原因之一。采购组织进行供应商变更管理应该包含下列 4 部分内容。

●合同约束。规定供应商在发生任何变更前需通知采购组织，经过采购组织批准之后方可变更。

●供应商在自己的企业内部要建立一套完整的变更流程，并得到有效的执行和管理，供应商的变更管理要有记录。

●采购组织要有管理供应商变更的处理流程，在接收到供应商的变更申请后能够进行评审、有效控制、验证等，最终保障变更后不会降低产品质量水平，满足客户需求。

●如果涉及供应商内部的问题，则合同变更需要在流程上设置与采购方的接口，而不是各自为政，保障有畅通并统一的信息沟通渠道，使得变更管理对双方而言都是受控的。

2）以项目管理的方法管理变更

变更管理完全符合项目管理的特征。作为工程项目的一部分，变更必须纳入项目管理，并用适当的项目管理方法和项目管理工具进行管理。

3）疏通合同双方的沟通渠道

采购组织应及时了解供应商的生产、计划、材料情况，这样就能尽早参与到变更管理流程中。沟通的另一个目的是将最终用户的声音有效地传递给供应商，使得所有的变更都能更好地满足最终用户的需求。

3. 补充协议

合同内容应尽可能全面、清晰和有效，但总还是会有些情况考虑不全，或者有些问题在合同生效后才会出现或被发现，合同当事人需要依据实际情况调整合同内容。当事人可以通过协商，使用补充协议的方式调整合同内容。补充协议作为主合同的补充件或子合同存在。当事人需要就合同条款进行补充、细化时，均可通过拟定补充协议实现。

合同变更如果涉及重大的变动，双方可以签订补充协议，以书面合同进行补充。

4. 合同终止

依法成立的合同可以被终止，合同终止解除了当事人继续履行合同的所有义务；但在终止前或违约前当事人的所有义务仍然存在，合同中结算和清理条款的效力不受影响。合同终止的原因可以是多方面的，典型的原因如下。

1）因故终止

因故终止是采购订单或合同中规定的条款，允许一方由于另一方的行为（通常是违约）单方面全部或部分终止合同。

2）因便利终止

因便利终止是采购订单或合同中规定的条款，允许一方出于便利在另一方没有出现过失的情况下单方面全部或部分终止合同。出于便利而取消合同的权利必须经双方同意，通常包含在 "因便利终止"条款中（法律没有提供关于便利终止权利的规定）。因便利终止通常需要一方支付已执行工作的款项，并可能支付整个合同的利润。但有些国家（地区）的法律规定，政府可以为了方便起见随时因故或无故终止合同。而且，在政府合同中，供应商不能取得未履行部分的利润。

3）履行不能

履行不能是在普通法中提供的抗辩，类似于不可抗力的抗辩。如果一方因不受其控制的情势无法履行合同，便被允许免于履行合同。履行不能的抗辩无须任何具体的合同条款规定。

4）解除/撤销

如果发生解除/撤销，合同将自始无效，合同被终止。《民法典》对合同的解除以及债权债务的处理有详细的规定。

5）完成

当合同完成后，合同终止。

6）目的落空

合同也可能因目的落空而终止。例如美国《统一商法典》规定，如果双方签订了合同，后来对于其中一方来说，合同变得"商业上不可行"，那么该方可免于履行合同。

●如果仅仅因为供应商在交易中可能会蒙受损失，则并不构成"商业上不可行"。因此，市场变化、成本变动或其他应合理预见的原因并不能导致某方被免除履行义务。

●战争、自然灾害、原材料短缺或其他改变履约能力的不可控原因是可以接受的。但如果要将其用于抗辩，供应商必须在合理时间内通知采购组织即将发生的不履行合同的行为。如果供应商的履行未完全受到阻碍，则供应商必须履行剩余义务，并将产品公平分配给相关客户。如果供应商未能满足这些要求，其将不能使用在"商业上不可行"这一原则免除履行义务。采购组织在收到通知和分配提议后，可以接受分配方案或完全终止合同。

7）延误

合同也可能因不可原谅的延误而终止。不可原谅的延误是指不能以真正的不可抗力事件为理由的延误。这种延误通常是管理行为造成的，可能由任何一方引起。

采购组织在订立合同时应注意合同中包含的有关合同终止的条款，依据合同终止条款，采购组织可随时有因或无因终止合同或合同中的部分项目。值得注意的是，合同终止可能会伴随着赔偿，采购组织需要因终止合同对供应商的准备工作、已完成的工作进行赔偿或支付报酬，对被验收的交付成果支付款项。当事人可以依据法律规定随时解除持续履行的不定期合同，但是应当在合理期限前通知对方。

某些合同在供应商开始履行后被终止，它需要请求恢复原状或者采取必需的措施进行补救。如果合同一方对解除合同有异议，双方应当进行谈判和协商；不能达成协议的，均可以请求人民法院或者仲裁机构对解除行为的效力进行确认。

5. 合同纠纷

1）合同纠纷产生的原因

合同纠纷产生的原因多种多样，有合同本身的原因，如合同不规范、条款不合理等；有履行中出现的问题，如合同变更缺乏正确的管理、当事人违约、合同货款支付问题等。

（1）合同订立

第一，没有书面合同。有些合同涉及的金额或数量不大，或者熟人之间往往采用口头约定，并未订立书面合同，这可能埋下了产生合同纠纷的隐患。

第二，合同用语不规范或定义不明确。例如，合同中采用"一批"作为计量单位但未明确规定一批的具体数量，一旦发生纠纷则很难归属责任。

第三，直接使用合同范本。合同范本往往缺少针对性，在出现纠纷时往往无法利用合同条款进行救济。

（2）合同诈骗

签订或执行合同的一方受欺诈而产生纠纷。

（3）合同变更

合同经口头变更，没有留下变更记录，而对一方不利，或者变更没有经过批准、变更后的合同没有被认真地履行。

（4）合同违约

合同执行过程中，当事人有违约行为或合同条款没有得到恰当的履行。典型的情况是交付产品的质量不合格或数量短缺、合同履行进度缓慢、没有按合同规定或合同履行进度支付款项等。国际采购合同在履行过程中，跨区域的文化差异也常常导致双方对时间、质量和付款日等的重视程度不同。

（5）合同终止

合同非正常停顿。合同履行的条件发生严重变化而影响合同的正常履行，双方的处理意见不同，对于补救措施不能达成共识，也会导致合同终止。

2）处理合同纠纷的方式

合同履行过程中不可避免地会发生分歧和冲突，处理合同纠纷是采购人员的重要任务和责任，采购人员妥善处理纠纷的措施也成为合同当事人提请诉讼行动前的最后的补救机会。处理合同纠纷的方式及其优先顺序是协商、调解、仲裁和诉讼。

合同当事人根据法律和合同的有关规定自行协商解决，或者由民间组织根据自愿和合法原则进行调解，是处理合同纠纷的有效方式。依据合同仲裁条款或事后达成的仲裁协议处理合同纠纷，有利于迅速解决纠纷和减少解决费用。诉讼是处理合同纠纷的一种重要、权威的方式，但耗时长、费用高。

●协商和调解。协商和调解是相对较简便易行的方法，产生纠纷的当事人按平等互利、协商一致的原则加以解决。调解过程是自愿的，但调解结果不具有约束力。调解可转为仲裁，从而使结果具有约束力。调解的好处是可以节省时间、人力和费用，也不容易影响双方今后的合作。例如，对于规定期内无力偿还债务的，可以协商分期偿还或以实物抵债，这有利于保障债权人的合法利益，同时债务人的偿债负担也能得到一定程度的减轻。

●仲裁。仲裁涉及中立的第三方，即第三方根据双方发生的纠纷、事实，从权利和义务的角度上裁定解决问题的办法。采用仲裁时，应注意仲裁期限、仲裁机关选择及其管辖范围、仲裁效力。

●诉讼。诉讼是指一方通过向法院起诉的方式来处理纠纷，通常是经过协商和调解仍无法解决问题时采取的法律行动。诉讼可能耗费相当长的时间，而且会伴随着一定的成本。更为重要的是，诉讼有可能导致当事人合作的失败和关系的破裂。采用诉讼时应注意诉讼时效，《民法典》对诉讼时效进行了规定。

3）合同纠纷预防

"预防第一"的原则同样适用于合同纠纷，预防应该开展于合同订立前、合同订立时及合同履行过程中。

（1）合同订立前和订立时的预防

●采购人员要充分了解与合同有关的法律法规与原则，合理订立合同，规避合同纠纷，保障企业的正当权益。《民法典》对合同有关事项做了详细的规定，这些规定不但是合同管理的依据，也是确立合同基本原则、界定违约责任的依据。国际业务涉及的国际法规与惯例、业务合作方所在国（地区）的法律法规与行政规则同样重要，采购人员必须认真研究，以规避法律风险。

●评估与掌握合同当事人如供应商的主体资格、履约能力、信用、法规合规性等状况，确保合同签署人具备签署合同的资格。

●精心准备合同条款是避免合同纠纷的有效方法。确保合同条款清晰明了、全面，不含模糊与易生歧义的词句，合同内容详细并考虑需求弹性、采购组织的权力、供应商违约责任的界定与处置方式、纠纷处理方法和适用法律法规，以及合同变更、转让、解除与终止的约定等。如果合同附有子合同、补充协议等，应遵循其法律效力的优先级，避免相互矛盾或混淆。

（2）合同履行过程中的预防

●保留合同履行过程中的所有重要证据。必要的时候，以证据说话，澄清事实而规避冲突。保存好有关证据有利于采取诉讼行动时增强己方主张的合理性，合同当事人对自己提出的主张负有举证责任。

●及时履行己方义务，协商解决合同履行过程中出现的问题。建立供应商信用档案，定期调查供应商信用状况。若发生不可抗力，通知对方采取措施防止损失扩大，并主动与对方协商解决方案等。

●如果有证据证明对方可能无履行合同的诚意，或者丧失履行合同的能力，可以及时行使抗辩权，或根据《民法典》的有关规定要求解除合同，追究对方的违约责任。

6. 合同收尾

1）合同收尾

合同收尾，是指合同各方在完成各自的义务后所采取的行动，是合同管理的最后一步。合同收尾工作包括核实所有工作已经得到适当的执行、完成、被接受并由各方签字确认，验收和移交产品，确保发票准确和完成付款，核实供应商提供的所有质保文件，根据实际情况终止担保协议，确保纠纷得到解决等。对于某些重要的或影响大的合同，收尾后应当及时进行必要的回顾与总结，建立档案，撰写总结、审计报告，提炼有关经验教训并形成文档，使之成为组织流程资产的一部分。

2）合同收尾的输出

合同收尾的输出包括合同文件清单及其履行过程中的重要文件资料清单、产品或交付成果的验收凭证及收尾通知文件、发票等付款票据、组织流程资产更新记录、供应商应归还的资产清单、经验教训记录或总结报告等。

7. 合同漏损与审计

1）合同价值漏损

合同价值本质上是合同的货币价值，取决于所进行的工作或所要求的产品、发布初始提案的实体规模。合同价值漏损是指合同在其生命周期内实现的价值小于其预期价值，通常是由合同管理不善引起的。在实际商业活动中，大多数组织不知道合同价值漏损，或者没有意识到其重要性。许多组织在与客户、供应商和业务合作伙伴建立关系时没有考虑合同价值漏损。虽然一两份合同出现价值漏损可能不是什么大问题，但随着时间的推移，合同价值漏损会大大阻碍收益增加。根据国际合同和商务管理协会（IACCM）的数据，合同价值漏损导致组织平均损失了 9% 的收益。

合同价值漏损的负面影响包括牺牲财务利益、产生不必要的经常性成本、受到法律处罚，以及失去追加销售、交叉销售和续约的机会等。

导致合同价值漏损的原因是多方面的，以下是部分原因。

（1）不完美的合同条款

合同价值漏损可能发生在合同签署之前（签署不合标准的合同）和合同履行过程中（对合同条款的理解不足和缺乏执行的条件）。合同管理中容易导致价值漏损的主要领域：合同范围的分歧、对需要做什么的分歧、过度承诺、不恰当的合同结构、定价纠纷、分包问题等。

（2）疏于和利益相关者进行充分沟通

通常，造成合同价值漏损的是合同的技术细节，其决定了产品的生产方式。例如，客户有一个不可协商的零件规格，因为无法生产而使整个项目陷入停顿并影响合同的履行，最终危及双方的业务关系。

（3）发票错误

发票金额和组织希望支付的金额存在差异，财务部门不知道如何支付。这是商业活动中经常出现的情况。

（4）未实现的定价调整

定价调整会造成当下与过去的价格出现差异，它将影响组织购买材料或产品的决策。掌握库存的实际价值有利于评估合同在特定时间的价值。

（5）不合规的工作

合同规定的工作是否部分或全部涉及合同之外的各项规定。例如未按指定的规范设计的项目将被视为不合规。为了确保合规，必须将合同的要求准确传达给履行合同的团队。

（6）交付失败

产品或服务的交付方式和时间不符合合同规定。

识别和解决合同价值漏损是合同管理的一项职责，合同价值漏损的警告信号如下。

● 合同范围的分歧，合同中列出的工作范围缺乏明确性。

● 合同管理的弱点。

● 过度承诺导致的绩效不达标。

● 不恰当的合同结构，即合同过长、结构不合理，并且充满了行话、有歧义的语句、未定义的条款、冗长的段落。

● 定价纠纷。这是最常见的合同纠纷。

● 分包问题。分包可能导致供应商对工作的及时性和质量失去控制。

● 缺乏恰当的合同管理技术，可能导致性能和分析效率低下、质量下降，最终损害整个项目。

2）合同审计

合同审计是指由采购组织的审计部门或经授权的第三方对合同管理进行合规性检查与评估，稽核合同签订、履行过程中的各流程的合规情况，以及合同产出结果是否达到要求，包括财务指标和资产的使用情况等。合同审计根据实际工作需要，可以安排合同签订前审计、合同履行过程中审计和合同终止前审计，以实现对合同全过程的审计性监控与评价。推行合同审计，有利于帮助完善合同条款，避免可能的合同纠纷；完善企业内部控制机制，帮助企业规避经营风险，维护合同双方的合法权益。

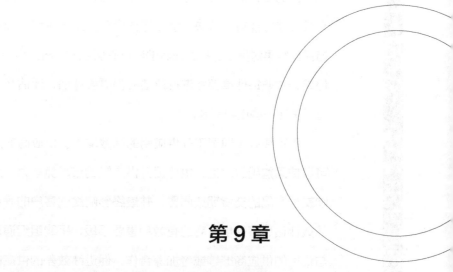

第 9 章

采购与供应商绩效管理

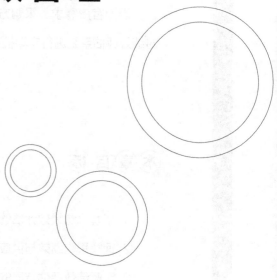

　　绩效评估是管理流程的重要组成部分，必须持续开展并使之成为例行性的工作。通常认为，"被评价的事情总会做得更好"，问题只有被关注才能得到解决。绩效评估会对员工产生积极或消极的影响，当评估结果对员工的报酬或其他奖励有影响时，员工会特别重视评估。但是，并非每件事都能进行评估或都需要评估，评估必须是有选择的且要关注一些重要问题。

　　采购绩效表现离不开供应商的绩效输入。供应商的杰出表现不仅可以使采购组织增值，也可提升供应链的市场竞争力；反之，则将影响交付产品的交货期或质量，并最终影响终端客户的满意度。供应商绩效评估是管理供应商的有效和重要手段，采购组织通过绩效评估，与优秀的供应商继续或者加深合作，促进绩效差的供应商改善，淘汰不符合要求的供应商，避免影响生产经营。

　　因为客户需求、采购方式、环境和投入都在改变，采购组织应该对绩效评估系统进行定期检查和升级，以适应不断变化的需求和条件。

本章目标

1. 了解采购绩效评估的意义。

2. 理解采购绩效与供应商绩效评估指标的设定和基本流程。

3. 了解绩效评估结果的沟通途径与方法。

4. 掌握绩效改善的基本方法。

|第 1 节| 采购绩效指标体系的构成

1. 采购绩效评估的意义

采购绩效评估，是理解并持续改进采购职能发挥作用的方法及其所实现的成果的重要管理手段。采购绩效评估的意义如下。

● 了解内部和外部客户的满意度，与内外部客户建立更好的合作关系。

● 查找产生问题的可能因素，对存在的问题采取补救措施，寻求改善绩效的新途径。

● 确认改善绩效所需要的资源或组织安排。

● 评估员工和团队绩效的高低，确认激励员工、开展培训和建立更好的团队的必要性。

● 采购职能所追求的具体目标，如获取最大价值、保持供应的持续性、确保计划交付的可靠性、提升产品与服务的质量、控制供应链的风险等，必须以提升内部客户的能力为目标，且应该与企业的战略、目标保持一致，从而实现企业的期望。设定和评估主要的或关键的绩效指标，确定部门管理的有效性以及部门管理对企业的价值与贡献。将指标与目标相关联，确定并衡量改善的措施、改善所需的资源，为改善提供激励。

2. 采购绩效的因果关系

采购职能的产出成果通常是绩效评估的重点，但实现这些成果的过程和相关因素也应该被关注和评估。采购绩效的因果关系体现在，采购提供完成工作所需的资源，这些资源在特定的企业内部环境和外部环境影响下流转，通过已建立的内部系统、流程和人员的努力，形成一系列产出。换句话说，工作的产出成果与工作流程、投入要素和人员努力存在着紧密的因果关系。为了确保成果符合预设的目标，相关的流程与管理要素都应该被适当地评估。例如，采购订单和采购支出的产出成果应该要能够满足客户在质量、提前期、交货的可靠性、成本节约等方面的要求，评估这些输出性成果的同时，也需要评估与这些成果的成因有关的流程，如采购订单作业流程、定价与谈判流程、供应商选择与合同履行流程等。图 9-1 所示为采购绩效因果关系评价模型。

在管理实践中，评估往往从采购成果开始。首先要确定已经取得了哪些成果，这些成果是否真的能满足客户需求，以及这些成果是否对组织目标的实现做出了贡献。然后从两个方面寻找这些成果的成因：一方面的成因是采购组织的内部运作（包括如何管理供应商）及其员工的表现；另一方面的成因是外部环境因素。例如，评估成本降低这一绩效指标，需要关注和评估是否战略性地选择了合适的供应商、是否进行了有效的成本降低策略规划、采购人员的能力和专业性是否与胜任这类工作的要求匹配、供应市场行情的影响等。

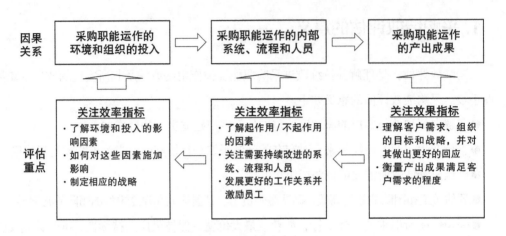

图 9-1 采购绩效因果关系评价模型

在制定具体的评估方法时，对产出成果的评估通常关注效果指标，而对成因的评估则关注效率指标。以评估效果为目的的评估主要用来确定采购流程的产出成果满足客户需求的程度；以评估效率为目的的评估主要是在采购流程的投入及产出之间建立一种关系，评估完成采购流程时，这些投入如何得到有效利用。绩效指标体系因此需要同时包含效果指标和效率指标。

3. 采购绩效指标体系

采购绩效指标是用于衡量采购职能产出成果和管理表现的标准，为了较好地评估采购绩效，管理上要求形成一套突出重点、内容全面的指标体系。由于企业经营环境和发展阶段的差异，没有一套标准能适用于所有企业，企业必须建立自己的采购绩效指标体系，使之满足自身的业务需要。但好的采购绩效指标体系具有一些共性，如下所示。

●必须支持企业战略目标，并与之保持一致；

●明确客户需求和期望达到的满意度；

●内容涉及整个采购流程，并考虑企业不同类型的采购；

●要有管理控制意识，以便推进持续改进，促成高效的决策水平；

●相关指标既要体现在战略层面上，也要体现在日常经营活动中。同一采购绩效可以采用不同指标进行交叉评估；

●兼顾定量评估和定性评估，细分指标并实现层次结构化，以便识别并明确产生特定的成果的因果关系。

采购绩效指标体系不是一成不变的，而要根据企业内外部环境及其变化、实际需要定期调整。在确定指标或评估要素时要具有广泛的参与基础，并建立及时有效的反馈流程。

1）采购绩效指标体系的范围

采购绩效指标应该涵盖采购职能的各个方面，包括与财务相关的、与客户相关的、与内部流程相关的、与团队建设相关的。与财务相关的和与客户相关的指标都属于成果性的可量化的指标，而与内部流程和与团队建设相关的指标多为定性指标。随着全球化的推进，采购绩效指标体系可能还需要包括与社会环境责任、可持续发展相关的指标。

（1）与财务相关的指标

与财务相关的指标衡量的是采购通过实现自身的总体目标而对企业的利润和竞争力目标的贡献。

第一，采购成本指标。

采购成本分类两类。一类是采购组织支付给外部供应商以购买生产所需的产品及服务的资金，例如购买材料、零组件和成品件，设备与设施，非生产性物资，各种服务等的费用；另一类是为了履行采购职能、完成采购任务而必需的管理性费用，包括人员薪资、出差费用、专业或行业活动开支、办公用品采购成本、信息化系统建设成本等。会计科目对各项成本的规定如下。

●直接材料采购成本：用于购买生产需要的直接材料的成本。

●间接材料采购成本：用于购买生产需要的不属于产品组成成分的材料的成本。

●设备采购成本：用于购买设备的成本。

●设备设施零配件及维护耗材采购成本：用于购买设备设施的零配件及维修维护材料的成本。

●服务的采购成本：用于购买服务的成本，例如设备安装、调试和维护服务。

●采购人力成本：与采购任务相关的人力成本，包括薪资、福利。

●采购管理成本：办公用品、办公设备设施的采购成本，信息化系统的开发与维护成本，出差费用，等等。

第二，资金成本指标。

采购成本在不同企业有着不同的规模与影响力，与企业业务性质和产品组成有关。例如，制造型企业的采购成本可能占总成本的 60% 以上，代工制造企业中这一比例可能高达80%，服务型企业的采购成本占总成本的比例可能相对较低。大量的资金流动不仅涉及资金成本或机会成本，而且影响企业现金流的充裕性。在实际商业活动中，资金成本与采购付款条件密切相关，常用的评估指标有采购应付账款期、调整付款期的价格折扣、供应链融资收益等。

● 采购应付账款期：采购组织与供应商约定的货款或服务款的支付期间或付款计划排程。

● 调整付款期的利益：缩短实际付款期，供应商愿意提供的价格折扣。例如，提前15天付款，价格降低1%。

● 供应链融资收益：对供应商进行资金支持所获得的收益或对供应商投入部分资金的收益。

（2）与客户相关的指标

与客户相关的指标主要涉及采购职能对外部客户、内部客户的需求满足水平及内外部客户的满意度，包括需求可得性与供应持续性、交付的可靠性、质量、客户服务、客户满意度等领域的指标。

第一，需求可得性与供应持续性领域的指标。

需求可得性是指对于企业现在和未来的发展，供应市场在供应范围、数量、灵活性等方面可以满足企业需求的程度。供应持续性是指，在企业执行生产计划时，其需求在时间上的满足程度。

这类指标也可以用于评估供应商绩效。该领域的指标的评估与分析方法可参考以下内容。

需求的可得性与供应持续性：企业未来两年内的生产需求或潜在需求的可得性以及供应商产能的可满足的程度，主要聚焦在企业根据产业及供应链环境定义的关键及重要的材料清单；采购人员进行系统性供求关系研究，持续跟踪供应商的产能及投资战略、经营状况、增加产能投资的意愿和可能性，研究技术的替代及创新状况，为采购及高层管理者提供供应持续性研究报告。

采购提前期：考察供应商的交货周期是否与采购提前期匹配，评估重点通常会聚焦在可能超出客户订单周期的那些采购品类，以及客户订单周期内的关键及重要材料中交货周期较长的采购品类，即关注交期长的材料的供应风险。

第二，交付的可靠性领域的指标。

对于供应商的绩效表现，采购方很容易做出评价。采购方与供应商应确认清楚，计划期内的需求计划能否得到满足，为应对需求可能的变化，供应商可以承受提升或降低的幅度。这类指标有供应商可用产能满足率、订单完成率、交付准时率、交货弹性等。

第三，质量领域的指标。

质量对需求的适合程度体现为具体的质量表现是否满足客户的实际需求以及提供给客户的具体质量的偏差范围。另一个是创新，采购人员在何种情况下会优先考虑和主动追求新的质量标准。评估质量时需要明确一些问题，比如客户退货意味着什么；客户可接受的质量偏差有多大；如果小缺陷能够被客户自己修正，则被看作拒收还是接受；采购组织的说明有误导致了什么问题，该如何处理；在原料、零件或设备方面进行创新的定义；等等。

第四，客户服务领域的指标。

客户服务领域的指标指客户通常所需要的额外支持，涉及客户所需要的信息的可得性、客户所需技术和知识的开发以及解决客户所面临的关于产品和服务等方面问题的能力。这个领域的绩效评估通常更具主观性和更定性化，有时较难对客户服务做出明确定义。例如，信息传递做到什么程度才是令人满意的，客户培训到什么程度才足够，客户投诉的严重性与轻微性的判定，如何认为客户的问题得到了解决。

第五，客户满意度领域的指标。

客户满意度评估的目的在于，确认采购所取得的定量成果和客户对这些成果的看法是否一致，以确定采购有没有充分反映客户的需求或期望。开展客户满意度评估、与利益相关方讨论问题或差距并改进，能有效地促进利益相关方的相互交流与理解。客户满意度包括高管人员（可能还包括股东）的满意度，以及各利益相关部门（如研发、生产、工程、市场或销售等部门）的满意度。采购组织可以将供应商作为流程客户对其进行满意度评估。

（3）与内部流程相关的指标

采购职能主要是通过内部流程运作产出成果的，内部流程运作效率或成效显得非常重要。流程评估的对象主要是流程的效率与有效性。与采购相关的内部流程评估主要针对以下方面。

- 需求识别与处理流程。
- 产品技术与规格确认流程。
- 产品研发技术支持与样品采购作业流程。
- 新供应商开发与准入流程。
- 供应市场评价流程。
- 供应商审核流程。
- 采购战略分析与制定流程。
- 采购议价与谈判流程。
- 采购招投标流程。

- 采购订单作业与审批流程。

- 供应商交货管控流程。

- 物流作业管控流程。

- 仓储作业管控流程。

- 库存管理流程。

- 来料检验与不良品处置流程。

- 货款申请与支付流程。

- 供应商绩效管理流程。

（4）与团队建设相关的指标

采购的产出说到底都是人做出来的。流程和系统再好、战略和目标再合理，如果没有优秀的专业的团队去执行或执行得不好，采购的绩效目标都难以实现。与团队建设相关的指标涉及员工积极性、员工的专业水平、关键岗位人员和专业人员的服务年限与流失率、员工对行业和专业团体的参与度等方面。

（5）与可持续发展有关的指标

一些国家（地区）在大力推动绿色供应链和企业承担社会环境责任、供应商多元化，这些领域的指标可能也需要评估，如多元化供应商数量的占比。ESG 也日益成为企业主要的诉求，特别是上市企业，将 ESG 纳入企业采购绩效评估的范畴已经成为一种趋势。

2）采购绩效评估重点以及指标体系的层次化结构

采购绩效评估重点由组织的总体业务目标决定，评估措施应加强实现这些目标的活动和过程。关键绩效指标（Key Performance Index，KPI）是用以计算和评估那些对业务或流程的绩效至关重要的一组衡量指标，反映了组织的关键成功因素和战略方向。从根本上说，采购管理的基本目标是在正确的时间，从正确的来源那里，以正确的质量、数量和价格获得正确的产品或服务，相关的绩效指标都可以是关键绩效指标的组成部分。在采购绩效评估框架内，指标体系呈现层次化的结构。关键绩效指标构成采购绩效指标体系的一级指标，用以反映采购业务总体表现状况，同时也足以支撑战略方向的真实目标。二级指标是一级指标的细化，帮助识别一级指标的成因或表现存在差距的原因。根据实际业务情况需要，还可以建立三级、四级指标清单，分别用于反映上一级指标的成因或存在差距的原因。

以 SCOR 供应链模型作为参考，该模型围绕可靠性、响应性、敏捷性、成本和资产管理效率 5 个绩效领域设立一级指标，然后逐级展开，形成多层级的绩效指标体系。以响应性领域为例，介绍如下。

- 绩效领域：响应性。

●一级指标：RS1.1 订单执行周期。

●指标定义：执行客户订单的平均实际周期，单个订单的执行周期为从收到客户订单开始，到客户收到货物结束。

●评估方式：汇总所有订单实际执行周期除以执行的总订单数，以天数作为计量单位。

●数据收集：采购周期、制造周期、交付周期、零售周期、退货周期。

●二级指标：RS2.1 采购周期；RS2.2 制造周期；RS2.3 交付周期；RS2.4 零售周期；RS2.5 退货周期。

●三级指标：RS3.1 供应商付款周期。

3）定量指标与定性指标相结合

绩效指标解决的是绩效的具体内容，评估标准解决的是在该指标下，完成多少或表现如何的问题。绩效指标可分为定量指标和定性指标，采购组织在确定指标清单时，需要根据实际情况综合考虑定量指标和定性指标。

（1）定量指标

定量指标通常具有计算公式，可以将具体的数值代进去，得出实际的数据结果，对照相应的绩效标准给出绩效得分。定量指标有产品合格率、用户投诉次数、物料抽检缺陷率、物料批次合格率、退货率、及时交货达成率、交货数量准确率、订单变化接受率、最低价格比率、平均价格比率、发票准确率、冲突发生频率等。

（2）定性指标

定性指标本质上带有主观性而往往不容易度量，很难用公式计算得出具体的数值，如时效性、操作水平以及态度等。定性指标的标准制定更注重对过程行为的描述，即采取描述标准行为的方式制定评估标准，举例如下。

●配合度：采购组织需要供应商提供服务或其他帮助时，供应商是否及时响应、是否造成不必要的损失。

●战略目标兼容性：供应商的战略规划与采购组织的长远计划之间的兼容程度。

●装卸货物规范性：供应商装卸货物过程中规范操作的程度。

●技术能力：供应商提供的技术的先进性、实用性及给予指导的有效性。

●投诉处理时效性：供应商接到用户投诉后，解决问题的及时性，是否造成不必要的损失。

●合作意愿强度：供应商是否愿意与采购组织长期合作。

●运输条件和能力：供应商用运输货物的配套软硬件设施的工具及运输能力。

4. 影响采购绩效的内外部因素

1）影响采购绩效的内部因素

（1）企业环境

企业环境涉及企业的愿景与任务、目标与战略，企业文化，组织架构及职能，IT技术的应用程度以及供应需求的稳定性与复杂性等方面。企业的愿景与任务、目标与战略对采购的影响非常大。其中一个影响是，在实践中，采购的主要目标往往是由企业的战略目标分解而来的。采购部门对这一点越了解就越清楚如何达到采购目标，工作就越有效率。相反，采购部门就不能确定正在进行的工作是否与高层管理者的意图一致。从理论上说，采购部门应当在企业制定任务、目标及战略时就参与其中，以便保持与企业发展方向的高度统一，但这是否可行取决于企业的文化、流程中采购职能的参与程度、采购部门在企业中的地位和影响力。企业目标、战略与执行计划如果足够详细，则有利于制定采购目标，每个人都会为了实现同一目标而努力。另一个影响体现为品类采购战略以及供应定位模型的应用。采购支出规模、业务复杂性和风险性直接影响采购战略和绩效评估。不同品类的采购战略不同，绩效评估的方向和重点也就不同。例如，杠杆象限的采购品类侧重于价格的降低，而瓶颈象限的采购品类则更关注保障供应。

（2）企业对采购活动的投入

企业在财务资源、人力资源和相关职能流程方面的投入对采购绩效的影响很大。企业在财务资源方面的投入很显然地影响着采购部门能做什么和不能做什么，企业的采购活动应该有足够的资金支持，以雇用足够的员工、开发IT系统、获取专业信息服务以及进行日常行政支出。足够的人力资源对采购职能的任务完成、绩效产生具有决定性作用。

与采购相关的其他职能流程的完善程度也至关重要，例如采购申请流程，如果采购申请流程很完整而且准确无误，采购申请就能有效地转换为采购订单。如果这些流程不完整或不准确，势必会对采购的效率产生影响。其他职能对采购的额外投入包括：对供应商文件分析的反馈、对检查和试验性拜访的反馈、与供应商之间关于潜在问题的沟通、文件的提供等。采购职能自身通常也会反过来对这些投入有一些影响，尤其是采购职能在组织中占有强势的位置，而且这些投入的提供者认为采购人员是可信的时，这种影响的程度就会提高。可信度也是采购绩效评估的一个指标。

（3）采购运作与流程

影响采购职能产出的管理因素涉及采购职能的基础结构管理，采购相关的重要流程管理、员工管理、供应商管理。

●采购职能的基础结构管理：包括明确采购的目标、政策与程序，采购组织的架构，岗位职责定义，采购工具与技术，IT 支持系统。这些是提升绩效的必要条件。采购目标来源于企业战略目标，用于支撑企业战略目标的实现，明确的目标对采购绩效评估至关重要。采购组织的管理结构与职责分工、采购人员的能力，会直接影响到采购职能价值的体现，以及员工的积极性。

●采购相关的重要流程管理：涉及需求与计划管理、供应市场分析、采购战略制定、报价与谈判、合同管理、物流与仓储。根据实际工作环境与企业战略要求正确设置相关流程及流程间的协同，消除流程运行障碍，适当设置流程关口决策点，对提升流程效率有着非常重要的作用。高效的流程运作是绩效提升的保障。

●员工管理：清晰的角色与职责定义有利于员工提升积极性和进行自我管理、重视团队建设。聚焦员工进行专业知识培训与能力提升、出台适当的员工激励措施，是提升绩效的基础性因素。

●供应商管理：供应商绩效采购绩效的关键影响因素，企业需要从诸多方面加强供应商管理以提升供应商绩效，包括优化供应商库及竞争力构成，严格进行供应商准入评价，管理合格供应商清单，从战略采购层面建设供应商合作关系，根据实际业务竞争性需要建设供应商交易模式，促进与供应商的交流并提升沟通质量，根据实际需要引入供应商进行早期参与，采用开放式创新战略，等等。

2）影响采购绩效的外部因素

（1）供应市场环境

供应市场环境对采购绩效有很大影响，例如，它会影响到需求的可得性、提前期和采购价格。当市场供应能力不足时，提前期会变长，价格也可能上涨。采购组织需要通过有效的供求市场研究和分析，寻求最有利的方案，降低采购风险。采购绩效评估通常会关注采购职能预测和分析未来市场情况的能力，相应的预测结果可以作为制定合适的采购战略的基础。

（2）供应商能力与积极性

供应商能力与呈现的绩效对组织采购的绩效具有重要的影响，如满足采购组织需求的技术性能、交货要求、成本水平等。采购组织供应商的绩效水平很大限度上取决于供应商的能力和积极性，这些因素大多在采购组织的控制之外。采购组织的需求量占供应商业务规模比例较大时，或者供应商把采购组织看成潜在的长期客户时，采购方便能够影响供应商的积极性。如果采购组织是一个有足够资源和技术能力的公司，可以通过向供应商提供培训和技术支持来影响供应商的能力。

（3）政治经济环境

政治经济环境会影响采购绩效。例如，通关延误很可能导致工程停工或者进口易腐原料的价值下降，不完善的交通基础设施会延长供应提前期并增加成本。政治经济环境方面的因素包含以下内容。

- 基础交通设施，交通状况和规则，公共仓储设施。
- 影响企业运作的法律法规，劳动力教育及培训机构。
- 国际贸易规则和约束（如通关手续与关税、汇率控制、进口限额、贸易限制等）。
- 金融业的效率和便利程度。
- 通信设施，包括互联网。

企业及其采购部门对国内外环境几乎是无能为力的，但是仍然要监控这些因素以确定它们对采购绩效的影响以及对企业在市场上成功参与竞争的能力的影响。在某些情况下，企业可以通过当地的商业部门或行业协会来影响政府和服务机构去消除瓶颈，改善服务质量，降低支出。国际业务还会受到国际政治经济环境的影响，如供应商所在国家（地区）的特定环境因素、政府间的关系、贸易保护政策与贸易壁垒、汇率、政局稳定性、国际物流等。

| 第 2 节 | 采购绩效评估与改善

采购绩效的目标通常表现在客户满意度、供应机会、供应风险与供应成本等方面，即客户满意度最高、供应机会最多、供应风险最小和供应成本最低。但这些目标之间本身存在矛盾，例如，选择新的供应机会（如新的供应商）往往会面临不可知的供应风险，为了规避供应风险企业会选择成本更高的更可靠的供应商。所以，采购的过程就是协调各方指标的过程，采购人员在这一过程中要考虑到不同的竞争要素，以便能尽可能长期地为自己所在组织及客户服务。采购绩效评估与改善一般可包括 8 个步骤：确定绩效领域、识别可用的绩效指标、确定数据的来源与可得性、选择绩效指标、确定绩效指标清单及其层级结构与选择评估方法、制定绩效目标、实施绩效评估、绩效评估结果的沟通与绩效改善。

1. 建立采购绩效指标体系的标准与流程

1）标准与流程

建立采购绩效指标体系要从企业的战略方向与战略目标开始，以此确定采购的战略方向与战略目标。采购的战略方向包括降低成本、保障供货、质量优先、创新产品开发等。采购的战略方向与战略目标的确定对确定绩效领域和识别可用的绩效指标起到方向性的指导与引领作用。接下来就是确定需要评估的绩效领域。面向不同的环境以及不同的条件，需要评估的绩效领域会有差异。识别和选择绩效领域需要理解清楚采购职能的输出成果以及采购需要达到什么目标，以及为了达到这些目标需要如何进行改进。采购绩效领域涵盖诸多内容，例如客户满意度、需求的可得性、供应持续性、提前期、交付的可靠性、质量、客户服务、成本、付款期、供应商管理、采购流程与团队建设等。

在确定了绩效领域之后，就是识别评估各绩效领域需要使用哪些绩效指标，以及如何评估这些指标。例如采购提前期可以分成多个部分：将客户需求转变成采购需求的时期；采购需求转变成采购订单的时期；供应商从收到采购订单到交付产品的时期；产品从供应商生产地运送到采购方需求点的时期。此外，还可以平均提前期和最长提前期作为绩效指标。

开展评估所需要的数据来源与可得性至关重要。如果指标能够很好地衡量采购绩效，但获取数据很难或难以获得较为精确的数据，或获取数据需要花费过高的成本，则这个指标难以用于采购绩效评估。例如，价格的相对竞争力指标能够非常好地评价采购价格的竞争力水平，但是要获取主要竞争对手的实际采购价格和价格条件数据一般是不容易的。所以，选择有足够数据支撑的绩效指标是一个基本原则。选择数据可得的绩效指标之后，就可以详细地定义所选择的绩效指标。图 9-2 所示为建立采购绩效指标体系的标准与流程。

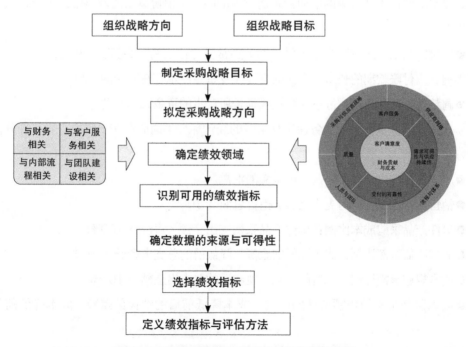

图 9-2　建立采购绩效指标体系的标准与流程

2）确定绩效领域与识别可用的绩效指标

企业在不同的经营环境和发展阶段，会有不同的战略与目标。相对应地，采购绩效的评估领域及指标设定也会不同。下面分别阐述常用的采购绩效领域及其部分指标定义。

（1）与财务相关的指标

财务相关的指标通常与采购成本、资金使用（如付款期）和投资收益有关。采购成本对企业利润指标有着决定性的影响，具体体现为损益表中的销售成本，销售成本的绝大部分为采购成本。评估采购绩效，可以从成本与销售额的比例、成本的降低或节约、成本规避等方面进行。部分指标如下。

● 成本比例：采购成本与销售额的比例，反映出企业销售的毛利率空间。努力降低采购的各项成本可以为提高企业的利润率做出杰出贡献。

● 成本降低：这类指标衡量的是为降低获得特定产品或服务相关成本的努力程度。有强大的能力降低成本，就能形成针对竞争对手的采购优势。

● 成本节约：指一个企业所产生成本的减少额，体现了采购团队在采购产品或服务时所能贡献的附加值，可以表示为每年的成本削减金额。

● 成本规避：这类指标衡量的是通过使用价值分析、谈判和其他技术，防止或减少供应商价格上涨的努力程度。成本规避阻止了成本的增加，但并没有实际的节约产生。

● 成本降低带来销售额的增加：采购成本的降低给销售策略的调整带来机会，从而增加销售额。

● 应付账款期：应付账款期（付款期）通常受行业惯例、买卖双方相对地位、供应链行情影响，应付账款期的长短对企业的资金流及资金成本存在直接的影响。

● 调整付款期的利益：付款期缩短或延长所产生的资金成本变动。

绩效指标的衡量因企业业务性质及当时的经营环境不同而存在一定的差异，部分指标衡量方法如下。

● 成本实际支出金额：采购支出金额的汇总。

● 销售成本比例：采购支出金额 / 销售总额 ×100%。

● 单件产品采购成本比例：单件产品采购支出金额 / 售价 ×100%。

● 成本降低金额比例：成本降低的金额 / 降低前的总支出金额 ×100%。

● 成本规避金额比例：规避的金额 / 规避后的总支出金额 ×100%。

● 成本降低带来销售额增加的比例：成本降低前后的销售额差额 / 成本降低前的销售额。

● 付款期长度：应付账款期 – 应收账款期 – 物料拥有期（或生产周期）。

● 调整付款期的利益：延长付款期所获得的额外利息收益或机会成本收益（要扣除因此导致的价格上升损失或缴纳的滞纳金），或缩短付款期获得价格优惠带来的收益（要扣除资金成本）。

（2）与客户相关的指标

需求可得性与供应持续性领域的绩效主要侧重评估中长期需求的满足性，涉及供应范围、可供应的数量规模、采购的周期、企业产品差异化的实现、替代品的可用性等方面。部分绩效指标如下。

●持续供应（COS）报告被认可或表扬的比例：COS 报告由相关技术 / 产品领域的资深采购人员编写，对未来 1~2 年内关键及重要材料的市场供应进行可得性预测，根据行业动态每月或每季度提交一次。计算公式为：COS 报告被高层管理者认可或表扬的次数 / 提供报告的总次数 ×100%。

●关键及重要材料的可获得率：未来一年可获得并且供应商产能满足需求的材料项数 / 关键及重要材料总项数 ×100%。

●超长提前期的料号比例：提前期长于客户订单周期的料号数 / 客户订单涉及的总料号数 ×100%。

●关键及重要材料提前期缩短比例：在关键及重要材料中，提前期缩短的天数达成考核目标要求的料号比例。

交付的可靠性领域的指标，针对生产计划内物料需求的满足情况制定，侧重于短期内执行情况的评估。部分绩效指标如下。

●停线次数：计划期内因非计划性缺料导致停线的次数。有些缺料会导致生产停线而中断运行，有些缺料情况下，产线可以快速地切换生产其他产品而没有损失。企业需要明确"停线"的定义。

●完美订单率：所有项都按客户要求的交付条件完成交付的订单数量 / 订单总数 ×100%。

●交货准时率：每月供应商准时交货的次数 / 月度交货次数总和 ×100%。企业需要明确"准时"的定义，例如在约定时间的前后两小时内交付，或在约定的当天内交付即算作准时。

●需求增加满足率：当需求增加时供应商的交付能满足需求的百分比。企业需要定义清楚满足需求程度和满足需求的时间，例如一周之内满足 10% 的涨幅，两周内满足 20% 的涨幅。

质量领域的指标侧重于评估供应商交付的产品按照质量检验标准检验的合格率情况。部分绩效指标如下。

●来料检验合格率：来料检验合格数量 / 来料总数 ×100%。来料合格批退率、产线退回不良率可以作为下一级指标。

●及时处置率：供应商及时退回不良品或不良品加工后合格使用的批次 / 来料不良批

次总数 ×100%。

客户服务领域的指标通常涉及客户特殊需求的满足情况。例如，及时提供企业经营所需要的市场信息、提供内部部门所需要的知识和技术培训、提供现场技术支持和问题解决方案、提供样品及产品研发技术支持等。部分绩效指标如下。

●产品开发支持率：对于产品研发部门提出的需求，供应商满足的次数比率。供应商提供的支持包括为企业创新与产品开发提供新技术、新材料的来源支持，提高企业产品的差异化程度等。

●样品及时率：及时提供新产品研发所需样品数 / 样品需求总数 ×100%。

●现场支持率：供应商及时赶赴现场提供服务并解决了问题的次数 / 企业提出服务需求的次数总和 ×100%。

客户满意度调查可以用不同的方式进行，比较常用的是发放调查问卷，客户作答后由调查组织者对结果进行统计分析。借助互联网的应用，越来越多的调查问卷实现平台化管理，调查组织者在平台上设计调查问卷，被调查者登录平台进行在线作答，系统自动计算统计结果，并提供即时结果查询服务。客户满意度领域的指标设定完全依赖企业的调查目的和想达到的目标，以及调查问卷的设计依据。围绕采购部门给内部客户和流程客户提供业务服务的性质和类别设计调查问卷，既能使调查具有针对性和目的性，也能让被调查者容易理解、判断和作答，起到相互交流以及调查后有针对性地改进的积极作用。采购部门或个人提供服务的所有方面都可以作为调查的事项，包括采购提前期、采购需求的处理时效、订单交付的及时性、缺料状况、质量的表现以及对不良品的处置速度、对待客户的态度和处理问题的积极性与专业程度等。

（3）与内部流程相关的指标

流程评估的方向主要是作业流程的效率与有效性。

●管理的效率：此指标用来考核供应管理部门在完成其职责范围之内的工作时，对所分配到的资金的使用情况，表现为总成本节约与采购管理劳动力成本之比。

●管理的有效性：考虑到产品价格会波动，可以用库存周转率来衡量管理的有效性，但要考虑季节性需求的影响；管理的有效性也可以根据供应管理人力的总成本与组织总收入的比率来衡量。

●战略供应商开发：根据企业发展要求，开发优质供应商，与供应商签订合约并控制风险，通过与供应商深度合作促进企业实现在成本结构、服务速度与弹性等领域的竞争力的提升。此指标可以归类到高管人员的满意度指标中。

●供应商资源管理：此指标例如供应商数量与交易金额的分布比例，适用 80/20 法则。各采购品类的战略性供应商数量是重点，供应商质量和供应商可得性与提高竞争力、防控供应风险直接相关。指标类型有：战略供应商或合作伙伴关系的供应商数量及交易金额占比，单一供应商数量及交易金额占比，杠杆类产品的供应商数量及交易金额占比；定期供应商审核不通过率，基于互联网或信息系统进行流程协同的供应商交易金额占比，通过 JIT 与 VMI 交货的供应商比例；积极响应信息请求的供应商比例，供应商改善及时结案的比例。

部分绩效指标如下。

●采购需求转化为采购订单的平均天数：每月各采购需求转化为采购订单的天数总和／需求总次数。

●采购规格错误比例：采购人员发出询价函或订单中规格出现错误的次数／发出询价函及订单的总次数 ×100%。

●供应商早期参与比率：供应商成功提供技术支持且研发部门感到满意的次数／供应商参与的总次数 ×100%。使用该指标时需要清楚地定义何为"成功提供技术支持"及何为"感到满意"。

●招标项目金额占比：通过招标定价的项目总金额／同期所有项目总金额 ×100%。

●库存周转率：销售的物料成本／平均库存。企业的财务部门可能会有不同的库存周转率的计算逻辑和方法，采购部门的计算方法要和财务部门的保持一致。

●货款支付申请退回率：因为文件票据的错误或申请流程不合规而导致财务部门拒绝申请的次数／申请总次数 ×100%。

●关键及重要品类中属于单一供应商的比例：关键及重要品类中单一供应商的品类数量／关键及重要品类总数 ×100%。企业要更新关键和重要品类清单，或者关键象限及瓶颈象限的品类清单。

●单位人力成本的节省金额：总成本节省金额／参与的采购管理人员的人力成本金额。这个指标需要明确团队任务的分配与人力成本的计算方法，可以使用企业的标准人力成本计算方法。

●流程信息化比例：已全面使用信息化作业的采购相关流程数／采购相关流程总数 ×100%。全面使用信息化作业是指所有的作业活动均由信息化系统自动完成，数据输入实现系统自动抓取，但少数加工数据必须由人工输入的除外。

●供应商绩效管理平台覆盖率：使用供应商绩效管理平台的供应商数量／企业合格供应商总数 ×100%。

（4）与团队建设相关的指标

绩效领域包括以下内容。

●服务年限：采购团队中专业人员在本企业从事采购工作的时间长度。专业人员可能是采购成功的最大贡献者，是企业挽留的重点对象。该指标从时间维度衡量专业人员对企业的忠诚度或依存度。

● 人员流失率：重点关注采购领域关键人员及专业人员的流动。

● 采购人员的专业水平：采购人员的专业水平可以表现在不同的领域，如企业产品领域、采购领域或采购流程领域等。

● 采购创新：通过引入新的采购理念、管理系统或采购工具，为企业引进更具竞争力的供应商资源。

部分绩效指标如下。

● 人员流失率：（评估期间新进人数 + 离职人数）/ 采购人员总数 ×100%。此指标可以参考或沿用企业人力资源部的流失率计算方法。

● 关键人员比例：（关键岗位人数 + 专业人员人数）/ 采购人员总数 ×100%。需要有关键岗位的清晰定义和专业人员的鉴定标准。

● 参加专业论坛次数：专业人员参加行业专业论坛或参与专题演讲的次数。

3）选择绩效指标

具体选择哪个指标或哪组组合指标，取决于企业性质、采购战略、优先级和供应链重点监控因素等。通常企业应选择最有用和最具成本效益的指标，如以下指标。

● 对赢利能力的贡献。对赢利能力的贡献是企业最关心的指标之一。

● 行动的及时性。与行动的及时性相关的指标有逾期订单的百分比、交付延误率、断货率或不能准时满足客户需求的百分比、生产中断次数等。

● 物料或服务成本。涉及的指标有价格的合理性、实际价格与目标价格（或标准价格）差距、平均实付价格指数与政府公布的价格指数比、阶段性成本、使用提前采购策略带来的收益与损失、无法确定价格的订单比例。

● 物料或服务的质量水平。

● 供应商的可靠性。涉及的指标有准时交付率、足数交付率、完美订单率等。

● 订货量与库存。涉及的指标有库存周转率、库存余料金额、库存不足导致的生产停线次数。

● 客户满意度。

● 创新。涉及的指标有引进新技术、新产品，促进差异化产品开发的次数。

绩效指标需要被清晰地定义或说明，并在利益相关方之间达成一致意见和被认同，以确保评估数据的采集、计算结果的可信度，以及采购绩效评估结果的准确性。

4）确定绩效指标清单及其层级结构

对于不同的市场竞争环境、产品特性、供应定位和不同的采购项目，企业需要构建与之相适应的绩效评估指标体系。首先需要确定作为一级指标的关键绩效指标清单。关键绩效指标反映了组织的关键成功因素和战略方向，采购关键绩效指标也要围绕这一要点进行选择。指标数量不宜太多，5~10 个较佳。具体的指标选择取决于企业和采购的战略与目标。

根据中物联 2016 年发布的《中国采购调查报告与供应链最佳实践案例汇编》中关于关键采购绩效指标权重的调查数据（见图 9-3），2015 年中国大多数企业将成本控制放在采购关键绩效指标的首位，占比为 95.33%。成本控制、供应商管理、交付期、质量控制以及寻源（供应商开发）排在企业采购关键绩效指标的前 5 位。而在北美企业中，虽然成本控制也被放在 2015 年采购关键绩效指标的首位，但是只有 45.17% 的北美企业选择了这一项，成本控制、供应商管理、质量控制、交付期以及采购合规性是北美企业采购关键绩效指标的前五位。

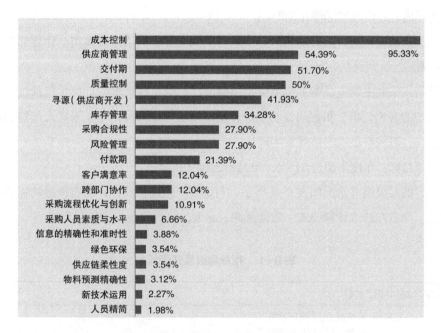

图 9-3　中国企业采购关键绩效指标权重图（2015 年）

案例：亿能公司年度采购关键绩效指标及分解清单。

亿能公司主营业务为电子产品制造，营业额占比为 A 客户占 45%，B 客户占 30%，其他客户占 25%。A 客户和 B 客户均提供 6 个月的滚动需求计划给上游供应链企业预备材料和产能，但亿能公司采用订单式生产的模式。公司在客户端面临的最大压力体现在每年的降价要求和交货弹性上，为此采购关键绩效指标设定为如下 7 个。

● C1.1 采购总成本降低百分比。

● D1.1 生产缺料停线次数。

- Q1.1 来料品质合格率。
- I1.1 库存周转天数。
- P1.1 供应商绩效管理平台利用率。
- M1.1 关键及瓶颈物料 COS 季度报告满意次数。
- O1.1 直接物料供应商季度检讨会议（QBR）举办比例。

采购部门依据采购关键绩效指标分解出次级指标，并考虑采用采购关键绩效指标之外的指标的必要性，形成年度采购绩效评估的指标清单。下面以"D1.1 生产缺料停线次数"为例，说明其定义及其所处层级。

●定义：因生产物料短缺而导致生产意外停线的次数。"意外停线"指没有提前一天的缺料预警，导致生产不能预先安排换线的停线。

●指标内容：产线实际停止的时间。

●数据来源：车间日报表的记录，由采购责任人签字确认停线属实。计划部统计的月度停线次数。

●说明：采购主管人员参加每周生产协调会议，确认客户未完订单（包括过期未生产及计划生产的客户订单）和每周滚动生产计划的物料供应情况；相关采购人员参加每日生产碰头会议，对缺料造成的停线签字确认。

●考核目标：年度不超过 12 次，单月不超过 2 次。

该指标的层级展开情况如表 9-1 所示。与确定一级指标一样，所有指标均需要给出清晰的定义、测量方法或计算公式、数据来源、必要的执行说明和考核目标。

表 9-1　指标层级展开示例

一级	生产缺料停产次数	
	二级	客户 A 产品缺料停产次数 客户 B 产品缺料停产次数 其他客户产品缺料停线次数 生产用间接物料缺料停产次数
	三级	供应商使用 VMI 交付的比例 VMI 库存值低于设定最低值所发生的次数 供应商交货及时率 瓶颈类物料供应商交货及时率 关键类物料供应商交货及时率 供应商预留产能满足客户需求增幅比例的供应商比例 供应商审核计划准时完成率 供应商确认满足月度滚动需求计划的比例

5）选择评估方式

评估通常涉及评估程度、评估频率、评估时间、评估范围、评估成本、评估百分比、评估开始和结束的时间。

（1）二元式评估

二元式评估方式只存在两种结果，即"是"或"否"。例如，评估指标"存在一套报价标准文件"的可能结果只有"是"或"否"。这里选择"是"既可以是一个目标，也可以是采取下一次行动的前提，即如果存在一套报价标准文件，则可以开始进行供应商报价。使用二元式评估时需要关注成果的质量，而前例中的"报价标准文件"并没有说明文件的质量。如果想将该指标制定得更细致一些，可以用"供应商认为是清晰且容易理解的"来修饰"报价标准文件"，即更改为"存在一套供应商认为是清晰且容易理解的报价标准文件"，评估质量就更高了。

（2）连续式评估

以这种方式评估可得到一系列连续的客观准确的成果，这些成果被包含在一定数值范围内，如产品检验合格率、客户投诉次数等的评估结果就在一定数值范围内。

（3）有限选择

这种方式介于二元式评估和连续式评估之间，例如在做调查时常使用几个有限的选项供选择。采用这种方式通常不能得到高度准确的评估结果。例如，指标"产品供应市场的风险程度"的可能结果设定为"极高""高""中""低"。

企业在设计绩效指标的评估方式时，必须要考虑评估方式是否与被评估的绩效相关，并关注最需要得到改进的领域，选择最合适的评估方式。实践中，好的评估方式应满足以下要求。

● 准确反映将要进行评估的绩效领域，并具有数据精确、可靠、收集便利且经济的特点。

● 是客户导向的，能在日常工作的基础上用于管理流程。

● 有定量的和定性的，并能提供有价值的评估结果。

● 清楚而明确的，所有人都能用同样的方式对其做出解释。

● 在评估的事件发生后能及时迅速得到结果。

2. 制定绩效目标的方法

目标是改进绩效的关键。目标除了有一个明确的、限定的数值或结果之外，其他的内容和已经定义的绩效评估方式完全一样。例如，针对绩效指标"客户投诉的次数"，可简单地将目标设定为"每个月的客户投诉次数不超过 2 次"。目标的制定通常遵循 SMART

原则，制定的目标要是与工作相关的、有挑战但可以实现的、具体而明确的、有时间限制的、可以评估的。另外，目标还应该是完整并相互平衡的。

1）以采购职能的目标作为绩效目标的基础

采购职能的主要目标通常由企业战略目标分解而来，或在企业战略目标要求下进行制定，每个职能目标都必须有具体的绩效目标。举例如下。

- 职能目标：通过降低采购成本对节约总成本做出贡献。
- 绩效领域：成本。
- 绩效指标：杠杆品类采购成本降低幅度。
- 评估方式：相对于杠杆类品类的供应商报价，通过采购谈判达成的价格下降了多少。
- 绩效目标：采购成本平均降低 15%。

2）根据过去的经验和现在的实际情况制定绩效目标

企业可以结合对现状的评估来制定绩效目标，也可以根据过去的经验大体了解实现绩效目标需要付出多少努力并确保努力是值得的。例如，之前季度平均降价幅度是 8%，现在市场供应情况相对稳定，企业的市场竞争力提升，新的降价幅度目标定为 10%。

3）根据行业标杆制定绩效目标

行业标杆是一个非常重要的参考目标。例如行业标杆的产品合格率是 98%，因此企业可以将自身的目标定得略为高一点，即 99%。目标应是通过工作改进可以实现的，同时，提高标准也是有必要的。

3. 实施绩效评估

1）数据的来源与采集

实施绩效评估的一个重要环节是采集用于衡量绩效指标的数据。数据可能运行并保存在企业不同的信息化系统中，可能来源于人工作业的表单，可能是加工过后的结果性数据。最值得推荐的做法是最大限度地实现数据的自动采集和处理，避免人工操作的误差与低效率。有些绩效评估需要与人工收集到的数据或从其他系统收集到的数据相结合，例如财务会计系统、生产控制系统、客户服务系统、供应商管理系统、品质检验系统等，就可能需要进行手工输入或进行数据表格上传。实践中，随着信息技术的应用，越来越多的绩效考核系统已能由信息化系统自动采集大部分的数据，计算结果采用可视化看板进行展示，能更直观、更快速地展示评估结果。

不同的采购组织有着不同的流程和信息化系统，承载数据的系列文档可能是纸质表格、电子表格或各种形式的报告，具体如下。

●采购申请、存货记录、生产报告、设备保养报告、售后服务报告、客户投诉记录、检验测试报告。

●报价邀请函、供应商的报价函、采购合同与订单、发票、公司成本核算文件。

●装箱清单和提货单、发货记录、收货记录、入库记录、修正行动报告和不合格原材料报告。

●信用证和其他付款凭证。

在定义和选择指标时，必须确认并规定所有所需的数据来源、采用系统自动采集或人工录入的方法。表 9-2 所示为部分绩效指标及其可能的数据来源。为了使绩效评估系统有效并发挥其价值，采购组织在管理架构和管理方式上需要做相应的调整：一是围绕绩效管理系统，需要设立专门的小组（人员可以是兼职的）负责系统的维护与运作；二是系统直接抓取、清洗与存储各信息化系统的相关数据，对不能直接从信息化系统获取而来自报告或人工记录的数据，采购组织及其他相关部门需要进行及时与持续的人工管理；三是数据的准确性和完整性很重要，应确立数据输入系统的及时性要求，使用物料编码、二维码等工具，确保数据采集的精准。

表 9-2　部分绩效指标及其可能的数据来源

部分绩效指标	数据可能的来源
1. 成本实际支出金额 2. 销售成本比例 3. 单件产品采购成本比例 4. 成本降低金额比例 5. 成本规避金额比例 6. 成本降低带来销售额增加的比例 7. 付款期长度 8. 调整付款期的利益	1. 采购价格与折扣：ERP 系统或采购价格系统 2. 数量：ERP 系统或生产管理系统 3. 销售价格：销售系统 4. 付款期：ERP 系统或采购订单系统
1. COS 报告被认可或表扬的比例 2. 关键及重要材料的可获得率 3. 超长提前期的料号比例 4. 关键及重要材料提前期缩短比例	1. COS 报告被认可或表扬的次数：由负责供应链管理的高层领导（如采购经理）得出结论，并记录在案 2. 采购部门的关键及重要材料清单：采购部门报告或供应商管理系统 3. 提前期：ERP 系统或采购价格系统
1. 停线次数 2. 完美订单率 3. 交货准时率 4. 需求增加满足率	1. 停线记录：生产日报表或生产管理系统 2. 订单完成率：ERP 系统与仓库管理系统 3. 交货准时率：仓库管理系统 4. 产能幅度：供应商产能表或供应商管理系统
1. 来料检验合格率 2. 及时处置率	1. 品质管理系统或来料检验系统或 IQC 日报表 2. 仓库管理系统

部分绩效指标	数据可能的来源
1.产品开发支持率 2.样品及时率 3.现场支持率	1.研发部门记录 2.研发部收货记录 3.部门接待记录
客户满意度	客户满意度调查反馈表
1.采购需求转化为采购订单的平均天数 2.采购规格错误比例 3.供应商早期参与比率 4.招标项目金额占比 5.库存周转率 6.货款支付申请退回率 7.关键及重要品类的单一供应商比例 8.人均成本节省金额 9.流程信息化比例 10.供应商绩效管理平台覆盖率	1.订单转换：ERP 系统或采购订单系统 2.规格错误：各部门反馈处理记录和投诉处理记录 3.早期参与：接待及会议记录 4.招标占比：议价系统或招标平台、ERP 系统 5.库存周转：盘点报告或仓库管理系统 6.货款申请：支付平台或财务记录 7.单一供应商：供应商资源表或采购价格系统 8.人力成本：人力资源系统 9.成本节省：采购价格系统或 ERP 系统 10.流程信息化：采购部统计资料或报告 11.绩效管理平台覆盖率：供应商绩效管理平台、供应商管理系统
1.人员流失率 2.关键人员比例 3.参加专业论坛次数	1.人力资源系统 2.采购外事活动记录表

2）数据的无量纲处理

绩效评估指标体系中各指标的意义可能不同，表现形式也不相同，有相对数值、平均数值、绝对数值。有的属于正指标，要求数值越大越好；有的属于逆指标，要求数值越小越好；有的属于适度指标，要求数值适度为好。因此，有些指标需要经过数据无量纲处理才能计算、比较，否则指标之间不具有可比性，或不能进行绩效值加总。

无量纲处理是为消除量纲影响，使指标间具有可比性，可实施数学运算。表 9-3 给出了定量指标进行满分为 10 分的无量纲处理的示例。定量指标的无量纲处理原则如下。

●最大限度保留信息差异。无量纲处理要保留的是原指标核心信息量的差异，消除的是计量形式和数量级的差异。

●评价值与原指标值对应。为保证信息在转换中不失真，指标值转换为评价值后，尽可能保持评价值与原指标值之间的对应关系。

●简明易操作。在不影响处理效果的前提下，处理和操作方法尽可能简明、直观。

表 9-3　指标无量纲化示例

指标	定义	无量纲处理指标
产品合格率	（合格产品数 / 产品总数）×100%	处理方法：指标值 ×10。例如：指标值为 95%，得 9.5 分。每增加 1%，加 0.1 分
退货率	（退货次数 / 总交货次数）×100%	处理方法：(1- 指标值)×10。例如：指标值为 5%，得 9.5 分。每减少 1%，加 0.1 分；每增加 1%，扣 0.5 分
服务承诺履行度	实际完成服务承诺的次数 / 提供服务的总次数	处理方式：换算成 10 分制。例如：达到 1 时，得 10 分。每降 0.1，减 1 分
处理客户投诉次数	在 24 小时之内及时处理或回复使用部门意见的次数	全部在 24 小时内处理或回复，则为 10 分；未及时处理或回复的，每次扣 0.5 分

4. 绩效评估结果的沟通与绩效改善

1）绩效评估结果的沟通

评估人员需要就绩效评估结果与利益相关者进行适当的、必要的沟通。沟通的目的包括分析评估结果及其反映出的问题、表现出来的优势与不足之处，探讨可能的改进措施，取得对评估结果的认同及明确未来评估流程需要改进的地方，向上级部门或个人汇报工作成果或进展等。

沟通的方法很多，而且这些方法不是相互排斥的，可以结合使用以确保起到有效的作用。可用的沟通方法如下。

●印发报告给需要绩效评估结果的人员。这是最传统、最常见的沟通方法之一。但要确保报告确实传达给了那些与采购绩效评估有关的人，并得到认真阅读或讨论，同时要避免报告内容泄露给与评估结果不直接相关的人。

●通过公司的内部网站发送评估结果。这一方法得到越来越普遍地使用，它允许公司里有阅读权限的每个人能及时并持续获得有关数据更新的报告（也包括被授权的外部组织，如合作供应商），这一选择也具有低成本和保持定期更新的优势，这样，评估报告就成为一个活的评价工具，而不只是定期实施和分发的结果性文件。

●通过电子邮件或电子论坛发送评估结果。采用这种方法能为需要绩效评估结果的人员提供表达观点和提出问题的便利机会。

●与需要绩效评估结果的人员进行面对面的沟通与交流，以期达到对方对结果的认可，通过交流可以得出采购的优劣势及持续改善的途径。面对面沟通最好采取有第三者参与的小组方式，可能需要人力资源部门参与。

●向高层管理者或股东进行报告。报告可以根据对方要求或双方商量的方式进行，如发送邮件、面对面报告等。需要注意的是，报告内容应简明扼要，根据受听者的习惯、关注点，采用对方听得懂的语言和风格进行报告。

沟通方法的应用与沟通对象有直接的关联。

●与职能部门沟通。沟通的主要内容是与职能部门业务相关的绩效表现，例如研发部门聚焦于采购对研发在技术与供应市场情报支持、供应商参与、样品采购等方面的绩效，生产部门更关注交货的可靠性、缺料情况和来料质量表现等。与职能部门沟通可以采用印发报告的方式，以征求对方的对结果的认同与改善建议。面对面沟通的效果会更好，方便双方就每一细节进行讨论并获得当面解释及听取对方直接建议的机会。良好的沟通对促进彼此相互了解与尊重有很大的帮助。

●与上级主管或负责采购的高层管理者沟通。可以采用寄送报告的方式，让对方先阅读一遍，以便对评估结果建立基本印象。然后预约安排面对面沟通，这样可以获得当面解释或答辩的机会。但这类沟通应该侧重于关键绩效指标的达成状况、与目标的差距带来的影响、改善计划。

●与其他高层管理者或股东进行沟通。股东的关注点侧重于财务状况，对于采购部门的具体工作不太了解也可能不感兴趣。沟通的重点是采购对企业财务指标的贡献及某些显著提升企业竞争力的指标。如果对方没有发问，不应过多解释。

采用有效的沟通工具和技术可以达到较好的沟通效果。绩效评估结果的沟通由于涉及直接的人际沟通，面对面沟通可能是传播评估结果的最具冲击力的方式，允许双方即时澄清任何疑虑和问题，提供对特别感兴趣的问题进行详细表达的机会，也有助于采购部门从参与方那里得到及时反馈。

2）绩效改善

绩效管理是个持续进行的过程，整个过程包含绩效评估和绩效改善。绩效评估应该成为改善采购职能和采购流程的催化剂，绩效改善建立在对绩效评估结果的理解和认同的基础之上。管理层应该在开展绩效评估后真诚地对绩效优异者做出奖励，分析不足之处并发现问题的根本原因，配置资源用来纠正这些问题。

采取改善行动是为了将偏离计划轨道的流程拉回正轨，涉及发现不足、分析原因、确定改善计划、执行改善计划以及改善后的评估验证。所要采取的具体改善行动，取决于问题的性质、严重程度和根本原因。一般来说，这个过程还会包括确定改善的时间框架，为改善的步骤或环节排出优先顺序；进行成本／收益分析，确定实施改善计划时应该分配的资源的合适水平。

●确定时间框架与改善计划。企业必须为改善行动设定时间框架，包括里程碑和最后截止日期，以及改善计划得到全面实施的时间。在另外一些情况下，企业可能先要针对问题的表象采取一些过渡性的措施，然后制订针对根本原因的改善计划。执行步骤的优先顺序、行动所需资源和资源的可得性都是十分关键的。

●分析绩效改善行动的成本与收益。企业需要进行资源（例如人员、时间、设备、资金）的比较以及预期价值的量化预估。在采取行动后的预期收益既定的情况下，纠正措施必须具有成本有效性。大多数流程改善的收益都会表现为人工时间的节约。

|第 3 节| 供应商绩效评估

供应商的绩效既取决于其自身的能力，也取决于其在和采购组织开展业务时表现出的积极性水平。供应商绩效评估是对供应商在具体目标上的实际绩效进行评估，同时对发现的不良绩效采取改善行动。供应商绩效评估可参考采购绩效评估流程，包括确定绩效领域、识别可用的绩效指标、确定数据的来源与可得性、确定绩效指标与评估方法、制定绩效目标、实施绩效评估或考核以及绩效评估结果的反馈等。

1. 确定绩效领域与识别可用的绩效指标

供应商管理涉及采购绩效的各方面，典型的供应商绩效领域包括采购组织满意度，绩效表现指标（质量、成本或价格、合同执行与交付、服务、上游供应商管理、供应商经营管治等），以及合规性。供应商绩效评估模型如图 9-4 所示。

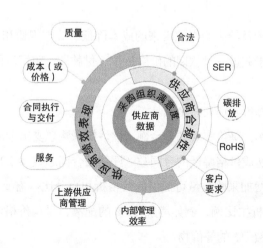

图 9-4　供应商绩效评估模型

1）采购组织满意度

供应商的客户是采购组织，供应商通过与采购组织内部相关流程协同而提高服务水平与输出成果，因此采购组织评估高层管理者及相关部门对供应商提供的产品和服务的满意度是非常重要的。评估采购组织满意度的主要目的之一就是确定供应商对采购组织的期望是否充分理解。

部分绩效指标如下。

●客户满意度总分：满意度调查中各单项分数的加权汇总分数。采购组织在调查前要清楚地定义"重要项"，根据采购战略需要"重要项"可以是价格、质量、交付准时率、订单周期、产品创新率等。根据需要，重要项可能需要分解出二级指标。

●满意度得分率：满意度总分 / 调查卷面总分 ×100%。根据需要设置二级指标的得分率。

●客户投诉次数：采购组织对供应商投诉的次数。

2）质量

质量对需求的满足程度涉及交付产品或服务的质量是否满足客户的实际需求以及提供给客户的质量的偏差范围。另一个创新则追求新的质量标准。

部分绩效指标如下。

●来料检验合格率：来料检验合格数量 / 来料检验总数 ×100%。

●来料检验批退率：来料检验判退货的批次数 / 来料批次总数 ×100%。

●产线不良退货率：同一供应商的材料，因品质原因从生产线退货的数量 / 产品领用的数量 ×100%。

●不良品及时退货率：供应商及时运走已判不良的批次数 / 同期判定退货总批次数 ×100%。

3）成本（或价格）

成本绩效指标主要涉及给采购组织带来的成本降低、成本规避和价格折扣等。例如实际价格的降低、提供基于数量或付款期的价格折扣、付款期、市场涨价的规避等。

部分绩效指标如下。

●成本降低金额：降价实现利益金额。

●成本降低金额比率：降价实现利益金额 / 评估期采购总支出金额 ×100%。

●降价合同比率：达成价格降低的合同数 / 评估期合同总数 ×100%。

●数量价格折扣：增加采购数量可提供的价格折扣百分比。需要根据具体交易性质与条件，设定数量等级与折扣比例，例如增加 10% 的配额，采购价格降低 2%，或返还 2% 的现金，或给予采购总额 2% 的等价物。

●付款期：实际货款支付期天数。

●付款期折扣：提前支付货款，供应商提供的价格折扣。例如，提前 30 天支付货款，供应商给予 2% 的价格折扣或现金返还。

4）合同执行与交付

合同执行与交付涉及供应商对合同的履行能力、交付产品或服务的弹性和可靠性，关注客户需求的供应范围、需求的数量和灵活性、提前期、计划期内供应的连续性、交付的可靠性等。

部分绩效指标如下。

●产品线覆盖率：供应商有能力提供的产品种类数量 / 采购组织需求种类数量 ×100%。

●可用产能满足率：供应商实际可用产能 / 预期采购数量 ×100%。

●需求增加满足率：产能可以满足采购方需求增加量的百分比。

●合同准时完成率：准时准量完成并交付的合同数量 / 合同总数量 ×100%。

●订单交付周期：采购组织发出订单到订单完成交付的天数。可以有不同的计算方法，需要提前定义并与供应商沟通清楚。

●缺料次数：合同期内出现意外缺料的次数。需要明确"意外缺料"的定义，例如没有提前 2 天通知缺料的时间与数量，采购方就没有时间准备预案或选用替代方案，则构成"意外缺料"。

●缺料的损失金额：意外缺料导致的损失金额。该损失金额为实际可计损失或采用标准成本计算。

●交货准时率：准时交货的批次数 / 交货批次总数 ×100%。需要准确定义"准时"，例如约定时间的前后 2 小时内，或约定时间的当日内。

●交货数量准确率：准数交货的批次数 / 交货批次总数 ×100%。需要准确定义"准数量交货"，例如一个不差，或允许有 ±2% 的偏差。

5）服务

服务指客户通常所需要的额外支持，涉及客户所需要的信息的可得性、客户所需技术和知识的开发，以及解决客户所面临的关于产品和服务等方面问题的能力等。例如，采购组织向供应商咨询有关供应市场信息或发出信息请求（Request For Information, RFI），供应商都能予以积极回应；采购组织在使用供应商提供的产品的过程中遇到技术或工艺问题，供应商能给予积极解答或现场指导解决；供应商主动为采购组织举办相关的技术培训；等等。

部分绩效指标如下。

●提供技术培训的次数：为研发或工程部门提供技术培训并获得该部门认可的次数。

●解决现场技术问题的次数：为生产现场成功解决实际问题的次数。

●免费样品金额：根据采购申请提供免费样品的金额。

●提供市场情报报告：在要求时间内回复 RFI 并令采购组织满意的次数。

6）合规性

合规性涉及经营合规和产品合规。经营合规体现为经营行为符合当地法律法规、国际有关法律及惯例要求，符合有关环境保护要求，有利于推进可持续发展。产品合规涉及有害物质和受控成分的管控要求。

部分绩效指标如下。

●经营违规揭露次数：被人举报属实的经营违规的揭露次数。违规包括违反法律法规、环保政策、社会环境责任等。

● RoHS 超标次数：违反 RoHS 任何一项指标的次数。

●员工维权投诉次数：本企业员工维权投诉的次数。

7）上游供应商管理

上游供应商管理包括原材料的获得、采购成本的控制、提前期的控制、新技术的获得等方面。

部分绩效指标如下。

●最长采购提前期：影响采购组织订单交付周期的最长采购提前期天数。

●关键物料单一供应商的比例：供应商为完成采购方订单所需要的关键物料中，单一供应商的物料料号数 / 关键物料料号总数 ×100%。采购组织需要和供应商协商并定义"关键物料清单"。

●来料检验合格率：采购组织订单涉及物料的来料合格批次数 / 采购组织订单涉及物料的收料批次总数 ×100%。

8）内部管理效率

内部管理效率涉及供应商本身的流程效率、赢利能力、关键岗位人员变动等方面。另一个关注点是供应商的财务能力，这是产品开发和持续供应的财务保障。

部分绩效指标如下。

●生产周期：供应商订单生产周期的天数。供应商生产周期指物料齐套到成品出库的天数。

●每小时产出量：8 小时实际产出量 /8 小时。应该在正常生产条件及状态下计数，或采用月度平均值。

●生产不良率：当天不良品数量 / 当天实际总产出数量 ×100%。也可以采用直通率指标。

●关键岗位人员流失率：销售、技术、工艺、采购部门的责任人在一季度内离职的人数 / 各部门责任人人数之和 ×100%。应该建立反映各部门关键岗位人员流失率的二级指标，以监控不同关键岗位人员的流失率。

●流程信息化比例：完成信息化并良好使用的流程数量／主要流程总数 ×100%，辅以"良好使用"的描述性评语。需要定义影响供应商履约能力的主要流程，或需要和采购组织流程系统进行协同的流程，如客户订单作业流程、计划流程、交付流程、物流运输流程、品质检验流程等。

●完整的品质管控体系：品质管控体系完全符合采购方业务要求，可以采用定性评价描述，或由相关国际标准体系认证。

●流程协同：客户订单作业流程、交付作业流程、品质检验流程等关键流程与采购组织的衔接与协同，应有流程品质的要求，采用定性评价描述。

2. 选择绩效指标的方法

由于竞争环境和采购战略需求不同，供应商绩效指标可能差异很大，但总体上指标根据采购目标和供应商履约能力选择。

选择绩效指标及确定指标优先顺序分 3 步。

供应商绩效领域很多，构成不同层级的指标也很多，每一项指标的重要程度和优先性是不同的。进行采购品类分析是选择绩效指标的第一步。

1）进行采购品类分析

在管理实践中，常用克拉利奇矩阵进行采购品类分析。该矩阵根据采购的重要性（纵坐标）和供应市场的复杂度（横坐标），将采购品类分为非关键、杠杆、瓶颈和战略 4 个象限，如图 9-5 所示。采购组织可以根据各象限的基本特征和管理重点拟定供应商评估重点。4 个象限的基本特点与管理重点、典型的战略应用和评估重点如表 9-4 所示。

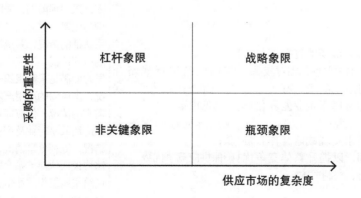

图9-5 克拉利奇矩阵

供应定位模型是另一个非常类似的分析模型，使用采购支出水平和风险等级两个变量，将采购品类分为关键象限品类、瓶颈象限品类、杠杆象限品类和常规象限品类。

表 9-4　克拉利奇矩阵四个象限的特征、战略和评估重点

品类象限	基本特征与管理重点	典型的战略应用	评估重点
非关键象限	采购的重要性和和供应市场的复杂度都相对较低； 可选供应商多； 要求减少采购日常参与和降低管理成本	采用电子采购和电子目录； 应用一揽子采购与总括合同，集中谈判和分散执行交付	供应商提供的产品范围覆盖采购组织产品清单的程度以及成本优势，供应商的交付流程能否满足采购组织多地点、高频率送货的要求，供应商的订单处理与交付流程的信息化系统能否与采购组织的系统对接并协同作业，供应商签订合同的成功率、交货准时率、交货品质合格率，供应商配合度
杠杆象限	供应市场的复杂度相对较低； 采购的重要性相对较高； 可选供应商多； 采购的重点是最大限度降低采购价格或成本	对转换成本不高的品类使用招标定价； 集中采购以取得更低的总成本	供应商的降价幅度、采购成本的降低金额与比率，供应商的交货及时率、交货品质合格率，供应商的可用产能满足采购需求的情况，供应商转换成本与采购可支配订单交易金额的比例，供应商签订合同的成功率
瓶颈象限	供应市场的复杂度相对较高； 采购的重要性相对较低； 可用供应商很少； 要求优先保障供应，寻找替代品或替代供应商	选择有特殊能力的供应商但姿态不要太高； 提升供应商积极性，扩大采购额，反向营销； 开发替代品或替代供应商	供应商的交货及时率、交货品质合格率，采购提前期，供应商签订合同的情况、技术先进性情况、提供产品技术支持的情况，供应商产品技术的可替代性情况，与供应商交易的金额中反向营销产生的金额的比例，供应商的技术与产品研发投入金额与营收的比例
战略象限	供应市场的复杂度和采购的重要性都相对较高； 可用供应商较少； 通常属于企业差异化产品来源； 要求实现战略合作和协同，以提升整体竞争优势，控制成本	与供应商进行战略合作，品质体系认证，联合降低成本； 应用排他性和保密条款； 确保供应竞争优势	供应商的交货及时率、交货品质合格率，采购提前期，采购成本的降低金额与比率，供应商品质体系与管理体系认证的情况，系统流程与采购组织的协同情况，供应商在技术与产品开发方面满足采购组织中长期需求的情况，供应商的可用产能满足采购组织需求的情况，供应商资金充裕程度，供应商共享行业及产业供应链信息的情况，专利分享情况，供应商签订战略协议或伙伴关系合同的情况，供应商给采购组织的竞争者供应技术与产品的情况，供应商的技术与产品研发投入金额与营收的比例，供应商经营的合规性

2）确定绩效指标清单

根据克拉利奇矩阵4个象限的评估与考核重点，分别列出各绩效领域的指标清单并按重要性进行降阶排序。供应商绩效指标清单展开示范表如表9-5所示。

表9-5　供应商绩效指标清单展开示范表

绩效领域	非关键象限	杠杆象限	瓶颈象限	战略象限
质量	质量合格率	质量合格率	质量合格率	质量合格率，质量创新
成本	降低合同总成本 降低采购管理成本	降低价格 降低转换成本	—	联合降低成本 成本结构优化
合同执行与交付	供应产品的范围 交货可靠性 多点频繁交付能力	交货可靠性 交货连续性	产品可得性 交货准时率 交货连续性	产品可得性 交货可靠性 交货连续性
服务	月结及电子发票 服务姿态	月结及电子发票 现场服务	技术服务与培训 创新支持	JIT/VIM交货 技术服务与创新
合规性	违规情况	违规情况	违规情况	违规情况
上游供应商管理	—	—	采购提前期 产能满足率	采购提前期 产能满足率 成本优势
内部管理效率	流程信息化 作业自动化	流程信息化 作业自动化	研发投入比例	系统与采购组织系统的 协同情况 研发投入比例
采购组织满意度	全方位	全方位	全方位	全方位

根据品类的战略要求和绩效考核方向对绩效指标进行分解、搭配和最终选择。指标选定后，再确定各自的权重。

3）确定指标权重

指标的权重代表的是某一指标在一定范围内相对于其他指标的重要程度，是该指标相对重要程度的综合判定，可以是5分制、100分制、百分比制或其他计分方式，是一个相对值。指标的权重确定得是否科学合理，会影响到绩效评估结果的客观性，以及是否能突出反映所要评估的重点内容。对于特定象限品类的供应商绩效，应从最优先指标开始进行一级指标的优先级排序，并确定其权重值，再采用同样的方法依次确定次级指标的权重。

确定供应商绩效各项指标的权重的方法有很多，主要有经验赋值法、模型赋权法和层次分析法。经验赋值法是根据评议方个人的实际经验和知识构架决定权重值，可以采用德尔菲法、专家意见法。模型赋权法不同于完全依赖专家的德尔菲法，而是通过设计指标体系，进行调查研究得到相应的数据信息。目前使用较多的是层次分析法，即将同一层次中各指标成对比较以确定其重要性，再综合决策者的判断，按相对重要性进行总排序。采用这种方法可量化决策者的经验判断，这在指标结构复杂且缺乏必要数据的情况下更加有效、方便。

3. 制定绩效目标

供应商绩效目标源自采购战略需求、采购目标或作为评估和激励的衡量标准。例如来料品质合格率的目标值应为 95%，供应商交付产品合格率的目标值原则上应该大于 95%，采购组织应在评估或考核期前与供应商充分沟通绩效指标的目标值、度量方法。制定绩效目标应遵循 SMART 原则，制定的目标要是工作相关的、有挑战但可以实现的、具体而明确的、有时间限制的、可以衡量的。对于定性指标的目标，应该逐项列出评估要求及期望目标的描述性清单。

4. 实施供应商绩效评估

供应商绩效评估的实施是供应商绩效管理中不可忽视的环节。由于供应商绩效评估涉及领域众多，实施起来有一定的难度。实际工作中，多数采购组织会成立跨部门团队，以实施和控制供应商绩效评估过程。该团队的成员来自质量部门、生产部门、工程部门、采购部门及财务部门等内部相关部门，专业性很强的供应商绩效评估还可能有第三方专业组织参与。根据实际需要，评估过程可能会包含供应商现场的审查和必要的数据交叉检查，以确保数据的准确性和权威性。

1）计算绩效得分

对绩效指标根据衡量标准打分后，需要计算供应商绩效的分类得分与整体得分，对此，广泛使用的方法是权重法。表 9-6 是一个用权重法计算供应商绩效得分的示例，表中使用了无量纲化技术。

表 9-6　用权重法计算供应商绩效得分的示例

因素	目标	实际	得分	权重	加权得分
交付质量	15	12	0.80	25%	0.200
按时交付	15	13	0.87	30%	0.260
售后服务 / 天	20	16	0.80	20%	0.160
配合及响应程度	100	67	0.67	10%	0.067

续表

因素	目标	实际	得分	权重	加权得分
价格 / 元	355	300	0.84	15%	0.126
合计				100%	0.813

权重法广泛应用于各级指标得分的汇总，即三级指标得分按加权得分汇总成二级指标得分，二级指标得分按加权得分汇总成一级指标得分，一级指标得分按加权得分汇总成供应商总绩效得分。值得注意的是，使用权重法可能导致结果有误差或被歪曲，可能的原因如下。

●数据源不合适或者数据不准确。

●权重设置不合适。

●定性数据的主观性较强，或者定量数据在进行无量纲处理时划分不合理。

2）绩效评估结果的呈现方法

（1）绩效总分法

计算出供应商的绩效总分，评价供应商总体绩效达成程度，也适用于供应商之间的总体比较。

（2）雷达图法

雷达图直观地展示了供应商在各领域的得分，从中能直观感受供应商的优劣势，如图9-6所示。也可以把需要比较的几家供应商放在同一雷达图中进行展示，观察各家供应商的相对优劣势。

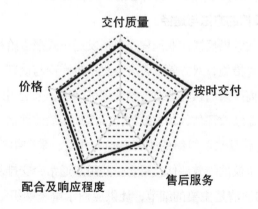

图 9-6　供应商绩效评估雷达图

（3）仪表盘图法

仪表盘图法是用一个仪表盘表示一个供应商绩效指标，如图9-7所示。仪表盘通常分出 3 个区域：Ⅲ区域表示警告，即不可接受或绩效差；Ⅱ区域表示可以接受或绩效一般；Ⅰ区域表示绩效优秀等。如果数据实时更新，仪表盘会实时显示供应商的表现，采购组织可以对 KPI 进行实时跟踪和监控。

图 9-7　供应商绩效评估的仪表盘

5. 绩效评估结果的反馈

供应商绩效评估结果需要及时反馈给供应商。采购组织应采取开放和实事求是的态度与供应商进行沟通与交流，一方面要与供应商沟通清楚绩效评估的方法和结果、评估的标准与符合性；另一方面，要充分交流供应商的优点和不足，改善要求与建议的改善措施，最重要的是要表达清楚自身的要求与原则。

1）绩效评估结果反馈的意义

反馈绩效评估结果是供应商管理流程的一项基本内容，沟通清楚供应商优劣势和持续改善的方向，有利于提升供应商的能力和服务水平，从而为采购组织发展更具竞争力的供应商资源。另外，善意和良性的绩效评估结果交流，有利于建立良好的供应商合作关系，促进双方对彼此的认知与信任。对供应商绩效评估中发现的一些重大问题、潜在的风险，采购组织必须立刻采取行动，以防止不良势态的扩大和蔓延。

2）绩效评估结果反馈的方法与途径

企业应建立绩效评估结果反馈作业流程，包括发送正式报告给被评估的供应商，供应商针对报告结果制定改善措施，双方就改善方案进一步磋商与谈判，执行改善方案并进行结果验收。为了使供应商严肃而认真地对待绩效评估结果，采购组织应向供应商发送正式报告，报告内容需要涵盖绩效评估领域与绩效指标清单、绩效评估方法与原则、绩效评估标准与结果、发现的问题及采购组织的改善要求与建议、采购组织对供应商的处置选项等。对于相对综合或有争议的绩效评估结果，采购组织通常会安排双方相关人员的面对面沟通，以最大限度地沟通清楚主要的细节，让供应商了解采购组织的绩效评估标准与要求。如果实际情况限制了面对面沟通，也可以使用视频会议的方式进行沟通。在实际商业实践中，8D 报告和供应商纠正与预防措施报告是较为典型的分析与方案报告工具，采购组织通常会要求供应商限时提交这类报告，并根据需要与供应商进行详细的讨论，报告通过后，采购组织会监控改善方案的执行，并随时验收供应商的改善成果。

对于严重的质量和安全事故，或其他重大缺失，采购组织应要求供应商立即进行改善与事故分析，以期将损失与风险控制在最小范围内。

6. 供应商分级

供应商绩效评估体系设计的任务之一是通过供应商的绩效考核，对供应商进行相应的分级管理，以更好地提高供应商的绩效水平。图 9-8 给出了一个供应商分级的示例。表 9-7 给出了供应商分级方法，其中以百分制的形式划分出 4 个得分区间，并根据供应商绩效得分给定相应等级。

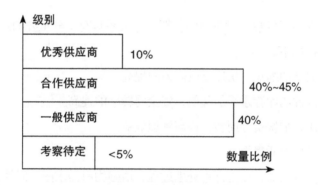

图 9-8　供应商分级示例

表 9-7　供应商分级方法

等级	分数区间 (T)	综合考核
A	80 ≤分数 < 100	提供优质的产品和服务
B	70 ≤分数 < 80	基本上能够满足需求，产品和服务的质量与业务配合度较高
C	60 ≤分数 < 70	不能满足所期望的需求，但是没有影响采购组织的正常作业
D	分数 < 60	不能满足需求，并且严重影响采购组织的正常作业

对于不同级别的供应商，管理的方式和侧重点不同，这取决于采购组织的采购战略和供应商关系定位。A 级供应商能够提供优质的产品和服务，充分地满足需求，是进一步合作的重点，采购组织可与之共同开发新产品、更加聚焦于核心业务开展合作等。B 级供应商提供的产品和服务的质量与业务配合度较高，基本上能够满足需求，能够保证采购组织业务正常运转。采购组织可以采取激励措施，促使 B 级供应商向 A 级供应商转变。

| 第 4 节 | 供应商绩效改善

供应商绩效评估是相对客观科学的管理手段，能够实事求是地体现供应商的绩效与能力。供应商绩效评估的主要目标是在得到评估结果之后，采购组织指导供应商有针对性地实施后续的改善计划，从而整体改进供应商绩效，保障整个供应链的竞争力。供应商绩效改善活动是供应商绩效管理的重要组成部分，更是整个供应商管理体系中必不可少的环节。

1. 供应商绩效改善的目标

供应商绩效改善对于发展与供应商的长期合作关系具有十分重要的意义。供应商绩效改善期望达到的目标如下。

- ●供应商交货周期的缩短，快速反应能力的提高。
- ●原材料及零部件的库存水平的降低，资金周转率的提高。
- ●降低管理费用，加快资金周转，提高管理效益。
- ●原材料、零部件的质量提高。
- ●增强合作双方的沟通，改善订单处理过程，增强物料需求的及时性和准确性。
- ●双方共享成功经验，推动双方整体管理水平的提高，提升供应链整体绩效和收益。

2. 选择改善对象的方法

推动绩效改善的前提之一是选择改善对象，只有正确选择改善对象，绩效改善策略实施后才能看到改善成果，达到所期望的结果。采购组织依据自身的需求制定改善对象的选择标准。常用的做法是，依据绩效评估等级设定一个最低改善门槛，例如将绩效评估成绩为 D 级的供应商，甚至 C 级供应商作为改善对象。对某些关键指标，采购组织可以设定红线预警，即一旦"不符合"或低于某一分值，立即加以改善。另一个方法是依据不同象限的采购品类特点选择改善对象。表 9-8 所示为一家公司的绩效改善对象选取说明。

表 9-8　绩效改善对象选取说明

物资分类	特点	选取对象	原因
关键零组件、专利零件、瓶颈物资、关键性生产耗材	供不应求，供应商数量少，订单转换很难实施；产品单价高	评估等级处于中等的供应商	供应商绩效不佳对采购组织的影响极大：供应商绩效表现异常会导致采购组织的生产不能持续，造成的损失巨大
一般零组件、标准件、需求量大的物资	基本供求平衡，供应商数量较多，订单转换可以实施；产品单价较低	评估等级偏低的供应商	供应商绩效不佳对采购组织的影响较大：当供应商绩效表现异常发生在生产旺季、库存不够时，会引发生产中断，造成的损失较大
生产用低值耗材	供大于求，供应商数量多，订单转换很容易实施；产品单价低	—	供应商绩效对采购组织的影响轻微

不同品类的供应商绩效表现不佳对采购组织所造成的损失程度有较大的差别。当影响重大的供应商绩效得到改善时，采购组织的收益会显著增加。因此，采购组织可以将大部分的改善资源应用于绩效影响大、改善收益高的供应商，采取措施稳定或提升他们的绩效表现；将少部分资源应用于绩效影响相对较小、改善收益低的供应商。

对于采购组织营运的整体目标而言，管控供应商整体绩效变化的趋势属于战略层次上的目标。采购组织可以将供应商绩效得分与过往得分进行比较，监控单家供应商绩效的变化状况；通过供应商绩效的分布，考察供应商群体的绩效发展状况，查看绩效变化趋势；通过不同时段的供应商考核等级分布情况，掌握不同物料、不同等级供应商整体水准上升或下降的情况。

3. 绩效改善流程

对采购组织而言，供应商绩效改善是一项富有挑战的工作。改善过程中的每一项决策都会影响到改善效果。因此，为确保改善工作取得预想的成果，须建立完善的供应商绩效改善流程，如图 9-9 所示。绩效改善流程建立后，采购组织应建立内部审核机制，定期审核供应商绩效改善流程的适当性、有效性，以及是否正确执行流程。

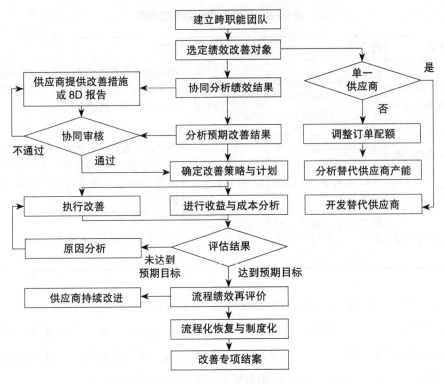

图 9-9　供应商绩效改善流程

为确保未来绩效改善能达到预期目标以及最大限度减少对营运可能造成的风险，采购组织可以对绩效不能满足要求的供应商采取如下限制措施。

●及时停止新增合作及采购计划，等待该供应商绩效改善效果合格后再评估。

●当发现供应商绩效表现异常而短期内得不到改善，或改善后仍不能达到要求时，需要及时、迅速减小采购额度，以降低潜在生产风险。如果供应商是单一供应商，要有风险控制的预案，积极寻找替代供应商。

●当确定要实施供应商绩效改善计划时，要依据生产状况、库存状况等设定改善完成的时间点，避免供货风险。

4. 跨部门联合提升供应商绩效

供应商绩效涉及多个功能或管理领域，如质量、成本、交付、服务、合规性、战略等。供应商绩效的提升必然需要采购组织不同的功能部门参与，专业并且有针对性地与供应商对接。通常的做法是，设立由跨部门人员和供应商相关部门人员组成的改善项目组。改善项目组分析绩效状况，拟定改善领域，制定改善目标，选择需要的改善工具，制订工作计划，循序推进并及时验收、汇报改善成果，直至改善目标实现。改善项目组的人员应经常性地被派驻供应商生产现场与现场人员一起工作，也可以通过网络远程监控与参与，但要确保效率和效果。

　　季度检讨会议是一个典型的跨团队会议，通常由采购组织主导。根据实际需要，采购组织应召集内部质量、技术或工程、计划、生产、物流等部门的相关人员，组成团队与供应商一起对绩效表现或特定问题进行评估、讨论，通过现象分析问题、找出根本原因，有针对性地对供应商进行辅导，帮助供应商进行改善。季度检讨会议的整改动议需要形成改善专案，责成供应商进行定期改善，改善结果的验收和持续跟踪显得非常重要。供应商绩效不一定要卓越，但需要持续改善。

5. 供应商发展

　　供应商发展是创建和维护一个合格的供应商网络，并提高采购组织应对挑战所必需的各种能力的系统性工作。新供应商或现有供应商都可以成为供应商发展的重点。供应商发展可以专注于提高质量、确保交付、降低成本、升级技术或针对供应商专项能力和组织需求提升可持续性。

　　供应商发展的范围包括从提供绩效反馈到供应商辅导。供应商辅导涉及通过多种方法协助供应商。例如，提供特定领域的专业培训，或提供有关制造问题的技术援助，甚至提供系统软件，促进质量提升或精益实施，或为销售和营销工作提供支持。在极端情况下，采购组织甚至会进行资金借贷，以便供应商可以适当投资设备和原材料库存。

6. 供应商激励

　　供应商激励是实施绩效改善的内容之一，是指采购组织为了完成预先设定的绩效目标，通过对供应商进行鼓励或处罚，使供应商努力达到预期绩效目标。合理地激励供应商，有助于提升供应商的积极性和竞争水平。激励供应商的时机如下。

● 供应商绩效在很长一段时间内没有得到提高，而存在着许多想进入的同类供应商。

● 物资供应比较平稳，供应商之间缺乏竞争；供应商没有生存危机意识。

● 供应商没有关注采购组织的利益。

● 供应商绩效提升非常明显，对采购组织效益增长做出了巨大的贡献。

● 供应商的行为对采购组织的利益造成损害；或根据合同的约定，采购组织利益将受到损失。

●供应商与采购组织发生经济方面的纠纷。

●供应商级别需要提升时。

1）供应商激励机制要素

通常而言，供应商激励机制包括激励主体与客体、激励目标、激励原则和激励考虑因素等。激励主体是采购组织及组织中的管理者及采购人员。激励客体通常指被激励者，可以是供应商及其内部的员工或代理人。激励目标是指实施一定的激励方法，调动供应商的积极性，让供应链运行通畅、效率得到提高，实现采购组织与供应商的互利共赢。激励原则是用较小的激励成本取得较高的激励效益。采购组织既要注重精神层面的激励，也要注重物质层面的激励，在激励供应商的同时也要注重自身的品牌建设。

供应商激励的考虑因素如下。

●所采购物品的类型、采购数量、采购频率、货款结算方式、采购政策等。

●供应商的供货能力，供应商能够提供物品的类型以及其最大数量。

●供应商的需求。采购组织需要分析现阶段供应商最迫切的需求是什么，由此制定适合某一供应商的激励方案。

●与采购组织相竞争的组织采购时实施的政策以及采购的规模等。

●是否还存在其他替代品，采购出现困难时是否能寻找到其他途径。

采购组织应综合考虑内外部影响因素，根据不同的供应商所处的环境，制定出最适合该供应商的激励方案，从而获得最佳的激励效果，以实现设定的激励目标。

2）常见激励方式

供应商激励分为正激励和负激励两个方面，正激励是指从物资或精神层面给予奖励，目的是让供应商在受到激励后继续坚持优异的表现。正激励的常见形式如下。

（1）价格激励

价格激励有非常明显的效果，较高的价格会提升供应商的积极性。给予供应商合理的、适当的利润空间，对于供应商增加生产投入和进行持续改善有着积极的作用，对采购组织实现长期目标也具有战略意义。

（2）订单激励

取得额外的订单或增加订单份额对供应商来说，激励作用非常大，这意味着供应商营业额的增加、利润的增加。增加采购物品的种类、优先获得新项目订单的机会，同样是对供应商的极大激励。

（3）快速回款激励

供应商在供货过程中，往往被采购组织占用了大量的流动资金，因此，快速回款能有效地缓解供应商的财务压力。对绩效表现好的供应商快速回款，是一种非常受供应商欢迎的激励方式。

（4）商誉激励

采购组织要让供应商认识到商誉的重要性，逐渐提升供应商对守信用、重合同与注重商誉的认识，给予优秀供应商宣传、表彰激励。授予供应商奖牌或其他荣誉奖章，是实际商业活动中常用的方法。例如在年度供应商大会上进行优秀供应商的表彰，颁发荣誉证书或锦旗，还可以进行市场宣传，向社会进行公示。

（5）信息共享激励

这是一种间接的激励方式，能获取更多的商业信息及更多的参与机会就意味着有可能有更多的发展机会。共享的信息包括新产品研发、市场反馈以及发展目标等方面的信息。

（6）实物或现金奖励

这种激励方式能够让供应商得到最直接的实惠，感受到实实在在的收益，适用于对采购组织做出特殊或重大贡献的供应商。

负激励是具有惩罚性的，通常用于绩效表现较差且不能如期改善的供应商。采购组织进行负激励的目的是预防供应链风险、保护采购组织的利益不受侵害。负激励的常见形式如下。

（1）减少业务合作

例如缩短合作期限、减少供应种类或供应量、降低供应商的合作等级等。

（2）追究责任

依照合同规定，追究表现较差的供应商的责任，进行索赔，若对组织造成损失将依法提起诉讼。

（3）淘汰

供应商淘汰机制的建立有助于供应商的服务质量得到不断的提升，表现较差的供应商会为了不让自己被淘汰而努力做得更好。

7. 供应商退出

在企业管理实践中，绩效考核分数低于一定分数（例如60分）的供应商，将会被纳入限制使用供应商清单。管理限制使用供应商的方法各有不同，采购组织应视实际供应商资源分布和竞争性需要而定。采购组织需要制定供应商管理政策，制定新供应商进入和供应商退出的政策和程序。通常的做法是，采购组织会用其他合格供应商进行替代，以预防供应风险的发生；不合格供应商只限于从事那些暂时找不到替代的项目，或为了在买方的供应商交易系统中维持交易记录而给予最小交易量；在可以完全被替代的情况下，不合格供应商可能被暂停交易。同时，不合格供应商会被要求针对绩效问题或劣势项做出检讨和整改方案，在给定的时间内完成整改。如果整改后仍不能满足绩效要求，则不合格供应商会被列入禁用供应商清单而被淘汰。当暂时没有其他供应商进行替代，不合格供应商会被继续使用（交易只限于特定项目），但采购组织会施以更多的整改帮助，严格监控合同的履行并随时检查供应商绩效表现。

供应链管理专家（SCMP）
职业水平认证项目介绍

一、项目背景

中国物流与采购联合会（以下简称"中物联"），是国务院政府机构改革过程中，经国务院批准设立的中国唯一一家物流与采购行业综合性社团组织。

供应链管理专家（SCMP）认证项目由中物联组织近40位国内顶级专家精心开发——历时10年打磨、历经两次改版，是国内唯一拥有自主知识产权的、符合中国供应链发展实际的供应链管理职业认证项目。该项目立足供应链管理职业教育，努力贯彻《国务院办公厅关于积极推进供应链创新与应用的指导意见》关于供应链人才培养的部署，坚持可持续更新和专业化方向、与国际接轨的原则，为广大企业的采购、物流、运营、计划等与供应链相关岗位的人员提供一套权威的认证知识体系。

二、项目价值

1. 对个人而言

（1）系统化学习、梳理和掌握最前沿的供应链管理发展趋势。

（2）熟练运用供应链专业知识，为企业创造更多价值，获得更多成就和认可。

（3）取得SCMP证书，是职业能力的重要体现，为职业发展提供更加广阔的空间。

2. 对企业而言

（1）快速多变的外部环境给企业带来巨大挑战，推进 SCMP 认证和贯彻企业供应链愿景和战略，将给企业带来"事半功倍"的效果。

（2）众多供应链试点项目和标杆企业，都开始运用或部署 SCMP 认证，赋能企业供应链实践，为企业发展培养和储备供应链专业人才，提升企业竞争力和抵御风险的能力。

三、适合对象

（1）供应链总监、经理、主管。

（2）采购、项目管理、材料管理、运营管理、供应商质量保证、财务、计划等岗位专业人士。

（3）物流和其他岗位具有一定经验的相关专业人士。

四、知识体系

新版供应链管理专家（SCMP）知识体系采用 6+1 模式，包含 3 册必修教材（《供应链运作》《供应链规划》《供应链领导力》）、3 册选修教材（《物流管理》《计划管理》《采购管理》）、1 册术语集（《供应链术语》）。

供应链运作	1.供应链管理概述 2.客户需求管理与交付 3.库存管理基础 4.物流管理	5.生产运作 6.服务运作 7.采购运作 8.质量管理	物流管理	1.运输管理 2.仓储管理 3.逆向物流 4.物流服务	5.物流设施与设备 6.物流信息系统与技术 7.物流网络规划 8.物流绩效
供应链规划	1.供应链环境、战略和价值 2.供应链设计 3.供应链集成和优化 4.供应链成本管理	5.供应链财务分析及工具 6.数字化供应链技术和应用 7.供应链项目管理 8.供应链管理创新	计划管理	1.计划概述 2.预测与需求计划 3.综合供应计划 4.销售与运营计划 5.主计划、物料计划及排程	6.供应能力计划与管理 7.库存管理 8.计划信息系统 9.计划绩效
供应链领导力	1.供应链管理领导力概述 2.组织和供应链的战略与目标 3.组织结构规划与重组 4.人力资源管理与员工激励	5.伙伴关系管理 6.沟通与协同 7.供应链组织绩效管理 8.社会责任、道德和合规管理 9.供应链风险管理	采购管理	1.采购需求 2.品类管理 3.寻源管理 4.全球采购 5.间接采购	6.数字化采购 7.采购谈判 8.合同管理 9.采购与供应商绩效管理

知识体系框架

五、认证流程

供应链管理专家（SCMP）知识体系自 2024 年起将采用"3（3 门必修课）+X（自选 1 门选修课）"的认证思路，认证流程大体分为 3 个环节：培训—考试—认证及再认证。

1. 培训

（1）3+X：学员可以在选择 3 门必修课的基础上，任选 1 门选修课进行学习，也可以 3 门选修课都学习。每门课程培训时长为两天。

（2）培训有线上、线下两种模式可选，由中物联授权的培训机构负责组织。

（3）培训讲师均为经过中物联培训并授权的资深供应链管理培训专家。

2. 考试

（1）中物联在全国范围内统一确定考试时间（每年 3 月、7 月、11 月），统一组织考试。

（2）考试的形式是机考。考生参加考试必须有在中物联购买教材的记录。考生可自行决定每次报考科目数量。

（3）每个科目的考试皆为 100 道单项选择题，60 分为通过。

（4）每个科目的考试时间为 120 分钟。

（5）考试未通过的科目可以申请补考，单科成绩保留两年。

3. 认证及再认证

（1）认证层次

●两年内通过 3 门必修课和 1 门选修课考试并且通过认证的考生，将获得由中物联颁发的供应链管理专家（SCMP）相关选修方向的证书。

●两年内通过3门必修课和3门选修课考试并且通过认证的考生，将获得由中物联颁发的供应链管理专家（SCMP）总证书。

（2）认证条件

考生须满足以下条件中的一项方可申请认证：

●具有3年及以上全职物流、采购、运输、供应链等方面的工作经验。

●拥有大学本科学历，全职从事物流、采购、运输、供应链等相关工作1年及以上。

证书样本

（3）再认证条件

本职业认证非终身制，每次认证的有效期为4年。申请再认证需要按规定提交在4年内接受不低于60个学时的供应链管理领域继续教育（含在线）证明或其他有效证明文件。

详情请查询中物联采购服务网或通过以下方式

田老师：010-83775665

崔老师：010-83775730

微信：CFLP_SCM

邮箱：jyrz@chinascm.org.cn

地址：北京市丰台区丽泽路16号院2号楼铭丰大厦1212室